国际物流实务

GUOJI WULIU SHIWU

（第四版）

主　编 ◎ 顾永才　王斌义
副主编 ◎ 陈幼端　高倩倩

首都经济贸易大学出版社
Capital University of Economics and Business Press
·北　京·

图书在版编目(CIP)数据

国际物流实务/顾永才,王斌义主编．--4版．--北京:首都经济贸易大学出版社,2020.9

ISBN 978-7-5638-3126-5

Ⅰ.①国… Ⅱ.①顾… ②王… Ⅲ.①国际物流—高等职业教育—教材 Ⅳ.①F259.1

中国版本图书馆CIP数据核字(2020)第160158号

国际物流实务(第四版)

主　编　顾永才　王斌义

副主编　陈幼端　高倩倩

责任编辑　陈雪莲

封面设计　砚祥志远·激光照排 TEL: 010-65976003

出版发行　首都经济贸易大学出版社

地　　址　北京市朝阳区红庙(邮编100026)

电　　话　(010)65976483　65065761　65071505(传真)

网　　址　http://www.sjmcb.com

E-mail　publish@cueb.edu.cn

经　　销　全国新华书店

照　　排　北京砚祥志远激光照排技术有限公司

印　　刷　北京建宏印刷有限公司

开　　本　787毫米×1092毫米　1/16

字　　数　460千字

印　　张　18

版　　次　2010年6月第1版　2014年3月第2版
　　　　　2018年1月第3版　**2020年9月第4版**
　　　　　2023年8月总第7次印刷

书　　号　ISBN 978-7-5638-3126-5

定　　价　39.00元

前 言

国际物流是相对于国内物流而言的一个概念,是物流国际化发展的重要领域。国际物流主要研究根据国际分工协作的原则,依照国际惯例,利用国际化的物流网络、物流设施和物流技术,实现货物在国际流动的效率与效益的最优化,促进区域经济发展和世界资源的快速、优化配置。“国际物流实务”课程是研究国际物流运作行为活动与运作规律的物流专业课程。本书是为高职、高专院校和应用型本科院校“国际物流实务”课程编写的一本教材。

为了保证本书作为教材的稳定性与特色,《国际物流实务(第四版)》基本保留了第三版的体系与特色,仍然将教材的整体框架分为国际物流概述(含国际物流系统与国际物流网络、与国际物流相关的国际贸易业务)、国际物流业务运作和国际物流服务与管理三大模块。在国际物流业务运作模块分别按两条主线进行阐述:一条是按照国际物流相关的功能展开,如阐述包装、仓储、理货、货物的报检与通关、货物的运输组织;另一条是从物资输送方式角度阐述了海运物流、空运物流、铁路联运物流、集装箱与多式联运物流等主要的国际物流形式的业务运作。

本版以基于工作过程的项目驱动作为课程内容设计的主要方法,更加紧扣本专业课程教学大纲的要求,以应用为目的,以必需、够用为度,充分吸取高职、高专和应用型本科院校在探索培养应用型人才方面取得的成功经验和教学成果来确定课程内容。在编写过程中,我们切实落实“任务驱动、行为引导”“管用、够用、适用”“工学结合”等教学指导思想,突出教材的先进性和实训性。在具体内容上对第三版进行了内容改写,进行了适当的内容增删或调整,使理论阐述更科学、更先进,实务阐述更具操作性、更反映新做法。

全书分 11 个项目任务:认知国际物流与国际贸易;国际物流系统与国际物流网络;国际货物的包装与仓储业务;国际货物运输的组织与代理;国际货物的报检与报关; 国际海运物流;国际空运物流;国际铁路物流;集装箱与国际多式联运物流;保税物流、跨境电商物流;国际物流服务与管理。

每个项目任务我们设有项目要求、项目情景、知识模块、任务解析、个案分析、复习思考题六个板块。以项目情景引出需要完成的任务,并在本项目中解析任务。知识模块阐述完成项目任务要求所应知应会的知识与技能。为方便学生学习,每个项目还大量运用了图表、案例、例题及链接、注释等形式进行说明,并对个案分析提供了参考答案。本书教学用 PPT 请与首都经济贸易大学出版社联系。

由于本书注重国际物流知识的实用性与操作性,除可作为高校教材外,也可作为国际物流、国际货运代理的培训用书,同时也适合国际贸易、国际物流、国际货运代理人员在工作实践中学习与参考。

本书由顾永才、王斌义任主编，陈幼端、高倩倩任副主编。参加编写与资料收集工作的还有侯玉翠、熊利蓉、周诗鸿、陈加强、徐凯、苏倩倩、徐培中、段凡秀、林玉枝、吴海燕等。在写作过程中，我们参考了许多文献，特向文献作者表示由衷的感谢。本书的策划与写作得到了首都经济贸易大学出版社杨玲社长与责任编辑的大力支持。由于我们水平有限，书中如有不当与遗漏之处，敬请读者批评指正。

编 者

目 录

项目任务一　认知国际物流与国际贸易

项目要求

(1)理解国际物流的含义、形式与特点,以及与国际贸易的关系;

(2)掌握与国际物流相关的国际贸易业务;

(3)掌握国际货运服务委托合同的主要内容并能在实际工作中应用。

项目情景

美国联合包裹(UPS)是从事信函、文件及包裹快速传递业务的公司,它除了自身拥有几百架货物运输飞机之外,还租用了几百架货物运输飞机,每天运输量达1 000多万件。UPS在全世界建立了10多个航空运输的中转中心,在200多个国家和地区建立了几万个快递中心。UPS的员工达到几十万人,年营业额可达几百亿美元,在世界快递公司中享有较高的声誉。UPS在世界各国和地区均取得了进出的航空权,在中国,它建立了许多快递中心,公司充分利用高科技手段,树立了迅速安全、物流服务内容广泛的完美形象。

M公司是一家生产红木家具的知名企业,产品在国内外都非常畅销。近期M公司接到一份来自美国的重要订单,M公司的总经理要求物流经理尽快寻找一家合格的物流公司来承运这批货物。经过招标过程,最终选择了UPS作为这批货物的承运商。为此,运输经理将代表M公司与UPS签订一份国际货运委托服务合同。

任务1:UPS是否是一家国际物流企业?

任务2:M公司将红木家具出口到美国,需要经过哪些贸易运作程序?

任务3:M公司与UPS签订一份国际货运委托服务合同,该货运委托服务合同中应包括哪些主要内容?

任务4:为了避免日后产生运输纠纷,M公司与UPS各自的权利和义务是什么?

知识模块

单元一　国际物流的含义、特点及基本形式

国际物流是在国际贸易产生和发展的基础上发展起来的。随着生产的国际化和国际分工的深化,国际物流从国际贸易中分离了出来。国际物流是相对于国内物流而言的一个概念,是物流国际化发展的重要领域。国际物流学主要研究如何根据国际分工协作的原则,依照国际惯例,利用国际化的物流网络、物流设施和物流技术,实现货物在国际流动的效率与效益的最优化,促进区域经济发展和世界资源的快速、优化配置。

一、国际物流的内涵

自从人类出现生产与交换，物流活动也就随之产生了。第二次世界大战后各国间的经济交往越来越活跃，国际贸易量剧增以及跨国公司的全球化经营战略，对传统的货物运输提出了新的要求，物流进入了国际化发展的轨道。

（一）物流的含义

经济运行通常由生产、流通和消费组成，在生产和消费之间存在着空间阻隔（生产地和消费地不同）、时间阻隔（生产时间和消费时间不同）、所有权阻隔（生产者和消费者不同），但流通可以消除生产和消费之间的这些阻隔，并将它们联系起来。解决前两方面的问题形成了“物流”，解决第三方面的问题便形成了“商流”，如图 1－1 所示。人们对物流的最早认识是从流通领域开始的。

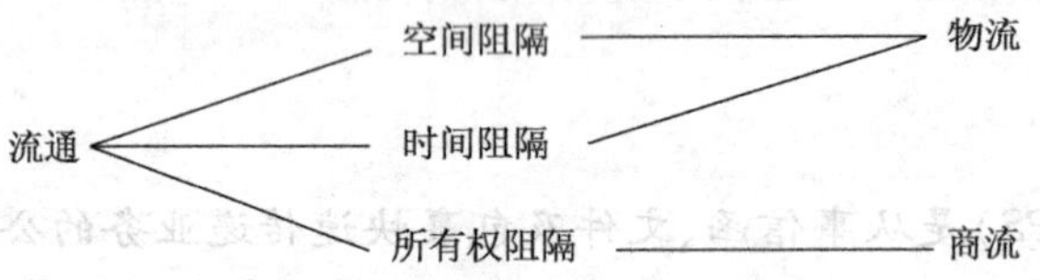

图 1－1　流通、物流与商流的关系

随着社会的发展以及生产方式的多样化和分工的专业化，人们要实现“物”的交换，于是有了“物”的流通；在“物”的流通过程中，人们因为要实现“物”的所有权转换，就有了“商流”；为了实现“物”的使用价值，就有了“物”由生产地向消费地的转移，从而就产生了“物流”的过程。

不同时期人们对于物流有不同的定义，对物流概念和理论的研究是一个螺旋上升、不断深入的过程。20 世纪 80 年代以来，物流一词的英文表述已由“Physical Distribution”（简称 PD，译成汉语是“实物分配”或“实物分拨”“货物配送”）变为了“Logistics”①。物流管理从最初孤立地看待配送、运输和仓储等各个环节，发展到从总成本角度综合考虑实物分配中的储运等各项活动，到整合企业原材料、半成品和产成品的储运等各环节的管理，提出一体化物流管理的概念，进而发展到 20 世纪 90 年代把物流管理与供应链管理思想相结合，把服务、信息处理融入物流管理的范围中。

1998 年，美国物流管理协会（Council of Logistics Management，CLM）对物流（Logistics）的定义是：“物流是供应链活动的一部分，是为满足顾客需要对商品、服务及相关信息从产地到消费地高效、低成本流动和储存而进行的规划、实施、控制过程。”（Logistics is that part of the supply chain process that plans，implements，and controls the efficient，effective flow and storage of goods，services，and related information from the point of origin to the point of consumption in order to meet customers’ requirements.）

《中华人民共和国国家标准物流术语》对物流的定义为：“物品从供应地向接受地的实体流动过程。根据实际需要，将运输、储存、装卸、搬运、包装、流通加工、配送、信息处理等基本功能实施有机结合。”这一物流定义与美国物流管理协会（1998 年）对物流的新定义的主

① 英文中的 Logistics 一词来源于法语中的 Logistique，原意是指拿破仑军队中负责安置部队、为战马搜寻粮草的军官。从中可以看出物流实际上是从军事后勤学发展起来的。

要内容是基本一致的。

结合物流管理思想的发展，我们为物流所做的定义是：物流是供应链[①]（Supply Chain）活动的一部分，是将信息、采购、运输、仓储、保管、装卸搬运以及包装等物流活动综合起来的一种新型的集成式管理，其任务是尽可能降低物流的总成本，为顾客提供最好的服务。从表面上看，尽管物流是采购、检验、仓储、保管、流通加工、分类、盘点、装卸搬运、输送、客户服务、订单处理和成本管理等涉及物从原材料地到最终消费者的一系列活动，但从根本上讲这是企业利润的流动。它可能是创造企业利润的源泉，也可能是吞噬企业利润的"无底黑洞"。如今，物流管理已逐步成为企业在市场中获取和保持竞争优势的有力手段。它构成了企业价值链的基础活动，是生产流通企业的第三利润源泉，是企业取得竞争优势的关键。

（二）国际物流的含义

第二次世界大战以后，国际上的经济交往越来越活跃，国际贸易量剧增，跨国公司的全球化经营战略对传统的货物运输提出了新的要求，物流进入国际化发展的轨道。由于国际分工的日益细化和专业化，任何国家都不能包揽一切专业分工，因而必须有国际合作与交流，随之而来的国际商品、物资的流动便形成了国际物流。

国际物流的兴起具有深刻的经济社会背景。从宏观上来说，经济全球化的发展是国际物流兴起与发展的有力推动因素；从微观上说，企业的国际化经营和跨国公司的发展带来的生产经营全球化、专业分工的深化、供应链模式的改变均促进了国际物流的兴起。上述宏观和微观两个因素促使物流需求和质量发生变化，导致了国际物流的兴起与发展。

经济全球化的最大特点就是越来越多的生产经营活动和资源配置过程开始在整个世界范围内进行，这就构成了物流国际化的重要基础。全球化的商品生产和流动带来了越来越大的国际物流需求；全球化的信息网络和金融资本市场为国际物流提供了良好的基础，把当代国际物流带入了一个高效率、低成本、便利化的新时代。

知识链接

企业在全球化范围内组织生产具有的优势

企业在全球化范围内组织生产具有如下优势：①可以更好地接近目标市场，满足当地消费者的需求；②可以获取资源优势，降低生产成本；③可以避开东道国的贸易壁垒限制，更顺利地进入国际市场；④可以降低物流费用，降低成本，提升产品的国际竞争力；⑤可以获取先进的技术和管理经验；⑥可以获得东道国的优惠政策。

随着经济的全球化和竞争的国际化，全球性的跨国企业也应运而生。跨国公司的生产活动主要在母公司所在国与子公司所在地的东道国之间进行。由于对原材料、半成品的需要和产品销售的需要，跨国公司的经营活动通过国际贸易扩大到了第三国。国际物流即在国家间使跨国公司的生产、经营和贸易活动得以最终实现。

---

① 供应链包含"供"与"需"两方面，亦可理解为"供需链"。"需方"与"供方"的对应关系称为供应链。物流连接供应链的各个企业，是企业间合作的纽带，它从供方开始，沿着各个环节向需方移动。因此，人们把供应链理解为一条从供应商到用户的物流链。

知识链接

跨国公司促进国际物流的兴起与发展的主要表现

跨国公司促进国际物流的兴起与发展主要表现在如下几个方面：①跨国公司的直接投资和内部贸易促进了大量的货运需求。②跨国公司的发展对国际物流提出了更高的质量要求，包括交货时间、运送速度、运送质量、运输费用及服务。③跨国公司不同的购销渠道和货源影响着运输货流的走向、航线的配置以及设施的规模和规格。④跨国公司对国际运输的直接需求使其直接进入和经营国际物流业。为适应跨国公司全球战略对国际运输的需要，跨国运输集团将成为未来国际运输业发展的主要模式之一。

广义的国际物流的研究范围包括国际贸易物流、非贸易国际物流、国际物流合作、国际物流投资、国际物流交流等领域。其中，国际贸易物流主要是指组织货物在国际的合理流动；非贸易国际物流典型的有国际展览与展品物流、国际邮政物流等；国际物流合作是指不同国别的企业共同完成重大的国际经济技术项目的国际物流；国际物流投资是指不同国别的物流企业共同投资组建国际物流企业；国际物流交流则主要是指在物流科学、技术、教育、培训和管理方面的国际交流。

狭义的国际物流（International Logistics，IL）主要是指国际贸易物流，即组织货物在国际的合理流动，也就是指发生在不同国家之间的物流。本书所阐述的国际物流不涉及国际物流投资、国际物流合作等方面，因此，本书所阐述的国际物流主要是指国际贸易方面的物流，即狭义的国际物流。其定义为：国际物流是指原材料、在制品、半成品和制成品在国与国之间的流动和转移，是国内物流的延伸和进一步扩展，是跨国界的、流通范围扩大的物的流通。例如，德国有一家专门经营服装的公司，有 4 000 家专卖店，分布在 50 个国家，每年销售的服装约 5 000 万件。其总部在德国，所有的工作都是通过 60 家代理商进行。若中国某一专卖店发现某一款式的服装需要补货，立即通知所指定的某一代理商，该代理商立即将此信息通知德国总部，德国总部再把这一信息反馈给配送中心，配送中心便根据专卖店的需求在一定的时间内进行打包、组配和送货，整个国际物流过程可在 10 天内完成。

国际物流常规流程结构可简化为图 1－2①。

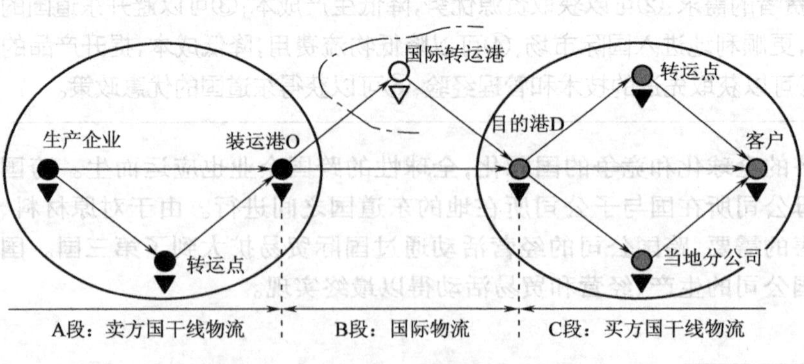

图 1－2　国际物流常规流程结构简图

① 周道平，李刚. 国际物流成本模型及优化对策研究[J]. 交通运输系统工程与信息，2009(1).

从图 1－2 来看，一般情况下，一个具体的国际物流常规流程分为 A 段、B 段和 C 段，分别为卖方国干线物流、国际物流和买方国干线物流。在 A 段（卖方国干线物流段），生产企业可通过多种途径将出口货物运抵装运港 O，如直达运输或集结后再转运。在 B 段（国际物流段），可以从装运港 O 直接运抵目的港 D，也可能通过国际转运港进行中转。在 C 段（买方国干线物流段），为了把货物交到最终客户手里，也会有多种方式，比如：直接拨交；通过自有或第三方仓库暂时集结后再转运给客户；通过生产企业在买方国的本地工厂进行拆分或加工后再送给客户。

这种狭义的国际物流活动主要由以下四部分组成。

一是商品的全球采购，如商品进口和出口。

二是与国际物流相关的国内物流，如国内运输、仓储、货运保险、包装。

三是口岸物流，如海关仓库、集装箱场站作业、集装箱货物装卸、组配、加工等。

四是国际运输、货运保险、转运货物、过境货物的报检与报关等。

上述国际物流活动的主要参与者如图 1－3 所示。

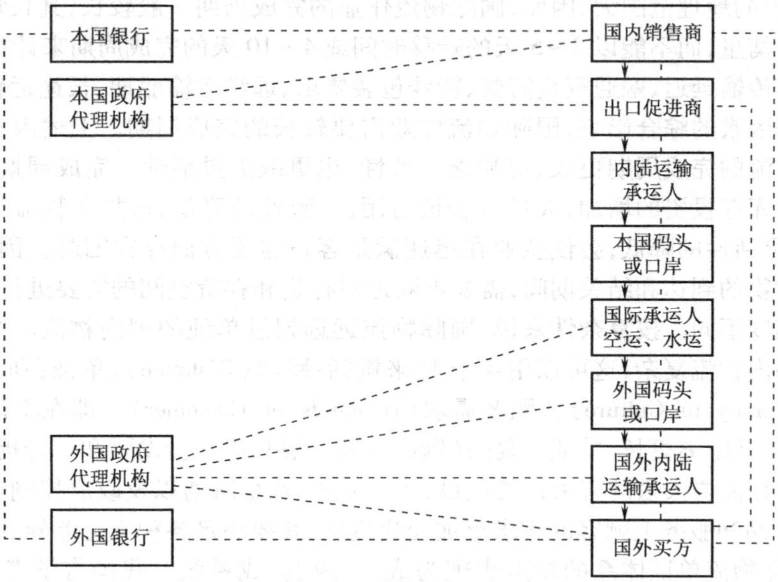

图 1－3　国际物流活动的主要参与者

国际物流实质上是按国际分工协作的原则，依照国际惯例，利用国际化的物流网络、物流设施和物流技术，实现货物在国家间的流动和交换，以促进区域经济的发展和世界资源的优化配置。国际物流的总目标是为国际贸易和跨国经营服务，即选择最佳的方式和路径，以最低的费用和最小的风险，保质、保量、适时地将货物从某国的供应方运到另一国的需求方。

二、国际物流的特点

国际物流是相对于国内物流而言的一个概念，但实际上，要将国际物流的运作方法与国内物流的运作方法进行严格区分也不太容易。国际物流与国内物流有许多相似的地方，它们都具有现代物流的共性，但它们也有许多不同之处，国际物流具有自己本身的特点，并且当前国际物流的发展呈现出了一系列新的特点和发展趋势。

(一)国际物流与国内物流的联系与区别

国际物流与国内物流是根据物流活动的区域大小或活动的空间范围来区分的。国际物流与国内物流往往是不可分割的。国际物流是国内物流越过国境或关境,在两个以上的国家(地区)或全球范围内开展的物流,但国际物流在货物出境前和入境后与国内物流基本相同,基本原理也相同。

国际物流与国内物流的区别主要表现在以下几个方面。

1. 需要国际贸易中间人。与国内物流不同,国际物流跨越国界。在国际物流系统中,很少有企业能单独依靠自身力量办理和完成进出口货物的各项业务工作,因此国际物流过程离不开贸易中间人,即专门从事商品使用价值转移活动的业务机构或代理人。例如,国际货物的运输是通过国际货物运输服务公司代理货物的进出口运输,此外,报关行、进出口贸易公司和进出口经纪人等也接受企业委托,代理与货物有关的各项业务。是否涉及国际贸易中间人是国际物流与国内物流的一个重要区别。

2. 完成周期长短不同。这是国际物流与国内物流的主要区别。由于国际物流系统涉及多个国家,系统的地理范围大,因而,国际物流作业的完成周期一般较长,其长短通常要以周或月为单位来衡量,而不能以 3 ~5 天的转移时间或 4 ~10 天的完成周期来计算。

由于通信传输延迟、融通资金需要、特殊包装要求、远洋运输船期、长途运输时间以及海关结关手续等因素的综合影响,国际物流作业需要较长的完成周期。上述因素导致了国际物流比国内物流的完成周期更长、更缺乏一致性,也更缺少灵活性。完成周期的延长,会导致物流过程中库存投资的增加,大量资金被占用;一致性的降低,增加了物流计划和物流工作的难度;而灵活性的降低,会使企业在迅速满足客户需要方面存在困难。因此,在等待国际装运交付货物的到达和结关期间,需要不断地对存货和存货空间的需要进行评估。

3. 复杂程度不同。按复杂性来说,国际物流远远超过单纯的国内物流。全球物流运作的环境远比国内物流复杂,这可以用 4 个 D 来概括:距离(Distance)、单证(Documentation)、文化差异(Diversity in Culture)和顾客需求(Demands of Customer)。即在不同的国家和地区之间,物流活动距离更长、单证更复杂(国内作业一般只用一份发票和一份提单就能完成,而国际作业往往需要大量的有关订货项目、运输方式、资金融通以及政府控制等方面的单证和文件)、在产品和服务上顾客的需求更加变化莫测,并要满足各种文化差异的需要。

其中,国际物流单证体系的特点表现为成组、成套、成系统。我国有学者用"三层二分法"将国际物流单证体系的结构归纳为图 1 -4 所示的体系①。

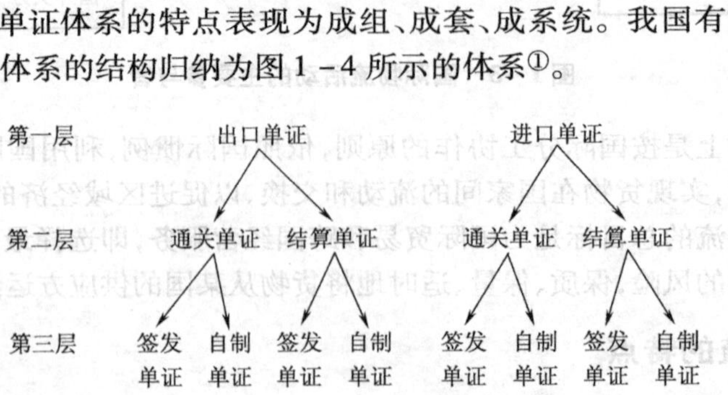

图 1 -4 国际物流单证的体系结构

① 戴正翔. 国际物流单证实训教程[M]. 北京:北京交通大学出版社,2009:1.

第一层是根据货物的流向不同分为进口单证和出口单证两个单证体系；第二层是根据运作的目的不同分为通关单证和结算单证两套单证；第三层是根据各运作环节单证性质的不同分为签发单证和自制单证两类单证。其中，签发单证的机构或组织是多样的，大体上有三类：一是官方机构，如商务主管部门、检验检疫机构、海关、国外领事馆等；二是半官方的组织，如对外贸易促进会、商会等；三是物流企业及相关关系人，如船务公司、航空公司、铁路运输部门、货运代理等。自制单证主要是进出口人自己填制的单据以及部分官方或民间组织印制的表格。

4. 需要繁杂的贸易和通关手续。国际物流与国内物流的不同之处在于存在着国境，因而需要繁杂的贸易和通关手续。与国内物流相比，国际物流一般空间间隔比较大，因此，供需双方对缩减运输时间的愿望非常迫切，简化贸易和通关手续、缩短处理时间是十分必要的。通过贸易和通关手续的简单化、标准化及推进电子数据交换系统，可以大大缩短过境时间。随着全球化进程的加快，签署地域之间自由贸易协定不断增加，其目的在于减少过境的时间和成本。

5. 系统一体化程度不同。由于每一个国家的作业都可以被看作是一个独立而又自治的合法整体，所以造成国际物流协作有一定的困难，由此所导致的成本费用就会使跨国企业的竞争能力受到抑制。因此，第三方物流在作业上的差异要求企业加强整个系统一体化的作业协调，包括发送订货的能力，以及要求使用电子数据交换（EDI）方式在世界上任何地方从事存货管理的能力。这就要求物流企业应具备一体化的全球物流信息系统。

6. 更需要物流联盟。物流企业与承运人和专业化服务供应商的联盟对于国际物流作业来说比对于国内物流作业更加重要。如果没有联盟，一个从事国际作业的企业，就必须与全世界的零售商、批发商、制造商、供应商以及服务供应商保持合同关系，而维持这种合同关系是需要花费大量时间的。国际联盟能够提供市场通道和专业人员，并且减少在全球物流作业中的潜在风险。

（二）国际物流的主要特点

总的来讲，国际物流使各国物流系统相互“接轨”，因而与国内物流系统相比，国际物流具有市场广阔、物流渠道长、高复杂性、高风险性、运输方式选择和组合的多样性等特点。

1. 国际物流的市场广阔。国际物流是跨国界的物流活动，市场广阔。全世界有约200个国家和地区，人口约70亿。这样一个范围和人口的市场是任何一个国家的国内市场所不能比拟的。此外，国际物流的需求层次多，或者说国际物流面对的是一个多层次、多维体的市场。由于种族、习惯及经济水平的差异，各国及各地区的需求层次和数量有较大差别，这为更多经济交易的开展提供了必备的条件。从市场营销的角度看，这是形成有效市场的基本前提。

2. 物流渠道长、物流环节多。国际物流需要跨越多个国家和地区、跨越海洋和大陆，运输距离长，物流渠道长，还需要经过报关、商检等业务环节。这就需要在物流运营过程中合理选择运输路线和运输方式，尽量缩短运输距离，缩短商品在途时间，合理组织物流过程中的各个业务环节，加速商品的周转并降低物流成本。

3. 国际物流的复杂性。国际物流的复杂性主要包括国际物流通信系统设置的复杂性、法规环境的差异性和商业现状的差异性等。在国际的经济活动中，生产、流通、消费三个环节之间存在着密切的联系。由于各国社会制度、自然环境、经营管理方法和生产习惯的不同，一些因素的变动较大，因而在国际组织货物进行从生产到消费的合理流动，是一项复杂的工作。不同国家的物流适用法律的不同使国际物流的复杂性远高于一国的国内物流，甚至会阻断国际物流；不同国家的不同经济和科技发展水平则会造成国际物流处于不同科技条件的支撑下，甚至有些地区根本无法应用某些技术，从而迫使国际物流系统的总水平下降；不同国家的不同标准，也造成了国际"接轨"的困难，因而使国际物流系统难以建立；不同国家的不同人文环境也使国际物流受到了很大局限。可见，由于物流环境的差异，一个国际物流系统需要在几个不同法律、人文、语言、科技、社会标准的环境下运行，这些无疑会大大增加物流的难度和系统的复杂性。

4. 国际物流的高风险性。物流本身的功能要素和系统与外界的沟通就已经很复杂了，而国际物流又在这一复杂系统上增加了不同国家的因素，这不仅导致了地域和空间的广阔，而且还使所涉及的内外因素更多，所需时间更长。这些因素带来的直接后果是难度和复杂性的增加，即风险增大。国际物流的风险性主要包括政治风险、经济风险和自然风险。政治风险主要指由于所经过国家的政局动荡，如罢工、战争等原因造成商品可能受到损害或灭失；经济风险又可分为汇率风险和利率风险，主要指从事国际物流必然要发生的资金流动，因而产生汇率风险和利率风险；自然风险则指物流过程中，可能因自然因素，如海风、暴雨等，而引起的商品延迟、商品破损等风险。

5. 国际物流以远洋运输为主，多种运输方式组合。与国内物流相比，国际物流以远洋运输为主，并由多种运输方式组合。运输方式选择和组合的多样性是国际物流的一个显著特征。海运是国际物流运输中最普遍的方式，特别是远洋运输更是国际物流的重要手段。谁能提高远洋运输效率，降低远洋运输成本，谁就能在国际物流竞争中占有优势地位。近年来，在国际物流活动中，"门到门"的运输组织方式越来越受到货主的欢迎，这使得能满足这种需求的国际综合运输方式得到迅速发展，逐渐成为国际物流中运输的主流。

三、国际物流的分类与基本形式

国际物流的分类与基本形式多种多样。

（一）国际物流的分类

国际物流的分类可用图1－5来简单表示。

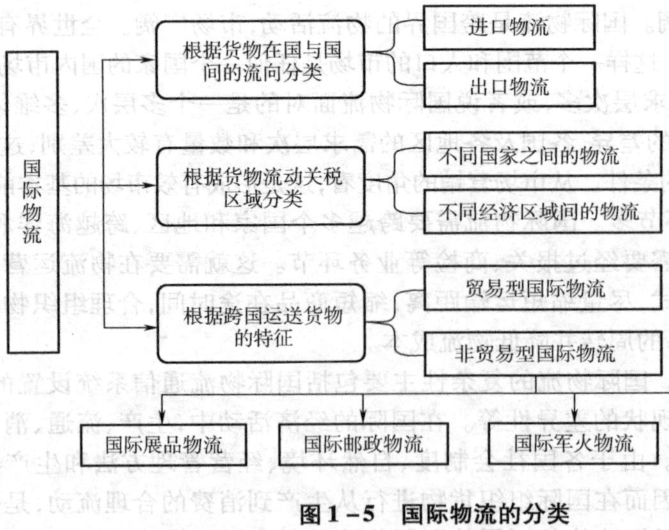

图1－5　国际物流的分类

其一，根据货物在国与国之间的流向，可以将国际物流区分为进口物流和出口物流。当国际物流服务于一国的货物进口时，即可称为进口物流；而当国际物流服务于一国的货物出口时，则可称为出口物流。由于各国在物流进出口政策，特别是海关管理制度上的差异，进口物流与出口物流相比，既有交叉的业务环节，也存在不同的业务环节，需要区别对待。

其二，根据货物流动的关税区域，可以将国际物流区分为不同国家之间的物流和不同经济区域之间的物流。区域经济的发展是当今世界经济发展的一大特征。比如欧盟很多成员国属于同一关税区，其成员国之间物流运作与欧盟成员国和其他国家或经济区域间的物流运作在方式和环节上都有很大的差异。

其三，根据跨国运送的货物的特征，可以将国际物流区分为贸易型国际物流和非贸易型国际物流。非贸易型国际物流有国际军火物流、国际邮品物流、国际捐助或救助物资物流、国际展品物流、国际逆向物流①等。

（二）国际物流的基本形式

国际物流的总目标是为国际贸易和跨国经营服务，即选择最佳的方式与路径，以最低的费用和最小的风险，保质、保量、适时地将货物从某国的供方运到另一国的需方。如何将货物从某国的供方运到另一国的需方？我们可以从国际物流的形成和物资输送方式两个方面来阐述国际物流的基本形式。

1. 从国际物流的形成看国际物流的形式。国际物流可由国际工商企业自营，也可由专业国际物流公司运营。从国际物流的形成看，国际物流的形式主要有以下 6 种。

其一，工厂企业通过出口部门，向进口国出口产品。

其二，商业公司等出口部门，在进口国设置分公司或其他驻外机构，进行销售活动。

其三，工厂企业与进口部门直接交易，组织物资出口。

其四，工厂企业在进口国设置驻外机构，将商品部件出口，在进口国内组装或进行其他加工。

其五，工厂企业在进口国设立工厂，其原材料基本在进口国内解决，少部分从出口国输入。

其六，国际物流公司专业运营，即为国际贸易和跨国经营提供专业化服务，提高服务效率，使工商企业得以集中其核心竞争力。

2. 从物资输送方式看国际物流的形式。从物资输送方式看，国际物流的形式主要有以下 6 种。

其一，陆运物流（含公路和铁路联运物流）。陆地相邻国家，通常采取陆路运送货物的方式，运输工具主要有火车和卡车等。

其二，海运物流。国际物流大部分的货物是通过海上运送完成的，运输工具主要是各种船舶。

其三，空运物流。贵重和数量小的货物，为了争取时效，往往可采用专门的运输机或普通客机搭乘方式完成航空运货任务。

其四，管道物流。这是借助高压气泵的压力将管道内的货物输送到目的地的一种运输方式。管道输送的介质已由常见的石油、天然气延伸到煤炭、铁矿石等。

其五，多式联运物流，即按照多式联运合同，以至少两种不同的运输方式，由多式联运经营人把货物从一国境内接运货物的地点运至另一国境内指定交付货物的地点。

① 国际逆向物流指对国际贸易中回流的商品进行改造和重修的活动，包括循环利用容器和包装材料、退货、调货等。

其六,邮运物流,即以邮运包裹的方式对数量不多的国际货物采用的输送手段。其具体运输方式不定,但主要以航空运输、陆路运输为主。

单元二　国际物流与国际贸易的关系

国际商品的流动体现了商流和物流的统一。国际物流是在国际贸易产生和发展的基础上发展起来的。随着生产的国际化、国际分工的深化,国际物流从国际贸易中分离出来。当今,发展国际物流是发展国际贸易的必要条件。

一、国际贸易的含义与分类

国际贸易(International Trade, International Business, Foreign Trade, Overseas Trade),通常是指国与国之间的团体、组织(如企业或公司)或个人所进行的商品(货物)、技术或服务的买卖或交换行为,是国际分工的具体体现,同时也表明各国间经济上的相互依赖或相互补充,它是经济全球化或区域一体化的表现形式之一。比如,以一个国家或地区为主体,其与另一些国家或地区所进行的商品、服务的买卖或交换即为该国或该地区的对外贸易。作为出口方来说,其输出商品和服务被称为出口贸易;作为进口方来说,其输入商品和服务即为进口贸易。所以,对外贸易又被称为进出口贸易或输出入贸易。有些海岛国家如英国、日本等,常用海外贸易(Overseas Trade)来表示对外贸易。

传统的国际贸易和对外贸易仅指有形商品的交换,即人们通常所说的狭义的国际贸易和对外贸易。而广义的国际贸易和对外贸易,则包括了商品和劳务的交换,分为有形商品贸易(Visible Trade)和无形商品贸易(Invisible Trade)。有形商品贸易是指有形的、可以看得见的商品的贸易;无形商品贸易是指无形商品即劳务的输出与输入,如运输、保险、金融、旅游、租赁、技术等劳务的交换活动,它们在通过一国海关时不必申报,也不列入海关统计。具体地讲,无形商品贸易包括:伴随着实物商品和人的国际移动而发生的劳务收支,如货物运输费、保险费、客运费、旅游费用等;由资本的国际移动而产生的投资收益项目,如利润、利息、红利、租金等;驻外机构经费、侨民汇款、专利费等其他收支项目。世界无形商品贸易主要分为国际服务贸易和国际技术贸易两大类。国际服务贸易构成国际无形商品贸易的主体,主要是指跨越国境的服务和消费以及各种生产要素的跨国境移动。

国际物流组织货物在国际的合理流动,因而主要是与国际货物贸易相关,即与狭义的国际贸易和对外贸易相关。

作为一个统称的国际贸易,其分类各种各样,常见的分类方法如表1-1所示。

表1-1　国际贸易的分类

分类方法	国际贸易的分类名称
按商品的形式不同	有形贸易(国际货物贸易)、无形贸易(国际服务贸易、国际技术贸易)
按货物移动的方向不同	出口贸易、进口贸易、过境贸易(直接过境贸易、间接过境贸易)
按进出国境与进出关境的不同①	总贸易、专门贸易

① 一般情况下,几个国家间缔结关税同盟时,关境 > 国境;在国境内开设自由港、自由贸易区、出口加工区时,关境 < 国境;无上述两种情况时,关境 = 国境。总贸易统计货物进出口以国境为标准;专门贸易统计货物进出口以关境为标准。如果外国货物进入国境后,暂时存在保税仓库,不进入关境,一律不列为专门进口。

续表

分类方法	国际贸易的分类名称
按贸易是否有第三者参加	直接贸易、间接贸易、转口贸易
按货物运送方式不同	陆路贸易、海路贸易、空运贸易、邮购贸易
按贸易方式(即具体做法)不同	一般贸易、包销、寄售、拍卖、加工贸易、合作生产、易货贸易、补偿贸易、租赁贸易等

二、国际贸易与国际物流的关系

国际贸易与国际物流之间有着密切的关系。国际贸易中的商品流动涉及跨国界的国际物流运作。进出口双方在相互交易磋商之后签订了进出口合同，出口方在组织货源时需要依托国内物流进行供应和生产，组织货源完毕后还需要国内物流将货物集港，出口报关后依靠海、陆、空三方面的出口运输将货物送达。而进口方也重复相同的物流作业流程，将产品送达最终的用户或者配送中心。国际贸易和国际物流是国际经济的两个方面：国际贸易实现商品所有权转移；国际物流实现商品的实体转移。

国际贸易和国际物流二者相互依赖、相互促进和相互制约。国际贸易促进了国际物流的产生与发展，国际贸易的发展促进了国际物流的产生和不断完善，同时也对国际物流不断地提出新的需求。国际物流是开展国际贸易的必要条件，国际物流的发展程度也直接影响到国际贸易的交易成本以及发展速度，国际贸易的进一步发展需要国际物流的支持。如果国际物流的发展无法跟上国际贸易发展的脚步，将会大大阻碍国际贸易的纵深发展。因此，高效的国际物流系统成为国际贸易持续发展的保证。

(一)国际贸易促进了国际物流的产生与发展

国际贸易是国际物流产生与发展的前提，国际物流是随国际贸易的产生与发展而产生与发展的。因国际贸易而产生了国际物流，并且促进了其向现代化国际物流的发展。

1. 国际贸易促进了国际物流的产生。如果没有国际贸易，也就没有商品的国际流动，因此也就不需要有国际物流。但如果没有国际物流的支持，商品无法在国家间进行移动，国际贸易也就无法完成。因此，国际贸易必然会推动国际物流的产生。第二次世界大战以后，出于恢复重建工作的需要，各国积极研究和应用新技术、新方法，实现了生产力的迅速发展，世界经济呈现出繁荣兴旺的景象，一些国家和地区资本积累达到了一定程度，本国或本地的市场已不能满足其进一步发展经济的需要，加之交通运输、信息处理及经营管理水平的提高，从而出现了为数众多的跨国公司。跨国经营与国际贸易的发展，促进了物和信息在世界范围内的大量流动和广泛交换，物流国际化成为必然。

2. 国际贸易促进了国际物流的发展。随着国际贸易的发展，贸易双方对国际物流服务的专业化、一体化要求加强，使得国际物流由早期的仅指将货物由一国供应者向另一国需求者的物理性移动，发展成为今天的集采购、包装、运输、储存、搬运、流通加工、配送和信息处理等基本功能于一身的综合性的系统。

国际贸易的发展对国际物流的发展促进主要表现在以下四个方面。

(1)国际贸易的发展促进了国际物流的需求。随着各国间的联系越来越紧密，全球的贸易量也在不断上升，贸易量上升势必带来更多的物流量。国际贸易的发展给国际物流提供了更大的发展空间，也给国际物流的发展以更大的推动力。

(2)国际贸易的发展促进了国际物流技术的进步。物流技术(Logistics Technology)是指物流活动中所采用的自然科学与社会科学方面的理论、方法,以及设施、设备、装置与工艺的总称。国际贸易的发展要求从各个方面降低成本:原材料价格、订单成本、运输价格、库存成本等。这就对国际物流的各个环节提出了新的挑战和要求,促进了国际物流技术上的重大创新和发展。

(3)国际贸易的发展不断对国际物流提出新的要求。世界经济的飞速发展和国际政治格局的风云变幻,使国际贸易不断表现出一些新的趋势和特点,从而也在不断对国际物流提出更新、更高的要求。

其一,质量要求。国际贸易的结构正在发生着巨大变化,传统的初级产品、原料等贸易品种逐步让位于高附加值、精密加工的产品。高附加值、高精密度商品流量的增加,对国际物流工作的质量也提出了更高的要求。此外,国际贸易需求的多样化还造成了物流的多品种、小批量化,这就同时要求国际物流向优质服务和多样化方向发展。

其二,效率要求。国际贸易活动的集中表现就是合约的订立和履行。而国际贸易合约的履行是由国际物流活动来完成的,这就要求通过高效率的物流来履行合约。

其三,安全要求。在组织国际物流、选择运输方式和运输路径时,要密切注意所经地域的气候条件、地理条件,同时还应注意沿途所经国家和地区的政治局势、经济状况等,以防止这些人为因素和不可抗拒的自然力造成货物灭失和损害。

其四,经济要求。国际贸易的特点决定了国际物流的环节多、备运期长。在国际物流领域,控制物流费用以降低成本具有很大潜力。对于国际物流企业来说,选择最佳物流方案、提高物流经济性、降低物流成本、保证服务水平,是提高竞争力的有效途径。

其五,信息化要求。目前,电子贸易、国际电子商务在国际贸易领域得到了广泛应用。为适应现代国际贸易的发展,国际物流企业的运作必须做到反应快速化、功能集成化、作业规范化、目标系统化、手段现代化、组织网络化、服务社会化。

(4)国际贸易的发展推动国际物流的创新,影响国际物流的发展趋势。例如,伴随着国际贸易商经营取向的变革应运而生了国际物流经营的专业化、集约化、电子物流和绿色物流等。由于国际贸易发展到了买方市场,很多贸易商为迎合消费者日益多样化、个性化的产品需求,而采取多样、少量的贸易方式,因而高频度、小批量的配送需求也随之产生。

(二)国际物流的高效有序是国际贸易发展的必要条件和支撑

国际贸易的快速增长与国际物流的发展是分不开的。国际贸易导致了国际物流的诞生,但是,从其诞生之日起,国际物流就开始了自己独立发展的历程,不断发展壮大。国际物流的基础设施是国际贸易的物质基础,国际物流的高效有序是国际贸易发展的必要条件。在国际贸易的发展过程中,只有物流工作做好了,才能将国外客户需要的商品适时、适地、按质、按量、低成本地送到,从而提高本国商品在国际市场上的竞争能力,促进对外贸易。因而,我们说国际物流作为国际贸易的工具和桥梁,是开展国际贸易的必要条件。国际物流在国际贸易中的桥梁作用可用图1-6来表示。

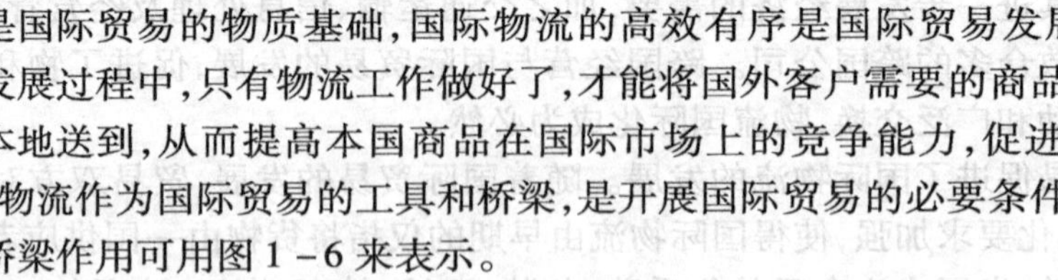

图1-6 国际物流在国际贸易中的桥梁作用

国际物流的发展极大地改善了国际贸易的环境，它为货物的运输、装卸、仓储、信息传输等货物转移的各个环节都提供了便利。例如，它运用科技手段，使信息快速、准确反馈；它确定合理的运输路线，并对运输活动进行有效的管理，采用货物流通的最优渠道，将产品按消费者的需求快速送到消费者手中，提高了服务质量，刺激消费需求，加快了企业对市场的反应速度；它在供应链联结的各企业间实现了资源共享，大大缩短产品的流通周期，加快物流配送速度；它通过规范作业，使贸易过程中延迟交货、送货不及时或货物损坏灭失等不可控制风险大大降低，从而便利各国企业间达成贸易，等等。

从理论上来说，国际物流通过直接与间接两个方面的机制促进国际贸易发展。国际贸易空间上的距离会造成交易上的困难，经济主体为了组织异地交易，必须在寻找伙伴、产品定价及检验等环节上花费运输费用和通信费用，而现代物流的发展过程正是国际贸易交易费用和运输成本不断降低的过程，二者的不断降低直接促进了国际贸易发展。国际物流也可以通过间接作用机制来促进国际贸易。规模经济和生产国际化是国际贸易发展的必要条件，规模经济是以产业分工、资产专用性及开发市场为前提的，当市场受到物流产业水平限制而容量狭小时，产业分工就无法深入，规模经济就难以实现。现代物流的发展使交易费用和运输成本不断降低，市场容量得到不断扩大，进而带来规模经济和生产国际化，有利于促进国际贸易发展。

从实践来看，低效率的物流体系会成为国际贸易发展的瓶颈，从事国际贸易带来的利益会被巨大的流通费用开支所抵消。高效的物流系统为国际贸易不断发展提供了有力支持，使各国参与贸易的利益提高，使更多的非贸易品变为贸易品，成为国际贸易持续发展的保证。因此，国际物流已成为影响和制约国际贸易进一步发展的重要因素。

单元三　与国际物流相关的国际贸易业务

由于国际物流与国际贸易协同相连，因此，要开展国际物流，国际物流人员就必须掌握国际贸易的相关知识，尤其是国际贸易实务知识与技能。对于一些推行国际化战略的企业和跨国公司，如果自营国际物流业务，则既要开展国际贸易，又要开展国际物流，这些企业的管理人员和物流人员就既要懂国际贸易专业知识，又要懂国际物流专业知识。对于开展国际第三方物流的企业来说，物流人员只有掌握与国际物流相关的贸易业务，才能更好地为客户服务，帮助客户实现国际贸易和跨国经营的目标。

本单元阐述与国际物流相关的贸易实务，主要包括进出口贸易的程序、进出口合同的履行和国际贸易结算。对于已学习过“国际贸易实务”课程的学生，本节可略讲或作归纳式的复习①。

一、国际贸易运作的基本程序与内容

国际物流从业人员不仅要对进出口贸易的总体运作程序有一个概括的了解，而且还要熟悉并能操作自己代理的贸易合同履约环节的各种业务。由于在学习本课程以前，大家先修过“国际贸易”“国际贸易实务”等课程，因此这里仅对国际货物进出口交易的基本程序进

① 一些高职院校的物流专业如果没有开设“国际贸易实务”课程，本单元的内容可由任课教师根据实际情况进行补充。

行归纳式的回顾与总结。

(一)国际贸易运作的基本程序

一笔具体的进出口交易,通常是在市场调研的基础上在目标市场上寻找潜在的交易对象,由进出口商的一方向潜在的客户发函或面洽从而开始建立业务关系,其后经过询盘、发盘、还盘、接受等磋商过程,最终达成交易,并履行合同(见图1-7)。

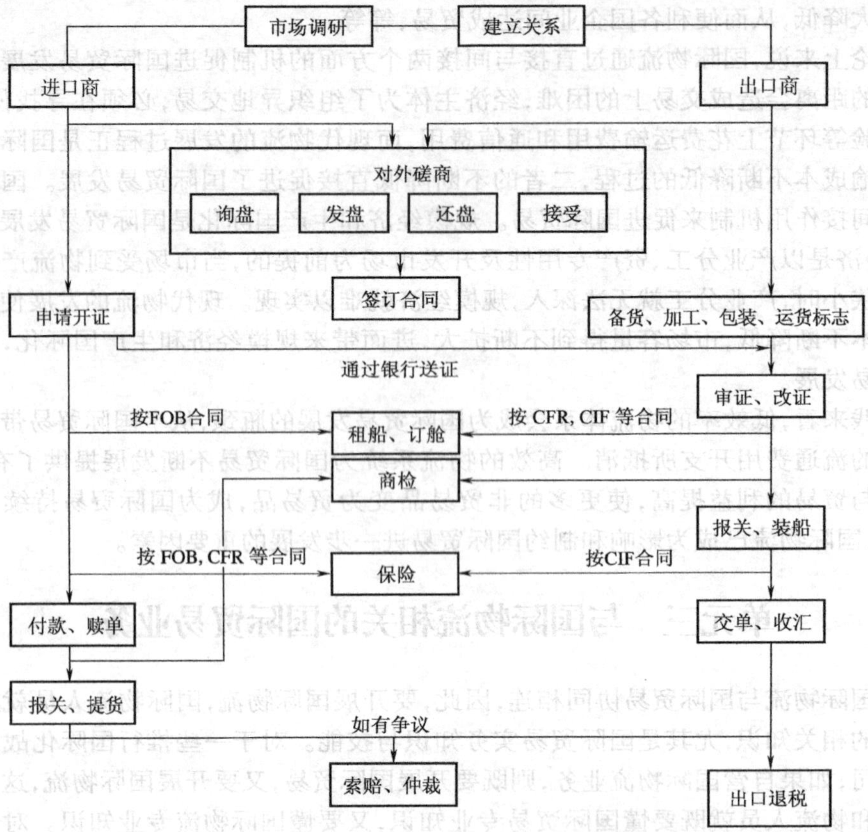

图1-7 信用证方式下国际贸易运作的基本程序

国际货物交易活动包括商品的进口和出口两方面。商品从生产加工开始到销往国外的消费者手中需要经过一系列过程,经过许多业务环节,而且每一个业务环节之间密切相连。无论出口还是进口,从基本业务程序看,国际货物交易大致可以分为以下四个阶段。

1. 交易前的准备工作阶段。交易前的准备工作主要包括如下几个方面:一般来说,进(出)口商通常在寻找新的出(进)口商前,会先根据本方的营销策略,对潜在市场的基本情况进行一些调查了解。如果潜在市场的基本情况符合企业的要求,就将这个市场定为目标市场,并在目标市场上寻找潜在客户作为交易对象,在对客户进行资信调查的基础上与之建立业务关系,制订进出口商品的经营方案或价格方案,申请进出口许可证[①],落实货源,并开

① 进出口许可证是由商务部代表国家统一签发的、批准某项商品进出口的具有法律效力的证明文件,也是海关查验放行进出口货物和银行办理结汇的依据。

展广告宣传。

2. 交易的洽谈与合同的订立阶段。交易的洽谈（或磋商）一般要经过询盘（Inquiry）、发盘（Offer）、还盘（Counter-offer）、接受（Acceptance）的过程，最后达成一致意见签订合同。在这个过程中，发盘和接受是两个不可缺少的环节。

国际货物买卖合同又称国际货物销售合同（Sales Contract），业务上还称售货确认书（Sales Confirmation）、购货合同（Purchase Contract）等。无论何种称谓，主要是指营业地处于不同国家/地区的当事人之间达成的货物买卖合同，是买卖双方当事人经过磋商交流达成一致意见的真实意思表达的证明。书面买卖合同不论采用何种称谓、何种格式，其基本内容通常由主要条款和一般条款两部分构成。主要条款（也称基本条款）包括：货物名称和规格；成交数量；货物包装和运输标志；单价和总值；装运期；装运口岸；装运通知；投保人、投保险别、投保金额及保险条款；支付工具和方式；单据。一般条款是对合同基本条款的补充说明或作为双方订立的多份合同的共性条款，主要包括商检、索赔、仲裁及不可抗力等项内容。

3. 合同的履行阶段。合同履行程序的繁简取决于所使用的贸易术语和付款方式等。根据各国的法律规定，合同依法成立即具有法律上的约束力，任何一方不得擅自变更或者解除合同。因此，对出口商来说，要一丝不苟地做好审证（催证、改证）、备货、报检、租船订舱、投保（在 CIF 或 CIP 条件下）、报关、装运及制单结汇等一系列工作；对进口商来说，主要应做好开立信用证、租船订舱、办理保险（在 FOB 或 CFR 条件下）、审单付汇、报关接货和验收等工作。

4. 善后处理阶段。在履行合同的复杂环节中，买卖双方很可能由于种种原因不能履行自己的义务，从而发生争议和纠纷。合同当事人为了维护自己的合法权益，往往要援引法律规定来解释合同，主张权利。受损害的一方为了弥补所遭受的损失，会向违约的一方提出赔偿其损害的请求（即索赔），违约的一方应接受对方的索赔并进行处理（即理赔）。在国际经济贸易实践中，解决争议的方法有三种，即协商调解、司法诉讼和提请仲裁。

（二）有关国际贸易运作的法规惯例

国际贸易的方式越来越多样化。除通常采用的单边进口和单边出口之外，还有经销、代理、寄售、展卖、招标与投标、拍卖、期货交易、对销贸易、加工贸易、补偿贸易等多种形式。掌握这些贸易方式的做法、特点及其作用是十分必要的。

国际货物买卖与法律和国际惯例的联系十分密切。实际业务中，将涉及各个国家的法律法规和国际贸易惯例，比如合同法、货物买卖法、票据法、代理法、知识产权保护法等法律规定，特别是《联合国国际货物销售合同公约》《国际贸易术语解释通则》《跟单信用证统一惯例》《托收统一规则》等。

这里仅对《国际贸易术语解释通则》进行简单小结。《国际贸易术语解释通则》（*International Rules for the Interpretation of Trade Terms*，INCOTERMS）是国际商会为统一各种贸易术语的不同解释于 1936 年制定的，随后，为适应国际贸易实践发展的需要，国际商会先后于 1953 年、1967 年、1976 年、1980 年、1990 年、1999 年、2010 年、2019 年对《国际贸易术语解释通则》进行过多次修订和补充。《2020 年国际贸易术语解释通则》阐述了 11 种贸易术语（见表 1－2）。

表 1-2 INCOTERMS 2020 的 11 种贸易术语归纳对比表

贸易术语	交货地点	风险转移界限	出口海关的责任、费用负担者	进口海关的责任、费用负担者	适用的运输方式
EXW	货物产地或卖方所在地	买方处置货物后	买方	买方	所有方式
FCA	出口国内地或港口	承运人处置货物后	卖方	买方	所有方式
FAS	装运港船边	货物交于船边后	卖方	买方	水上运输
FOB	装运港船上	货物装于船舶后	卖方	买方	水上运输
CFR	装运港船上	货物装于船舶后	卖方	买方	水上运输
CIF	装运港船上	货物装于船舶后	卖方	买方	水上运输
CPT	出口国内地或港口	承运人处置货物后	卖方	买方	所有方式
CIP	出口国内地或港口	承运人处置货物后	卖方	买方	所有方式
DPU	卸货地	买方处置货物后	卖方	买方	所有方式
DAP	进口国指定目的地	买方处置货物后	卖方	买方	所有方式
DDP	进口国国内指定地点	买方处置货物后	卖方	卖方	所有方式

1. 六种主要贸易术语的价格构成：

FOB 价 = 进货成本价 + 国内费用 + 净利润

CFR 价 = 进货成本价 + 国内费用 + 国外运费 + 净利润

CIF 价 = 进货成本价 + 国内费用 + 国外运费 + 国外保险费 + 净利润

FCA 价 = 进货成本价 + 国内费用 + 净利润

CPT 价 = 进货成本价 + 国内费用 + 国外运费 + 净利润

CIP 价 = 进货成本价 + 国内费用 + 国外运费 + 国外保险费 + 净利润

2. 主要贸易术语的价格换算。

（1）FOB 价换算为其他价：

CFR 价 = FOB 价 + 国外运费

CIF 价 =（FOB 价 + 国外运费）÷（1 - 投保加成[①] × 保险费率）

（2）CFR 价换算为其他价：

FOB 价 = CFR 价 - 国外运费

CIF 价 = CFR 价 ÷（1 - 投保加成 × 保险费率）

【例】外商对某商品向我进口公司报的出口价为每吨 CFR 香港 700 美元，我方提出改报 CIF 价，并要求按 CIF 价的 110% 投保水渍险和战争险，查得保险费率为 1.2%，求外商的 CIF 报价。

解：CIF = 700 ÷（1 - 110% × 1.2%）= 709.36（美元）

（3）CIF 价换算为其他价：

FOB 价 = CIF 价 ×（1 - 投保加成 × 保险费率）- 国外运费

CFR 价 = CIF 价 ×（1 - 投保加成 × 保险费率）

① 进出口业务中一般按货物的 CIF 价或 CIP 价加 10% 投保，该 10% 即是投保加成率。本书所指的投保加成 =（1 + 投保加成率），通常为 110%。

【例】外商就某货物对我方报价为每吨1 000美元CIF新加坡,而我方还盘为902美元FOB中国口岸。经查该货物由新加坡运至中国港口每吨运费为88美元,保险费率合计为0.95%。试问单纯从价格角度上讲,外商可否接受我方还盘?

解:将外商报价CIF新加坡换算成FOB中国口岸价格,其结果是:

$$\text{FOB中国口岸价} = 1\,000 \times (1 - 110\% \times 0.95\%) - 88 = 901.55(\text{美元})$$

而我方还盘价为FOB中国口岸902美元,二者相差无几,外商可以接受我方还盘。

(4)FCA价换算为其他价:

$$\text{CPT价} = \text{FCA价} + \text{国外运费}$$

$$\text{CIP价} = (\text{FCA价} + \text{国外运费}) \div (1 - \text{投保加成} \times \text{保险费率})$$

(5)CPT价换算为其他价:

$$\text{FCA价} = \text{CPT价} - \text{国外运费}$$

$$\text{CIP价} = \text{CPT价} \div (1 - \text{投保加成} \times \text{保险费率})$$

(6)CIP价换算为其他价:

$$\text{FCA价} = \text{CIP价} \times (1 - \text{投保加成} \times \text{保险费率}) - \text{国外运费}$$

$$\text{CPT价} = \text{CIP价} \times (1 - \text{投保加成} \times \text{保险费率})$$

二、进出口合同的履行

下面分出口、进口两个方面分别归纳进出口合同的履行过程。

(一)出口合同的履行

在我国的出口业务中,多数采用CIF价格条件成交,并且一般采用信用证(Letter of Credit,L/C)付款方式。以CIF条件成交、信用证方式付款为例,其合同履行程序如图1-8所示。

从图1-8来看,出口合同的履行主要经过货(备货)、证(催证、审证、改证)、运(租船、订舱、报检和保险)、款(制单结汇)等环节。当从事进出口贸易的公司一边备货或备好货时,一般会选择合适的国际物流企业或货运代理来替它们租船订舱。当贸易方式是FOB时,买方应及时将国际物流企业或货运代理的资料及装运指令交给卖方,以便卖方能顺利装船;当贸易方式是CIF或CFR时,卖方也应将国际物流企业或货运代理租船订舱的情况和装运通知及时通知买方,以便买方买保险或顺利提货。

1. 货(备货)。出口商根据合同规定按时、按质、按量准备好货物。货物备妥时间应与合同和信用证装运期限相适应。合同中如未规定允许分批装运或转运,则应理解为不允许分批装运或转运。合同中如规定允许分期/分批装运,但同时又规定了每批的数量,则卖方必须严格照办。须检验机构检验,并经检验合格的出口商品,发货人应当在检验证书或者放行单签发之日起的有效期限内报运出口。逾期报运出口的,必须重新向检验检疫机构报检,取得合格证书后方可出口。

2. 证(催证、审证和改证)。信用证是进口方所在地银行,根据进口方的申请和担保,对出口方开出的一种信函式的凭证。它通过出口方所在地银行,通知出口方,由开证行负责在出口方交付信用证规定的各种装运单据时,支付全部货款。信用证业务的特点是"一个原则。两个只凭"。"一个原则"就是严格相符的原则。两个"只凭"就是指银行只凭信用证,不问合同;只凭单据,不管货物。在信用证付款条件下,卖方要向客户催开信用证,收到信用证后要立即根据合同进行审核,发现不符合合同规定且不能接受的内容,应立即通知客户改证。

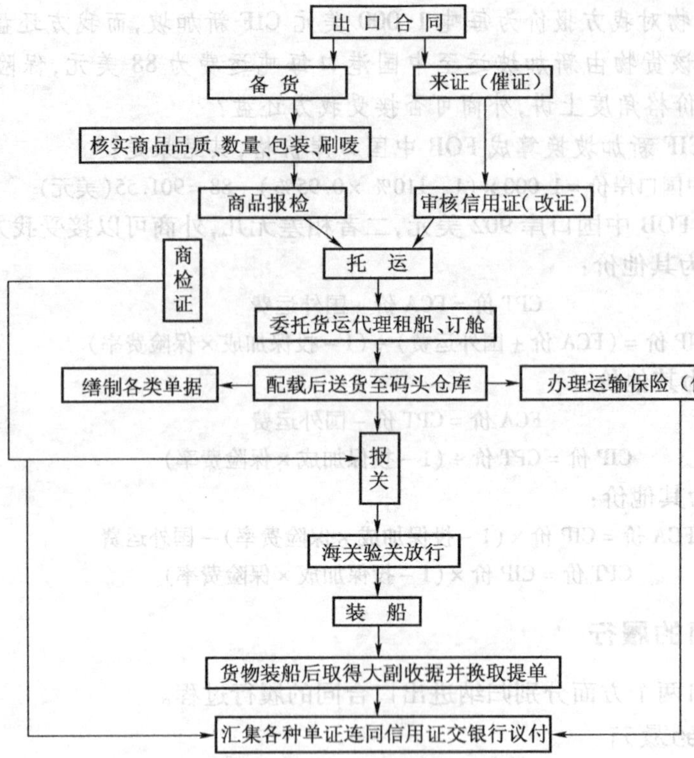

图1-8 出口合同履行程序图

(1)催证。按时开立信用证是买方的一项义务。在下列情况下,卖方应注意向买方发出函电提醒或催促对方开立信用证。①在合同规定的期限内,买方未及时开证这一事实已构成违约。如果卖方不希望中断交易,可在保留索赔权的前提下,催促对方开证。②如果签约日期和履约日期相隔较远,应在合同规定开证日之前去信表示对该笔交易的重视,并提醒对方及时开证。③卖方货已备妥,并打算提前装运,可去信征求对方同意提前开证。④如果买方资信欠佳,提前去信提示,有利于督促对方履行合同义务。

(2)审证。信用证的审核依据主要有合同、UCP600以及业务实际情况与商业习惯三个方面。对信用证的文字、条款有不明确的,可联系通知行向开证行查询;将"不能做到、不易做到"的信用证条款删除或修改,为日后顺利履行合同和安全收汇打下基础。但是,所有问题应一次提出,防止一改再改,否则既增加费用,又耽误履约时间。

(3)改证。出口商对信用证进行全面审核,如发现问题,应分别情况及时处理。对于影响安全收汇、难以接受或做到的信用证条款,必须要求国外客户进行修改。信用证修改得是否到位就意味着货款是否安全到位。信用证修改的一般程序是:开证申请人提出→开证行→通知行→受益人。若由出口商提出修改,应首先征得开证申请人的同意,再按上述程序办理。

3. 运(安排装运)。出运货物应经过租船订舱、办理保险、报检、报关等程序。经海关查验放行后将货物装船(车)出运并取得运输单据。

4. 款(制单结汇)。单据与货款的对流原则是国际贸易中商品买卖支付的一般原则。不论采用哪种支付方式,买卖双方都要发生单据的交接。贸易合同签订后,在合同履行过程中的每一个环节都有相应的单证缮制、组合及运行。按信用证付款方式成交时，在出口货物装运之后，出口企业应按照信用证规定，及时备妥或缮制各种单证。单据内容要求做到单证一致、单单一致和单货一致。出口商制单后，应在规定的交单期内，向信用证中指定的银行交付全套单据议付、承兑或收款。

出口物流人员往往要在代为出口商履行出口合同的过程中处理各种出口单据①。出口贸易中涉及的单证很多，而且每一笔交易所需要的单证也不尽相同，但总的来说，常用单据可以划分为四大类（见表1-3）。

表1-3 出口贸易单据的种类

项目	基本单据
资金单据	汇票（Bill of Exchange/Draft）、本票（Promissory Note）、支票（Cheque/Check）
商业单据	商业发票（Commercial Invoice）、重量单（Weight List/Certificate）、数量单（Quantity Certificate）、装箱单（Packing List）、保险单（Insurance Documents）、海运提单（Ocean Bill of Lading）、船公司证明（Shipping Company's Certificate）、铁路运单（Rail Waybill）、承运货物收据（Cargo Receipt）、航空运单（Air Waybill）、邮包收据（Parcel Post Receipt）、联合运输单据（Combined Transport Document，CTD 或 CT B/L）
官方单据	海关发票（Customs Invoice）、领事发票（Consular Invoice）、出口许可证（Export License）、商检证书（如品质检验证书、重量检验证书、数量检验证书、卫生检验证书、消毒检验证书、产地检验证书、残损鉴定证书等）、产地证明书（Certificate of Origin）、普惠制产地证
其他证明	受益人证明（Beneficiary's Certificate）、电报抄本（Copy of Cable/Telex/Fax）、船籍证明（Certificate of Vessel's Nationality）、航运路线证明（Itinerary Certificate）、船长收据（Captain's Receipt）、运费收据（Freight Receipt）

出口业务涉及的单证示意图见图1-9。

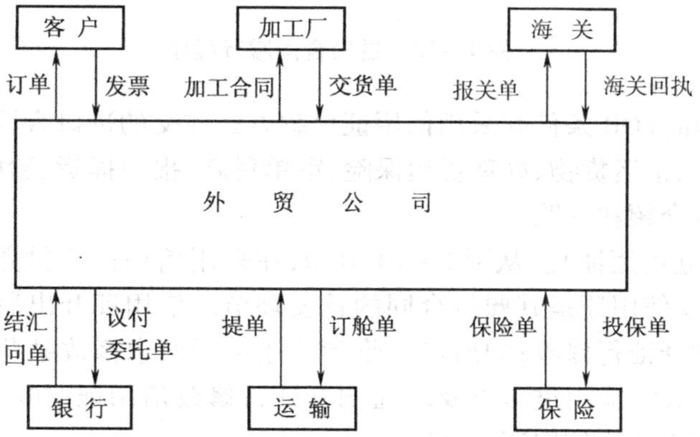

图1-9 出口业务涉及的单证示意图

① 单据是办理货物交付和货款支付的一种依据。单据可以表明出口商是否履约及履约的程度。进口商以单据作为提取货物的货权凭证，有了单据，就表明有了货物。

出口单据的流转可归纳为 14 个步骤：审核信用证→缮制商业发票及装箱单→缮制报关单并报检报关→缮制出口托运单并办理托运手续→缮制投保单并投保→缮制运输单据→签证、认证→缮制汇票→发出装船通知→综合审单→交单结汇→改单→存档。

（二）进口合同的履行

我国进口货物，大多数是按 FOB 条件并采用信用证付款方式成交的。按此条件签订的进口合同，买方履行合同的程序可以概括为证（申请、开立信用证）、船（租船订舱、保险）、款（审单付款）、货（报关、接货、检验），具体如图 1－10 所示。

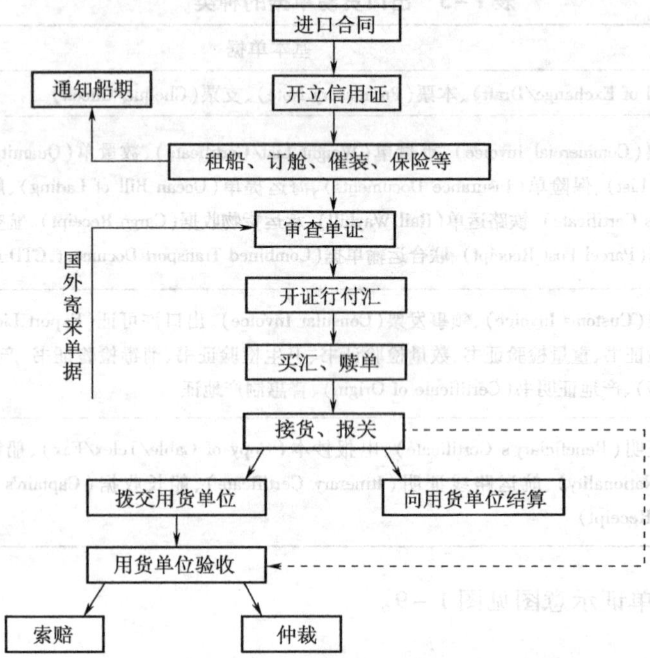

图 1－10　进口合同履行程序

从图 1－10 可知，FOB 条件并采用信用证付款方式成交的进口合同的履行程序包括：开立信用证、租船订舱、接运货物、办理货运保险、审单付款、报关提货、验收与拨交货物和办理索赔等，现分别加以介绍和说明。

1. 证（申请、开立信用证）。从图 1－10 可知，在采用信用证支付方式的进口业务中，进口商向银行申请开立信用证是其履行合同的首要环节。信用证开出后，如发现内容与申请书不符，应立即通知开证行修改；如出口方收到信用证后要求修改某些条款，则应区别情况不同对待。如同意修改，应由进口方及时通知开证行修改信用证；如不同意修改，也应及时通知出口人，并敦促其按原信用证条款履行。

如果合同未明确买方开立信用证的时间，通常，买方应在装运期前 15 ~ 20 天开出，以便卖方备货和办理其他手续，按时装运。

2. 船（租船订舱、保险）。按 FOB 条件签订进口合同时，应由买方安排船舶。如买方自己没有船舶，则应负责租船订舱或委托租船代理办理租船订舱手续。当办妥租船订舱手续后，应及时将船名及船期通知卖方，以便卖方备货装船，避免出现船等货的情况。

买方备妥船后，应做好催装工作，随时掌握卖方的备货情况和船舶动态，催促卖方做好装船准备工作。

凡由我方办理信用证的进口货物，当接到卖方的装运通知后，应及时将船名、提单号、开航日期、装运港、目的港以及货物的名称和数量等内容通知保险公司，办妥投保手续。

3. 款（审单付款）。货物装船后，卖方即凭提单等有关单据向当地银行议付货款。当议付行寄来单据后，经银行审核无误即通知买方付款赎单。

审单与对外付款赎单，是履行进口合同的一个重要环节。在信用证支付方式下，开证银行和进口商要对出口商所交货物单据进行审核。通常由开证银行（这时为付款银行）对单据进行初审，进口商进行复审。在单据符合信用证及合同规定的条件下，开证银行及进口商履行付款责任。

进口业务涉及的单证示意图如图1－11所示。

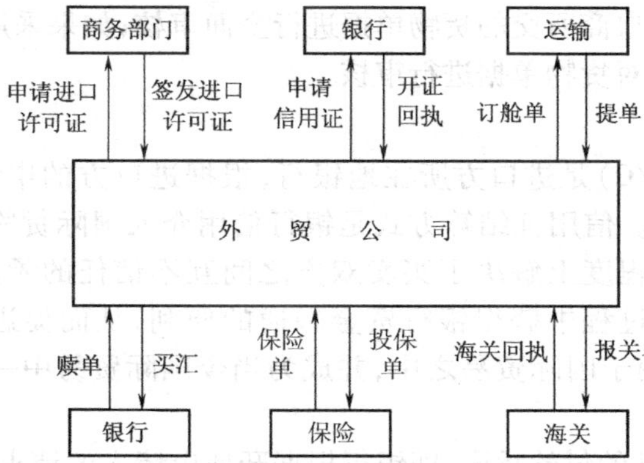

图1－11　进口业务涉及的单证示意图

如经银行配合审单发现单证不符或单单不符，进口商可分情况进行处理。例如：拒付货款；相符部分付款，不符部分拒付；货到检验合格后再付款；凭卖方或议付行出具担保付款，在付款的同时提出保留索赔权。

信用证方式下，进口地银行在通知进口商赎单时，银行自动扣除进口商账户上的货款。当出口商装运货物后，将汇票及合同（信用证）规定的单据交银行议付货款时，银行对照信用证的规定，对单据是否齐全、其内容是否符合规定等进行全面的审核，如内容无误，即由银行付款。同时，进口商用人民币按照国家规定的有关折算的牌价向银行买汇赎单。进口商凭银行出具的“付款通知书”向国内用货部门进行结算。

4. 货（报关、接货、检验）。买方付款赎单后，一俟货物运抵目的港，即应及时向海关办理申报手续。经海关查验有关单据、证件和货物，并在提单上签章放行后，即可凭以提货。对于法定检验的进口货物，必须向卸货地或到达地的海关报检。未经检验的货物，不准销售和使用。货物进口后，应及时向用货单位办理拨交手续。如用货单位在卸货港所在地，则就近拨交货物；如用货单位不在卸货地区，则委托货运代理将货物转运内地，并拨交给用货单位。在货物拨交后，外贸企业再与用货单位进行结算。

在履行凭信用证付款的FOB进口合同时，上述各项基本环节是不可缺少的，但是在履行凭其他付款方式和其他贸易术语成交的进口合同时，则其工作环节有别。履行进口合同的环节和工作内容，主要取决于合同的类别及其所采取的支付条件。在采用汇付或托收的情况下，就不存在买方开证的工作环节；在履行 CFR 进口合同时，买方则不负责租船订舱，此项工作由卖方办理；在履行 CIF 进口合同时，买方不仅不承担货物从装运港到目的港的运输任务，而且不负责办理货运投保手续，这些工作由卖方按约定条件代为办理。

三、国际贸易结算

当发生商品进出口贸易时，出口方收汇，进口方付汇，从而引起货款的收付业务。国际贸易的这种以结清买卖双方之间的债权债务关系的货款结算，被称为国际贸易结算。国际贸易结算是以物品交易、货钱两清为基础的有形贸易结算。

国际贸易中的结算方式主要有：信用证结算方式、汇付、托收、银行保证函以及各种结算方式的结合使用。本节不阐述银行保证函以及各种结算方式的结合使用。如果采用托收和汇付方式，则由进口商负责对出口商所交的货物单据进行全面审核；如果采用信用证支付方式，则由开证银行和进口商共同对货物单据进行审核。

（一）信用证结算方式

信用证（Letter of Credit，L/C）是进口方所在地银行，根据进口方的申请和担保，对出口方开出的一种信函式的凭证。信用证结算方式是银行信用介入国际货物买卖价款结算的产物。它的出现不仅在一定程度上解决了买卖双方之间互不信任的矛盾，而且还能使双方在使用信用证结算货款的过程中获得银行资金融通的便利，从而促进了国际贸易的发展。因此，信用证被广泛应用于国际贸易之中，并成为当今国际贸易中一种主要的结算方式。

信用证是银行做出的有条件的付款承诺，即银行根据开证申请人的请求和指示，向受益人开具的有一定金额、并在一定期限内凭规定的单据承诺付款的书面文件；或者是银行在规定金额、日期和单据的条件下，愿代开证申请人承购受益人汇票的保证书。信用证属于银行信用，采用的是逆汇法。

1. 信用证的基本内容。信用证的要式项目大同小异，其基本内容主要包括 6 个方面：①信用证的说明，如信用证的种类、性质、金额、有效期及到期地点等。②货物的说明，包括货物的名称、品种规格、价格、数量、包装等。③运输的说明，包括装运的最后期限、起运港（地）、目的港（地）、运输方式、可否分批及可否转船等。④单据的说明，即商业发票、提单、保险单等。⑤特殊条款，根据每一笔具体业务的需要做出的规定。⑥责任条款，即开证行对受益人及汇票持有人保证付款的文句。

2. 信用证的当事人。信用证结算方式的基本当事人有：开证申请人、开证行、通知行和受益人；此外，还有其他关系人：保兑行、议付行、付款行和偿付行等。

在国际贸易中，信用证的开立是由进口商向银行申请办理的。所以开证申请人（the Applicant for the Credit）指的就是进口商。受益人（the Beneficiary）一般就是出口商。

应开证人要求开立信用证的银行叫开证行（Opening Bank，Issuing Bank）。开证行将信用证寄送到一家受益人所在地的银行，并通过该银行通知受益人信用证开出，这家银行就是通知行（Advising Bank）。议付行就是购买出口商的汇票及审核信用证项下规定单据的银行。付款行（Negotiation Bank，Honoring Bank）就是经开证行授权按信用证规定的条件向受益人付款的银行。保兑行(Confirming Bank)就是对开证行开立的信用证进行保兑的银行，通常以通知行作为保兑行，或者是第三家银行。保兑行与开证行一样承担着第一性的付款责任。

3. 信用证的流转流程。信用证虽基于买卖合同开立，但一经开立就成为独立于买卖合同之外的另一种契约。一笔信用证业务从发生到终结大体上要经过进口商申请开证、进口方银行开证、出口方银行通知信用证、出口方审查和修改信用证、出口方银行议付信用证及索汇、进口方付款赎单提货等主要环节。信用证的结算程序如图1－12所示。

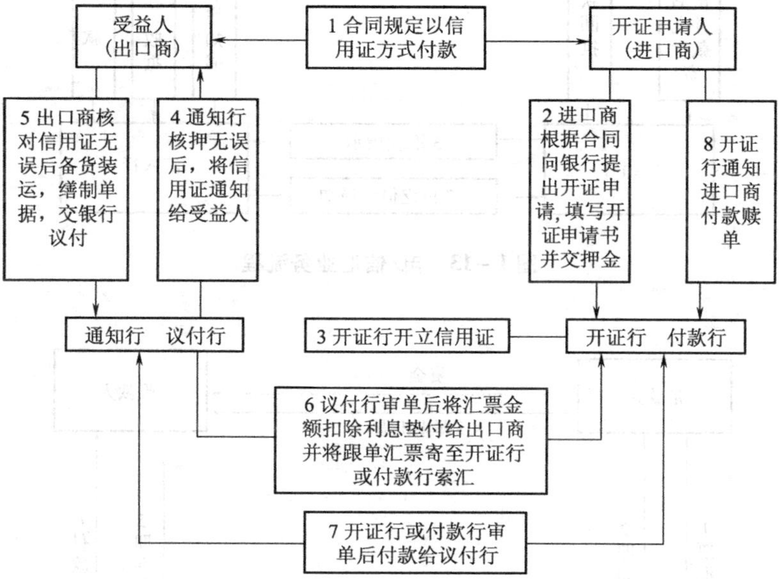

图 1－12 信用证结算业务流程

(二) 汇付

汇付(Remittance)，又称汇款，是付款人通过银行，使用各种结算工具将货款汇交收款人的一种结算方式。它属于商业信用，采用顺汇法。

在汇付方式中，一般有四个当事人：汇款人(Remitter)、收款人(Payee or Beneficiary)、汇出行(Remitting Bank)和汇入行(Paying Bank)。根据汇款中资金划拨传递速度和方式不同，可以分为电汇(Telegraphic Transfer, T/T)、信汇(Mail Transfer, M/T)和票汇(Remittance by Banker's Demand Draft, D/D)。汇付方式下，出口商直接向进口商交单。三种汇付业务的流程如图 1－13 和图 1－14 所示。

目前，电汇主要是在汇款比较紧急或汇款金额较大时使用。对于一些金额不大，或收款不急的汇款可采用信汇的方法。但信汇收款人必须等收到银行汇款通知书才能前来领款，因而主动性、灵活性不如票汇。

(三) 托收

托收(Collection)是指债权人(出口人)出具债权凭证(汇票等)，委托银行向债务人(进口人)收取货款的一种支付方式。托收属于商业信用，采用的是逆汇法。

托收业务的当事人主要有 4 个：委托人(Principal)、托收银行(Remitting Bank)、代

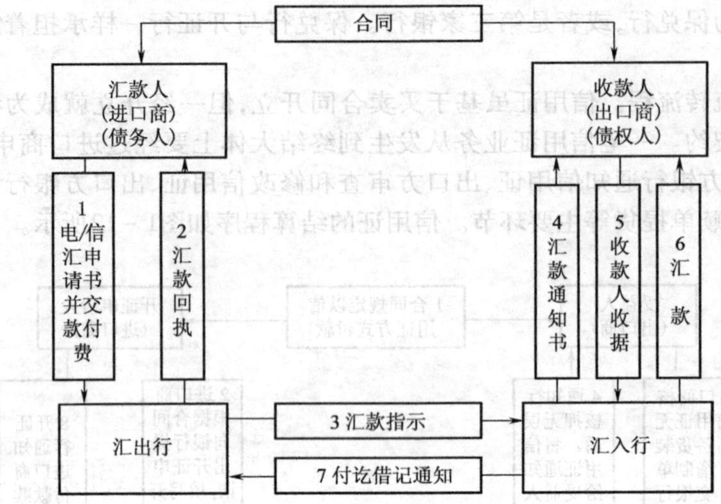

图 1－13　电/信汇业务流程

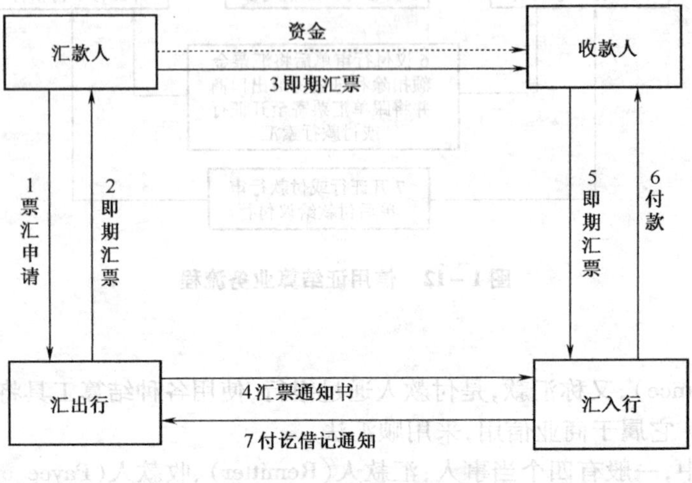

图 1－14　票汇业务流程

收银行(Collecting Bank)和付款人(Drawee)。委托人通常是出口商。付款人通常是进口方或债务人。上述当事人中,委托人与托收行之间、托收行与代收行之间都是委托代理关系,付款人与代收行之间则不存在任何法律关系,付款人是根据买卖合同付款的。所以,委托人能否收到货款,完全视进口人的信誉好坏而定,代收行与托收行均不承担责任。

按是否附带商业单据,托收方式可以分为光票托收和跟单托收。

光票托收(Clean Collection)是指仅凭汇票而不附带有商业单据的托收。光票托收并不一定不附带任何单据,如果一张汇票仅附非货运单据(如发票、垫款清单等),这种汇票的托收也属光票托收。光票托收没有单据,不直接涉及货物的转移或处理,银行只需根据票据收款即可,业务处理比较简单。光票托收的金额一般都不太大,通常用于收取货款的尾数及样品费、佣金、代垫费用、进口赔款等小额或从属费用，且大多数是即期付款，远期付款较少。

跟单托收(Documentary Collection)是指附带有商业单据的托收。根据交付单据的条件不同，跟单托收可分为付款交单(Documents against Payment, D/P)和承兑交单(Documents against Acceptance, D/A)两种。而付款交单又有"即期付款交单"(Documents against Payment at Sight, 简称 D/P at sight)和"远期付款交单"(Documents against Payment after Sight, 简称 D/P after sight)之分。

托收业务的一般流程如图 1 - 15 所示。

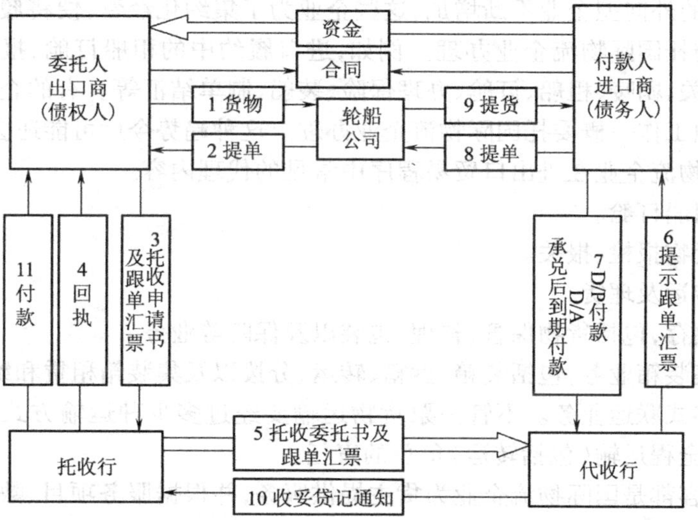

图 1 - 15　托收业务的一般流程

从托收业务流程看，进出口商的主要工作是：出口商按合同要求发货、备齐单据；出口商开立汇票，连同单据交托收行，委托其收款；进口商履行票据义务，得到单据，凭单提货。其中，出口商委托托收行收款，在办理托收手续时，出口商应填写托收委托书①，出口地银行(托收行)审核托收委托书后发出托收指示，委托进口地银行(代收行)收款。代收行到期提示汇票，要求进口商履行票据义务。D/P 方式下，进口商在赎单时付款。D/A 方式下，进口商在赎单时办理承兑手续，汇票到期时，要到银行办理付款手续。代收行收款后根据托收行指示汇出货款。若代收行改变托收行指示中的条款，必须经托收行认可。

总之，托收是卖方给予买方一定优惠的一种付款方式，是卖方的一种促进销售的手段。对卖方来说，即使采用付款交单方式，但因为货已发运，万一对方因市价低落或财务状况不佳等为由拒付，卖方将遭受来回运输费用的损失和货物转售的损失。远期付款交单和承兑交单方式下，卖方承受的资金负担很重，而承兑交单风险更大。

① 在委托书上应详细载明：国外代收行的名称和地址、申请人、付款人的名称和地址、币种和金额、汇票的日期和期限、合同号码、托收条款。托收委托书一式 3 份，一份于交单时银行签收后退出口公司，一份于结汇时作回单退出口公司，一份交由银行留底。

单元四　国际物流企业在贸易程序中的业务及国际货运服务委托合同

国际贸易合同签订后的履行过程，就是国际物流系统的实施过程。国际物流企业在进出口贸易程序中的业务取决于与货主所签订的国际货运服务委托合同。

一、国际物流企业在进出口贸易程序中的业务

在进出口贸易合同的履约工作中，过去大都由各外贸专业公司的报运部门执行，现在享有进出口经营权的外向型企业不断增加，这些企业为了集约化经营，便将履约中的许多工作采取外包策略，委托国际物流企业办理。例如，进口履约中的租船订舱、报关、报检等，出口履约中的报检报关、刷唛、租船、订舱、办理保险、装船、制单结汇等。有的企业除对外成交签约外，其余的各项工作一概委托国际物流企业办理。这种趋势今后可能还会进一步发展。

以下是国际物流企业在进出口贸易程序中常见的代理内容。

其一，代理租船订舱。

其二，代理货物报检、报关。

其三，代理转运及理货。

其四，代理储存，包括货物保管、整理、包装以及保险等业务。

其五，代理集装箱业务，包括装箱、拆箱、转运、分拨以及集装箱租赁和维修等业务。

其六，代理多式联运业务。不管一票货物运输要经过多少种运输方式，要转运多少次，国际货运代理对全程运输（包括转运）负总的责任。

以上代理内容都是国际物流企业为货主提供服务，并根据服务项目、数量和质量从货主那里获得劳务报酬和经营利润。

二、国际物流企业如何在进出口贸易中为货主服务

国际物流企业要想在进出口贸易中为货主服务好，首先必须具有广博的国际贸易尤其是国际贸易运输方面的专业知识、丰富的实践经验和卓越的办事能力。要熟悉各种运输方式、运输工具、运输路线、运输手续和各种不同的社会经济制度、法律规定、习惯做法等，精通国际货物运输中各个环节的业务，与国内外各有关机构（如海关、商检、银行、保险、仓储、包装、各种承运人以及代理人等）有着广泛的联系和密切的关系，并在世界各地建有客户网和自己的分支机构。

国际物流企业在进出口贸易程序中要做好如下工作。

第一，能够为委托人办理国际货物运输中每一个环节的业务或全程各个环节的业务，且手续简单方便。

第二，能够把小批量的货物集中为成组货物进行运输。这对货主来说，可以取得优惠运价而节省运杂费用；对于承运人来说，接收货物省时、省事、省费，而且有比较稳定的货源。

第三，能够根据委托人托运货物的具体情况，综合考虑运输中的安全、时耗、运价等各种因素，使用最适合的运输工具和运输方式，选择最佳的运输路线和最优的运输方案，把进出口货物安全、迅速、准确、节省、方便地运往目的地。

第四，能够掌握货物的全程运输信息，使用最现代化的通信设备随时向委托人报告货物在运输途中的状况。

第五，能够就运费、包装、单证、结关、领事要求、金融等方面向贸易企业提供咨询，并对国外市场和在国外市场销售的可能性提出建议。

第六，不仅能够组织和协调运输，而且能够创造开发新运输方式、新运输路线以及制定新的费率。

三、国际货运服务委托合同

国际物流企业在进出口贸易程序中的业务内容表现在很多方面，但具体应该履行哪些业务则取决于与货主所签订的国际货运服务委托合同。国际货运服务委托合同也称为国际货运代理合同，是指进出口货物的发货人、收货人委托国际货运服务代理人（实践中主要是国际物流企业或国际货运代理企业）办理国际货物运输及相关业务，国际货运服务代理人以委托人（被代理人）名义从事业务并收取报酬的合同。国际货运服务委托合同的当事人为国际货运服务代理人和进出口货物的发货人或收货人。

（一）国际货运服务委托合同的订立

国际货运服务委托合同的订立过程是进出口货物的发货人或收货人与国际物流企业之间就委托合同主要条款进行协商、达成协议的过程。具体协商过程十分复杂，主要有如下三个步骤。

1. 国际物流企业营销揽货。国际货运服务委托合同的订立始于进出口发货人、收货人或国际物流企业的一方向对方发出订立委托合同的意向；如果是进出口货物的发货人、收货人发出的，属于委托意向，如果是国际物流企业发出的，则属于代理意向。进出口货物的发货人、收货人一般提出拟委托办理的国际货物运输业务项目，同时向国际物流企业询价。国际物流企业只有充分掌握国际货运信息，开展营销揽货，才能得知进出口货物的发货人、收货人的货运代理意向。揽货就是国际物流企业的业务员通过宣传、介绍公司所能提供的有关货物运输的服务及与之相关的服务，达到吸引客户并最终赢得客户的目的。

2. 进出口货物的发货人、收货人或国际物流企业发出要约。在国际物流企业营销揽货的过程中，往往会收到进出口货物的发货人、收货人发出的意图和订立国际货运服务委托、代理合同的意向。但委托代理关系是建立在委托人与受托人相互了解、信任的基础上的，双方一般还要调查、了解对方的资信状况。

进出口货物的发货人、收货人一般会了解国际物流企业是否具有从事货运服务代理业务的资格，是否具有商业信誉和适当履行合同的能力，如国际物流企业以往的业务经营状况、资金状况、业内评价，及以往的经验、企业管理水平、业务人员水平、必要的运输设备等。

国际物流企业一般要了解进出口货物的发货人、收货人是否具有从事进出口业务的资格，是否具有商业信誉和对服务的要求等。

进出口货物的发货人、收货人或国际物流企业如了解对方资信状况，认为可以与对方建立委托代理关系，则可以向对方发出订立委托合同的建议及合同条件，这一意思表示在法律上称为要约①。

3. 承诺与签订合同。收到要约的一方一般会对要约中包括的具体合同条件进行多角度的分析和评估。在分析和评估的过程中，进出口货物的发货人或收货人对于国际物流企业提出的要约，一般主要考虑其中的运输方式、运输路线、运输期间、操作方法、收费标准等。国际物流企业对于进出口发货人或收货人提出的要约，一般主要考虑其中的运输方式、运输时间、价格条件、结算方式等要求。

经过审核、评估要约中的合同条件，进出口发货人、收货人或国际物流企业认为对方在要约中提出的合同条件在经济、技术、法律等方面具有合理性，是可以接受的，则向对方发出接受要约的承诺②。

一般情况下，承诺生效时，合同成立。但是，当事人采用合同书形式订立合同的，自双方当事人签字或者盖章时合同成立。当事人采用信件、数据电文等形式订立合同的，收件人的主营业地为合同成立的地点。当事人采用合同书形式订立合同的，双方当事人签字或者盖章的地点为合同成立的地点。

实践中，进出口商与国际物流企业相互比较了解，往往简化委托合同订立程序，由委托人出具委托书或托运单，在获得国际物流企业确认或接受后，双方之间的委托关系成立。

委托书、托运单虽然不等于委托合同，但在通常情况下，委托书应该是基于有效成立的委托合同，由委托人签发给受托人，表明受托人有权以委托人的名义从事授权范围事务的书面凭证。托运单在形式上是托运人向承运人发出的要约，是托运人根据买卖合同、信用证的有关内容，向承运人办理货物运输的书面凭证。

（二）国际货运服务委托合同的主要内容

国际货运服务委托合同的主要内容包括以下十项：合同当事人、委托事项、当事人权利义务、费用和报酬、合同履行期限及地点和方式、违约责任、合同变更与终止、法律适用、合同争议解决方式、合同签订时间与地点。此外，委托合同当事人可以根据实际情况约定其他条款，如合同通知、合同权利义务转让、合同条款的独立性、不可抗力定义及种类、合同正副本数量、合同附件及其效力等。下面就国际货运服务委托合同的一些主要条款进行阐述。

1. 委托事项。委托事项通常与委托合同授权范围直接相关。该条款包括委托人委托受托人办理的具体事项、委托权限范围、委托期限等内容。对国际货运服务委托合同来说，应该明确委托运输的货物名称、规格、数量、重量、体积、包装、发运期限、运输方式、运输路线、起运地、目的地、转运地，以及发货人和收货人名称或姓名、地址、电话、传真等内容。对于危险货物和鲜活、超限等特殊货物及容易发生自然损耗的货物，还应当注明货物的性质、运输及保管条件、外形尺寸、重心、吊装位置、损耗要求等。

另外，为了使缔约各方明确国际物流企业承担法律责任的范围，应当根据《中华人民共和国国际货物运输代理业管理规定》第 17 条，以及《中华人民共和国国际货物运输代理业管理规定实施细则（试行）》第 32 条的规定，在合同中明确约定国际物流企业的代理事务内容

① 要约是希望和他人订立合同的意思表示，相当于对外贸易磋商中的发盘。要约的内容必须具体、确定，凡不具有订立合同意图的意思表示，均不构成要约。国际物流企业散发的商业广告、价目表以及进出口商发布的招标公告等都不是要约，主要是其内容不够具体、确定，不足以构成合同的基本条件。

② 承诺是指受约人同意要约的意思表示，相当于对外贸易磋商中的接受。承诺的内容必须与要约的内容一致，承诺须在要约的有效期限内做出。按照我国《合同法》，承诺到达要约人时，承诺生效。

或独立经营事务内容。同时，分别对国际物流企业承担法律责任的范围进行明确的约定。例如：①揽货、订舱（含租船、包机、包舱）、托运、仓储、包装；②货物的监装、监卸、集装箱装拆箱、分拨、中转及相关的短途运输服务；③报关、报检、保险；④缮制签发有关单证、交付运费、结算及交付杂费；⑤国际展品、私人物品及过境货物运输代理；⑥国际多式联运、集运（含集装箱拼箱）；⑦国际快递（不含私人信函）；⑧咨询及其他国际货运代理业务。

2. 当事人权利义务。当事人权利义务条款一般是从义务角度进行规定，一方履行义务，另一方相应享有权利，在权利与义务不对称的情况下，有必要专门规定权利或义务。

在国际货运服务委托合同中，国际物流企业的义务主要是：依委托人的指示处理委托事务；按照委托人的要求，报告委托事务的处理情况，委托合同终止时，报告委托事务的结果；处理委托事务取得的财产，应当转交给委托人。

在国际货运服务委托合同中，委托人的义务主要是：承担国际货运代理行为的后果；支付费用；支付报酬，等等。

3. 费用和报酬。关于相关费用和报酬的支付范围、标准、方式、地点、时间、币种等的规定是国际货运服务委托合同的基本条款。

与货运代理有关的主要费用包括：运费、包干费、佣金、货物索赔费、关税手续费、超期堆存费、银行手续费、代办费、速遣费等。由于我国货代市场的混乱局面尚待进一步规范，在实际的业务操作中难免存在一些不合法、不合理的收费形式。国际物流企业为了发展、壮大其自身的业务，应当恪守国家法律的规定，在合同以及实务操作中应用合法的收费方式，对于法律规定并不明确的，应当在基本委托合同中说明收费的原因以及计费方法，并在实际业务操作中切实贯彻合同的约定，尽量减小被错误解释为违法收费的可能性。

4. 违约责任。违约责任，也称违反合同的民事责任，是指当事人因违反合同义务所承担的责任。违约责任的产生是以合同的有效存在为前提的，合同一旦生效，在当事人之间即产生法律约束力，当事人有义务全面、严格地履行合同义务。任何一方当事人违反有效合同规定的义务均应承担违约责任，所以，违约责任是违反有效合同规定的义务的结果。

违约责任可由当事人约定，包括承担违约责任的形式和金额。违约责任形式包括继续履行、支付违约金、损害赔偿、按照定金规则承担责任等。

实践中，合同当事人为了简化合同订立程序，往往采用国际货运代理服务方面的标准交易条款，如“中国国际货运代理协会标准交易条件”“菲亚塔示范规则”等，经当事人同意采用，这些标准交易条款被自动纳入合同，成为合同的组成部分。

任务解析

下面根据上述所学知识对项目情景的任务进行简要解析。

任务 1 UPS 公司每天运输量达 1 000 多万件，在全世界有 10 多个中转中心，几万个快递中心，实现其自身的时间和空间效益，满足国际贸易活动和跨国公司经营的要求，因此是一家国际物流企业。

任务 2 M 公司将红木家具出口到美国，至少需要经过以下贸易运作程序：①交易前的准备工作阶段。在对美国客户进行资信调查的基础上与之建立业务关系，办理相关出口手续，制订出口商品的经营方案或价格方案，落实货源。②交易的洽谈与合同的订立阶段。一般要经过询盘、发盘、还盘、接受的过程，最后达成一致意见，签订国际货物销售合同。③合同的履行阶段。要一丝不苟地做好审证（催证、改证）、备货、报检、租船订舱、投保（在CIF或CIP条件下）、报关、装运（选择物流商安排运输）及制单结汇等一系列工作。④善后处理阶段。在履行合同的复杂环节中，买卖双方很可能由于种种原因不能履行自己的义务，从而发生争议和纠纷。合同当事人为了维护自己的合法权益，往往要援引法律规定来解释合同，主张权利。如果有争议可协商调解或司法诉讼、提请仲裁。

任务3 M公司与UPS签订一份国际货运委托服务合同，该货运委托服务合同的主要内容应包括：①货物的名称、性质、体积、数量及包装标准等；②货物起运和到达地点、运距、托运人和收货人名称及详细地址等；③运输质量及安全要求；④货物装卸责任和方法；⑤货物交接手续；⑥托运人、承运人和收货人的权利、义务和责任；⑦运杂费计算标准和结算方式；⑧合同变更、终止的期限；⑨违约责任；⑩双方商定的其他条款。

任务4 M公司作为托运人，其权利在于：要求UPS物流公司按照合同规定的时间把货物运送到目的地。其义务是：按约定向UPS物流公司交付运杂费；按照规定的标准对红木家具进行包装；按照合同中规定的时间和数量交付托运货物。UPS物流公司作为承运人，其权利在于：有权向M公司和收货人收取运杂费用。其义务是：在合同规定的期限内，将红木家具运送到指定地点，按时向收货人发出货物到达的通知。对托运的货物负责安全，保证货物无短缺、无损坏、无人为的变质。在货物到达以后，在规定的期限内负责保管。

个案分析

1. 某年10月，法国某公司（卖方）与中国某公司（买方）在上海订立了买卖200台电子计算机的合同，每台CIF上海1 000美元，以信用证支付，该年12月马赛港交货。11月15日，中国银行上海分行（开证行）根据买方指示向卖方开出了金额为20万美元的信用证，委托马赛的一家法国银行通知并议付此信用证。12月20日，卖方将200台计算机装船并获得信用证要求的提单、保险单、发票等单据后，即到该法国议付行议付。经审查，单证相符，银行即将20万美元支付给卖方。载货船离开马赛港10天后在航行途中由于船员航行操作过失，船舶触礁，救助无效，货船及货物全部沉入大海。此时开证行已收到议付行寄来的全套单据，买方也已得到所购货物全部灭失的消息。因此，买方拒绝支付货款，理由是其不能得到所期待的货物。

问题：

（1）这批货物的风险自何时起由卖方转移给买方？

（2）买方能够因这批货物全部灭失而免除其所承担的付款义务吗？

2. 某年1月6日，上海A贸易公司与香港N贸易有限公司签订出口合同。1月9日上海A贸易公司装运5 000打、价值50 000美元的纯棉男式衬衫，委托中国银行上海分行办理托收，交单条件为D/P即期，并指定要求中国银行香港分行作为代收行。请画出该托收流程图。

复习思考题

1. 国际物流与国内物流在哪些方面存在差异？

2. 从国际物流的形成看，国际物流的形式主要有哪几种？

3. 从物资输送方式看，国际物流的形式主要有哪几种？

4. 国际物流的实质与总目标是什么?
5. 国际贸易在发展中对国际物流提出了哪些要求?
6. 请图示进出口贸易的程序。
7. 履行出口合同主要包括哪些环节?
8. 履行进口合同主要包括哪些环节?
9. 阐述信用证结算方式的基本程序。
10. 托收主要有哪两种?它们在性质上有什么区别?
11. 国际物流企业在进出口贸易程序中一般可代理哪些业务?
12. 简述国际货运服务委托合同的主要内容。

项目任务二　国际物流系统与国际物流网络

项目要求

(1)了解国际物流系统的构成;

(2)了解各类国际物流结点(包括口岸、港口、国际物流中心和国际物流园区、海关保税监管区域)的功能;

(3)理解国际物流系统的运作模式;

(4)理解我国国际物流园区的运作模式;

(5)能够分析国际物流网络的构成。

项目情景

美国联合包裹(UPS)成立于1907年,主要从事陆运和航空运输,每天负责运送数以万计的包裹。由于信息技术的发展及美国规制改革,UPS调整了自己的发展计划。1993年,它成立了专业物流子公司,积极开展仓储管理以及物流规划等业务。1999年,UPS并购了20家公司(包括7家物流、分销公司,11家技术公司,1家银行,1家航空公司)。UPS为了迅速占领全球高技术产品的配件物流市场,2000年1月—2001年7月先后收购了美国伯纳(Burnham)物流公司的配件物流事业部、拉丁美洲和加勒比海地区配件物流服务供应商Comlasa公司、澳大利亚的计算机物流解决方案公司(CLS)、瑞士的阿布扎比(Polysys)公司和德国的高技术产品物流服务供应商UNIDATA公司,在全球范围内迅速建立起由总面积约25万平方米的450多处仓库和1 100多个服务网点组成的关键零部件的紧急配送网络体系。2001年,UPS收购了美国一家报关公司——弗里茨(Fritz),可以为跨国公司进行报关和货运代理,并按照用户的要求提供整条供应链的综合性物流服务。它并购了美国第一国际银行,将其改造成UPS金融部门(UPS Capital),推出包括开具信用证、兑付出口票据等业务,能在短期内对用户的应收款进行融资并帮助用户获得政府支持的出口贷款进行长期融资。2002年初,UPS成立了供应链解决方案公司,将供应链设计与管理、货代、报关、邮件递送、多式联运、咨询和金融服务都联为一体,让用户享受到一站式的物流服务。目前,UPS在全世界建立了10多个航空运输的中转中心,在200多个国家和地区建立了几万个快递中心。

上海AB国际物流有限公司是UPS的陆运和航空运输合作伙伴,随着公司的发展,上海AB国际物流有限公司想开拓中国至美国的海运进出口货物的国际运输代理业务。

任务1:UPS作为一家国际物流企业,与一般运输物流企业有什么不同?

任务2:UPS是否需要建立许多仓库和中转中心?

任务3:UPS主要是怎样拓展其物流网络的?

任务4:上海AB国际物流有限公司如何建设中国至美国的海运进出口货物的物流网络?

知识模块

单元一　国际物流系统的构成与运作模式

在A国生产的产品运到B国销售,在C国生产的零配件送到D国组装。随着全球化的发展,这种趋势日益扩大。为消除空间距离上的障碍,需要建立国家或地区之间联系的桥梁。这种日益密切的联系促进了国际物流系统的形成和发展。国际物流系统在国际信息流系统的支撑下,借助于运输和储运等作业的参与,在进出口中间商、国际物流企业、承运人的通力协助下,利用国际物流设施,共同完成一个遍布国内外、纵横交错、四通八达的国际物流网络。

国际物流系统遵循一般系统模式的原理,构成自己独特的物流系统模式。国际物流系统通过其所联系的各子系统发挥各自的功能。国际物流系统的一般运作模式包括:系统的输入部分、系统的输出部分以及将系统输入输出的转换部分。

一、国际物流系统的构成

系统是两个及以上的要素有机地、有序地、分层次地结合在一起的要素集合体。按照系统论的原理,国际物流活动本身也是一个系统。与国内物流一样,国际物流系统也由一般要素、功能要素、支撑要素、物质基础要素组成,只是各要素的内容与组成有所不同罢了。

(一)国际物流系统的一般要素

国际物流系统的一般要素主要由劳动者、资金和物三方面构成。

第一,劳动者要素。它是现代物流系统包括国际物流系统的核心要素和第一要素。提高劳动者的素质,是建立一个合理化的国际物流系统并使它有效运转的根本。

第二,资金要素。交换是以货币为媒介的。实现交换的国际物流过程,实际上也是资金的运动过程。同时,国际物流服务本身也需要以货币为媒介。国际物流系统建设是资本投入的一大领域,离开资金这一要素,国际物流就不可能实现。

第三,物的要素。物的要素首先包括国际物流系统的劳动对象,即各种实物,缺此,国际物流系统便成了无本之木。此外,国际物流的物的要素还包括劳动工具、劳动手段,如各种物流设施、工具、各种消耗材料(燃料、保护材料)等。

(二)国际物流系统的功能要素

国际物流系统的功能要素指的是国际物流系统所具有的基本能力。这些基本能力有效地组合、联结在一起,形成了国际物流系统的总功能,由此,便能合理、有效地实现国际物流系统的总目的,实现其自身的时间和空间效益,满足国际贸易活动和跨国公司经营的要求。

国际物流系统的功能要素一般认为有采购、包装、储存保管(仓储)、流通加工、出入境检验检疫和通关、装卸搬运、运输和物流信息处理。如果从国际物流活动的实际工作环节来考察,国际物流也主要由上述八项具体工作构成。换句话说,国际物流能实现以上八项功能。这八项功能要素也相应地形成各自的一个子系统,如图2-1所示。

1. 国际物流采购子系统。随着国际物流管理内涵的日益拓宽,采购功能在企业中变得越来越重要。要真正做到低成本、高效率地为企业国际物流服务,采购就需要涉及企业的各个部门。采购的功能是:选择企业各部门所需要的适当物料,从适当的来源(包括全球采

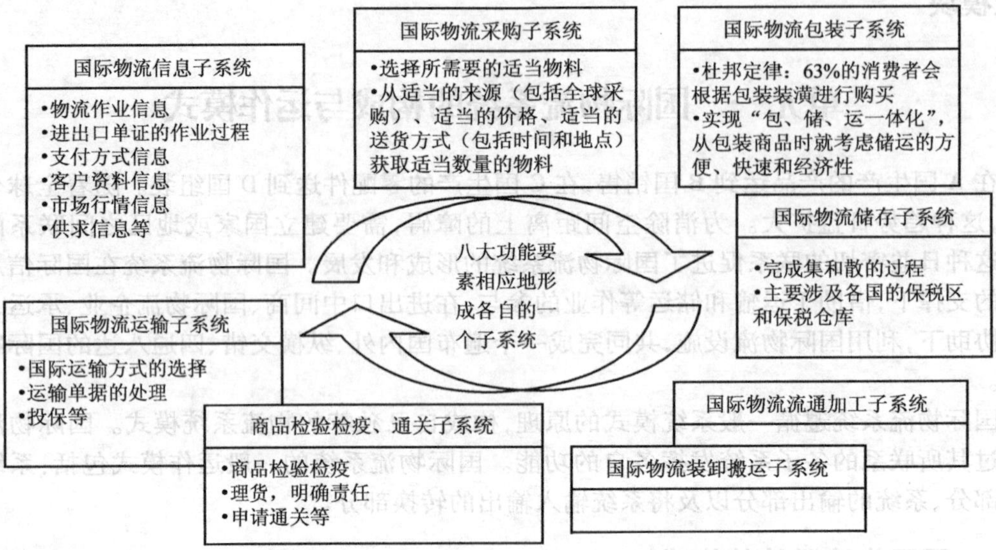

图2－1　国际物流功能子系统

购)，以适当的价格、适当的送货方式(包括时间和地点)获取适当数量的原材料。

2. 国际物流包装子系统。杜邦定律(美国杜邦化学公司提出)认为:63% 的消费者是根据商品的包装装潢进行购买的。国际市场和消费者是通过商品来认识企业的，而商品的商标和包装就是企业的面孔，它反映了一个国家的综合科技文化水平。

在考虑出口商品包装设计和具体作业过程时，应把包装、储存、搬运和运输有机联系起来，统筹考虑，全面规划，实现现代国际物流系统所要求的“包、储、运一体化”，即从开始包装商品时就考虑储存的方便、运输的快速，以加速物流，减少物流费用，符合现代物流系统设计的各种要求。

3. 国际物流储存保管子系统。商品储存、保管是商品在其流通过程中处于一种或长或短的相对停滞状态，这种停滞是完全必要的。因为，商品流通是一个由分散到集中，再由集中到分散的源源不断的流通过程。国际贸易和跨国经营中的商品从生产厂家或供应部门被集中运送到装运港口，有时需临时存放一段时间，再装运出口，这是一个集和散的过程。它主要是在各国的保税区和保税仓库进行的，主要涉及各国保税制度和保税仓库建设等方面。

从物流角度看，应尽量减少储存时间和储存数量，加速货物和资金的周转，实现国际物流的高效率运转。

4. 国际物流流通加工子系统。流通加工是为了促进销售、提高物流效率和物资利用率，以及为维护产品的质量而采取的能使物资或商品发生一定的物理和化学及形状变化的加工过程，它可以确保进出口商品的质量达到要求。出口商品加工的重要作用是使商品更好地满足消费者的需要，不断地扩大出口。同时，它也是充分利用本国劳动力和部分加工能力，扩大就业机会的重要途径。

进出口商品流通加工的具体内容包括：其一是指装袋、贴标签、配装、挑选、混装、刷标记(刷唛)等出口贸易商品服务；其二是指生产性外延加工，如剪断、平整、套裁、打孔、折弯、拉拔、组装、改装、服装的检验和烫熨等。其中，后一种出口加工或流通加工，不仅能最大限度地满足客户的多元化需求，同时还可以实现货物的增值。

5. 国际物流商品检验检疫、通关子系统。由于国际贸易和跨国经营具有投资大、风险高、周期长等特点，这就使得商品检验成为国际物流系统中重要的子系统。通过商品检验，可确定交货品质、数量和包装条件是否符合合同规定，如发现问题，也可分清责任，向有关方面索赔。在买卖合同中，一般都订有商品检验条款，其主要内容有检验时间与地点、检验机构与检验证明、检验标准与检验方法等。

另外，商品的出入境还须申请通关。报关手续通常包括申报、查验、征税和放行四个基本环节。对于进口货物来说，当货物运抵进口国港口、车站或机场时，进口商或其代理人应向海关申报有关单证和填报由海关发出的表格。一般来说，除申报进口报关单、提单、商业发票或海关发票外，往往还要根据海关的特殊规定，申报原产地证明书、进口许可证或进口配额证明、品质证书和卫生检验证书等。当报关人员申报有关单证后，海关按照海关法令与规定，查审核对有关单证，并查验货物、计算进口税额、结清进口税款，办完通关手续，准予货物结关放行。

6. 国际物流装卸搬运子系统。装卸搬运子系统主要包括对国际货物运输、保管、包装、流通加工等物流活动进行衔接的活动，以及在保管等活动中为进行检验、维护、保养所进行的装卸活动。伴随装卸活动的小搬运，一般也包括在这一活动中。在国际物流活动中，装卸活动是频繁发生的，因而是产品损坏的重要原因。对装卸活动的管理，主要是确定最恰当的装卸方式，力求减少装卸次数，合理配置及使用装卸机具，以做到节能、省力、减少损失、加快速度，最终获得较好的经济效果。

7. 国际物流运输子系统。运输的作用是将商品使用价值进行空间移动，物流系统依靠运输作业克服商品生产地和需要地的空间距离阻隔，创造了商品的空间效益。

国际货物运输是国际物流系统的核心。通过国际货物运输作业使商品在交易前提下，由卖方转移给买方。在非贸易物流过程中，通过运输作业将物品由发货人转移到收货人。这种国际货物运输具有路线长、环节多、涉及面广、手续繁杂、风险性大、时间性强、内外运两段性和联合运输等特点。其中，所谓国际货物运输的两段性，是指国际货物运输的国内运输段（包括进口国、出口国）和国际运输段。

（1）国内运输段。出口货物的国内运输，是指出口商品由供货地运送到出运港（站、机场）的国内运输，是国际物流中不可缺少的重要环节。国内运输实现了出口货源从供货地集运到港口、车站或机场，使国际物流业务得以正常开展。进出口货物的国内运输工作涉及面广、环节多，要求各方面协同努力，组织好运输工作。注重货源、产品包装、加工、短途集运、国外到证、船期安排和铁路运输配车等各个环节的情况，力求搞好车、船、货、港的有机衔接，确保出口货物运输任务的顺利完成，减少压港、压站等物流不畅的现象。

（2）国际货物运输段。国际（国外）货物运输段是国内运输的延伸和扩展，同时又是连接出口国和进口国货物运输的桥梁与纽带，是保证国际物流畅通的重要环节。出口货物被集运到港（站、机场），办完出关手续后直接装船发运，便开始国际段运输。有的则需暂进港口仓库储存一段时间，等待有效泊位，或有船后再出仓装船外运。国际段运输可以采用由出口国装运港直接到进口国目的港卸货，也可以采用中转经过国际转运点，再运给用户。

国际运输除了包括运输方式的选择、运输单据的处理外，还包括投保等相关问题。

在国际物流中，货物的交接要经过长途运输、装卸和存储等环节，在整个运输过程中，货物遭遇自然灾害或意外事故而造成损失的可能性较大。为了转移货物在运输过程中的风险损失，货主、货运代理便需要办理货物运输保险和国际货运代理责任险。

国际货物运输保险是以国际货物运输过程中的各种货物作为保险标的保险，是投保人为了规避自然灾害和意外事故风险而采取的一种经济措施。通过投保，当货物所遭到的损失在承保范围内时，货主便可以从保险公司及时得到经济上的补偿，这有利于国际物流业务更好地运转。

国际货运代理责任险，不仅源于运输本身，而且源于货运代理履行运输、仓储、合同签订、操作、报关、签发单证、付款等多个环节。主要承保的业务范围为针对如货运代理、无船承运人和物流行业的运输经营人保险。

在欧美，货运代理普遍开展为客户投保货物运输保险业务，在我国由于各种限制和市场原因，客户通过货运代理投保仍不普及。货运代理责任险虽然在很多国家已经相当普及，但在我国还是新生事物，正在探索中。

8. 国际物流信息子系统。信息子系统的主要功能是采集、处理及传递国际物流和商流的信息情报。没有功能完善的信息系统，国际贸易和跨国经营将寸步难行。国际物流信息主要包括进出口单证的作业过程、支付方式信息、客户资料信息、市场行情信息和供求信息等。

国际物流信息系统的特点是信息量大、交换频繁；传递量大、时间性强；环节多、点多、线长，所以要建立技术先进的国际物流信息系统。国际贸易中 EDI 的发展是一个重要趋势。我国应该在国际物流中加强推广 EDI 的应用，建设国际贸易和跨国经营的信息高速公路。

我们应将上述各主要系统有机地联系起来，统筹考虑，全面规划。其中，运输及储存保管分别解决了供给者与需要者之间场所和时间的分离，分别是国际物流创造“空间效用”及“时间效用”的主要功能要素，因而在国际物流系统中，这两个要素处于主要功能要素的地位。国际物流主要通过国际货物的储存保管和国际运输实现其自身的时空效应，满足国际贸易的基本需要。

（三）国际物流系统的支撑要素

国际物流系统的运行需要许多支撑手段，尤其是处于复杂的社会经济系统中，要确定国际物流系统的地位，要协调与其他系统的关系，这些要素就更加必不可少。它们主要包括如下几个。

1. 体制、制度。物流系统的体制、制度决定了物流系统的结构、组织、领导和管理的方式。国家对其控制、指挥和管理的方式，是国际物流系统的重要保障。当前，许多国家运用减免税赋的方式鼓励民间资本投资物流中心等基础设施的建设，创造开放透明的运输市场环境，放松管制，促进市场竞争等，这些措施都促进了国际物流的发展。

2. 法律、规章。国际物流系统的运行，不可避免地涉及企业或个人的权益问题，法律、规章一方面限制和规范物流系统的活动，使之与更大的系统相协调，另一方面则是给予保障。合同的执行、权益的划分、责任的确定、单证的国际流转都要靠法律、规章来维系。各个国家和国际组织的有关贸易、物流方面的安排、法规、公约、协定、协议等也是国际物流系统正常运行的保障。

3. 行政、命令。国际物流系统和一般系统的不同之处在于，国际物流系统关系到国家的军事、经济命脉，所以，行政、命令等手段也常常是国际物流系统正常运转的重要支持要素。

4. 标准化系统。它是保证国际物流各环节协调运行、保证国际物流系统与其他系统在技术上实现联结的重要支撑条件。

5. 国际信用手段。它为国际物流活动的支付与结算提供信用保障。

（四）国际物流系统的物质基础要素

国际物流系统的建立和运行，需要有大量的技术装备手段，这些手段的有机联系对国际物流系统的运行具有决定意义。这些要素对实现国际物流和某一方面的功能也是必不可少的。具体而言，物质基础要素主要有以下五个。

1. 物流设施。它是组织国际物流系统运行的基础物质条件，包括：物流站、场；物流中心、仓库；国际物流线路；建筑物；公路；铁路；口岸（如机场、港口、车站、通道）等。

2. 物流装备。它是保证国际物流系统运行的条件，包括仓库货架、进出库设备、加工设备、运输设备、装卸机械等。

3. 物流工具。它是国际物流系统运行的物质条件，包括包装工具、维护保养工具、办公设备等。

4. 信息技术及网络。它是掌握和传递国际物流信息的手段，根据所需信息水平的不同，信息技术与网络包括通信设备及线路、传真设备、计算机及网络设备等。

5. 组织及管理。它是国际物流网络的“软件”，起着联结、调运、运筹、协调、指挥其他各要素以保障国际物流系统目的的实现等作用。

二、国际物流系统的运作模式

国际物流系统是以实现国际贸易、国际物资交流大系统总体目标为核心的。国际贸易合同签订后的履行过程，就是国际物流系统的实施过程。国际物流系统的运作流程可以用图2－2来简单表示。

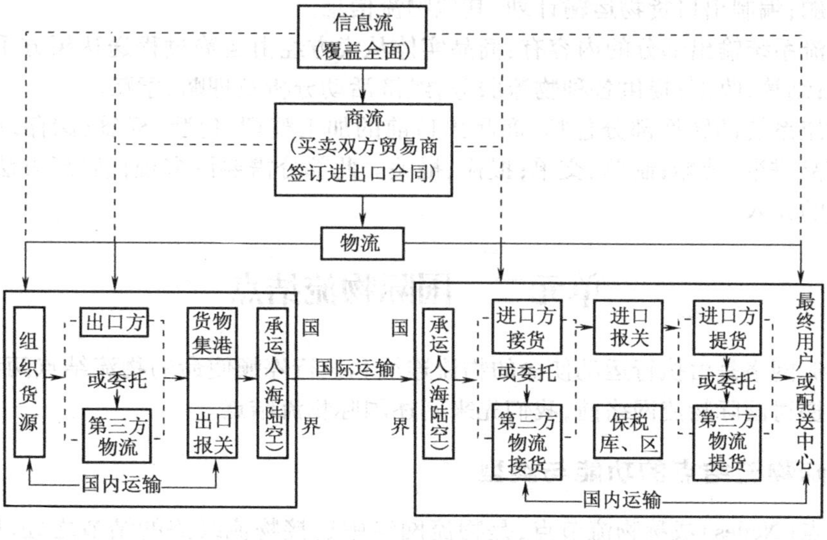

图2－2　国际物流运作图

国际物流系统的运作遵循一般系统运作模式的原理，包括：系统的输入部分、系统的输出部分以及将系统输入输出的转换部分。在系统运行过程中或一个系统循环周期结束时有外界信息反馈回来，为原系统的完善提供改进信息，以使下一次的系统运行有所改进。如此循环往复，使系统逐渐达到有序的良性循环。

下面以国际货物出口为例，阐述国际物流系统的运作模式。国际货物出口的国际物流系统运作参见图 2－3。

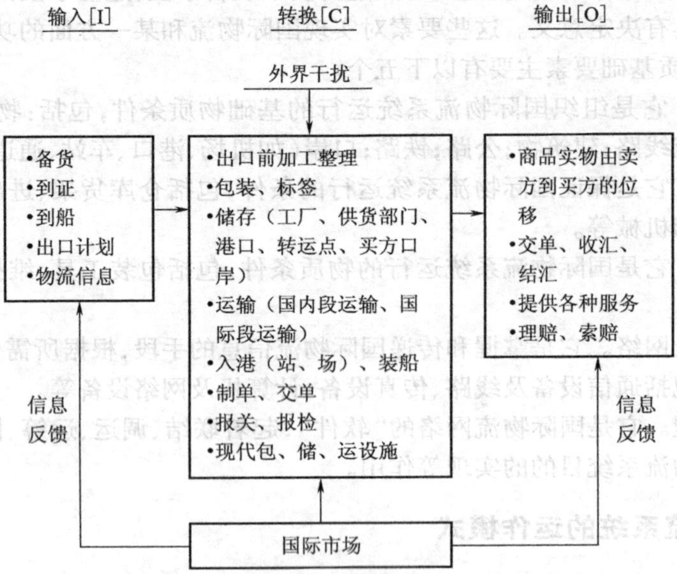

图 2－3　国际物流系统的运作(出口)

国际物流系统输入部分的内容有：备货，货源落实；到证，接到买方开来的信用证；到船，买方派来船舶；编制出口货物运输计划；其他物流信息。

国际物流系统输出部分的内容有：商品实体从卖方经由运输过程送达买方手中；交齐各项出口单证；结算、收汇；提供各种物流服务；经济活动分析及理赔、索赔。

国际物流系统的转换部分包括：商品出口前的加工整理；包装、标签；储存；运输（国内、国际段）；商品进港、装船；制单、交单；报检、报关。此部分需要许多现代管理方法、手段和现代物流设施的介入。

单元二　国际物流结点

国际物流网络是由执行运动使命的物流连线和执行停顿使命的物流结点两种基本元素组成的。在探讨国际物流网络前，我们先来阐述国际物流结点。

一、国际物流结点的功能与类型

物流结点（Nodes）或称物流节点，是物流网络中连接物流线路的结节之处，所以又被称为物流结节点。在物流过程中，如包装、装卸、保管、分拣、配货、流通加工等，都是在物流结点上完成的。所以说，物流结点在物流系统中居于非常重要的地位。实际上，物流线路上的活动也是靠结点组织和联系的。如果离开结点，物流线路上的运动就必然会陷入瘫痪。

（一）国际物流结点的功能

国际物流结点是指那些从事与国际物流相关活动的物流结点，如制造厂仓库、中间商仓库、口岸仓库、国内外中转点仓库以及流通加工配送中心和保税区仓库、物流中心、物流园区等，国际贸易货物通过这些仓库和中心的收入和发出，以及在中间存放保管，来实现国际物流系统的时间效益，克服生产时间和消费时间上的分离，促进国际贸易系统顺利运行。

国际物流结点一般采取 4 种手段来衔接物流：①通过转换运输方式，衔接不同运输手段；②通过加工，衔接干线物流及配送物流；③通过储存，衔接不同时间的供应物流与需求物流；④通过集装箱、托盘等集装处理，衔接整个“门到门”运输，使之成为一体。

国际物流结点对优化整个国际物流网络起着重要作用。它不仅执行着一般的物流职能，而且还越来越多地执行着指挥调度、流通信息等神经中枢的职能，因而日益受到人们的重视。所以人们把国际物流结点称为整个物流网络的灵魂。

国际物流结点主要具有以下三项功能。

其一，衔接功能。国际物流结点将各个物流线路联结成一个系统，使各个线路通过结点变得更为贯通而不是互不相干，这种作用我们称之为衔接作用。在物流实现系统化之前，不同线路的衔接有很大的困难。例如，轮船的大量输送线和短途汽车的小量输送线，两者的输送形态、输送装备都不相同，再加上运量的巨大差异，所以往往在两者之间有长时间的间隔，然后才能逐渐实现转换，这就使两者不能贯通。物流结点利用各种技术的、管理的方法，可以有效地起到衔接作用，将中断转化为通畅。

其二，信息功能。国际物流结点是整个物流系统或与结点相接的物流信息的传递、收集、处理和发送的集中地。这种信息作用在国际物流系统中非常重要，是使复杂的国际物流联结成有机整体的重要保证。在国际物流系统中，每一个结点都是物流信息的一个点，若干个这种信息点和国际物流系统中的信息中心结合起来，便形成了指挥、管理、调度整个系统的信息网络，这是一个国际物流系统建立的前提条件。

其三，管理功能。国际物流系统的管理设施和指挥机构大都设置于物流结点处。实际上，物流结点大都是集管理、指挥、调度、信息、衔接及货物处理为一体的物流综合设施。整个物流系统的运转是否有序化、正常化和整个物流系统效率的高低都取决于物流结点的管理水平。

（二）国际物流结点的类型

在国际物流中，由于各个物流系统的目标不同以及结点在网络中的地位不同，结点的主要作用往往也不同，故迄今尚无明确的分类。这里仅根据其主要功能分为以下四类。

1. 转运型结点。转运型结点是以连接不同运输方式为主要职能的结点。例如，铁道运输线上的货站、编组站、车站等；公路运输线上的车站、货场（站）等；航运线上的机场；海运线上的港口、码头等；不同运输方式之间的转运站、终点站、口岸等。货物在这类结点上停滞的时间较短。

2. 储存型结点。储存型结点是以存放货物为主要职能的结点。例如：储备仓库、营业仓库、中转仓库、口岸仓库、港口仓库、货栈等。国际货物在这类结点上停滞的时间较长。

3. 流通型结点。流通型结点是以组织国际货物在系统中运动为主要职能的结点，如流通仓库、流通中心、配送中心就属于这类结点。

4. 综合性结点。综合性结点是指在国际物流系统中集中于一个结点中全面实现两种以上主要功能，并且在结点中并非独立完成各种功能，而是将若干功能有机结合于一体的集约型结点，如国际物流中心。

综合性结点是为适应国际物流大量化和复杂化而产生的，它使国际物流更为精密准确，在一个结点中要求实现多种转化而使物流系统简化。综合性结点是国际物流系统中结点发展的方向之一。

二、国际物流中的一些特殊结点

国际物流结点的类型很多，下面主要阐述一些特殊结点。例如：口岸、港口、自由贸易区、保税区与出口加工区、国际物流中心、国际物流园区、保税港区。

（一）口岸

口岸是国家指定的对外往来门户，是国际货物运输的枢纽。从某种程度上说，它是一种特殊的国际物流结点。许多企业都在口岸设有口岸仓库或物流中心。口岸物流是国际物流的组成部分。

1. 口岸的分类。口岸原来的意思是指由国家指定的对外通商的沿海港口，但现在，口岸是指由国家指定进行对外经贸、政治、外交、科技、文化、旅游和移民等往来，并供往来人员、货物和交通工具出入国（边）境的港口、机场、车站和通道。简单地说，口岸是国家指定对外往来的门户。改革开放以来，我国在开展国际联运、国际航空、国际邮包邮件交换业务以及其他有外贸、边贸活动的地方，均设置了口岸。

口岸可以从不同的角度进行分类，常用的分类方法有以下两种。

其一，按批准开放的权限划分。按照批准开放的权限划分，可将口岸分为一类口岸和二类口岸。一类口岸是指由国务院批准开放的口岸（包括中央管理的口岸和由省、自治区、直辖市管理的部分口岸）。二类口岸是指由省级人民政府批准开放并管理的口岸。

其二，按出入国境的交通运输方式划分。按照出入国境的交通运输方式划分，可将口岸分为港口口岸、陆地口岸和航空口岸三种。

此外，在实际工作中，还经常使用边境口岸、沿海口岸、特区口岸、重点口岸、新开口岸和老口岸等提法。这些分类虽然尚未规范化，但它们在制定口岸发展规划及各项口岸管理政策方面，还是有一定积极作用的。

2. 中国电子口岸。中国电子口岸（www. chinaport. gov. cn）是一个公众数据中心和数据交换平台，依托国家电信公网，实现工商、税务、海关、外汇、外贸、银行等部门以及进出口企业、加工贸易企业、外贸中介服务企业、外贸货主单位的联网，将进出口管理流信息、资金流信息、货物流信息存放在一个集中式的数据库中，随时提供国家各行政管理部门进行跨部门、跨行业、跨地区的数据交换和联网核查，并向企业提供应用互联网办理报关、结付汇、出口退税、网上支付等实时在线服务。

中国电子口岸由政府部门直接管理，它能使管理部门对进出口环节的管理更加完整和严密。管理部门实行“电子＋联网核查”的新型管理模式，从根本上解决了业务单证的弄虚作假问题，从而有利于严厉打击走私、骗汇、骗税等违法犯罪活动，创造公平竞争的市场环境。

（二）港口

人们通常说的港口，是一个国家或某一地区的门户，是水陆空交通的集结点和枢纽，工农业产品和外贸进出口物资的集散地，船舶停泊（飞机起降）、装卸货物、上下旅客、补充给养的场所。

《中华人民共和国港口法》所称的港口，是指具有船舶进出、停泊、靠泊，旅客上下，货物装卸、驳运、储存等功能，具有相应的码头设施，由一定范围的水域和陆域组成的区域。

从物流学的角度来给港口下定义，港口是物流链上一个重要的组成部分，具有一定面积的水域和陆域，具有水陆联运设备和条件，供船舶与其他运输工具安全进出和停泊以及货物集散、装卸、存储、驳运，并为船舶与其他运输工具提供补给、修理等技术服务和生活服务的运输枢纽。现代港口不仅是水陆交通的集散地，从本质意义上讲，它更是一个物流基地、物流枢纽和物流结点，是物流企业的群集，是集运输与贸易一体化的经济共同体以及现代综合物流中心。

港口可按多种方法分类，如表2－1所示。

表2－1　港口的分类

分类方法	分　类
按用途	商港、军港、渔港、工业港和避风港
按所在位置	海岸港、河口港和河港
按港口水域在寒冷季节是否冻结	冻港和不冻港
按对进口的外国货物是否办理报关手续	报关港和自由港
按装卸货物的种类	综合性港口和专业性港口
按运港性质	基本港和非基本港
按对国际集装箱运输的作用	干线港、支线港和地区性港
按规模大小分	特大型港口、大型港口、中型港口、小型港口

1. 港口的特点。港口之所以能在现代国际生产、贸易和物流系统中发挥战略作用，主要是由港口的以下特点决定的。

首先，港口在整个物流供应链上是最大量货物的集结点。经济全球化使国际贸易量急速增加，港口作为海洋运输的起点与终点，无论是集装箱货还是散货，远洋运输总是承担着其中最大的运量，因而港口在整个物流供应链上总是最大量货物的集结点。当需要从事附加的工业、商业和技术活动时，选择在港口这样的集结点进行往往最容易取得规模经济效益。港口物流服务供应链就是以港口为核心，利用现代信息技术有效地整合各类物流服务供应商（包括仓储、装卸、报关、运输、流通加工、配送以及金融、信息服务等）和客户（收货人、货代、船代和船公司等）以及相关政府监管机构（港口管理、海关、海事、边防等口岸部门）。

其次，港口往往是生产要素的最佳结合点。如果两个大陆之间，或者两个相距甚远的国家之间在生产要素方面有着最大的禀赋差异，那么，要把这些生产要素以最有利的方式结合起来，港口往往是最理性的选址。许多国家依赖于进口原材料的钢铁厂往往都建在港口地区，其原因正在于此。在港口地区建设出口工业，利用钢铁作为原材料生产汽车和机械，可以节省大量成本，增强在国际市场上的竞争力。

最后，港口往往是最重要的信息中心。对于国际物流来说，港口仍然是不同运输方式汇集的最大、最重要的结点。在港口地区落户的有货主、货运代理行、船东、船舶代理行、商品批发部、零售商、包装公司、陆上运输公司、海关、商品检验机构及其他有关机构。因此，港口就成为一个重要的信息中心。

2. 港口的功能。港口和物流的发展相辅相成、相互促进。港口因处于陆运和水运两大运输系统的结合点上，在现代物流体系的发展中，具有对各种物流活动进行组织、协调、衔接及配送、仓储、保税、通关、加工等流程服务的优势，使其成为现代物流业的桥头堡和国际贸易的重要服务基地与货流分拨配送中心。

现代物流理念的普及以及现代物流实践的要求，使得现代港口从交通运输枢纽转变为内涵更广、层次更高的综合物流运作的中心环节，其功能也正朝着提供全方位的增值服务方向发展。港口正在由传统的装卸、转运业务向包装、加工、仓储、配送、提供信息服务、保税、金融、贸易等高附加值综合物流功能延伸和发展。在综合物流时代，港口的功能发生了很大的变化。功能更加广泛的现代港口，将朝着综合物流中心（运输＋转运＋储存＋装拆箱＋仓储管理＋加工＋信息处理）的方向发展，成为商品流、资金流、技术流、信息流与人才流汇聚的中心。

知识链接

“一带一路”倡议与港口的物流发展

我国已提出建设丝绸之路经济带和21世纪海上丝绸之路两大倡议，相关港口作为连接国内外货运商贸、物流仓储以及信息服务等的重要载体，将成为“一带一路”倡议的关键结点，迎来重大发展机遇。“一带一路”沿线大多是新兴经济体和发展中国家，总人口约44亿，经济总量约21万亿美元，广阔的辐射地域范围、庞大的经济规模以及活跃的经济发展态势蕴藏着巨大的货运需求，相关的仓储物流、国际采购、分销和配送、国际中转、检测和售后服务维修、商品展示、产品研发和加工制造等港口功能需求将会日益强烈，此外，“一带一路”倡议下，港口之间在海铁联运、口岸联动、大陆桥运输、信息共享等方面存在大量跨区域合作空间。

概括来讲，进入全球综合物流时代后，现代港口主要具备五个“中心”的功能。

第一，物流服务中心。港口首先应该为船舶、汽车、火车、飞机、货物、集装箱提供中转、装卸和仓储等综合物流服务，尤其是提高多式联运效率和港口竞争能力。

第二，商务中心。现代港口应该为用户提供方便的运输、商贸和金融服务，如代理、保险、融资、货代、船代、通关等。

第三，信息与通信服务中心。现代港口不但应该为用户提供市场决策的信息及其咨询，而且还要建成电子数据交换（EDI）系统的增值服务网络。

第四，现代产业中心。港口具有生产和服务功能，现代港口应该发挥区位优势，发展相关产业。现代港口已经不仅仅为现代工业提供运输服务，而且也提供了现代工业发展的理想场所。现代港口区一般集聚了石油化工、汽车、摩托车、造船、飞机制造、电子、机械及自动化设备、家用电器等工业。依托口岸的功能和便利为腹地提供交通运输服务，如江海联运、江海转运、近洋和远洋航运服务（船舶检修、加水加油、装卸）、发展海陆联运；提供区域间和国际贸易服务，如转口贸易、商品贸易展示等；提供自由贸易区服务，如保税仓储、保税展示、保税运输、建立保税工厂等；提供物流配送服务，如仓储、堆存、简单加工、分拣、贴标签、组合、再包装、展览、再出口等；提供进口、出口、加工贸易、投资合作、咨询信息服务，还可以提供旅游、房地产、金融等商业服务。

第五，后援服务中心。现代港口应该提供人才培训、供应和海员服务及贸易谈判等设施，并提供舒适的生活娱乐空间，加强港城一体化关系，优化城市功能。

这些功能的宗旨是使港口起到简化贸易和物流过程的作用，使港口在现代物流结点上尽量地减少间隔和提供最大的增值服务。只有满足了这些条件，并能成功地进行市场营销，港口才能增强竞争力和发展后劲,巩固和提高在综合运输物流链中的地位和作用,也才可能成为腹地经济与贸易发展的重要门户,成为地区物流的枢纽与中心。

3. 世界主要海港。世界上的国际贸易海港有 2 500 多个,位于世界各海洋的要道,各国、各地区的货物聚集在此并转运到世界各地的大港口。这些港口中,吞吐量超过 1 000 万吨的有 100 多个,5 000 万吨以上的有 20 多个。目前,世界上吞吐量在千万吨以上的大港有 80% 以上集中在发达国家,它们往往也是大工业中心,但我国有 7 个港口跻身世界十大港口,亿吨大港已占世界亿吨大港的半壁江山。发展中国家的港口多是原料出口港,工业不够发达。大西洋拥有的港口数量最多,约占世界的 3/4;太平洋则约占 1/6;印度洋约占 1/10。

鹿特丹港(Rotterdam)、纽约港(New York)、新奥尔良港(New Orleans)、神户港(Kobe)、横滨港(Yokohama)、伦敦港(London)、新加坡港(Singapore)、汉堡港(Hamburg)、马赛港(Marseille)、安特卫普港(Antwerp)等均为世界大港,在世界货物贸易运输中占有重要地位。

4. 我国的港口。我国拥有 1.8 万千米的大陆海岸线,11 万千米的内河航道,承担着 9% 的国内贸易运输和 85% 以上的外贸货物运输,沿海沿江有 1 460 多个商港。经过几十年的建设和发展,我国港口的吞吐能力有了显著的提高,基本扭转了过去港口长期与国民经济发展不相适应的被动局面,港口码头泊位不断增加,继续向大型化、专业化方向发展,港口货物吞吐量持续较快增长。我国港口吞吐量和集装箱吞吐量已经连续多年保持世界第一,拥有 20 个亿吨大港。其中宁波—舟山港吞吐量突破了 11 亿吨,居世界第一。

我国大陆的主要港口有:上海港、宁波—舟山港、大连港、秦皇岛港、广州港、天津港、青岛港、黄埔港、湛江港、连云港、苏州港、南京港、温州港、厦门港、北海港等。

随着经济的逐步发展,我国形成了五大港口群,自北向南依次是环渤海地区、长江三角洲地区、东南沿海地区、珠江三角洲地区和西南沿海地区。港口群除发挥装卸集装箱货物的运输功能外,还将参与组织各个物流环节业务活动及彼此之间的衔接与协调,逐步成为全球国际贸易和运输体系中的物流基地。

(三)国际物流中心和国际物流园区

国际物流中心、国际物流园区是近年来得到大力发展的国际物流网络系统中的枢纽性结点。国际物流中心、国际物流园区的内部系统化和外部系统化,其最终目的是实现资源的优化配置。

1. 国际物流中心。《中华人民共和国物流术语标准》对物流中心的定义为:接受并处理下游用户的订货信息,对上游供应方的大批量货物进行集中储存、加工等作业,并向下游进行批量转运的设施和机构。

国际物流中心是指国际物流活动中商品、物资等集散的场所。就大范围国际物流而言,某些小国或地区可能成为物流中心,如中国的香港地区、新加坡等就具有国际物流中心的地位。而自由贸易区、保税区、出口加工区等则具有一般意义上的物流中心的功能。就小范围而言,港口码头、保税仓库、外贸仓库或者超级市场等都可以成为物流中心。当前人们所说的国际物流中心多指由政府部门和物流服务企业共同筹建的具有现代化仓库、先进的分拨管理系统和计算机信息处理系统的外向型物流集散地。

国际物流中心不只是一个概念,而且是进行商品流通必要的基础设施,许多新型企业,特别是高科技制造企业、全球分销企业及全球第三方物流企业建设了许多国际物流中心,不少跨国公司在全球的产品分销仅靠一个物流中心来完成,因此国际物流中心是决定公司成败的战略性业务实体。

国际物流中心的主要功能包括运输、仓储、装卸搬运、包装、流通加工、物流信息处理等。但这并不是说所有的国际物流中心都必须具备所有这些功能,或者不能有其他的功能,否则就不叫国际物流中心。事实上,一个国际物流中心应该有其核心功能,并且物流中心的功能应该根据情况向上、向下进行延伸。

2. 国际物流园区。物流园区的形式及概念起源于日本。目前关于物流园区尚无明确和统一的定义,即便是在《中华人民共和国标准物流术语》中,也仅对物流中心、配送中心进行了原则性的界定。

物流园区是指在物流作业集中的地区,在几种运输方式衔接地,将多种物流设施和不同类型的物流企业在空间上集中布局的场所,也是一个有一定规模并具有多种服务功能的物流企业的集结点。物流园区是对物流组织管理结点进行相对集中建设与发展的、具有经济开发性质的城市物流功能区域;同时,也是依托相关物流服务设施降低物流成本、提高物流运作效率、改善与企业服务有关的流通加工及原材料采购、便于与消费地直接联系的生产等活动,具有产业发展性质的经济功能区。

国际物流园区是为了满足国际物流大批量、小批次、少品种的需要,以跨两个及两个以上海关管辖区域为服务范围的物流中心,功能一般比较齐全,是最高形式的物流结点,对国际物流网络系统起着决定性和战略性的控制作用。我国近年来先后批准在北京、上海、大连、天津等城市建设国际物流园区,如上海吴淞国际物流园区、天津保税国际物流园区、北京空港国际物流园区等。

(1)国际物流园区的功能。国际物流园区的作业涉及海关报关清关、跨国运输保险、国际贸易、国际金融、进出口商品检验检疫、海关监督、保管等诸多跨关境、跨国境、跨行业、跨部门的工作。国际物流园区的功能如图 2－4 所示。

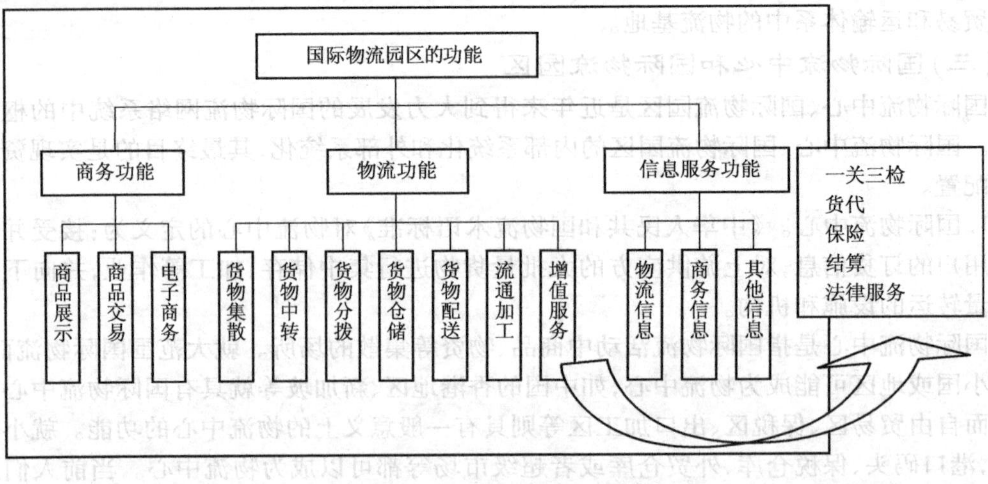

图 2－4　国际物流园区的功能

为了能够在国际物流系统中扮演重要且积极的角色,国际物流园区一般要具备以下基本功能。

其一,国际货物集散中心和国际贸易基地的功能。作为国际货物集散中心是国际物流园区的核心职能,是国际物流园区得以存在和发展的基础。通过装卸、搬运、拆装箱、报检、仓储、代理等活动，实现进出口贸易、转口贸易、过境贸易、保税贸易等功能，使作为货物集散地的国际物流园区自然地成为重要的国际贸易基地以及跨国公司的国际采购和分拨中心。

其二，仓储、运输、配送和加工增值的功能。仓储、运输和配送是国际物流园区具备的基本功能之一。国际物流园区为实现正常的国际物流运作，需要在国际物流园区内设置大量的仓储网点和运输设施设备，为实现国际的物流提供仓储、运输和配送物流服务。一些国际物流园区还具备提供简单加工服务的增值服务功能，实现物流服务的增值，进而连带和辐射国内市场。

其三，国际物流信息服务和控制中心的功能。国际物流园区既是物流信息的生成地，又是信息的反馈地。国际物流园区以计算机管理网络系统为核心的现代化信息手段，存储各生产企业、船公司、港口、陆路运输公司、仓储公司、贸易公司、海关、银行和政府的其他部门等大量的基本信息和各种形态信息，提供物流国际化作业过程所需要的信息服务。

(2)国际物流园区的主要运作模式。国际物流园区的运作模式主要有以下几种。

其一，基于大宗进口商品向国内市场分销的国际物流业务运作模式。国际大宗进口商品利用国际物流园区作为物流分拨基地，面向国内市场开展分销活动，是目前一些跨国公司和具有较强专业性的国际企业在本地化市场上的一种主要运作方式。其物流运作的特点：一是进口环节批量大，进入国内市场则采用“多批次、小批量”；二是物流运作的主体比较多元化，既可以是跨国公司和专业化国际企业在国际物流园区设立的分支机构，也可以是当地的代理商，还可以是受企业委托的国际物流园区内的物流企业。以国际物流园区为分拨基地的国际物流活动，可以从整体上降低进口商品的销售成本、提高服务效率和质量。此类物流业务运作模式对国际物流园区物流的功能要求，主要是以仓储、配送、报关、简单流通加工和物流信息服务为主。

其二，基于出口商品在国际物流园区集结和配送的物流业务运作模式。随着经济全球化进程的加快和国内外市场一体化程度的提高，跨国采购和销售活动日益频繁，许多生产性跨国公司、国际大型零售企业和专业化国际采购公司的国际采购网络正在向世界各地延伸，全球生产制造体系将逐步形成并不断趋于完善，出口商品集散的网络物流业务就成为国际物流园区物流运作的又一主要方式。其具体活动内容，一是根据国际市场的生产和销售需求，提供配套商品和服务；二是利用物流园区低成本的物流及相关服务设施，进行分销活动。

其三，基于加工贸易的原材料进口与制成品出口的物流业务运作模式。加工贸易是当前国际贸易中最为重要的贸易方式之一，也是支撑各国经济发展，特别是物流功能发展的主要动力。国际物流园区与加工贸易有关的物流活动可以分为两种类型：一是与非保税区加工贸易企业从国际市场进口原材料有关的物流活动，以及与制成品向国际市场和国内市场销售相关的物流活动；二是保税区内加工企业利用进口和国内市场的原材料的物流活动，以及制成品向国际市场出口和国内市场销售的物流活动。

其四，基于转口贸易的国际物流运作模式。转口贸易的开展和扩大，是多方面因素作用的结果：一是国际物流园区(或自由贸易区)在区域市场中具有较好的地理区位优势；二是国际物流园区能够提供货物进出自由的制度环境和便利条件；三是国际物流园区位于区域或世界交通枢纽，具有良好的运输条件和物流设施；四是国际物流园区的物流运作成本相对较低；五是国际物流园区及港口、海关等方面的管理效率较高。这种模式的物流业务的主要内容是为转口过境商品提供仓储、多式联运、向不同区域市场分拨以及物流信息服务等。

(四)海关特殊监管区域

我国保税物流发展很快，基本形成了保税区、出口加工区、保税仓库和出口监管仓库、保税物流园区、保税物流中心(A、B型)、保税港区等多种海关特殊监管区域。这些特殊监管区域是国际物流与国内物流的特殊连接点。

在这些特殊监管区域从事的物流就是保税物流。关于保税物流的运作,我们将在项目任务十中详细阐述。

单元三 国际物流网络

国际贸易和经营的竞争要求国际物流系统的物流费用要低,客户服务水平要高。为实现这一目标,建立完善的国际物流系统网络十分重要。在讨论物流网络时,这里的网络有两种含义,或者说人们对网络有两种理解:一种是指物理网络或实体网络;另外一种是指信息网络,即利用信息网络技术进行物流信息交换,根据物理网络的发展需要,企业应用网络技术建立起来的信息网络。国际物流网络是指由多个收发货的"结点"和它们之间的"连线"所构成的物理网络,以及与之相伴随的信息网络组成的有机整体。

一、国际物流连线

国际物流连线是指连接国内外众多收发货结点间的运输线,如各种海运航线、铁路线、飞机航线,以及海、陆、空联合运输航线。这些网络连线是库存货物的移动(运输)轨迹的物化形式;每一对结点间有许多连线,以表示不同的运输路线、不同产品的各种运输服务;各结点表示存货流动的暂时停滞,其目的是为了更有效地移动(收或发)。

国际物流连线的作用是使货物产生空间位移,实现货物的空间效益。

国际物流连线实质上也是国际物流流动的路径。它主要包括国际海运航线、国际航空运输线、国际铁路运输线与大陆桥、国际主要输油管道等。上述主要连线我们将在本书的其他相关单元中详细阐述。

二、国际物流物理网络的构成与建设

分散的物流单体只有形成网络才能满足国际化生产与流通的需要。网络上点与点之间的物流活动保持系统性、一致性,这样可以保证整个物流网络有最优的库存总水平及库存分布,运输快速、灵活,既能铺开又能收拢。建设和优化国际物流物理网络,有利于扩大国际物流量,提高企业的物流竞争能力和成本优势。

(一)国际物流物理网络的构成

国际物流物理网络是由执行物流运动使命的线路和执行物流停顿使命的结点两种基本元素组成的,如图2-5所示。

国际物流物理网络在结构上一般由物流园区、配送中心、货站、港口、仓库等结点和运输线路构成,并通过运输子系统、商品检验子系统、报关子系统、信息子系统、流通加工子系统等连接起来,形成相互作用的网络系统。

整个国际物流过程中线路与结点相互关联组成了不同的国际物流物理网络。国际物流物理网络水平的高低、功能的强弱则取决于网络中这两个基本元素的配置。国际物流的物理网络可用图2-6来表示。

(二)国际物流物理网络的建设

整个国际物流过程中线路与结点相互关联组成了不同的国际物流物理网络。国际物流

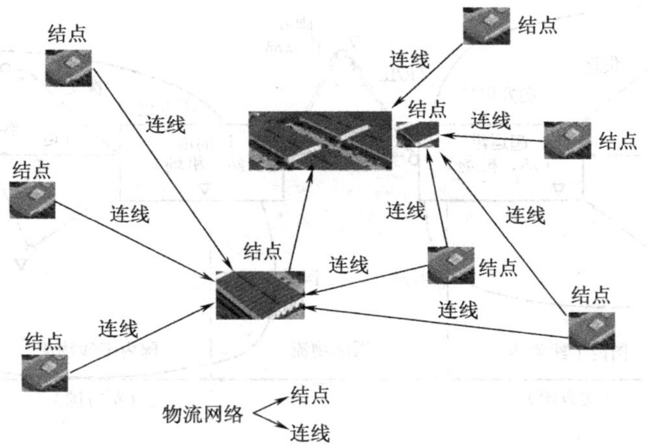

图 2－5　国际物流物理网络的构成示意图

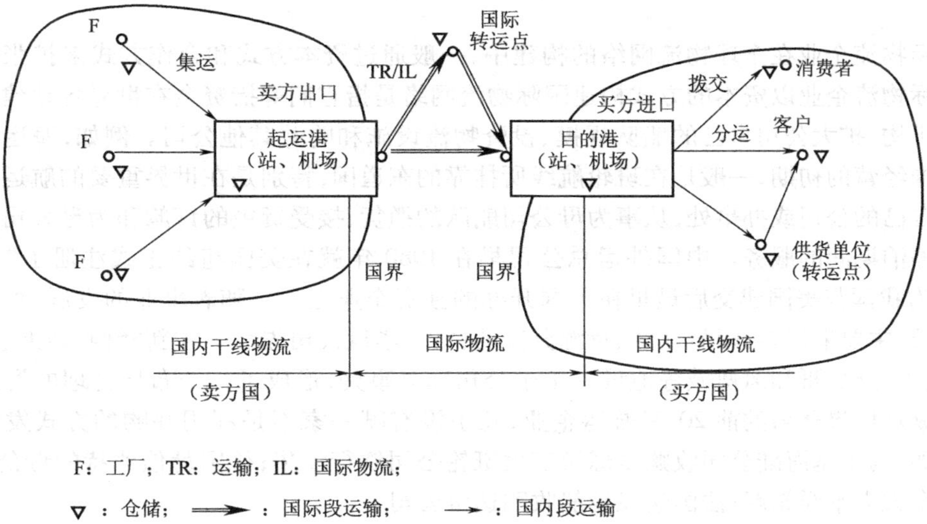

图 2－6　国际物流物理网络简图

物理网络水平的高低、功能的强弱则取决于网络中这两个基本元素的配置。

国际物流物理网络建设的中心问题是确定进出口货源点（或货源基地）和消费者的位置，各层级仓库及中间商批发点（零售点）的位置、规模和数量，从而决定国际物流系统的合理布局和合理化问题。

在合理布局国际物流物理网络的前提下，国际商品由卖方向买方实体流动的方向、规模和数量就确定下来了。同时，国际贸易的贸易量、贸易过程（流程）的重大战略问题，进出口货物的卖出和买进的流程、流向、物流费用，国际贸易经营效益等，也就都一一得到了确定。完善和优化国际物流网络，有利于扩大国际物流量，提高企业的物流竞争能力和成本优势。

下面我们以进口物流为例，图示国际物流物理网络的基本结构（见图 2－7）。

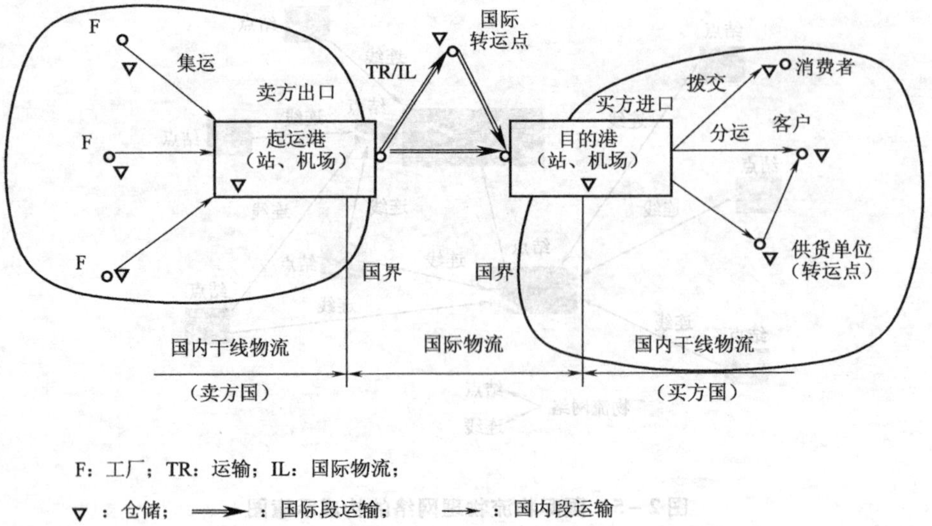

图 2-7　国际物流物理网络基本结构

国际物流企业在全球物流网络的构建中，一般通过资本方式和合作方式来扩张网络建设。国际物流企业以资本的方式构建国际物流网络是指它们筹措资金在世界各地建立自己的分支机构、扩大公司自己的船队规模、投资物流设施和购并其他公司。例如，海运物流公司在跨国经营的初期，一般是在班轮航线所挂靠的东道国，特别是在世界重要的航运中心投资设立自己的公司或办事处，从事为母公司船队的揽货、接受货主的订舱和为母公司船舶在东道国停泊期间的服务。中国外运总公司早在 1980 年就在美国纽约正式注册了“华运公司”，成为我国与美国建交后最早在美国开办的独资企业之一。随着事业的发展，根据美国海岸线长、主要港口多、幅员辽阔、货源分散的特点，华运公司先后又在新泽西、休斯敦、洛杉矶、旧金山、芝加哥和凤凰城等地设立了子公司和办事处，形成了一个布局合理的海运服务网络。纵观世界著名的前 20 家航运企业，几乎没有哪一家不是利用并购的方式发展起来的。例如，马士基海陆公司收购全球第三大班轮公司铁行渣华；德国赫伯罗特的母公司 TUI 收购加拿大太平洋轮船；法国达飞轮船收购达贸公司。

合作方式是指企业之间的合作、联盟和加盟。从产业链上看，国际物流企业既使用横向一体化战略以扩大公司的经营规模，也使用纵向一体化战略以扩大公司的业务范围。

建立和完善国际物流物理网络应注意如下问题。

首先，合理选择和布局国内外物流网点，扩大国际贸易的范围与规模，综合考虑国内物流运输。在规划网络内建库的数目、地点及规模时，都要紧密围绕着商品交易计划，乃至一个国家国际贸易的宏观总体规划。在出口时，有条件的要尽量采用就地就近收购、就地加工、就地包装、就地检验、直接出口的物流策略。

其次，明确各结点的供应范围、分层关系及供应或收购数量，注意各层结点间的有机衔接。例如，生产厂家仓库与各中间商仓库、港（站、机场）区仓库间在存储能力以及出口装运能力方面相互配合和协同，以保证国内外物流的畅通，尽量少出现或不出现在某一层仓库储存过多、过长的不均衡状态。

再次,采用先进的运输方式、运输工具和设施,充分利用海运、多式联运方式;改进运输路线,减少相向、迂回运输。

最后,国际物流网点规划要考虑现代物流技术的发展,留有余地,以备将来的扩建。为发展外向型经济,扩大国际贸易,增强商品在国际市场上的竞争力,要努力建立健全高效、通畅的国际物流体系,实现国际物流合理化和国际贸易扩大化。

(三)国际物流信息网络

国际物流信息网络也可理解成由"结点"和它们之间的"连线"所构成。连线通常包括国内外的邮件或某些电子媒介,如电话、互联网、电子数据交换(EDI)等,其信息网络的结点则是各种物流信息的汇集及处理之点,如员工处理国际订货单据、编制大量出口单证、准备提单或用电脑对最新库存量进行记录。

1. 国际物流信息网络的构成。国际物流信息网络主要是由各类信息系统组成。从本质上讲,国际物流信息系统(ILIS)是把各种国际物流活动与某个一体化过程(如交易、管理控制、决策分析以及制定战略计划)连接在一起的通道,主要是指以计算机为工具,对国际物流信息进行收集、存储、检索、加工和传递的人机交互系统。一个高效的国际物流信息网络应包括订货信息系统、库存信息系统、运输信息系统、货物跟踪系统、客户管理系统、供应链管理系统、金融系统、税务系统、海关系统、保险系统等。

2. 国际物流信息网络的建设。信息流在国际物流中的作用主要表现为反馈与控制作用、支持保障作用、资源性作用。由于国际物流市场瞬息万变,国际物流系统就要求有高效率的信息网络。信息流的作用是使物流向更低成本、更高服务、更大量化、更精细化方向发展。许多重要的物流技术都是依靠信息才得以实现的,这个问题在国际物流中比国内物流表现得更为突出。21 世纪是国际物流信息化的时代。近年来,各国在国际物流信息系统的发展建设方面均投入了大量的精力和资金,各种国际物流信息系统正在蓬勃发展之中。

国际物流对信息网络的基本要求是信息充足、准确和通信顺畅。

国际物流信息网络建立的难度:一是管理困难;二是投资巨大。而且由于世界上有些地区物流信息水平较高,有些地区较低,所以会出现信息水平不均衡的现象,因而使国际物流信息网络的建立更为困难。当前国际物流信息网络一个较好的建立办法是和各国海关及其他相关政府部门的公共信息系统联机,以及时掌握有关各个港口、机场和联运线路、站场的实际状况,为供应或销售物流决策提供支持。一些大型企业或有开发能力的企业,可以根据自身的特点开发自己的国际物流信息系统和网络。而对于一些中小企业或自身开发能力不足的企业,则可以外包国际物流信息系统和网络的开发。

建设和优化国际物流信息网络应注意以下几点。

第一,以企业发展战略和物流竞争战略为基本指针。建立国际物流信息网络是企业的长期战略投资行为,必须以企业发展战略和物流竞争战略为基本指针。没有战略的依据,企业对国际物流信息网络的投资就将是盲目的投资。

第二,要以客户服务需求为基本依据,确定国际物流运作流程。企业建立国际物流信息网络的前提是要依据客户的物流服务需求和企业的物流管理模式确定国际物流运作流程。国际物流运作流程的设计问题,实际上是客户服务需求和企业服务能力的匹配问题。不能只注意企业的物流管理模式而忽视客户具体的物流服务需求。

第三,信息网络的结构要具有开放性和扩张性。

(四)国际物流物理网络与国际物流信息网络的关系

国际物流物理网络与国际物流信息网络并非各自独立,它们之间是密切相关的,共同构成国际物流网络。物流的几乎每一活动都有信息支撑,物流质量取决于信息,物流服务也要依靠信息。如果没有信息流,将只会成为一个单向的、难以调控的、半封闭式的国际物流系统。而信息流的双向反馈作用,则可以使国际物流系统易于控制、协调,使其能合理高效地运转,充分地调动人力、物力、财力、设备及资源,以达到最大限度地降低国际物流总成本、提高经济效益的目的。

由于国际物流是国际的物品运动过程,因此,我们不仅要研究国际物流系统内部的相互联系,还要研究横跨各国地域的整体物流的合理化,取得各有关国家之间的协助与配合,这就要做到时刻把握国际物流的脉搏,跟踪处理。信息流的动态跟踪作用解决了这一问题。以国际海运为例,在物品的载体——国际货船离港的次日,信息流便分别向发运国和到货国传递货物海运保险申请书并制作运费报告;当货物运送完毕时,信息流按港口类别的集装箱海运日程及时报告行踪,并预报到港地点、时间及各种服务,如发生其他障碍和问题,信息流也会立刻发出警告信息。通过这种动态跟踪的信息流,不仅可以随时掌握国际物流的行踪,而且可以达到使损失减少到最小、获取效益最大的目标。

任务解析

下面根据上述所学知识对项目情景的任务进行简要解析。

任务1 UPS与一般运输物流企业不同的是:它是由多个收货发货和信息的结点和它们之间的连线所构成的国际物流系统网络。

任务2 在建立完善国际物流系统网络时,建立仓库及物流结点的数目、地点及规模要紧密围绕总体规划,要注意仓库及物流结点间有机衔接,要留有余地,以备将来扩建,因此不需建许多。

任务3 国际物流企业在全球物流网络的构建中,一般通过资本方式和合作方式来扩张网络建设。UPS主要通过跨产业并购,不断发展新业务,构建其物流网络,成功地转变为一家综合性物流企业。

任务4 上海AB国际物流有限公司可以参照图2-5、图2-7建设中国至美国的海运进出口货物的物流网络。例如,在美国的纽约港建立集货中心、口岸分拨中心、城市配送中心。其结构及运作图2-8、图2-9、图2-10所示。

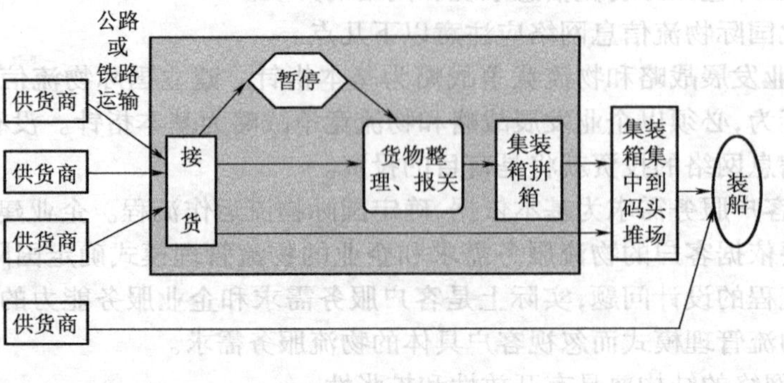

图2-8 国外集货中心

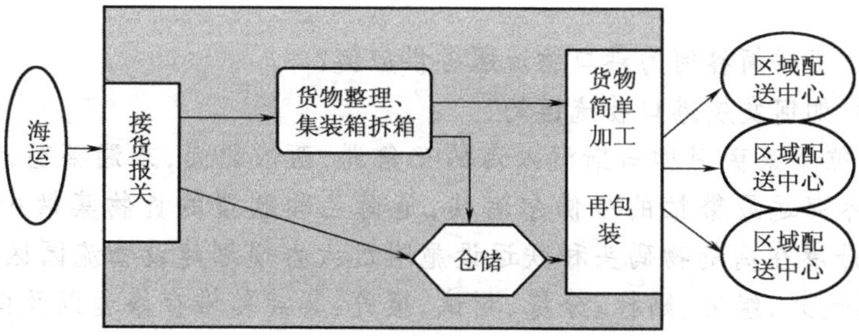

图 2-9 口岸分拨中心

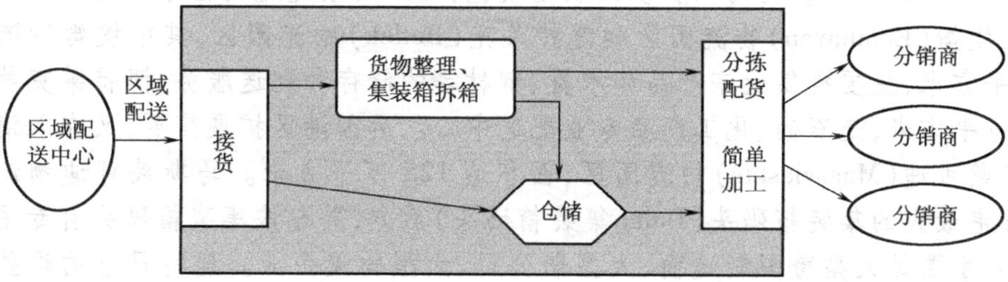

图 2-10 城市配送中心

个案分析

1. 深圳港夹在香港港和广州港之间。与香港港相比，深圳港不具备香港的自由港通关便利优势；与广州港相比，由于土地资源等因素制约，深圳港不具有广州港码头费用低廉的价格优势。因此，如何突破重围，在竞争白炽化的港口群中谋得生存和发展，脱颖而出，实现深圳"以港强市"的发展战略是深圳港的主要课题。目前深圳有物流企业 4 200 家，可以为生产制造、商贸流通企业提供从原材料采购、运输、包装、存储、分拣、配送，以及产成品的存储、简单加工、配送、资金结算等服务，其中最具有特色和优势的，是近年来培育发展的 40 多家供应链管理企业。此外，还规划建设了七大物流园区，其中盐田、大铲湾、机场三个物流园区位于海港、空港后方陆域，可直接为其提供配套服务；平湖物流园区是为铁路、公路运输配套服务的综合型物流园区；龙华物流园区主要是为香港提供过境运输配套服务的物流园区；笋岗清水河物流园区紧邻城市中心区，是城市配送型物流园区；固戍物流园区是为商贸流通企业配套服务的商业配送型物流园区。经过体制改革，深圳港已成为整个供应链运作的核心。深圳港依托较为发达的现代物流业，借助大交通、大物流管理的体制优势，以港口为核心，延伸供应链服务的链条，着力发展港口供应链产业。具体就是引导供应链管理企业将服务业务延伸到港口码头，以港口作为其全程配送中的一个节点，实现一个供应链管理企业从工厂到港口再到用户的全程运作，通过降低流通环节的综合费用，帮助企业降低成本，同时提高港口的综合竞争力。随着国际贸易的发展以及国内海运货物的增加，港口物流服务供应链将成为今后港口业致力发展的主要方向。

问题：

(1)结合上述资料简答何为港口物流服务供应链？

(2)深圳港是如何发展港口物流链的？

2. 鹿特丹港位于莱茵河和马斯河入海的三角洲，西依北海，东溯莱茵河、多瑙河，可通至里海，濒临世界海运最繁忙的多佛尔海峡，是荷兰和欧盟的货物集散中心，有“欧洲门户”之称。鹿特丹港在离货物码头和联运设施附近大力规划建设物流园区，其主要功能有拆装箱、仓储、再包装、组装、贴标、分拣、测试、报关、集装箱堆存修理以及向欧洲各收货点配送等，发挥港口物流功能，提供一体化服务。对于物流园区的定位，鹿特丹港务局明确指出：物流园区是拥有完善的设施，可以为物流、特别是配送活动提供一站式服务的物流园区；它应紧邻港口集装箱码头和多式联运设施，并采用最先进的信息和通信技术。鹿特丹港原有埃姆（Eemhaven）物流园区和博特莱克（Botlek）物流园区，其中埃姆物流园区面积50万平方米，主要提供大宗产品如木材、钢材等的储存和配送服务，博特莱克物流园区面积87万平方米，是石油、化工产品专业配送中心。后因港区扩展需要，又在入海口处建立了马斯莱可迪（Maasvlaskte）物流园区，面积达125万平方米。马斯莱可迪物流园区位于鹿特丹港最大的集装箱码头（Delta集装箱码头）后方，并与该集装箱码头有专用通道连接，其用户主要是大型跨国制造商、大型船公司、大型物流企业。鹿特丹港的这些物流园区均有与码头间的专用运输通道，提供物流运作的必要设备，采用最先进的信息技术，并提供增值服务以及海关的现场办公服务。物流园区的配送中心是许多企业在欧洲建立的配送中心所在，也是小企业把货物交付一个能保证即时送货到全欧洲的放心的物流服务商。

问题：

(1)鹿特丹港建有几个物流园区，这些物流园区是如何定位的？

(2)结合本案例简述国际物流园区的主要功能。

(3)鹿特丹港建设物流园区有哪些成功的经验？

复习思考题

1. 国际物流系统由哪些要素构成？
2. 国际物流系统能实现哪些功能？
3. 以国际货物出口为例，简述国际物流系统的基本模式。
4. 国际物流结点是如何实现衔接功能的？
5. 国际物流港口应具备哪些功能？
6. 列举世界主要海港（6个以上）和我国主要海港（6个以上）。
7. 建立和完善国际物流物理网络应注意哪些问题？
8. 举例说明信息流在国际物流中具有哪些作用。

项目任务三　国际货物的包装与仓储业务

项目要求

（1）了解国际物流包装的分类和理解国际物流包装合理化的要点；

（2）掌握国际货物仓储作业的流程和工作内容。

项目情景

上海 AB 国际物流有限公司接到如下两笔业务。

1. 深圳某公司出口到美国的一批大理石板材，委托上海 AB 国际物流有限公司运送到美国 C 公司。该批大理石板材辗转近两个月后，又原封不动回到了上海。其主要原因是货主因嫌麻烦，在出口前，其用作承载大理石板材的木质包装未按检验检疫部门的要求报检、加施“IPPC”标识。结果，货物到达美国口岸后，美国检验检疫部门做出原柜退运出境处理。

2. 3 月 25 日，上海 AB 国际物流有限公司与收货人（上海 B 饲料公司）就“卸货、仓储、出库等有关事宜”签订货物卸货、仓储作业合同，在上海港接卸“海皇双子星”轮丹麦啤酒大麦 29 848 吨。合同约定上海 AB 国际物流有限公司承担啤酒大麦的监管和仅能凭两公司出具的出库单放货。上海 AB 国际物流有限公司委托中国外轮理货公司上海分公司理货。3 月 28 日，中国进出口商品检验公司上海分公司对该批货物作品质检验，结论为良好。

任务 1：国际贸易对商品的物流运输包装有哪些要求？

任务 2：上海 AB 国际物流有限公司如何仓储作业？

知识模块

单元一　国际货物的包装

在国际货物买卖中，包装是说明货物的重要组成部分，包装条件是买卖合同中的一项主要条件。按照某些国家的法律规定，如果卖方交付的货物未按约定的条件包装，或者货物的包装与行业习惯不符，买方有权拒收货物。如果货物虽按约定的方式包装，但与其他货物混杂在一起，买方即可以拒收违反规定包装的那部分货物，甚至可以拒收整批货物。由此可见，搞好包装工作和按约定的条件包装，具有重要的意义。

一、包装的含义及其在国际物流中的地位与作用

包装（Packaging）是在物流过程中为保护产品、方便储运、促进销售，按一定技术方法采用容器、材料及辅助物等将物品包封并予以适当的装封标志的工作的总称。简言之，包装是

包装物及包装操作的总称。

（一）包装与其他功能要素的关系

一方面，国际物流系统的功能构成要素大都与包装有关。

就包装与运输的关系而言，例如，杂货载运时过去用货船混载，且必须严格地用木箱包装，而改用集装箱后，只用纸箱就可以了。

就包装与搬运的关系而言，如用手工搬运，即应按人工可以胜任的重量单位进行包装。如果运装过程中全部使用叉车，就无须包装成小单位，只要在交易上允许，则可尽量包装成大的单位，可以以吨为单位运输，如柔性集装箱容器。

就包装与储存保管的关系而言，货物在仓库保管时，如果码放得高，则最下面货物的包装就应能承受压在其上的货物的总重量。以重量为 20 千克的货箱为例，如果货物码放 8 层，最下边箱子的最低承重应为 140 千克。

另一方面，国际物流系统其他功能要素受包装的制约。如果用纸箱包装运输，则必须用集装箱运输；如设计只能承受码放 8 层的包装，就是仓库再高也只能码放 8 层货物，这样就可能无法有效地利用仓库空间。

（二）包装在国际物流中的作用

在国际物流中，包装的好坏能直接影响到运输质量和物流成本，运输包装出现问题，难免发生货物丢失、损坏、客户投诉、退货等现象。包装在国际物流中的作用可以归纳为以下 4 个方面。

1. 保护商品。由于销往世界各地的出口商品运输环节多、路线长，装卸条件和地区间气候差异较大，容易受外力作用的破坏（冲击、跌落、振动、摇摆等）、环境变化的影响（高温低温、潮湿低气压、降水等）、生物侵入的破坏（真菌、昆虫、啮齿类动物等）、化学活动性物质的腐蚀（海水、二氧化硫、氨气、盐酸等）、人为的破坏（野蛮装卸、盗窃等），因此，国际物流对包装的要求更严格。据有关资料统计，我国出口商品每年因包装不良造成的损失而导致减少的外汇收入约占总收入的 10%。例如，某年云南出口俄罗斯的金属硅和出口新加坡的香芭油均由于包装破损，被外商退货。

合理的包装能避免搬运过程中的脱落、运输过程中的震动或冲击和保管中由于承受物过重所造成的破损；能避免异物的混入和污染；能防湿、防水、防锈、遮光，以及防止因为化学或细菌的污染而出现的腐烂变质；能防霉变、防虫害等。

2. 保障国际运输安全。众所周知，危险货物具有易燃、易爆、有毒及放射性等特性，如果包装的性能不符合要求，或者使用不当，很容易引发起火、爆炸。我国是危险品的出口大国，全国出口危险品种类达 300 多种，但在过去一段较长的时期，由于我国产品的包装质量低劣，不能有效保护出口商品，而导致在装卸、储存、运输过程中危险品爆炸、起火等重特大恶性事故时有发生。

为保障国际运输安全，国际海事组织根据联合国的有关规定，制定了《国际海运危险货物规则》，并从 1991 年 1 月 1 日起在国际上强制执行。近年来，我国的海运出口危险货物，未发生过由于包装质量问题引起的重大运输安全事故，有效地保证了出口贸易的持续、健康发展。一方面，适当的包装增加了在运输、储存和装卸过程中的安全性；另一方面，新型的包装容器能重复使用，减少了包装的浪费和对环境的污染。

3. 有利于打破国外的有关壁垒和限制，促进产品的出口。不少国家对进口商品的包装有各自不同的规定，凡不符合要求的均不准进口或进口后亦不准投入市场销售。如美国、新西兰、加拿大等国禁止使用稻草等做包装材料，以防止某些植物病虫害传播，对本国生态环境造成破坏；伊朗、沙特阿拉伯等国规定进口的货物必须使用集合运输包装，否则不准进口卸货；而美国、加拿大、澳大利亚、新西兰、巴西以及欧盟则相继颁布法令，要求来自中国的木质包装在进口时必须带有中国出入境检验检疫机关出具的证书，证明木质包装已经过熏蒸处理或防腐处理，或者出口商出具无木质包装的证明方可入境。若有违反规定的货物将禁止入境，或在认可的条件下，拆除木质包装并销毁。

除国外对包装有强制性限制外，由于各国经济发展水平的差异，对包装质量的档次均有不同的要求，包装质量的好坏也会直接影响贸易的得失。

因此，合理的包装有利于保证出口产品顺利进入国际市场。

4. 促进商品的销售。商品能否畅销，除商品本身的性能、质量外，销售包装的作用也是不能忽视的，它不仅起到美化商品的作用，还起到广告宣传的作用，在商品陈列中包装就起着无声推销员的作用。众所周知，当年我国的茅台酒第一次参加世界博览会打入国际市场时，由于其“土衣布衫”的形象而受尽冷遇，幸亏本身质量过硬，不慎打碎酒瓶，酒香飘溢，才被世人认可。调查表明，63%的消费者是根据产品的包装来选购商品的，这就是著名的杜邦定律。

二、国际物流包装的分类

对于国际物流的包装可按不同的标准对其进行分类。

（一）按形态对包装进行分类

按形态对包装进行的分类大致包括逐个包装、内包装和外包装三种。

1. 逐个包装。所谓逐个包装，是指交到使用者手里的最小包装，即把物品全部或一部分装进袋子或其他容器里并予以密封的状态或技术。

2. 内部包装。内部包装是指将逐个包装的物品归并为两个或两个以上的较大单位并放进中间容器里的状态和技术，其中也包括为保护里边的物品，在容器里放入其他材料的状态和技术。

3. 外部包装。外部包装是指从运输作业的角度考虑，为了对物品加以保护并为方便搬运，将物品放入箱子、袋子等容器里的状态和技术，包括缓冲、固定、防湿、防水等措施。

知识链接

在国际物流中商品的外包装上通常应印刷或粘贴哪些标志？

通常应印刷或粘贴运输标志（Shipping Mark）和指示性标志（Indicative Mark）。对于危险品还应在外包装上加贴警告性标志（Warning Mark）。对于需要跨国配送的货物，还应在运输包装上加贴多维条形码。

（二）按功能对包装进行分类

按功能不同，可将包装分为运输包装和商业包装。

1. 运输包装。运输包装（Transport Packaging）是以运输、保管为主要目的的包装，也就是从物流需要出发的包装，亦称工业包装。我国的国家标准对运输包装的定义是：“以运输贮存为主要目的的包装。它具有保障产品的安全，方便储运装卸，加速交接、点验等作用。”从我国的国家标准中可看出，运输包装涉及多部门、多作业。包装的好坏在一定意义上反映了一个国家的综合生产力发展水平。在国际包装标准中，“运输包装”前须冠以“完整的、满装的”定语，即必须是毫无损坏的、内装被保护的产品经过包装所形成的总体。

运输包装的主要作用是保护功能、定量（单位化）功能、便利功能和效率功能。

在运输包装中按包装的大小不同又分为单件运输包装和集合运输包装。单件运输包装，是指在国际物流过程中作为一个计件单位的包装。常见的有箱、桶、袋、包等。集合运输包装，又称成组化运输包装，是指将若干单件运输包装组成一件大包装。常见的有集装袋或集装包、托盘、集装箱等。

2. 商业包装。商业包装也叫零售包装（Retail Packaging）或消费者包装（Commercial Packaging），主要是根据零售业的需要，作为商品的一部分或为方便携带所做的包装，亦即所谓的逐个包装。

商业包装的主要功能是定量功能（形成基本单件或与此目的相适应的单件）、标识功能（容易识别）、商品功能（创造商品形象）、便利功能（处理方便）和促销功能（具有广告效力，唤起购买欲望）；主要目的则在于促销或便于商品在柜台上零售或为了提高作业效率。

这里应注意的是，在有些情况下运输包装同时又是商业包装，如装橘子的纸箱子（15 千克装）应属运输包装，连同箱子出售时，也可以认为是商业包装。为使运输包装更加合理并为促进销售，在有些情况下，也可以采用商业包装的办法来做运输包装，如家电用品的包装箱就是兼有商业包装性质的运输包装。

（三）按在贸易中有无特殊要求进行分类

按在贸易中有无特殊要求，可将包装分为一般包装、中性包装和定牌包装。

1. 一般包装。一般包装也就是普通包装，货主对包装无任何特殊的要求。

2. 中性包装。中性包装（Neutral Packaging）是指在商品的内外包装上不注明生产国别、产地、厂名、商标和牌号。采用中性包装，是为了避开某些进口国家与地区的关税和非关税壁垒以及适应交易的特殊需要（如转口销售等），它是出口国厂商加强对外竞销和扩大出口的一种手段。

3. 定牌包装。定牌包装（Packaging of Nominated Brand）是指在商品的内外包装上不强调注明生产国别、产地、厂名，但要注明买方指定的商标或牌号。当前，世界上许多国家的超级市场、大百货公司和专业商店，对其经营出售的商品，都要在商品上或包装上标有本商店使用的商标或品牌，以扩大本店知名度和显示该商品的身价。许多国家的出口厂商，为了利用买主的经营能力及其商业信誉和品牌声誉，提高商品售价和扩大销路，也愿意接受定牌生产及包装。

此外，按包装技术的不同还有充气包装、脱氧包装、真空包装、防潮包装、防锈包装、防虫包装、防腐包装、防震包装、危险品包装等。

三、国际物流包装作业的合理化

尽管包装的分类有多种，但与国际物流关系最紧密的还是国际货物运输包装，这里就来探讨国际货物运输包装的合理化问题。关于包装的合理化，国内外都开展了广泛的研究。例如，美国提出了“包装五步研制方法”：①确定环境；②确定产品的易损性；③选用适当的缓冲垫;④设计及创造原型包装;⑤试验原型包装。而我们认为,国际货物运输包装合理化的要点主要有以下四个。

(一)满足国际贸易对运输包装的要求

国际贸易对商品运输包装的要求比国内贸易更高,它必须适应商品的特性,适应不同运输方式的要求,考虑有关国家的法律规定和客户的要求。

在国际贸易中,由于各国的国情不同以及文化差异的存在,对商品的包装材料、结构、图案及文字标识等要求也有所不同。例如:美国规定,为防止植物病虫害的传播,禁止使用稻草作为包装材料,如被海关发现使用稻草作为包装材料,必须当场销毁,并支付由此产生的一切费用。加拿大政府规定进口商品的标签必须英法文对照。

国际货物买卖中的包装条款一般包括包装材料、包装方式、包装规格、包装标志和包装费用的负担等内容。包装条款实例如下:

【例】To be packed in poly bags, 25 pounds in a bag, 4 bags in a sealed Wooden Case which is lined with metal. The cost of packing is for seller's account.(用涤纶袋包装。25 磅装一袋,4 袋装一箱。箱子需用以金属作衬里的木箱。包装费用由卖方承担。)

因此,进出口合同中的包装条款已对包装材料、包装方式、包装费用和运输标志等内容作了明确的规定。根据《联合国国际货物销售合同公约》第 35 条的有关规定:卖方交付的货物必须与合同规定的数量、质量和规格相符,并须按照合同所规定的方式装箱或包装。因此,国际物流人员要按货主的贸易合同进行运输包装。

(二)运输包装的标志标准、清晰

国际运输包装的标志,按用途可分为以下三种。

一是运输标志。运输标志又称唛头,它通常由一个简单的几何图形和一些字母、数字及简单的文字组成。根据国际标准化组织(ISO)的建议,运输标志(唛头)应为 4 行,每行的文字和数码不得超过 17 个字码,取消任何图形,因为图形不能用打字机一次做成,在采用电脑制单时(指在 EDI 操作中)尤为不便。其格式如下:

AMB………………收货人的缩写
08/S/C No. 2356…………合同编号
New York Via Hongkong…目的港名称
Nos. 1–400………………箱号和总件数

二是指示性标志。指示性标志是提示人们在装卸、运输和保管过程中需要注意的事项,一般都是以简单、醒目的图形和文字在包装上标出,也有人称其为注意标志。如"此端向上""防潮""防热""小心轻放""由此吊起""由此开启""重心点""勿用手钩""勿近锅炉""易碎"等。

三是警告性标志。警告性标志又称危险货物包装标志,凡在运输包装内装有爆炸品、烯物品、有毒物品、腐蚀物品、氧化剂和放射性物质等危险货物时,都必须在运输包装上标明用于各种危险品的标志,以示警告,便于装卸、运输和保管人员按货物特性采取相应的防护措施,以保护物资和人身的安全。

除我国颁布的《危险货物包装标志》外,联合国政府间海事协商组织也规定了一套《国际海运危险品标志》。这套规定在国际上已为许多国家采用,有的国家进口危险品时要求在运输包装上标明该组织规定的危险品标志,否则不准靠岸卸货。在我国危险货物的运输包装上,要标明我国和国际上所规定的两种危险品标志。

（三）从国际物流总体角度出发，用科学方法确定最优包装

产品从出厂到最终销售目的地所经过的流通环境条件，如装卸条件、运输条件、储存条件、气候条件、机械条件、化学和生物条件等都对包装提出了要求。从现代物流的观点看，包装合理化不单是包装本身合理与否的问题，而是整个物流合理化前提下的包装合理化。例如：不同装卸方法决定着不同的包装；在确定包装时，应根据不同的保管条件和方式而采用与之相适合的包装强度；远洋运输、国际铁路运输、国际航空运输、国际多式联运等不同的运输方式对包装都有着不同的要求和影响。

（四）包装的科学化

注重包装的科学化，主要有如下五点。

1. 防止包装不足和包装过剩。由包装强度不足、包装材料不足等因素所造成的商品在流通过程中发生的损耗不可低估。而由于包装物强度设计过高，保护材料选择不当则会造成包装过剩，这一点在发达国家表现得尤为突出。日本的调查结果显示，发达国家包装过剩约在20%以上。

2. 采用单元货载尺寸和运输包装系列尺寸。物流系统高效率化的关键在于使单元货载系统化。所谓单元货载系统化，是把货物归整成一定数量的单件进行运输。其核心是自始至终采用托盘运输，即从发货至到货后的装卸，全部使用托盘运输方式。为此，在物流过程中所有的设施、装置、机具均应引进物流标准概念。

知识链接

单元货载尺寸

单元货载尺寸是运输车辆、仓库、集装箱等能够有效利用的尺寸。单元货载尺寸按日本JIS20603的规定，托盘以1 100mm×1 100mm和1 000mm×1 200mm为标准。将这一标准数值进行整数分割或组合可组成69种数值的正方形尺寸和40种数值的长方形尺寸，这些尺寸被作为运输包装系列尺寸的规格值。采用这种运输包装系列尺寸，可以使货物恰好不多不少地码放在托盘上，既不致溢出，也不留有空隙。

3. 注重包装的大型化。随着交易单位的大型化和物流过程中搬运的机械化，单个包装亦趋于大型化。如作为工业原料的粉粒状货物，就使用以吨为单位的柔性容器进行包装。大批量出售日用杂货或食品的商店因为销售量大，只要不是人力搬运，也无须用20千克的小单位包装。包装单位大型化可以节省劳力、降低包装成本。

4. 注重包装的机械化。包装过去主要是依靠人力作业进行的，进入大量生产、大量消费的时代以后，包装的机械化也就应运而生。包装机械化从逐个包装机械化开始，直到装箱、封口、捆扎等外包装作业完成。此外，还有使用托盘堆码机进行的自动单元化包装，以及用塑料薄膜加固托盘的包装等。

5. 推崇绿色包装。绿色包装是指不会造成环境污染或恶化的商品包装。当前世界各国的环保意识均日渐增强，特别是一些经济发达国家，出于对环保的重视，他们将容易造成环境污染的包装也列入限制进口之列，而使其成为非关税壁垒的手段之一。例如，德国、意大利均禁止使用PVC做包装材料的商品进口；20世纪80年代，工业国家提出了绿色包装的

"3R"原则,即减量化(Reduce)、重复使用(Reuse)和再循环(Recycle)。20世纪90年代又提出了"1D"原则,即包装材料应"可降解"(Degradable)。根据上述原则,"绿色包装"应符合节省材料、资源和能源,废弃物可降解,不致污染环境,对人体健康无害等方面的要求。

随着国际物流量的增大,国际物流包装应推崇绿色包装理念,包装的资源节省与拆装后的废弃物处理必须和社会系统相适应。应尽可能地积极推行包装容器的循环使用,尽可能地回收废弃的包装容器并予以再生利用。

单元二 国际货物仓储

国际货物仓储具体是指对各种运输方式转换的临时库存和原材料、半成品和产成品提供储存和管理服务。国际物流仓储业务是由于国际商品交换的产生和发展而发展起来的,它主要是在各国国际物流中心仓库①、保税仓库、海关监管仓库、港口堆场进行的。由于进出口商品的种类繁多,货物性质不同,因而对仓储作业的要求也就不同。本单元所谈的仓储作业主要是指一般商品的仓储作业。

一、国际货物仓储的特点与原则

在物流学中,储存(Storing)是指物品在仓库中的储存,以改变物的时间状态为目的的活动,克服产需之间的时间差异而获得更好的效用。这种仓库中的储存简称仓储。在国际物流过程中没有仓储就不能解决生产集中性与消费分散性的矛盾,也不能解决生产季节性与消费常年性的矛盾。因此,仓储在国际物流过程中占有重要地位。有仓储就必然要对储存的物品进行保管。仓储商品的保管②(Storage)就是要研究商品性质以及商品在储存期间的质量变化规律,积极采取各种有效措施和科学的保管方法,创造一个适宜于商品储存的条件,维护商品在储存期间的安全,保护商品的质量和使用价值,并最大限度地降低商品的损耗。当前,国际物流中的仓储企业不仅担负着进出口商品保管存储的任务,而且担负着出口的加工、挑选、整理、包装、刷唛、备货、组装和发运等一系列的任务。

(一)国际货物仓储的特点与作用

随着国际贸易的发展,加强国际货物仓储是缩短国际贸易商品流通时间、节约流通费用的重要手段。

1. 国际货物仓储的货物来源。国际货物仓储的货物来源有三:一是用于出口的国内货物;二是满足国内需要的进口货物;三是进口暂存保税仓库的货物。

2. 国际货物仓储的特点。国际货物仓储,主要是针对集装箱运输方式出口货物的仓储。

---

① 在工业中,仓库(Warehouse)是指储存生产需用的各种原材料、零部件、设备、机具和半成品、产成品的场所。在物流中,仓库一般是指以库房、货场及其他设施、装置为劳动手段的,对商品、货物、物资进行收进、整理、储存、保管和分拨等工作的场所。国际物流仓库是在国际物流系统中主要承担储存、保管功能的场所,是国际物流网络中以储存为主要功能的结点。从现代国际物流的观点看,大型的、多功能的国际物流仓库往往是国际货物分拨的基地,是国际物流运作的中心。

② 保管为一种静止的状态,也可以说是时速为零的运输,保管产生时间效益。一般情况下,生产与消费之间有时间差,保管的主要功能就是在供应和需求之间进行时间调整。此外,生产或收获的产品,产出多少就销售多少,不进行保管,价格必然暴跌,为了防止这种情况的发生也需要把产品保管在仓库里。可见保管在提高时间功效的同时还有调整价格的功能。因此,我们说保管具有以调整供需为目的的调整时间和调整价格的双重功能。

国际货物的仓储具有以下特点。

第一,主要以集装箱货物的存储为主。随着国际集装箱运输的发展,国际物流中集装箱运输的地位越来越重要,绝大多数货物都是通过集装箱运输来实现国际物流。所以作为国际物流的中转站、集疏中心的港口,存储的货物主要是集装箱以及装在或准备装入集装箱的货物。因此,国际货物仓储主要是以集装箱货物为主。

第二,理论仓储量决定于进出口贸易量,实际仓储量则取决于出口贸易量。国际货物仓储业的服务对象主要是进出口贸易,这和国内货物仓储服务于国内再生产有着明显的区别。又因进口商品大多采取就港直拨的方式运往全国各地,因此进口商品卸船后进入仓库储存再等待外调的现象已经大幅度减少。据天津港仓储业测算,集港量为出口,疏港量为进口,集港占集港、疏港总量的65%以上,因此,出口量决定着国际货物的仓储量。

由于国际货物仓储中出口量决定着仓储量,存储货物主要是集装箱货物。所以,国际货物仓储,主要是针对集装箱运输方式出口货物的仓储。

第三,出入库次数频繁而储存期短暂。因为出口商品是以对外贸易合同的合同期为基点,于是商品的收购、集结、仓储和集港均依船期而有所准备,故国际货物仓储大多是相当短暂的、有计划的待船而存。然而,随着对外贸易的发展,进出口贸易量的递增,作为国际物流的一个必要环节,这些物资必然要在装卸船之前有个滞留阶段,于是便形成了出入库频繁、仓储期短暂这一港口货物仓储独有的特点。

3. 国际货物仓储的作用。国际货物仓储不仅仅是为了满足货主继续运输的需要,而且还对货主在生产、交换、流通、消费的综合物流环节产生作用。

高质量、高效率的仓储对保障国际物流的质量和效率起着至关重要的作用。

(1)调整生产和消费在时间上的间隔。

(2)加速商品周转和流通。例如,高效率的港口物流仓储能够加快货物在港口流动的速度,缩短货物在港停留时间,提高港口货物周转量。

(3)减少货损货差,保证进入市场的商品质量。高质量的仓储能够做到大宗货物防碰撞、防损坏、防偷盗,散装货物防风吹、防雨打、防流失,保质、保量、保安全。从而减少直至杜绝车站、机场、港口发生货损货差赔偿,降低物流成本。

(4)调节商品价格。

(二)国际货物仓储管理的基本原则

国际货物仓储管理是现代国际物流管理的重要环节,是指国际物流企业为了充分利用自己所具有的仓储资源,提供高效的仓储服务所进行的计划、组织、控制和协调的过程。国际仓储管理的基本原则如下。

1. 坚持效率原则。国际货物仓储效率主要包括:作业效率——出入库时间和装卸时间;仓容利用率——多存储;货物周转率——周转快;破损率、差错率——保管好。

2. 坚持经济效益的原则。国际物流企业的仓储经营收入构成主要有:货物进出库装卸费;货物存储的仓租费;进行货物挑选、分拣、整理、包装等的费用;集装箱作业费;铁路专用线或码头费等。

利润=经营收入(最大化)-经营成本(最小化)-税金

3. 坚持服务的原则。仓储服务的好坏直接影响企业的经济效益和企业在国际上的声誉。仓储活动本身就是向社会提供服务产品、围绕服务定位,如提供服务、改善服务、提高服务质量,要在经营成本和服务水平间寻找平衡。不能因一味降低经营成本,而降低服务水平。

为此，国际物流企业在国际货物仓储管理中要做好：①合理规划仓储设施网络；②合理选择仓储设施设备；③严格控制商品进出质量；④认真保管在库商品；⑤保证仓库高效运作；⑥降低仓储运营成本；⑦确保仓库运行安全。

二、国际货物仓储作业

国际货物仓储作业的一般业务程序如图 3－1 所示。

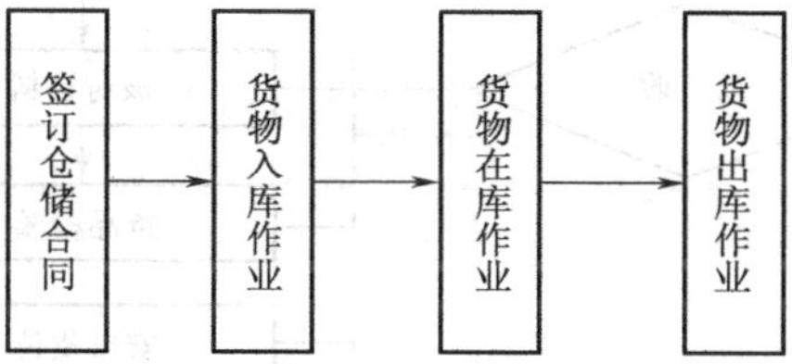

图 3－1　国际货物仓储运作程序

（一）签订仓储合同

在国际货物仓储活动中，仓储经营者与货物的存货人之间是通过订立仓储合同确立双方之间的权利义务关系的。仓储合同是保管人储存存货人交付的货物，存货人支付仓储费的合同，它以仓储保管为标的。《中华人民共和国合同法》对仓储合同作了专门的规定。《中华人民共和国合同法》第 385 条规定，仓储合同有效成立后，在存货人交付仓储货物时，仓储经营者（保管人）应当给付仓单，并在仓单上签名或盖章。

知识链接

仓单

仓单是保管人在收到仓储货物时向存货人签发的表示收到一定数量的仓储物的有价证券。仓单的主要内容包括：存货人、仓储物的品种、数量、质量、包装、件数和标记、仓储物的损耗标准、存储场所、存储期间、仓储费、保险情况、填发人等。仓单不能代替仓储合同。仓单是仓储合同的一种证明文件，是提取仓储货物的凭证，可以通过背书转让。

（二）货物入库作业

入库（也称进仓）是国际货物仓储作业的第二步，它分为散货进仓与拆箱进仓。其中，拆箱进仓是指海运集装箱装载的货物，在仓库收货区拆封，卸至托盘上。拆箱进仓又有两种：机械拆箱（货物已打托盘或木箱，可以用堆高机直接开进集装箱内卸装）；人工拆箱（货物呈松散堆栈，须以人力逐件搬出后堆放于托盘上）。下面主要阐述散货进仓。

散货进仓是指一般货物与空运货物（未曾事先堆栈在托盘上并固定者）自仓库的收货码头卸下堆栈在托盘上。

货物入库作业是指接到入库通知单后，经过接运提货、装卸搬运、检查验收、办理入库手续等一系列作业环节构成的工作过程。货物入库作业流程如图3－2所示。

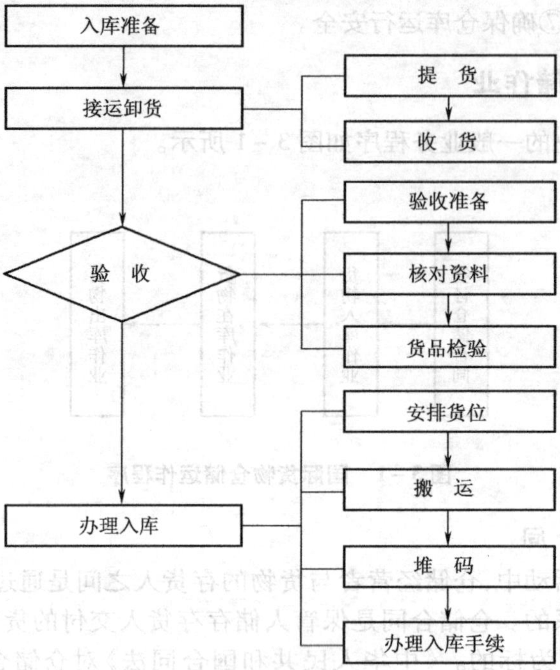

图3－2　国际货物入库作业流程

在整个入库作业中，最重要的是进仓验收工作。为防止商品在储存期间发生各种不应有的变化，在商品入库时首先要严格验收，弄清商品及其包装的质量状况。对吸湿性商品要检测其含水量是否超过安全水分含量，对其他有异常情况的商品要查清原因，针对具体情况进行处理和采取救治措施，做到防微杜渐。这个工作的误差率要求是0，即要求100%的正确。进验是一项相当细致的工作，主要包括质量验收、数量验收和包装验收。验收时要注意：外箱完整性；数量符合发票；制造日期、保存期限（外箱没有标示或标示不清时，一定要开箱验货）、货物批号的检查核对。

货物入库时，应由仓库保管员填写入库通知单，完整的入库单据必须具备以下四联：送货回单、储存凭证、仓储账页和货卡，并附上检验记录单、产品合格证、装箱单等有关资料凭证，以证实该批货物已经检验合格，可以正式上架保管。

（三）货物在库作业

货物在库作业是仓储管理最核心的环节，是对在库商品进行理货、堆码、保管养护和盘点等保管活动的总称。其安排是否合理直接关系到保管商品的数量和质量，影响到仓储的经营效益。

在储存区内，全托盘装载的物品被分配到预定的托盘位置上。由于不同商品的性能不同，对储存条件的要求也不同。例如：怕潮湿和易霉变、易生锈的商品，应存放在较干燥的库房里；怕热易熔化，易发黏、挥发、变质或易发生燃烧、爆炸的商品，应存放在温度较低的阴凉场所；一些既怕热又怕冻且需要较大湿度的商品，应存放在冬暖夏凉的楼下库房或地窖里。

此外，性能相互抵触或易串味的商品不能在同一库房混存，以免相互产生不良影响。尤其对于化学危险物品，要严格按照有关部门的规定，分区、分类安排储存地点。

仓库一般首先考虑出入库的时间和效率，因而较多地着眼于拣选和搬运的方便，但保管方式必须与之协调。保管应注意温度和湿度管理，注意防尘、防臭、防虫、防鼠、防盗等问题。

（四）货物出库作业

出库，也称出货，是国际物流仓储作业的最后一个环节。货物出库作业是指仓库保管人员根据业务部门或存货单位开具的出库凭证，对出库凭证进行审核、拣货、分货、发货检查、包装直到把商品点交给业务部门或存货单位的一系列作业管理过程的总称。其是仓库作业的最后一个环节，这一环节的好坏直接关系到仓库的服务质量和客户满意度。

1. 两种不同的出货处理方式。仓储人员收到出货单时会发生两种不同的处理方式，如图 3－3 所示：照单拣货，准备出货验收；视情况拣货，准备改变包装或进行简易加工。

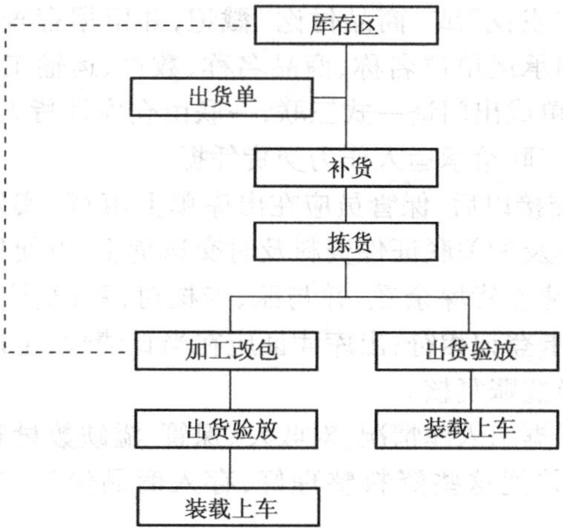

图 3－3　两种不同的出货处理方式

图 3－3 中的虚线代表加工作业的尾料可以重新入库或留滞于加工区内的暂存区，其他改包或加工后的产品恢复到正常出货流程。

2. 货物出库的一般步骤。货物出库的一般步骤为：审核仓单→核对登账→配货备货→复核查对→出库交接→填单销账。

（1）审核仓单。仓库接到存货人或仓单持有人的出库通知后，必须对仓单进行核对。因为存货人取得仓单后，可以通过背书的方式将仓单转让给第三人，也可以分割原仓单的货物，填发两份以上新的仓单，将其中一部分转让给第三人。存货人与仓储人原来所签订的合同关系被转让，其部分规定适用于第三人。第三人在取得仓单后，还可以在仓单有效期内再次转让或分割仓单。但是合同要规定，存货人转让仓储物提取权的，应当经保管人签字或盖章。

（2）核对登账。仓单审核以后，仓库财务人员要检查货物的品名、型号、规格、单价、数量等有无错误，收货单位、到站、银行账号等是否齐全和准确，单证上书写的字迹是否清楚，有无涂改痕迹，是否超过了规定的提货有效期等。如果核对无误，可根据凭证所列各项内容，登入商品保管账，核销储存量，并在出库凭证上批注发货商品存放的货区、库房、货位编号以及发货后应有的储存数量。同时，收回仓单，签发仓库货物出库单，写清各项内容，连同提货单或调拨单，一起交仓库保管员查对配货。

(3)配货备货。财务人员转来的货物出库凭证经复核无误后，仓库保管员按出库凭证上所列项目内容和上面的批注，到编号的货位对货，核实后进行配货。配货中要执行“先进先出”“易坏先出”“不利保管先出”的发货原则。货物从货垛上搬下后，应整齐堆放在备货区位上，以便刷唛、复核、交付等备货作业的进行。

(4)复核查对。备货后仓管人员应立即进行复核，以确保出库货物不出差错。复核的形式有保管员自行复查、保管员互核、专职人员复核、负责人复查等。复核的目的就是要求出库货物手续完备，交接清楚，不错发运。出库货物经过复核无误后，方可发运。

(5)出库交接。备齐货物经复核无误后，仓库保管员必须当面与提货人或运输承运人按单逐件点交清楚、分清责任、办好交接手续。自提货物待货物交清后，提货人应在出库凭证上签章；待发运货物保管员应向发运人员点交，发运人员在出库凭证上签字。发货结束，应在出库凭证发货联上加盖“发讫”或“商品付讫”戳记，并留据存查。同时，应由仓库填写出库商品清单或出门证，写明承运单位名称、商品名称、数量、运输工具和编号，并会同承运人或司机签字。出库商品清单或出门证一式三联，一联由仓库发货人员留查；二联由承运人交仓库，以便门卫查验放行；三联给承运人作为交货凭据。

(6)填单销账。货物交接以后，保管员应在出库单上填写“实发数”“发货日期”等项内容，并签名。然后将出库单及相关联证件资料及时交送货主，以便货主办理货款结算。保管员根据留存一联出库凭证清点货垛余数，并与账、卡核对，登记、核销实物保管明细账，账面余额应与实际库存量和货卡登记相符；出库凭证应在当日清理，定期装订成册，妥善保管；在规定时间内，转交账务人员登账复核。

一批货物发完后，应根据出入库情况，对收发、保管、溢缺数量和垛位安排等情况进行分析，总结经验，改进工作，并把这些资料整理好，存入商品保管档案，妥善保存，以备日后查用。

任务解析

下面根据上述所学知识对项目情景的任务进行简要解析。

任务1 国际贸易对商品运输包装的要求比国内贸易更高，它必须适应商品的特性，适应不同运输方式的要求，考虑有关国家的法律规定和客户的要求。在国际贸易中，由于各国的国情不同以及文化差异的存在，对商品的包装材料、结构、图案及文字标识等要求也有所不同。例如：美国规定，为防止植物病虫害的传播，禁止使用稻草作为包装材料，如被海关发现使用稻草作为包装材料，必须当场销毁，并支付由此产生的一切费用。加拿大政府规定进口商品的标签必须英法文对照。国际货物买卖中的包装条款一般包括包装材料、包装方式、包装规格、包装标志和包装费用的负担等内容。国际物流人员要按货主的贸易合同进行运输包装。

国际植物保护公约组织(International Plant Protection Convention，IPPC)2002年3月发布了国际植物检疫措施标准第15号出版物《国际贸易中木质包装材料管理准则》(*Guidelines for Regulating Wood Packing Material in International Trade*)，要求木质包装按规定的检疫除

害处理方法进行处理，并加施 IPPC 专用标识。根据有关国家按照国际标准制定的进境检疫要求，对于无 IPPC 标识、未正确加施 IPPC 标识或检出有害生物的木质包装，将在入境口岸采取除害、销毁、拒绝入境等措施。美国、加拿大、墨西哥及欧盟成员国等对发现不符合要求的木质包装，通常会采取连同货物一并退运的严厉措施。出口商应从获得标识加施资格的企业购买已经加施 IPPC 专用标识的木质包装。木质包装使用企业可向所在地检验检疫机构咨询索要 IPPC 标识加施企业名单，并自主选择购买经有效除害处理的木质包装。本案中货主因嫌麻烦，在出口前，其用于承载大理石板材的木质包装未按检验检疫部门的要求报检、加施"IPPC"标识，结果，货物到达美国口岸后，美国检验检疫部门做出原柜退运出境处理。

任务2 在国际货物仓储活动中，仓储经营者与货物的存货人之间是通过订立仓储合同确立双方之间的权利义务关系的。上海 AB 国际物流有限公司与收货人(上海 B 饲料公司)就"卸货、仓储、出库等有关事宜"签订货物卸货、仓储作业合同后应按合同的要求卸货、仓储、出库。同时，由于仓储作为专业的保管经营，保管人(上海 AB 国际物流有限公司)应当具备国家规定或行业惯常的储存条件并应采取适当的专业措施(如粮食储存应采取熏蒸、通风、干燥等措施)储存和保管好啤酒大麦。

个案分析

1. 信用证规定：SHIPPING MARK：KD－SPTSC10/SPORTAR/HAMBURG/C/NO. 1－UP。现已知货物共 5 000 箱，其中 ART. 32 的商品为 1 200 箱，ART. 45 的商品为 1 800 箱，ART. 50 的商品共 2 000 箱。请你按照国际标准化组织的建议为货主的这批货编制一个唛头。

2. 某出口公司外售杏脯 1.5 吨，合同规定纸箱装，每箱 15 千克(内装 15 小盒，每小盒 1 千克)。交货时，由于此种包装的货物短缺，某货运代理公司按照出口公司的指示，将小包装(每箱仍为 15 千克，但内装 30 小盒，每盒 0.5 千克)货物发出。到货后，进口方以包装不符为由拒绝收货。出口公司则认为数量完全相符，要求进口方付款，你认为责任在谁？

复习思考题

1. 按功能对包装进行分类，可分为哪几类？
2. 分别阐述包装、储存保管在国际物流中的地位与作用。
3. 在物流各环节中对包装有影响的有哪些因素？
4. 国际贸易对商品的运输包装有哪些要求？
5. 阐述国际货物运输包装合理化的要点。
6. 简述国际货物仓储的特点与原则。
7. 仓储作业的主要环节包括哪些？
8. 阐述货物出库的一般步骤。

项目任务四　国际货物运输的组织与代理

项目要求

(1)了解国际货物运输在国际物流中的作用;

(2)了解国际货物运输的特点、构成和运输对象;

(3)能够选择合理的国际物流运输方式;

(4)掌握国际货运代理的概念和性质以及国际货运代理服务的业务内容;

(5)熟知我国对国际货运代理的行业管理;

(6)理解国际货运代理的法律关系与所应承担的责任;

(7)了解国际货运代理业务中涉及的法律、标准交易条件及其对责任的规定,并能在实际工作中应用。

项目情景

北京MT国际物流集团创立于1990年,以独特的经营理念和不懈的创新精神,在国内主要口岸城市、内陆大中型城市以及美国、日本等地设有120多家分支机构,拥有海外代理300余家,形成了覆盖全球的国际物流服务网络。北京MT国际物流集团目前并不拥有飞机、卡车和船舶,而是利用他人运输工具提供综合的国际货运代理服务,主要服务内容有揽货、订舱、集装箱拆箱、分拨中转、报关、报检、国际多式联运等。

3月5日,北京MT国际物流集团物流经理接到如下任务:①从北京到德国法兰克福,60千克展览会急需展品;②从深圳到美国旧金山,6 000台电视机;③连云港某食用油工厂到乌鲁木齐,600箱食用油;④某牛奶工厂在方圆40千米内收购牛奶,然后将生产好的包装牛奶运送到本市的超市;⑤从武汉到美国纽约,18TEU(标准集装箱)服务。

3月8日,货主A委托北京MT国际物流集团上海分公司出运一批货物,自上海到香港。该上海分公司代表货主向船公司订舱后取得提单,船公司要求北京MT国际物流集团上海分公司暂扣提单,直到该货主把过去拖欠该船公司的运费付清以后再放单。后货主A向上海海事法院起诉MT国际物流集团上海分公司违反代理义务擅自扣留提单造成货主A无法结汇产生巨额损失。

根据以上材料,完成如下任务。

任务1:国际货运代理的业务范围主要包括哪些内容?

任务2:简要说明国际货运代理的性质。

任务3:指出国际货运代理所从事的业务主要包括哪些服务对象?

任务4:如何为客户选择合理的运输方式?

任务5:国际货运代理的法律关系如何?北京MT国际物流集团上海分公司对货主的损失是否承担责任?

知识模块

单元一　国际货物运输的特点及其作用

国际货物买卖合同签订后，根据相关贸易术语，买卖双方要对货物的运输做出安排。随着国际物流的发展，进出口双方往往将货物的承运或有关运输工作交给国际物流企业或货运代理公司代理，而进出口双方一般主要负责货物的托运申请和运输监管。国际货物运输是国际物流系统的核心。为了多、快、好、省地完成进出口货物运输任务，从事国际物流的人员必须合理地选用各种运输方式，按照国际货物买卖合同中的各项装运条款，正确编制和运用各种运输单据，并掌握与此有关的运输基本知识。

一、国际物流的运输模型及国际货物运输的主要特点

自从人类有了生产和产品交换，就有了运输。人们在生产过程中，有意识地使用各种工具设备，通过各种办法，使物或人实现位置移动，这种"位移"就是运输。运输（Transportation）就是人和物的载运和输送。关于人的运输称为客运，货物的运输称为货运。本书主要阐述"物"的载运，即物流运输或货物运输。《中华人民共和国国家标准物流术语》中对运输的定义是："用设备和工具，将物品从一地点向另一地点运送的物流活动。其中包括集货、分配、搬运、中转、装入、卸下、分散等一系列操作。"从运输经济学的角度：运输是指劳动者使用运输工具和设备，在运输线路上实现人与物空间场所变动的有目的的活动，是重要的社会生产活动[①]。

运输按地域可划分为国内货物运输和国际货物运输两类。国际货物运输，就是货物在国家与国家、国家与地区之间的运输。国际货物运输又可分为贸易物资运输和非贸易物资（如展览品、个人行李、办公用品、援外物资等）运输两种。由于国际货物运输主要是贸易物资的运输，非贸易物资的运输往往只是贸易物资运输部门的附带业务，所以，国际货物运输也通常被称为国际贸易运输。从一国的角度来说，就是对外贸易运输，简称外贸运输。从贸易的角度来说，国际货物运输是一种无形的国际贸易。这种贸易用于交换的不是物质形态的商品，而是一种无形的特殊的商品——运力。运价就是这种贸易的交换价格。

（一）国际物流的运输模型

国际货物运输是国际物流的主要子系统。国际物流的运输子系统包括境外集货运输、国际运输、干线运输、区域配送和终端配等 5 个运输子系统。

境外集货运输主要是将分散的货物汇集到出口港或集货中心的运输，主要由某国际分销企业境外物流合作伙伴或境外分支机构完成，主要运输方式为公路与铁路运输。

国际运输主要由某国际分销企业的国际货运代理或国际物流企业合作伙伴委托国际运输承运人完成，主要运输方式为海运、空运和陆运。例如进口货物由国际货运代理或国际物流企业合作伙伴接货，并根据某国际分销企业物流系统的指令分拨到各个区域物流中心。

干线运输主要完成从进口口岸（或国内供货商）到区域物流中心的运输，主要运输方式

① 运输具有生产的本质属性。马克思将运输称为"第四个物质生产部门"。马克思认为的其他三个生产部门是开采业、农业和工业。

为公路运输和铁路运输，某些特殊商品也可采用航空运输。进口货物的干线运输由货运代理合作伙伴委托承运人完成；国内物流业务的干线运输由供货商或某国际分销企业的物流公司负责，委托承运人完成。

区域配送主要完成从区域物流中心到各城市物流中心（或配送点）的区域配送运输。主要运输方式为公路运输，由国际分销企业物流公司负责，委托运输公司完成。

终端配送主要完成从各城市物流中心（或配送点）到分销商或零售商的末端配送。初期主要由分销商或零售商自己到城市物流中心（或配送点）提货或由配送点送货，成熟阶段应该由物流中心组织巡回配送。

图4－1简述了国际物流的运输模型。

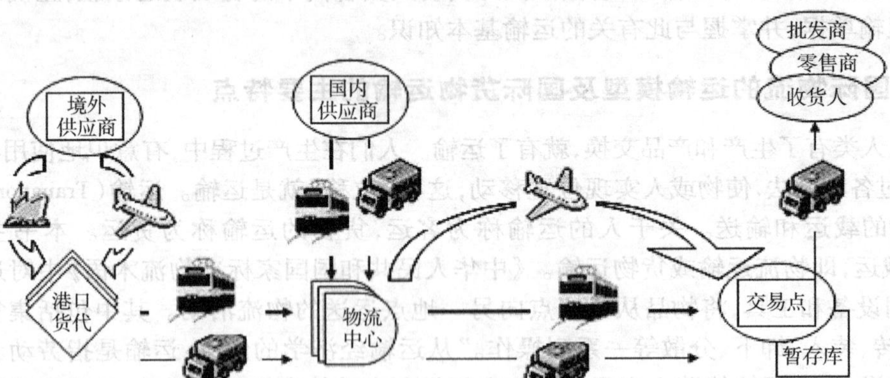

图4－1　国际物流的运输模型

（二）国际货物运输的主要特点

国际货物运输不同于国内运输，具有线长面广、中间环节多、情况复杂多变和风险大等特点。

第一，国际货物运输是中间环节很多的长途运输。国际货物运输是国家与国家、国家与地区之间的运输，一般运距较长。在运输过程中，往往需要使用多种运输工具，通过多次装卸搬运，变换不同的运输方式，经由不同的国家和地区，中间环节很多。

第二，国际货物运输涉及面广，情况复杂多变。货物在国际运输过程中，需要与不同国家、地区的货主、交通部门、检验检疫机构、保险公司、银行、海关以及各种中间代理人打交道。同时，由于各个国家、地区的政策法律规定不一，金融货币制度不同，贸易运输习惯和经营做法也有差别，再加上各种政治、经济形势和自然条件的变化，都会对国际货物运输产生较大的影响。

第三，国际货物运输的时间性特别强。国际市场竞争十分激烈，商品价格瞬息万变，进出口货物如不能及时运到目的地，很可能会造成重大的经济损失。某些鲜活易腐商品和季节性商品如不能按时送到目的地出售，所造成的经济损失可能会更加严重。为此，货物的装运期、交货期被列为贸易合同的条件条款，能否按时装运直接关系到重合同、守信用的问题，对贸易、运输的发展都会产生巨大的影响。

第四，国际货物运输的风险较大。国际货物运输由于运距长、中间环节多、涉及面广、情况复杂多变，加之时间性很强，因而风险也就比较大，为了转嫁运输过程中的风险损失，各种进出口货物和运输工具都需要办理运输保险。

第五,国际货物运输涉及国际关系问题。在组织国际货物运输的过程中,需要经常同国外发生广泛的联系,这种联系不仅仅是经济上的,也会牵涉国际政治问题。对于各种运输业务问题的处理,常常也会涉及国际关系问题,是一项政策性很强的工作。因此,从事国际货物运输的人员不仅要有经济观念,也要有国家政策观念。

二、国际货物运输在国际物流中的地位与作用

运输是人或物借助于运力①创造时间和空间效应的活动。运输最基本的效用是能够克服产品的生产与需求之间存在的空间和时间上的差异,产生空间效用和时间效用②。国际货物运输是国际物流系统的核心,发挥着重要作用。

(一)国际货物运输是国际物流不可缺少的重要环节

在国际贸易中,进出口商品在空间上的流通范围极为广阔,没有运输,要进行国际商品交换是不可能的。商品成交以后,只有通过运输,按照约定的时间、地点和条件把商品交给对方,贸易的全过程才算最后完成。国际货物运输是国际贸易和国际物流不可缺少的重要环节。

国际物流是"物"的国际物理性运动。这种运动不但改变了物的时间状态,也改变了物的空间状态。国际运输承担了改变物的空间状态的主要任务,是改变物的空间状态的主要手段。

在国际物流中,国际运输能提供两大功能:国际货物转移和储存。

第一,国际货物转移。运输的主要功能就是产品在价值链上的来回移动。国际货物运输是通过运输手段使货物在国际物流结点之间流动,因此,国际货物转移是国际货物运输所提供的主要功能。

第二,物品存放。对物品进行临时存放是一个特殊的运输功能,这个功能在以往并没有被人们关注。国际货物运输一般经历的时间长、路途远,各种运输工具(如火车、飞机、船舶、集装箱等)都担负着国际货物的存放功能。尤其是一些国际货物在转移中需要储存,但在短时间内(1~3天)又将重新转移,那么该物品从仓库卸下来和再装上去的成本可能高于存放在运输工具上需支付的费用。在仓库有限的时候,利用运输工具存放也许是一种更可行的选择。在本质上,国际运输工具被当作一种临时储存设施,它是移动的,而不是处于闲置。

(二)国际货物运输能够促进国际物流的发展

国际货物运输工具的不断改进,运输体系结构、经营管理工作的逐步完善和日趋现代化,一方面使得开拓越来越多的国际市场成为可能;另一方面,由于交货更为迅速、准时,运输质量更高,运输费用更节省,可以大大提高对外贸易的经济效益,并进而使得国际经济联系日益加强,国际分工日趋深化,国际贸易愈加发展。因此,国际货物运输能够促进国际贸易的发展,继而促进国际物流的发展。

① 所谓运力,是指由运输设施、路线、设备、工具和人力组成的,具有从事运输活动能力的系统。

② 空间效用,又称"场所效用",是指通过运输活动,实现物品的物理性的位置移动。物品在不同的位置,其使用价值实现的程度是不同的,即效用价值是不同的。时间效用是指物品处在不同的时刻,其效用价值是不一样的,通过储存保管,将物品从效用价值低的时刻延迟到价值高的时刻再进入消费,使物品的使用价值得到更好的实现。

（三）国际运输是国际物流"第三利润"的主要源泉

国际运输是运动中的活动，它和静止的保管不同，要靠大量的动力消耗才能实现这一活动，而国际运输又承担着大跨度空间转移的任务，所以活动的时间长、距离长、消耗大。消耗的绝对数量大，其节约的潜力也就大。

运费在全部国际物流费用中占的比例最高，一般接近50%，有些物品的运费甚至高于物品的生产费用，所以节约的潜力是很大的。

由于国际运输总里程长、运输总量巨大，通过体制改革和运输合理化可大大缩短运输吨千米数，从而可节约大量运输成本。

单元二　国际货物运输的构成与运输对象

一般来说，一种活动总是由人与工具构成的，运输活动也不例外。在国际货物运输活动中的人主要是国际运输的关系方，即运输的参与者和运输服务的提供者。工具是实现国际货物运输的手段。另外，国际货物运输是通过一些具体的运输方式或运输方式的组合来实现的。因此，简单地说，国际货物运输主要由三个方面构成：国际运输的关系方、国际运输工具和国际运输方式。国际货物运输对象就是国际货物运输部门承运的各种进出口货物，如原料、材料、工农业产品、商品以及其他产品等。

一、国际货物运输的构成

国际货物运输主要由三个方面构成：国际运输的关系方、国际运输工具和国际运输方式。当然，国际货物运输活动是在国际运输线路上和运输节点内进行的，国际运输线路①、运输节点②、通信设备等也是国际货物运输系统的组成部分。

（一）国际货物运输的关系方

国际货物运输活动受到直接参与或间接影响运输活动的各关系方的影响。国际货物运输服务与普通商品的买卖关系不同，往往涉及更多的关系方，包括：托运人（发运地）、收货人（目的地）、承运人、政府③和公众④以及联系托运人与承运人的运输代理人。图4－2说明了上述各方的关系。

从图4－2来看，国际货物运输的关系方主要有以下三种。

1. 承运人。承运人（Carrier）是指专门经营水上、铁路、公路、航空等客货运输业务的交通运输部门，如轮船公司、铁路或公路运输公司、航空公司等。它们一般都拥有大量的运输工具，为社会提供运输服务。关于在海上运输中的船舶经营人（Operator）作为承运人，我国

---

① 运输线路又叫运输通路，是供运输工具定向移动的通道，是指在运输网络中，连接运输始发地、到达地、经停点，供运输工具安全、便捷运行的线路。

② 运输节点（Nodes）或称运输结点，是运输网络中连接运输线路的结节之处，所以又被称为运输结节点。公路运输的停车场、货运站，铁路运输的中间站、区段站、编组站、货运站，海运的港口，空运的机场，管道运输的管道站，均属于运输节点。

③ 政府机构主要通过制定各种规章制度和法律对运输各参与方的资格、运输服务的交易过程、费率的制定等加以管理，维护整个运输行业的竞争秩序。世界许多国家的运输设施主要由政府提供，如港口、机场、公路的修建等。

④ 公众对货物运输的影响通过两方面来体现：一是公众对商品需求产生影响，最终影响运输需求；二是公众对环境、安全的关注，并通过影响有关法律法规的制定对运输行业产生影响。

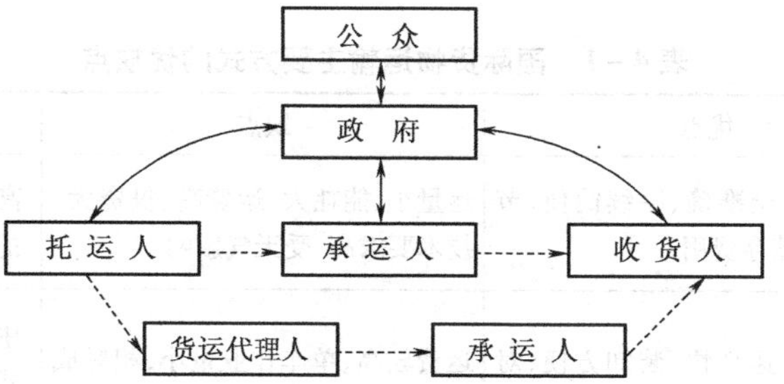

图4－2 国际货物运输的关系方

《海商法》第42条指出："承运人是指本人或者委托他人以本人的名义与托运人订立海上货物运输合同的人。""实际承运人是指接受承运人委托，从事货物运输或部分运输的人，包括接受转委托从事此项运输的其他人。"由此可见，海上运输承运人包括船舶所有人（Ship Owner）和以期租（Time Charter）或光租（Bare Charter）的形式承租进行船舶经营的经营人。

2. 货主。货主（Cargo Owner）是指专门经营进出口商品业务的外贸部门或进出口商。货主多为国际贸易运输工作中的托运人（Shipper）或收货人（Consigner）。

3. 运输代理人。运输代理人是指根据货主或承运人的要求，代办国际货物运输业务的中间人。它们在承运人与货主之间起着桥梁作用。目前，国际货物运输的代理人主要有：租船代理，又称租船经纪人（Shipping Broker）；船务代理（Shipping Agent）；货运代理（Freight Forwarder）；咨询代理（Consultative Agent），等等。以上各类代理之间的业务往往互相交错，如不少船务代理也兼营货运代理，有些货运代理也兼营船务代理等。

国际上从事代理业务的代理人一般都长期经营运输业务，经验丰富，而且熟悉各种运输手续和规章制度。它们与交通运输部门以及贸易、银行、保险、海关等有着广泛的联系和密切的关系，从而具有为委托人代办各种运输事项的有利条件。

国际货物运输代理人的服务内容大多与国际贸易合同执行有关，与对外贸易运输组织有关，从目的和动机来看纯属商业行为，而与实际承运人的工作，包括装载、搬运、积载、运送、卸载等具体运输环节关系不大。它们接受委托人的委托，代办各种运输业务并按提供的劳务收取一定的报酬，即代理费、佣金或运费。

（二）国际货物运输工具

国际货物运输工具主要有下列四种。

一是包装工具，包括包装机械、充填包装机械、灌装机械、封口机械、贴标机械、捆扎机械、热成型包装机械、真空包装机械、收缩包装机械和其他机械。

二是集装工具，主要有集装箱、托盘和集装袋等。

三是运输工具，主要有汽车、火车、船舶、飞机和管道等。

四是装卸搬运工具，主要有起重机械、装卸搬运车辆、连续输送机械和散装机械等。

（三）国际货物运输方式

根据使用的运输工具不同，国际货物运输主要分为如下几种方式：海洋运输、铁路运输、航空运输、公路运输、邮包运输、管道运输、集装箱运输、大陆桥运输以及由各种运输方式组合而成的国际多式联运等。主要运输方式的运输业务将在以后的章节中阐述。

国际货物运输主要方式的优缺点见表4－1。

表4－1　国际货物运输主要方式的优缺点

方式	优点	缺点	适合运输对象
航空运输	速度快、安全准确、手续简便、节省包装和储存费用	运量小、能耗大、运费高、投资大、技术要求高、受天气影响	高附加值的、贵重、鲜活、急需的远距离货物运输
公路运输	机动灵活、速度快、装卸方便、对自然适应性强	运费较高、单车作业量小，相对成本高、不安全、有污染	中短途货运、集疏的有效方式；高附加值、多批次、少批量货运
海洋运输	通过能力大、运输量大、运费低廉、对货物的适应性强	速度慢、灵活性差、受自然条件影响大、风险较大、需要其他接驳方式	时间要求低的大宗、廉价货物的长距离运输
铁路运输	准确性和连续性强、运输速度快、运输量较大、安全可靠、运输成本较低、受自然因素影响小、运输的地区局限性小	造价高、耗材多、短途运输成本高、装卸作业时间长、机动性差	大宗货物运输；中长距离货运
集装箱运输	便于货物运输、简化货运手续、无须开箱倒载、节省包装用料、减少运杂费	对货物的品种、规格有一定限制；手续及单证不统一	件杂货、大宗散货
管道运输	运具和线路合而为一、运量大、损耗小、安全、连续性强、环保	投资大、灵活性差、运输对象单一	气体、液体

在国际物流中，运输方式选择不当造成的不合理运输程度远甚于一般物流。例如，一旦选择海运，则不可避免地受航线的约束形成迂回，这比通常的陆地迂回大得多，而且货物一旦上船便无法改变。又如，由于国际物流受国际贸易的驱动，比一个国家内的物流多了一层通关手续，多了很多关税。假如物流方式选择不当，拉长了时间，错过了销售时机，就会造成更大的经济损失。因此，组织国际物流，必须正确选择运输方式和管理组织方式。一般来讲，应根据物流运输系统要求的服务水平和可以接受的物流运输成本来决定。可以选择一种运输方式，也可以选择使用联运的方式。运输方式的选择通常要考虑以下因素：货物的特点及性质、运输速度和路程、运输运费和成本、运输的可得性、运输的一致性和可靠性、市场需求的缓急程度、运输期限、运输批量等。

二、国际货物运输的对象

国际货物运输的对象就是国际货物运输部门承运的各种进出口货物，如原料、材料、工农业产品以及其他产品等，它们的形态和性质各不相同，对运输、装卸、保管也各有不同的要求。可以从货物的形态、性质、重量、运量等不同角度对国际货物运输的对象进行简单的分类。

国际货物运输对象的分类可归纳如表4－2所示。

表4-2 国际货物运输对象的分类

分类形式	分类		
从货物形态的角度分类	包装货物	裸装货物	散装货物
从货物性质的角度分类	普通货物	特殊货物	
从货物重量的角度分类	重量货物	体积货物	
从货运量大小的角度分类	大宗货物	件杂货物	长大笨重货物

包装货物是指使用一些材料对货物进行适当的包装的货物。按照货物包装的形式和材料，包装货物通常可分为几种：①箱装货物；②桶装货物；③袋装货物；④捆装货物；⑤其他如卷桶状、编筐状、坛罐状等多种形状的包装货物。

裸装货物是指不加包装而成件的货物。常见的有各种钢材、生铁、有色金属以及车辆和一些设备等。

散装货物是指不加任何包装，采取散装方式，以利于使用机械装卸作业进行大规模运输的货物。包括干质散装货物和液体散装货物，如煤炭、铁矿石、磷酸盐、木材、粮谷、工业用盐、硫黄、化肥、石油等。

普通货物包括：①清洁货物。指清洁、干燥的货物，如茶叶、棉纺织品、粮食、陶瓷品、各种日用工业品等。②液体货物。指盛装于桶、瓶、坛内的流质或半流质货物，如油类、酒类、药品、普通饮料等。③粗劣货物。指具有油污、水湿、扬尘和散发异味等特性的货物，如包装外表有油腻的桶装油类、生皮、盐渍货物、水泥、烟叶、化肥、矿粉、颜料等。

特殊货物包括：①危险货物。指具有易燃、爆炸、毒害、腐蚀和放射性危害的货物。②易腐、冷藏货物。指常温条件下易腐烂变质或指定以某种低温条件运输的货物，如菜、鱼类、肉类等。③贵重货物（也称高值货物）指价格高昂的货物，如金、银、贵重金属、货币、高价商品、精密器械、名画、古玩等。④活的动植物。指具有正常生命活动，在运输过程中需要特殊照顾的动植物。

根据国际上统一的划分标准，凡1吨重量的货物，体积小于40立方英尺或1立方米，这种货物就是重量货物；凡1吨重量的货物，体积大于40立方英尺或1立方米，这种商品就是体积货物，也称为轻泡货物。货物的这种划分，对于安排货载和计算运费具有十分重要的意义。

同批（票）货物的运量很大者，称为大宗货物，如化肥、粮谷、煤炭等。大宗货物约占世界海运总量的75%～80%。

大宗货物之外的货物称为件杂货物。它具有一定的包装，可分件点数，约占世界海运总量的25%，但其货价要占到75%。

在运输中，凡单件重量超过限定重量的货物称为重件货物或超重货物；凡单件某一尺寸超过限定数量的货物称为长大货物或超长货物。一般情况下，超长的货物往往又是超重的，超重的货物中也有一些是超长的，所以，这类货物统称为长大笨重货物，如石油钻台、火车头、钢轨等。

单元三 国际货运代理

国际货运代理（通常简称"货代"）是从国际贸易和国际运输这两个关系密切的行业里共同分离出来而独立存在的行业。国际货物买卖大都远隔重洋，买卖双方必须借助海、陆、空等不同的运输方式和不同的交通工具才能实现货物的流动。货主为了货物安全、运输便捷、节省费用、降低成本,便要广泛收集交通运输方面的信息,方能选择到最佳的运输方式、最新的运输工具、最好的承运人和支付最便宜的费用。但事实上,限于人力、物力,绝大多数单纯经营国际贸易的货主很难做到,而且往往由于对某一环节的疏漏或对有关的手续不熟悉而事倍功半,甚至造成某种经济损失。另外,运输承运人也需要货运代理的揽货服务,而不可能亲自处理每一项具体运输业务,不少工作需要委托代理人代为办理。于是,国际货运代理行业便应运而生。国际货运代理接受委托人的委托,代办各种运输业务并按提供的劳务收取一定的报酬,即代理费、佣金或运费。

一、国际货运代理的概念与性质

早在数百年前,国际货运代理行业就逐渐成为货主与承运人之间不可缺少的中介。国际货运代理在国际上被人们誉为“国际贸易的桥梁”“国际贸易运输的设计师和执行人”。

(一)国际货运代理的概念

关于国际货运代理(International Freight Forwarder 或 International Freight Agent),国际货运代理协会联合会(FIATA)的定义是:国际货运代理是根据客户的指示,并为客户的利益而揽取货物运输的人,其本身并不是承运人。国际货运代理也可以依据这些条件从事与运输合同有关的活动,如储货(也含寄存)、报关、验收、收款等。《中华人民共和国国际货物运输代理业管理规定》的定义是:接受进出口货物收货人、发货人的委托,以委托人的名义或者以自己的名义,为委托人办理国际货物运输及相关业务并收取服务费用的行业。

随着传统的国际货运代理不断拓展业务范围,国际货运代理从代理人业务逐渐发展到无船承运业务、多式联运业务、物流业务等,因此,有人认为国际货运代理的叫法已不符合其业务现实,因此,将国际货运代理命名为“国际货运服务经营者”①。本书所阐述的国际货运代理仍用人们习惯的传统叫法,但其业务有时也包括无船承运业务、多式联运业务、物流业务等。

我们给国际货运代理所下的定义是:国际货运代理是接受货主委托,办理有关货物报关、交接、仓储、调拨、检验、包装、转运、租船和订舱及其他物流服务业务的人或组织。

(二)国际货运代理的性质

当前,国际货运代理具有双重身份,即国际货运服务代理人与当事人并存。

1. 国际货运代理的基本性质:作为中间人行事的代理人。从传统业务的表面上看,国际货运代理是以货主的代理人身份行事,并按代理业务项目和提供的劳务向货主收取劳务费。但从整个对外贸易运输环节和法律上看,国际货运代理与民法上的代理不同。

货运代理根据货主的要求,代办货物运输业务,他们在托运人与承运人之间起到桥梁作用。现在,我们按一票货物的托运流程来阐述货主、货运代理和承运人三者的关系,如图4-3所示。

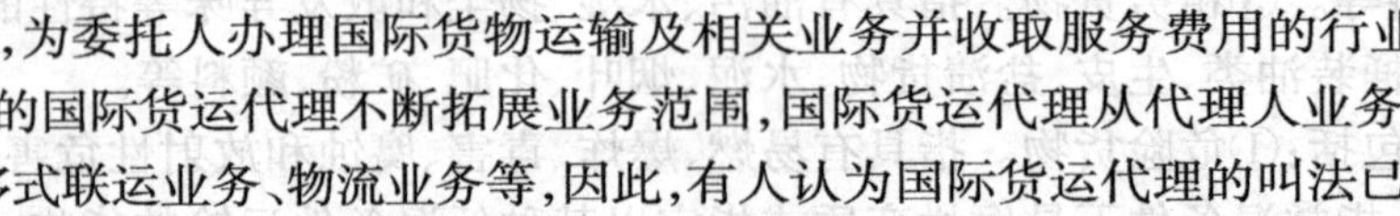

图4-3 货主、货运代理和承运人三者的关系

① 王学锋,陕丙贵.国际货运代理概论[M].同济大学出版社,2006:2-3.

首先,进出口商签订了贸易合同之后,为了履行合同,就得与货运代理签订一份运输合同(运输合同A),在该合同中,货主是托运人,货运代理是契约承运人。由于货运代理不掌握运载工具,他必须与拥有运载工具的承运人再签订一份运输合同(运输合同B),在此合同中,货运代理是托运人。

运输合同A与运输合同B是两个在法律上完全独立的合同。由此可见,货运代理是以事主的身份出现在两个合同之中,既非货主之代理,亦非承运人之代理。为了加以区别,人们将运输合同A称为"纸运输合同",将货运代理称为"契约承运人"①,即不是真正的承运人。人们将运输合同B称为"实际运输合同",将拥有运载工具的承运人称为"实际承运人"②,货运代理在这个"实际运输合同"中则像一个货主或商人一样是一个地地道道的托运人。因此,国际货运代理的基本性质是,它属于货物运输关系人的代理人,是联系发货人、收货人和承运人的货物运输中介人。也就是说,它是接受委托人的委托,就有关货物运输、转运、仓储、保险,以及与货物运输有关的各种业务提供服务的一种"货物运输中间人"。它既代表货主,保护货主的利益,又协调承运人进行承运工作,在以发货人或收货人为一方,承运人为另一方的两者之间行事。

2. 国际货运代理的扩展性质:作为当事人行事的承运人和物流商。国际货运代理的上述中间人性质在过去尤为突出。然而,随着国际物流和多种运输形式的发展,国际货运代理的服务范围不断扩大,其在国际贸易和国际运输中的地位也越来越重要。在实践中,国际货运代理对其所从事的业务,正在越来越高的程度上承担着承运人的责任,这说明国际货运代理的角色已发生很大的变化。许多国际货运代理企业都拥有自己的运输工具,用来从事国际货运代理业务,包括签发多式联运提单,有的甚至还开展了物流业务,这实际上已具有承运人的特点。将来会有越来越多的国际货运代理通过建立自己的运输组织并以承运人身份承担责任的方式来谋求更广阔的业务发展。国际货运代理的双重身份,即代理人与当事人并存的局面仍会继续存在下去。

总之,国际货运代理已不是传统的纯粹代理人,这不仅是因为其业务范围的拓宽,而且因为其服务内容也发生了很大变化,所以,角色的扮演已不再是单一的。它有时作为代理人行事,有时作为当事人行事,有时二者兼而有之。目前,国际货运代理更注意在"产品"开发上集中财力、物力,如改善服务、开辟新航线、提供新的联运方式、开拓国际物流和增值服务市场等,以增加效益。

二、国际货运代理的服务对象、内容和作用

国际货运代理的双重性质决定了其在实践中的业务服务范围既可作为货运服务代理人提供服务,又可作为货运服务当事人(独立经营人)开展服务活动。国际货运代理在促进本国和世界经济发展、满足货物运输关系人服务需求的过程中起着重要的作用。

(一)国际货运代理的服务对象

国际货运代理的服务对象包括:发货人(出口商)、收货人(进口商)、海关、承运人、班轮公司、航空公司,在物流服务中还包括工商企业等。国际货运代理与相关部门(包括政府当局和某些公共机构)建立、发展和保持联系也必不可少。国际货运代理与服务对象的联系如

① 1990年国际海事委员会第34届大会成果《巴黎规则》中首次提出这一概念,现被广泛使用。

② 该提法见《1978年联合国海上货物运输公约》(简称《汉堡规则》)第1条a款。

图4-4所示。

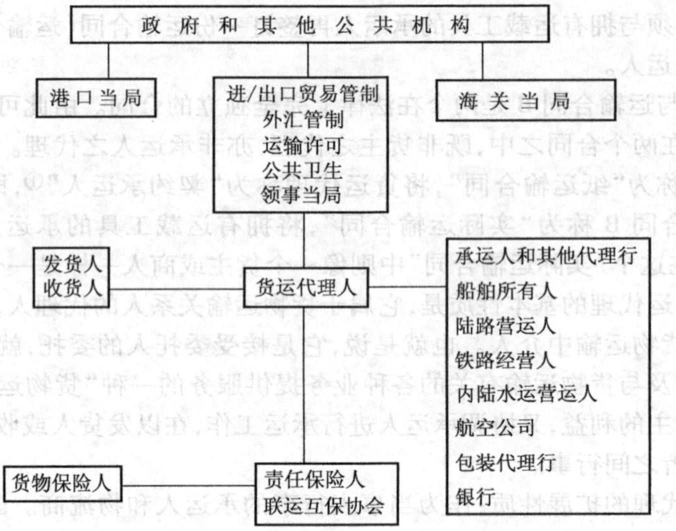

图4-4　国际货运代理与服务对象的联系示意图

(二)国际货运代理的业务内容

国际货运代理的业务服务范围很广泛，其既可作为货运服务代理人提供服务，又可作为货运服务当事人(独立经营人)开展服务活动。根据《中华人民共和国国际货物运输代理业管理规定》和《中华人民共和国国际货物运输代理业管理规定实施细则》，我国国际货运代理企业可作为货主的代理人提供货运代理服务，作为承运人的代理人提供货运代理服务，作为独立经营人提供有关服务(例如，国际货运代理企业以缔约承运人、无船承运人、多式联运经营人的身份提供货物运输服务)。我国还规定，国际货运代理企业可从事不含私人信函的国际快递服务。

1. 国际货运代理作为货运服务代理人提供服务。国际货运代理作为货运服务代理人提供服务，主要是接受客户的委托，完成货物运输的某一个环节或与此有关的各个环节的任务，除非客户(发货人或收货人)想亲自参与各种运输过程和办理单证手续，否则，国际货运代理可以直接或通过其分支机构及其雇佣的某个机构为客户提供各种服务，也可以利用其在海外的代理提供服务。从货主(发货人、出口商)到买方(收货方)之间的货物运输的某一个环节或与此有关的各个环节的任务，都可以成为国际货运代理的业务内容。

国际货运代理为委托人服务，并从委托人那里获得劳动报酬，其工作内容完全属于商业或贸易行为。

根据国际货运代理作为货运服务代理人的不同服务对象，可将其业务内容分为以下几类。

(1)国际货运代理为发货人服务。国际货运代理可代替发货人(出口商)承担在各种不同阶段的货物运输中的任何一项业务。例如：选择运输路线、运输方式和适当的承运人；向选定的承运人提供揽货、订舱；提取货物并签发有关单证；研究信用证条款和所有政府的规定；包装；储存；称重和量尺码；安排保险；货物到港后办理报关及单证手续，并将货物交给承运人；做外汇交易；支付运费及其他费用；收取已签发的正本提单，并付发货人；安排货物转运；通知收货人货物动态；记录货物灭失情况；协助收货人向有关责任方进行索赔。

(2)国际货运代理为收货人服务。国际货运代理可以作为收货人(进口商)的代理开展各种服务。例如：报告货物动态；接收和审核所有与运输有关的单据；提货和付运费；安排报关和付税及其他费用；安排运输过程中的存仓；向收货人交付已结关的货物；协助收货人储存或分拨货物。

(3)国际货运代理为海关服务。当国际货运代理作为报检、报关代理，办理有关进出口商品的检验检疫、海关手续时，不仅代表其客户，也代表海关。事实上，在许多国家，货运代理已取得这些政府部门的许可，办理检验检疫和海关手续，并对海关负责，负责在法定的单证中申报货物确切的金额、数量和品名等。

(4)国际货运代理为承运人如班轮公司、铁路部门、航空公司服务。国际货运代理向承运人及时地订好足够的舱位，认定对承运人和发货人都公平合理的费率，安排在适当的时间交货，以及以发货人的名义解决与承运人的运费结算等问题。

2. 国际货运代理作为当事人开展服务。

(1)国际货运代理作为经营人提供多式联运服务。例如，集装箱化使国际货运代理介入了多式联运。这时，国际货运代理充当了总承运人，并且负责组织在一个单一合同下，通过多种运输方式，进行门到门的货物运输，其可以当事人的身份与其他承运人或其他服务的提供者分别谈判并签约。国际货运代理作为多式联运经营人时，通常需要提供包括所有运输和分拨过程的全面的一揽子服务，并对其客户承担一种更高水平的责任。

(2)国际货运代理从运输服务延伸到提供物流服务。提供物流服务是国际货运代理为满足客户的更高要求，提高其市场竞争能力，顺应国际发展的一种新趋势。物流服务是一项从生产到消费的高层次、全方位、全过程的综合性服务。与多式联运相比，国际货运代理提供物流服务，不仅提供一条龙的运输服务，而且延伸到了运输前、运输中、运输后的各项服务。凡与运输相关的、客户需要的服务，均为国际货运代理服务的内容，而且要做到高速度、高效率、低成本、少环节、及时、准确。这就需要国际货运代理熟悉客户的业务，了解客户生产乃至销售的各环节，主动为客户设计、提供其所需，从而使自己在运输的延伸服务中获得收益。

(三)国际货运代理的种类

国际货运代理业务上的复杂性和多样化决定了当前国际货运代理种类的多样性。实践中，各种货运代理企业的业务重点不尽相同，有的专门从事海运货代，有的专门从事陆运货代，有的专门从事空运货代，有的专门从事国际多式联运，有的侧重件杂货，有的侧重大宗货物，有的侧重集装箱，有的侧重仓储，有的则兼而有之。业务规模大的货运代理兼办多项业务，如海陆空及多式联运货运代理业务齐全；业务规模小的货运代理则专办一项或两项业务，如某些空运货运代理和速递公司。

1. 按照国际货运代理的业务范围分类，较常见的货运代理主要有以下几类。

其一，租船订舱及货运安排代理。这类代理与国内外货主有广泛的业务关系。

其二，货物报检、报关代理。有些国家对这类代理应具备的条件规定较严。例如，美国规定这类代理必须向有关部门申请登记，必须是美国公民，并经过考试合格，取得执照才能营业。

其三，转运及理货代理。其办事机构一般设在中转站及港口。

其四,储存代理。包括货物保管、整理、包装以及保险等业务。

其五,集装箱代理。包括装箱、拆箱、转运、分拨以及集装箱租赁和维修等业务。

2. 按照国际货运代理的业务重点和经营方式分类,较常见的货运代理主要有以下几类。

其一,海上运输(海运)代理。他们主要从事着国际集装箱货物和件杂货物的运输代理业务。从事海运代理业务的企业一般都需要能熟练地运用海上国际货物运输内相关单证,掌握国际海运的航线地理知识、船舶的航运知识、船舶和码头的货物装载知识、集装箱知识,熟悉与海上运输和进出口业务相关的法律、法规和国际公约,了解运价和各种附加费用的有关规定等。

其二,航空运输(空运)代理。他们主要从事着价值昂贵的货物、鲜活的产品、易腐和季节性强的商品的运输代理业务。从事空运代理业务的企业一般都必须知晓航空货物运输各种单证的流转和国际空运的结算业务;掌握国际航线和各国的航班情况、各类机型和各种装载知识;熟悉与航空运输和进出口业务相关的法律、法规和国际公约;会计算各类航空运费和合理运用各种运费降低运输成本等。

其三,国际陆路(铁路、公路)运输代理。他们主要从事着货物国际陆路运输代理业务。从事国际陆路(铁路、公路)运输代理业务的企业必须了解国际陆路运输的相关业务;熟悉铁路、公路的主要干线;掌握有关铁路、公路的运输知识,货物的装载知识,集装箱的相关知识等。

其四,国际多式联运代理。国际多式联运通过两种或两种以上的运输方式将多程运输交由一个承运人来完成,把传统的海海、空空、陆陆单一运输有机地结合起来,为客户提供经济、安全、合理、迅速、简捷的运输服务。国际多式联运代理是与货主签订多式联运合同的当事人,其业务有别于传统的代理业务。它虽然可能不具有运输工具,但它还是以承运人的角色为客户提供服务,不但要承担代理人的责任,还要承担国际货物运输的责任。不管一票货物运输要经过多少种运输方式、要转运多少次,多式联运代理必须对全程运输(包括转运)负总的责任。无论是在国内还是在国外,对多式联运代理的资格认定都比其他代理要严格一些。国际多式联运代理企业必须熟悉代理业务,掌握相关的承运人的业务知识。

其五,无船承运人①。国际货运代理企业进入运输领域,开展单一方式运输或多式联运业务时,由于与委托人订立运输合同,并签发自己的运输单据,对运输负有责任,因而已经成为承运人。但是,由于它们一般并不拥有或掌握运输工具,只能通过与拥有运输工具的承运人订立运输合同,由他人实际完成运输。他们实际的角色是自己不完成运输任务,但要承担订立货物运输合同的责任。

其六,第三方物流经营人。他们通过运用各种信息技术,将传统的仓储、运输、装卸、包装等货物流动的活动系统化、专业化。第三方物流作为国际货运代理的一种发展,可以被看作是国际货运代理业务的延伸和拓展,它实际上就是将传统的货运代理和新的增值服务结合起来,以降低货物的流通成本,为客户提供便捷、低廉的服务,经营人自己则通过服务的延伸获取更多的利润。

---

① 不拥有或掌握运输工具,只能通过与拥有运输工具的承运人订立运输合同,由他人实际完成运输的承运人一般称为无船承运人(Non Vessel Operating Carrier,NVOC)。无船承运业务是指无船承运业务经营者以承运人身份接受托运人的货载,签发自己的提单或者其他运输单证,向托运人收取运费,通过国际船舶运输经营者完成国际海上货物运输,承担承运人责任的国际海上运输经营活动。

三、国际货运代理的行业管理

国际货运代理业现在已发展为一个完全独立的行业。在我国,已形成一个具有一定规模的国际货运代理行业。目前,我国国际货运代理行业实行的是以国务院商务主管部门为主,其他相关部门依职权参与管理①,政府主管部门实行行政管理与行业协会自律并重的管理体制。

国际货运代理行业成立了国际性的行业组织,如国际货运代理协会联合会、国际航空运输协会(International Air Transport Association,IATA)等。我国也成立了中国国际货运代理协会。

(一)国际货运代理协会联合会

国际货运代理协会联合会(International Federation of Freight Forwarders Association)简称"菲亚塔"(FIATA),是世界国际货运代理的行业组织。该联合会于1926年5月31日在奥地利维也纳成立,其目的是保障和提高国际货运代理在全球的利益。该联合会是一个在世界范围内运输领域最大的非政府和非营利性组织,具有广泛的国际影响,其成员包括世界各国的国际货运代理行业。该联合会是联合国经济与社会组织及联合国贸易发展大会的咨询者,并被确认为国际货运代理业的代表。目前,中国国际货运代理协会是国际货运代理协会联合会的会员。

FIATA的总部设在瑞士的苏黎世,由两年一届的全会选出的常委会主持日常工作。常委会下设:公共关系、运输和研究中心、法律单据和保险、铁路运输、公路运输、航空运输、海运和多种运输、海关、职业训练、统计10个技术委员会,负责研究、指导、协调和解决国际货运代理业务中所发生的问题。

FIATA自成立以来先后制定了8种货运代理单证格式。它们是:FIATA FCR货代收据凭证(Forwarders Certificate of Receipt);FIATA FCT货代运输凭证(Forwarders Certificate of Transport);FIATA FWR仓库收据(FIATA Warehouse Receipt);FIATA FBL可转让联运提单(Negotiable FIATA Multimodal Transport Bill of Lading);FIATA FWB不可转让联运提单(Non-negotiable FIATA Multimodal Transport Way Bill);FIATA SDT托运人危险品运输证明(Shippers Declaration for the Transport of Dangerous Goods);FIATA SIC发货人联运重量证明(Shippers Interposal Weight Certificate);FIATA FFI货代通知证书(FIATA Forwarding Instructions)。

FIATA国际货运服务示范规则(FIATA Model Rules for Freight Forwarding Services)是国际货运代理协会(FIATA)1996年10月通过的用以指导国际货运服务的标准交易条款。FIATA国际货运服务示范规则包括4个部分,共20条:第一部分,一般规则;第二部分,货运代理的责任;第三部分,客户的责任与义务;第四部分,争议与强制性法律。FIATA国际货运服务示范规则的作用表现在两个方面:不仅可成为合同条款②,而且具有指导各国国际货运服务经营者协会制定标准交易条款的作用。

---

① 国务院公路、水路、铁路、航空、邮政运输主管部门和联合运输主管部门根据与本行业有关的法律、法规和规章对国际货运代理企业的设立及其业务活动进行着不同程度的管理。

② 如果当事人将示范规则纳入合同,示范规则就成为合同的一部分。示范规则被纳入合同,但与合同原有条款冲突时,示范规则的相应条款的效力高于合同原有条款的效力。

(二)中国国际货运代理协会

中国国际货运代理协会的英文名称为China International Freight Forwarders Association,简称CIFA,成立于2000年9月6日。它是由中国境内的国际货运代理企业自愿组成的、非营利性的、以民间形式代表中国货运代理业参与国际经贸运输事务并开展国际商务往来的全国性行业组织,接受商务部的业务指导和民政部的监督管理。根据《中华人民共和国行政许可法》和有关规章的规定,国务院和地方商务主管部门赋予了中国国际货运代理协会和各地方行业协会部分行业的管理职能,例如企业的备案、年审、业务培训和行业自律等。

2001年年初,中国国际货运代理协会代表中国国际货运代理行业加入了国际货运代理协会联合会(FIATA)。

中国国际货运代理协会的宗旨是维护我国国际货运代理行业的利益,保护会员企业的正当权益,促进货运代理行业健康发展,更好地为我国的对外经济贸易事业服务。其主要任务有:协助政府主管部门依法规范国际货运代理企业的经营行为,整顿行业秩序;开展市场调研,编制行业统计;组织行业培训及行业发展研究;承担政府主管部门委托的部分职能;为会员企业提供信息咨询服务,代表全行业加入国际货运代理协会联合会,开展同业国际交流。

中国国际货运代理协会也制定了《中国货运代理标准交易条件》。《中国货运代理标准交易条件》主要内容有14条,充分借鉴了FIATA和各主要国家的货运代理标准交易条件的精华。它不同于法律法规,它是本协会向会员推荐的"行规",是行业自律的重要手段之一,对货运代理业务的实践具有指导意义。当货运代理合同各当事人通过合同约定选择或部分选择适用该交易条件时,该交易条件或其部分条款就对合同各当事方有相应的约束力。

四、国际货运代理的法律关系与责任

国际货运代理的法律关系与责任通常体现在有关的法律法规、国际公约、标准交易条件(由各国货运代理协会制定)或合同条款之中。

(一)国际货运代理的法律关系

《中华人民共和国国际货物运输代理业实施细则(试行)》第2条规定:国际货运代理企业既可以作为进出口货物收货人、发货人的代理人,也可以作为独立经营人从事国际货运代理业务。由此可见,我国法律规定的国际货运代理人的法律地位可以分为两类:第一类是指作为代理人的法律地位,第二类是指作为当事人的法律地位。

国际货运代理在国际货运过程中作为代理人或当事人出现,这两种情况的法律关系是不同的。目前,在我国尚未制定专门的货运代理法律的情况下,涉及货运代理的纠纷通常适用《中华人民共和国民法通则》(以下简称《民法通则》)中有关代理的规定:涉及货运代理为承运人或多式联运经营人或仓储保管人时,则适用《中华人民共和国合同法》(以下简称《合同法》)、《中华人民共和国海商法》(以下简称《海商法》)、《中华人民共和国海事诉讼特别程序法》等有关法律的规定。

1. 作为代理人的法律关系。以他人名义为他人实施法律行为的人,叫作代理人。其名义被他人使用、被他人代为实施法律行为的人,叫作被代理人,也称本人。与代理人共同实施法律行为的人,叫作第三人或相对人。按照我国《民法通则》第63条的规定,公民、法人都可以通过代理人实施民事法律行为。代理是指代理人按照本人(被代理人)的授权,在代理权范围内代表本人同第三人订立合同或从事其他活动的法律行为,由此而产生的权利与义务直接对本人发挥效力。

按照我国《民法通则》和《合同法》对代理行为和有关委托合同的规定,货运代理作为代理人时,所产生的代理法律关系的法律事实只有一个,那就是接受被代理人的委托。货运代理委托合同关系一旦成立,双方当事人便依法享有权利并承担义务。

现实中,货运代理作为代理人往往表现为两种形式:直接代理和间接代理。

(1)直接代理。如果代理人在代理权限内以代表的身份,即以本人(委托人)的名义同第三人订立合同,其效力直接及于本人的,称为直接代理。其特点是:代理人必须以被代理人的名义行事,被代理人对其代理人的代理行为承担民事责任。这就是说,只要代理人是在代理权限内,以被代理人的名义同第三人签订合同,该合同的权利和义务均由被代理人承担。如事后合同出了问题,代理人不承担责任。

在直接代理下,货运代理关系是由委托人(货主)和货运代理人两方组成的。代理关系必须由一方提出委托,经另一方接受后才算正式成立。这种关系一经确定,委托人与货运代理人之间的关系则成为委托与被委托的关系,有关双方的责任、义务则应根据双方订立的代理协议或代理合同来履行。

代理人不履行职责给被代理人造成损害的,应由代理人承担民事责任。代理人与第三人串通,损害被代理人利益的,应由代理人和第三人负连带责任。

《民法通则》第 67 条规定,代理人知道被委托代理的事项违法而仍然进行代理活动的,或者被代理人知道代理人的代理行为违法而不表示反对的,由被代理人和代理人负连带责任。

(2)间接代理。如果代理人以其自己的名义,但是为了本人(委托人)的利益而与第三人订立合同,日后再将其权利、义务通过另一个合同转移于本人的,则称为间接代理。在间接代理情况下,如发生问题,被代理人(货主)与第三者没有直接法律关系,也就是说,代理人以自己的名义实施的行为所产生的后果由代理人自己承担。

2. 作为当事人的法律关系。国际货运代理作为当事人,系指在为客户提供所需的服务中,是以自己的名义承担责任的独立合同人,应对其履行国际货运代理合同而雇佣的承运人、分货运代理的行为或不行为负责。一般而言,他与客户接洽的是服务的价格,而不是收取代理手续费。托运人付给他的是固定费用,而他付给承运人的是较低运费,即其从两笔费用的差价中获取了利润。例如,国际货运代理常常是将一些货主的货物集中在一个集装箱内,以此来节省费用,这对国际货运代理和托运人都有利。在这种情况下,对托运人来说,国际货运代理被视为承运人,应承担承运人的责任。又如,国际货运代理提供多式联运服务,或者亲自从事公路运输,那么他就处于当事人地位。尤其当国际货运代理提供多式联运服务时,作为国际货运代理的标准交易条件中的纯粹代理性质的条款就不再适用了。其合同义务受他所签发的多式联运提单条款的制约,即使此时国际货运代理本人并不拥有船舶或其他运输工具,他也将作为多式联运经营人对全程负责,承担如同承运人的全部责任。

作为当事人,国际货运代理不仅对其本身和雇员的过失负责,而且应对在履行与客户所签合同的过程中提供的其他服务的过失负责。

（二）国际货运代理的责任

由于各国的法律规定不同,国际货运代理所承担的责任也就大不相同。由于各国法律对货运代理所下的定义及其业务范围的规定有所不同，在实际业务中货运代理责任范围的大小，原则上可分为两种情况。

第一种情况，作为代理人，国际货运代理仅对自己的错误和疏忽负责。

第二种情况，作为当事人，承担承运人的责任和造成第三人损失的责任，即国际货运代理不仅对自己的错误和疏忽负责，还应使货物完好地抵达目的地。

FIATA 规定：国际货运代理仅对属于其本身或其雇员所造成的过失负责。如其在选择第三人时已恪尽职责，则对于该第三人的行为或疏忽不负责任。如能证明国际货运代理未做到恪尽职责，其责任应不超过与其订立合同的任何第三人的责任。

1. 以代理人的身份出现时货运代理的责任。如前所述，国际货运代理作为被代理人的代理时，在其授权范围内，以被代理人的名义从事代理行为，所产生的法律后果由被代理人承担。在内部关系上，被代理人和国际货运代理之间是代理合同关系，国际货运代理享有代理人的权利，承担代理人的义务。在外部关系上，国际货运代理不是与他人所签合同的主体，不享有该合同的权利，也不承担该合同的义务。当货物发生灭失或残损时，国际货运代理不承担责任，除非其本人有过失。被代理人可直接向负有责任的承运人或其他第三人索赔。当国际货运代理在货物文件或数据上出现过错、造成损失时，则要承担相应的法律责任，受害人有权诉诸法律向国际货运代理请求赔偿。所以，一旦发现文件或数据有错误，国际货运代理应立即通知有关方，并尽可能挽回由此造成的损失。

国际货运代理作为纯粹的代理人，通常应对其本人及其雇员的过错承担责任。其错误和疏忽可能包括：未按指示交付货物；尽管得到指示，办理保险仍然出现疏忽；报关有误；运往错误的目的地；未能按必要的程序取得再出口（进口）货物退税；未取得收货人的货款而交付货物。国际货运代理还应对其经营过程中造成的第三人财产灭失或损坏或人身伤亡承担责任。如果国际货运代理能够证明他对第三人的选择做到了合理的谨慎，那么，他一般不承担因第三人的行为或不行为引起的责任。

案例

A 货运代理作为 B 进口商的代理人，负责从 C 港接受一批工艺作品，在 150 海里外的 D 港交货。该批作品用于国际展览，要求货运代理在规定的日期之前于 D 港交付全部货物。货运代理在 C 港接收货物后，通过定期货运卡车将大部分货物陆运到 D 港。由于定期货运卡车出现季节性短缺，一小部分货物无法及时运抵。于是货运代理在卡车市场雇用了一辆货运车，要求其于指定日期之前抵达 D 港。而后，该承载货物的货车连同货物一起下落不明。货运车造成的损失，货运代理是否也要负责？

【案例分析】

对于货运车造成的损失，货运代理是否也要负责的问题，有人提出货运代理仅为代理人，对处于承运人掌管期间的货物灭失不必负责。这一主张似乎有道理，然而，根据 FIATA 关于货运代理的谨慎责任之规定，货运代理应恪尽职责采取合理措施，否则需承担相应责任。本案中造成货物灭失的原因与货运代理所选择的承运人有直接的关系。由于其未尽合理谨慎职责，在把货物交给承运人掌管之前，甚至没有尽到最低限度的谨慎，即检验承运人的证书，考察承运人的背景，致使货物灭失。因而他应对选择承运人的过失负责，承担由此给货主造成的货物灭失的责任。

2. 国际货运代理作为当事人的责任。国际货运代理以自己拥有的运输工具进行运输，或以自己的名义与承运人签订运输合同，或租用他人的运输工具进行运输，在此情况下，货运代理均为运输合同的一方，处于承运人的地位，无论是实际承运人，还是契约承运人，都承担承运人的责任和义务。

国际货运代理在作为承运人运输货物时，其责任从接收货物时开始至目的地将货物交给收货人时止，或其将货物置于收货人指定的地点业已作为完成并已履行合同中规定的交货义务。但货运代理人在货物运往或运抵目的地前或后有义务向收货人发出到货通知，如在发出到货通知一定时间后，收货人仍未前来提取货物，也可视为货运代理人履行了合同中规定的交货义务。我国《海商法》第46条规定，在集装箱运输合同下，承运人的责任期间是指从装货港接收货物时起至卸货港交付货物时止，货物处于承运人掌管之下的全部期间。而在非集装箱运输或杂货运输合同下，承运人的责任期间是指从货物装上船时起至卸下船止，货物处于承运人掌管的全部期间。《海商法》第46条以"货物处于承运人掌管之下"限制承运人的责任范围。也就是说在第46条规定的责任期间内，货物不处于承运人掌管之下时，承运人对货物的安全不负责任。

国际货运代理往往还经营国际多式联运业务，在此情况下，只要其签发了多式联运提单，不管是否实际参与了运输，均不影响其作为多式联运经营人的地位。根据有关国际多式联运的法律规定，多式联运经营人对全程运输负责。如在运输过程中发生货物的灭失、损坏或延误，多式联运经营人均应承担赔偿责任，除非能证明其为避免货物的灭失、损坏或延误已采取一切适当的措施。因此，在多式联运过程中，一旦发生货物灭失或损坏，作为多式联运经营人的货运代理，理应向委托人承担货损货差的赔偿责任，然后，再向发生货损货差区段的实际承运人（责任人）追偿。

作为当事人，国际货运代理不仅对其本身和雇员的过失负责，而且应对在履行与客户所签合同过程中提供的其他服务的过失负责。

其中对客户的责任主要表现在以下三个方面。

第一，对货物的灭失或残损的责任。

第二，因职业过失，尽管既非出于故意也非由于粗心，但给客户造成了经济损失。例如：不按要求运输；不按要求对货物投保；报关有误造成延误；运货至错误的目的地；未能代表客户履行对运输公司、仓储公司及其他代理人的义务；未收回提单而放货；未履行必要的退税手续再出口；未通知收货人；未收取现金费用而交货；向错误的收货人交货。

第三，迟延交货。尽管按惯例货运代理一般不确保货物的到达日期，也不对迟延交货负责，但目前的趋势是其对过分的延误要承担适当的责任，此责任限于被延误货物的运费或两倍运费。

国际货运代理对第三人的责任多是指对装卸公司、港口当局等参与货运的第三人提出的索赔所承担的责任。这类索赔可分为两大类：一是第三人财产的灭失或损坏及由此产生的损失；二是第三人的人身伤亡及由此产生的损失。

（三）国际货运代理的责任限制

国际货运代理在对其过失或疏忽承担责任的同时亦享有责任限制。责任限制是一项特有的法律制度，即依据法律的有关规定，责任人将其赔偿责任限制在一定范围内的法律制度。

在国际货物运输中，往往会由于责任人（如船长、船员或货运代理）的过失造成货物的损害，或造成第三人的重大财产损失。这种损害或损失常常是严重的，涉及的索赔金额往往也是巨大的，有时甚至会超过货物本身的价值或船舶的价值。为了保护本国的航运业，各国通常将这种赔偿责任用法律加以限制。国际货运代理与承运人一样，均有权将其责任限制在合理的限额内。当国际货运代理为承运人时，则享受有关承运人的责任限制。

国际货运代理通常在标准交易条件中规定其最高的责任限额，其赔偿限额无论在何种情况下，都不得超过国际货运代理在接收货物时货物的市价。各国有关国际货运代理的责任和责任限制是不一致的，有些国家采取的是严格责任制，有些国家采取的是对过失或疏忽负责，而且赔偿限额也不相同，这完全取决于每宗案件所涉及的法律和合同的规定。但是，许多国家有关货物运输的法律，尤其是有关货运代理行为的法律是很不完备的，多数国家只有一些原则性的规定。

国际货运代理协会(FIATA)推荐的标准交易条件范本成为各国制定本国标准交易条件的总原则。根据该原则，英国货运代理协会的标准交易条件规定：赔偿限额为2SDR/千克(毛重)，每宗案件最高赔偿限额不超过75 000SDR；新加坡货运代理协会标准交易条件规定：赔偿限额5新加坡元/千克，每宗案件最高赔偿限额不超过10万新加坡元；马来西亚货运代理协会标准交易条件规定：赔偿限额为5马来西亚林吉特/千克，每宗案件最高赔偿限额不超过10万马来西亚林吉特；印度货运代理协会标准交易条件规定：赔偿限额为15印度卢比/千克，每宗案件最高限额不超过15 000印度卢比。

(四)国际货运代理的除外责任

除外责任，又称免责，系指根据国家法律、国际公约、运输合同的有关规定，责任人免于承担责任的事由。国际货运代理与承运人一样享有除外责任。对于承运人，我国《海商法》规定了12项免责事由，《海牙规则》和《维斯比规则》规定了17项免责事由。对于国际货运代理的除外责任，通常规定在国际货运代理标准交易条件或与客户签订的合同中，归纳起来包括以下七个方面。

其一，委托人的疏忽或过失所致。委托人有义务履行其在各方面应尽的职责。委托人在国际货运代理征询有关业务或处理意见时，必须予以答复，对要求国际货运代理所做的工作亦应及时给予各种明确的指示。如因指示不及时或不当而造成损失，国际货运代理不承担任何责任。委托人不得让其货运代理对由于下列事实产生的后果负责：①有关货物的说明不正确、不清楚或不全面；②货物包装、刷唛和申报不当等；③货物在卡车、车厢、平板车或集装箱的装载不当；④货运代理不能合理预见到的货物内在的危险。

其二，委托人或其代理人在搬运、装卸、仓储和其他处理中所致。

其三，货物的自然特性或潜在缺陷所致，如由于破损、泄漏、自燃、腐烂、生锈、发酵、蒸发或由于对冷、热、潮湿的特别敏感性。

其四，货物的包装不牢固、缺乏或不当包装所致。

其五，货物的标志或地址错误或不清楚、不完整所致。

其六，货物的内容申报不清楚或不完整所致。

其七，不可抗力所致。

尽管有上述免责条款的规定，国际货运代理仍须对因其自己的过失或疏忽而造成的货物灭失、短少或损坏负责。如果另有特殊约定，货运代理还对货币、证券或贵重物品负有责任。

任务解析

下面根据上述所学知识对项目情景的任务进行简要解析。

任务1、任务2、任务3 略。可根据单元三的相关知识回答。

任务4 一般来讲,应根据物流运输系统要求的服务水平和可以接受的物流运输成本来决定。可以选择一种运输方式,也可以选择使用联运的方式。运输方式的选择通常要考虑以下因素:货物的特点及性质、运输速度和路程、运输运费和成本、运输的可得性、运输的一致性和可靠性、市场需求的缓急程度、运输期限、运输批量等。从客户利益出发,考虑不同运输方式的优缺点和适用范围,项目情景中5种情景选择的运输方式如下:①选择航空运输方式。由于是紧急运输,再加上运距长,考虑航空运输的优点,故选择航空运输;②选择水路集装箱(海上集装箱、远洋集装箱)运输方式。由于货物运量很大、运距长,宜选择远洋集装箱运输;③选择铁路运输方式。连云港至乌鲁木齐的运距较长,属于铁路运输适宜范围,又没有水路可达,宜选择铁路运输;④选择道路运输方式。上门收购牛奶和市内配送都属于门到门运输要求,宜采用道路运输方式;⑤选择联合运输(联运)方式。从武汉到沿海港口由于运距较长、运量较大,宜采用内河水运或铁路运输方式,沿海港口到纽约采用远洋集装箱运输。

任务5 国际货运代理的法律关系与责任通常体现在有关的法律法规、国际公约、标准交易条件(由各国货运代理协会制定)或合同条款之中。国际货运代理在国际货运过程中往往作为代理人或当事人出现,这两种情况下的法律关系是不同的。作为当事人,国际货运代理不仅对其本身和雇员的过失负责,而且应对在履行与客户所签合同的过程中提供的其他服务的过失负责。货运代理作为代理人时,所产生的代理法律关系的法律事实只有一个,那就是接受被代理人的委托。具体就本案来说,北京MT国际物流集团上海分公司应对货主A的损失承担责任。因为此案中北京MT国际物流集团上海分公司接受了货主A的委托,是货主A的代理人,应按货主A的指示完成委托事宜,不应听从船公司的要求扣留提单,从而损害货主A的利益,其行为违反了代理的职责,因此它应当对货主A的损失承担责任。

个案分析

1. 广东A外贸公司(卖方)在中国进出口商品交易会上与英国B商人(买方)按CIF伦敦条件签订了一项出口大豆的合同。由于A外贸公司货源充足,急于出售,所以当月成交时便约定当月交货。后A外贸公司因租不到船,未能按期交货,致使双方产生争议,买方遂提请在中国仲裁,结果,A外贸公司败诉。问题:你认为导致本案争议产生的主要原因是什么?通过本案例说明运输的作用。

2. 上海国际快达有限公司想设立一家货运代理公司,基本情况如下。

企业名称:上海国际快达有限公司。

企业类型:合资。

已具备的条件:①注册资本400万元人民币;②具有4名从事国际货运代理业务3年以上的业务人员;③中方合营者中有一家是从事国际货运代理业务1年以上的国际货运代理企业,但该中方合营者在中方合营者中不是第一大股东;④外国合营者有一家是经营国际货运代理业务3年以上的企业,该外方合营者在外方中是第一大股东;⑤中外合营者在申请之日前3年内没有违反行业规定的行为。

拟经营范围:①订舱(租船、包机、包舱)、托运、仓储、包装;②货物的监装、监卸、集装箱拼装拆箱、分拨、中转及相关的短途运输服务;③代理报关、报检、保险;④缮制有关单证、交付运费、结算及交付杂费;⑤国际展品、私人物品及过境货物运输代理;⑥国际多式联运、集运(含集装箱拼箱);⑦国际快递(含私人信函和县级以上党政军机关公文的寄递业务);⑧咨询及其他国际货运代理业务。

问题:通过上网查询我国对外商国际货运代理企业的设立的相关规定,分析本案例中上海国际快达有限公司是否符合设立的要求,如果不符合,有哪些主要的问题需要改正?

3. A土畜产进出口公司委托B货运代理公司办理一批服装的出口运输,从上海运至日本。B货运代理公司租用C远洋运输公司的船舶承运,但以其自己的名义签发提单。货物运抵目的港后,发现部分服装已湿损。于是,收货人向保险公司索赔。保险公司依据保险合同赔偿收货人后,取得代位求偿权①,进而对B货运代理公司提起诉讼。

试分析:

(1)本案属于货运代理合同纠纷,还是运输合同纠纷?

(2)B货运代理公司对货物损失是否该负责赔偿?

(3)如果B货运代理公司对货物损失有责,他们该如何处理?

复习思考题

1. 国际货物运输有哪些基本特点?
2. 为什么说国际货物运输是国际物流"第三利润"的主要源泉?
3. 国际运输的关系方主要有哪些?
4. 从货物形态的角度如何对国际货物的运输对象进行分类?
5. 从货物重量的角度如何对国际货物的运输对象进行分类?
6. 简述主要国际货物运输方式的优缺点。
7. 选择运输方式主要应考虑哪些因素?
8. 如何理解国际货运代理的双重身份?
9. 国际货运代理的服务对象主要有哪些?
10. 列举国际货运代理作为货运服务代理人能提供的服务内容。
11. 列举国际货运代理作为货运服务经营人(当事人)能提供的服务内容。
12. 按照国际货运代理的业务范围分类,较常见的货运代理主要有哪几类?
13. 简述国际货运代理作为代理人的法律关系。
14. 简述国际货运代理作为当事人的法律关系。
15. 在实际业务中,货运代理责任范围的大小原则上可分为哪两种情况?
16. 对于国际货运代理,其除外责任通常规定有哪几个方面?

① 代位求偿(Subrogation)是指当保险标的发生了保险责任范围内的由第三者责任造成的损失,保险人向被保险人履行了损失赔偿的责任后,有权在其已赔付的金额限度内取得被保险人在该项损失中向第三者责任方索赔的权利,即可站在被保险人的地位上向责任方进行追偿。

项目任务五　国际货物的报检与报关

项目要求

（1）了解海关及我国的进出境货物检验检疫通关模式；
（2）掌握进出境货物检验检疫的程序和报检的一般规定；
（3）理解海关对国际货运的监管及代理报关的规定；
（4）掌握一般进出口货物通关程序。

项目情景

北京龙口工贸公司灯具厂是天津灯具进出口公司的供应商。天津灯具进出口公司与德商达成协议，出口北京龙口工贸公司灯具厂生产的一批落地灯具（FLOOR－STANDING LAMPS）。天津灯具进出口公司与德国CHR贸易有限公司签订的销售合同主要内容如下。

S/C No.：RT20342

The Seller：TIANJIN LAMPS IMPORT & EXPORT CORPORATION

118 FENGXIAN ROAD，TIANJIN，CHINA

The Buyer：CHR TRADING CO.，LTD.

LERCHENWEG 1097522 SAND GERMANY

MARKS & NO.	DESCRIPTIONS OF GOODS	QUANTITY	UNIT PRICE	AMOUNT
CHR	FLOOR－STANDING LAMPS		CFR HAMBURG	
HAMBURG	FLOOR－STANDING LAMPS，A	30 000PCS	EUR0.33	EUR9 900.00
NO.1－UP	FLOOR－STANDING LAMPS，B	30 000PCS	EUR0.33	EUR9 900.00

LOADING PORT：TIANJIN

DESTINATION：HAMBURG

PARTIAL SHIPMENT：ALLOWED

TRANSSHIPMENT：NOT ALLOWED

PAYMENT：L/C AT SIGHT

天津灯具进出口公司将货物存放北京龙口工贸公司仓库（北京大兴黄庄路368号），获得买方开来的信用证（L/C No.200804），订到GOLDEN GATE BRIDGE V.10W轮的舱位，取得提单（B/L No.COSU66139803；B/L DATE：JUN.01，2020），货物装箱情况如下：

PACKING G. W. /kg N. W. /kg MEAS/m^3

FLOOR – STANDING LAMPS, A

Packed in 1 cartons of 15 000 pcs each 1 380/case 1 370/case 4/case

FLOOR – STANDING LAMPS, B

Packed in 1 cartons of 10 000 pcs each 1 030/case 1 020/case 3/case

Packed in TWO 20' Container(集装箱号:TEXU2260978;TEXU2263979)

天津灯具进出口公司委托北京龙口货运代理公司办理本批货物的报检与报关。天津灯具进出口公司寄给北京龙口货运代理公司的合同、发票、装箱单、提单,确认装运时间是2020年6月1日,从天津出运。

任务1:该批货物应在何地进行检验?

任务2:北京龙口货运代理公司如何报检?

任务3:北京龙口货运代理公司如何报关?

知识模块

单元一 海关及国际货物通关的基本模式

国际物流与国内物流的不同之处在于存在着国境或关境,因而需要繁杂的检验检疫等贸易和通关手续。通关即结关、清关,是指进出口货物和转运货物,进出入一国海关关境时,进出口货物的收发货人或其代理人必须办理海关规定手续。只有在办理海关申报、查验、征税、放行等手续后,货物才能放行,同样,载运进出口货物的各种运输工具进出境或转运,也均需向海关申报,办理海关手续,得到海关的放行许可。货物在结关期间,不论是进口、出口或转运,都处在海关监管之下,不准自由流通。

一、海关

海关是进出境的监督管理机关,海关的监督管理是国家行政执法活动,这是海关的基本性质。在对外开放的口岸和海关监管业务集中的地点设立海关是我国海关的设关原则。

(一)海关的主要职责

《海关法》赋予海关四项基本任务,即监管、征税、查缉走私和编制海关统计。海关总署的主要职责表现在以下几个方面:

1. 负责全国海关工作,垂直管理全国海关。
2. 负责组织推动口岸"大通关"建设。
3. 负责海关监管工作。制定进出境运输工具、货物和物品的监管制度并组织实施。
4. 负责进出口关税及其他税费征收管理。
5. 负责出入境卫生检疫、出入境动植物及其产品检验检疫。
6. 负责进出口商品法定检验。监督管理进出口商品鉴定、验证、质量安全等。负责进口食品、化妆品检验检疫和监督管理,依据多双边协议实施出口食品相关工作。
7. 负责海关风险管理。

8. 负责国家进出口货物贸易等海关统计。

9. 负责全国打击走私综合治理工作。

10. 负责海关领域国际合作与交流。

（二）我国海关的管理体制和机构

海关总署是国务院的直属机构。我国海关的管理体制：国务院设立海关总署，统一管理全国海关；海关依法独立行使职权，向海关总署负责；海关的隶属关系，不受行政区划的限制，也就是说，我国海关事务属中央事权；采取集中统一管理的垂直领导体制，海关隶属关系不受行政区划限制；海关独立行使职权，向海关总署负责。

我国海关机构的设置为海关总署、直属海关和隶属海关三级。隶属海关负责办理具体海关业务。直属海关负责管理一定区域范围内海关业务。隶属海关由直属海关领导，向直属海关负责，直属海关由海关总署领导，向海关总署负责。广东分署、上海和天津特派员办事处是海关总署的派出机构，代表海关总署负责监督和管理一定区域范围的海关业务和海关内部相关事宜。

二、我国检验检疫通关的基本模式

通关顺畅与否已经成为衡量一个地区对外开放软环境竞争力和国际化的重要标准，也直接影响着现代物流活动的效率。我国检验检疫货物通关的基本原则可概括为监管有效、便利通关。近年来，我国不断深化关检融合，改进海关、检验检疫监管和服务，实现口岸管理部门“信息互换、监管互认、执法互助”，实施“单一窗口”和“一次申报，一次查验，一次放行”的通关作业模式，推行全国通关一体化。

（一）关检资质合一

《中华人民共和国海关法》（以下简称《海关法》）规定：“进出口货物，除另有规定的外，可以由进出口货物收发货人自行办理报关纳税手续，也可以由进出口货物收发货人委托海关准予注册的报关企业办理报关纳税手续。”根据这一规定，外贸企业（进出口货物的收发货人）可以自行办理报关，也可以委托代理报关单位（如国际货运代理企业）代理报关。

按照报关的行为性质，报关分为自理报关和代理报关两类①。相应地，报关单位也可分为自理报关单位和代理报关单位。进出口货物收发货人为自理报关单位。代理报关单位则称报关企业，是指经海关准予注册登记，接受进出口货物收发货人的委托，以进出口货物收发货人名义或者以自己的名义，向海关办理代理报关业务，从事报关服务的境内企业法人。

1. 自理报关。进出口货物收发货人自行办理报关手续称为自理报关。我国的进出口货物收发货人主要有贸易型企业、生产型企业、仓储型企业等。根据我国海关目前的规定，自理报关单位必须具有对外贸易经营权和报关权；进出口货物收发货人及其在海关备案的分支机构可以在全国办理进出口报关业务，进出口货物收发货人应当对其分支机构的行为承担法律责任；自理报关单位只能办理本单位进出口货物的报关业务，不能代理其他单位报关。

2. 代理报关。代理报关是指代理报关企业接受委托，代理进出口货物收发货人报关的

① 虽然按照进出境的流向，报关可分为进口报关和出口报关，按照报关对象，报关可分为货物报关、运输工具报关和物品报关，但从报关的实质上讲，进出口报关的形式就是以自理报关和代理报关表现的，因为，不管是进口报关还是出口报关，都可以自理报关或委托报关企业代理报关。因此，自理报关或委托报关企业代理报关，是我国报关的主要形式。

行为。代理报关企业是指按照规定经海关准予注册登记,接受进出口货物收发货人的委托,向海关办理报关纳税手续,从事代理报关服务的境内企业法人。

目前我国的代理报关企业主要有两类:一类是接受进出口货物收发货人的委托,向海关办理进出口货物报关纳税等海关事务的报关企业,它也被称为专业报关企业、报关公司或报关行;另一类是接受进出口货物收发货人的委托,除承揽货物的运输外还以收发货人的名义或自己的名义,将所承揽的运输货物向海关报关的国际物流企业或货物运输代理企业。

代理报关企业并不参与进出口货物的贸易经营,只有当收发货人委托时,才在委托的范围内向海关办理报关纳税手续。

报关企业以其委托人的名义办理报关纳税手续的,属于委托代理行为,报关企业与委托人之间是代理人与被代理人(或称委托人)的关系。代理人代理权的取得、行使和效力是基于委托人委托授权的,即报关企业必须得到委托人的明确授权,方可行使代理权。因此,除委托人(在该项进出境活动中)应遵守海关的各项规定外,报关企业在行使代理权时,也应当遵守海关对其委托人的各项规定,如违反《海关法》的规定,报关企业应当承担进出口收发货人自己报关时所应承担的连带的法律责任。

报关企业接受其委托人的委托,以报关企业自己的名义办理报关纳税手续的,海关视同报关企业自己报关,其法律后果将直接作用于报关企业。

我国报关企业在海关注册登记或者备案后,同时取得报关报检资质。报关人员备案后同时取得报关和报检资质。

(二)单一窗口申报

按照联合国贸易便利化和电子商务中心的解释,单一窗口是指参与国际贸易和运输的各方,通过单一的平台提交标准化的信息和单证以满足相关法律法规及管理的要求。

中国国际贸易单一窗口,简称“国际贸易单一窗口”或“单一窗口”,是依托中国电子口岸平台,为国际贸易提供“一站式”在线办理的窗口,是全国通关一体化的重要依托和平台,已完成货物申报、舱单申报、运输工具申报、许可证件申领、原产地证书申领、加工贸易、税费办理、企业资质办理和查询统计等基本功能建设。企业向口岸多个部门申报,只需要通过国际贸易单一窗口标准版一个平台即可完成(见图 5-1)。

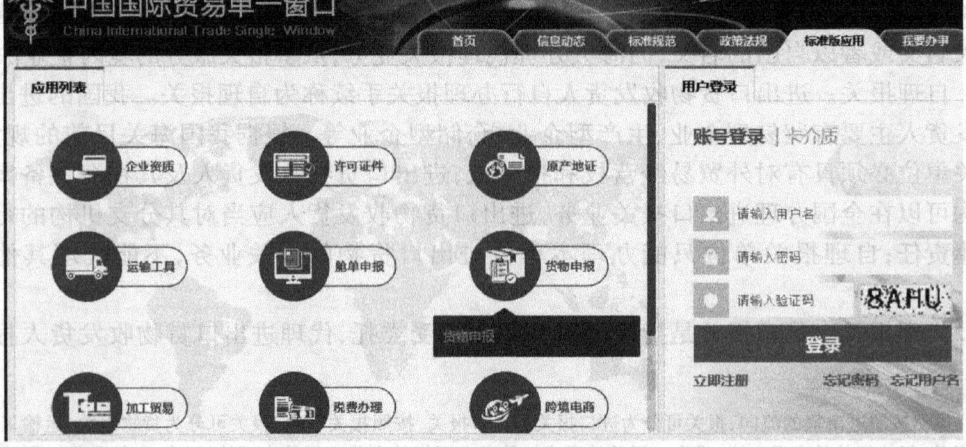

图 5-1 国际贸易单一窗口登录页面

申报人通过单一窗口标准版一点接入、一次性提交满足口岸管理和国际贸易相关部门要求的标准化单证和电子信息，实现共享数据信息，实施职能管理，优化通关业务流程。

（三）“三个一”通关作业模式

“一次申报，一次查验，一次放行”的通关作业模式，简称“三个一”通关作业模式，如图5－3所示。

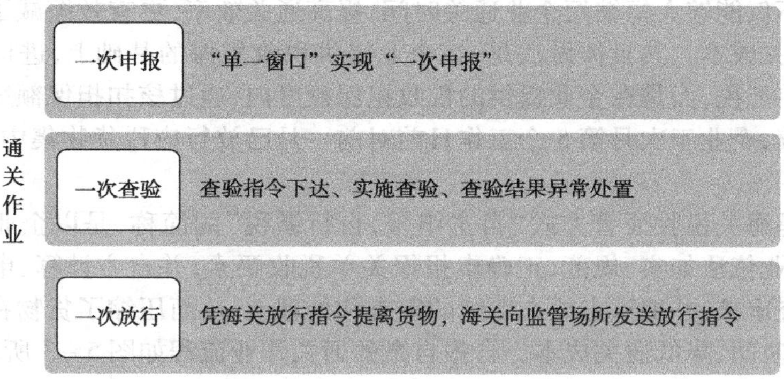

图5－2 “三个一”通关作业模式

1. 一次申报。实现报关和报检录入项目的整合申报，企业对于依法须报关报检的货物，通过统一录入界面的客户端（如国际贸易单一窗口），一次录入报关报检数据，向海关申报报检报关电子数据。

2. 一次查验。“一次查验”即一次开箱、海关依法查验/检验检疫。海关接受企业申报后，对需查验的货物，在约定时间内实施一次开箱，依法查验，从而减少企业重复移箱、开箱、装卸货物的状况。“一次查验”模式实现了海关查验指令在电子口岸“一次查验”平台上的对碰，集装箱码头可立即根据平台的查验指令安排移箱操作。

3. 一次放行。海关向监管场所发送放行指令，在放行环节核碰，实现一次放行。收发货人凭海关放行指令提离货物。

（四）实行“一次申报、分步处置”通关作业流程

“一次申报、分步处置”通关作业流程的主要内容是对进出口货物完成合法进出口等要素甄别后，海关先放行货物，其他手续通关后完成。企业在货物通关时一次申报，海关分步处置。货物放行前，在口岸海关处置安全准入风险；货物放行后，在属地海关开展税收后续管理。

海关在“分步处置”模式下，第一步，风险防控中心分析货物是否存在禁限管制、侵权，以及品名、规格、数量伪瞒报等安全准入风险，并下达布控指令，由现场查验人员实施查验。对于存在重大税收风险且放行后难以有效稽（核）查或追补税的，由税管中心实施货物放行前的税收征管要素风险排查处置；需要在放行前验核有关单证，留存相关单证、图像等资料的，由现场验估岗进行放行前处置；需要实施实货验估的，由现场查验人员根据实货验估指令要求实施放行前实货验估处置。货物经风险处置后符合放行条件的可予放行。第二步，税收征管中心在货物放行后对报关单税收征管要素实施批量审核，筛选风险目标，统筹实施放行后验估、稽（核）查等作业。

（五）实行汇总征税和自报自缴

汇总征税是海关总署为推进贸易便利化、降低通关成本而推出的一种集约化征税模式，简单来说就是“先放后税，汇总缴税”。在汇总征税模式下，海关对符合条件的进出口纳税义务人在一定时期内多次进口货物应纳税款实施汇总计征，即企业无须向海关逐票申报纳税再提取货物，而是可以在提供税款担保后先行提取货物，事后在规定的纳税周期内汇总缴付税款。

汇总征税不仅能够大幅缩短企业通关时间，提高通关效率，更有效缩减了进出口企业资金压力，降低通关成本。其具体做法是：在企业提供税收担保的基础上，进口货物在通关时海关不打印税单征税，而是在企业提供的税收担保额度内，通过核扣担保额度的方式先予办理货物放行手续，企业于次月第 5 个工作日前对前一月已放行应税货物集中缴纳税款，海关集中打印税单。

自报自缴是海关税收征管方式“自主申报，自行缴税”的简称，是以企业诚信管理为前提，由进出口企业依法如实、规范、正确申报报关单税收要素，并自主计算、申报税费后自行缴税。海关抽查审核，并把重点放在后续的审查和处理上，从而压缩了货物在口岸的滞留时间，节省了通关时间，降低通关成本。自报自缴的通关作业流程如图 5－3 所示。

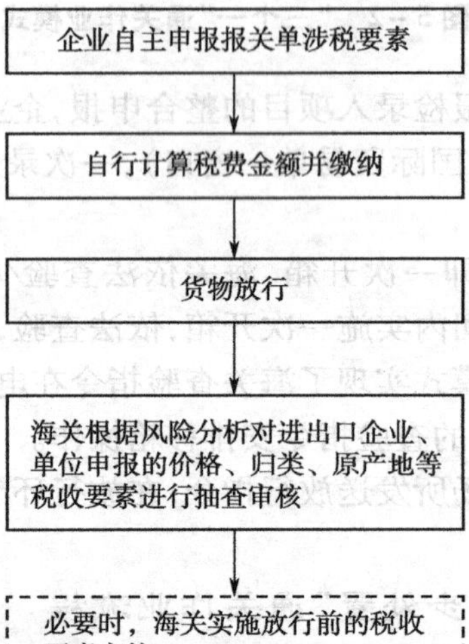

图 5－3　自报自缴的业务流程

企业可以在申报环节选择“自报自缴”模式，一次性完成报关、计税、缴纳，即：通过中国国际贸易单一窗口货物申报系统如实、规范录入报关单涉税要素及各项目数据，利用系统的海关计税（费）服务工具计算应缴纳的相关税费，并对系统显示的税费计算结果进行确认，连同报关单内容一并提交海关，收到海关通关系统发送的回执后，自行办理相关税费缴纳手续。

已在海关办理汇总征税总担保备案的进出口企业可在申报时选择“汇总征税”模式。

货物放行后，海关对进出口企业申报的价格、归类、原产地等税收要素进行抽查审核；特殊情况下，海关实施放行前的税收要素审核。相关进出口企业应当根据海关要求，配合海关做好税收征管工作。

知识链接

税费的计算

出口货物完税价格 = FOB/(1 + 出口税率)

= (CIF − 保险费 − 运费)/(1 + 出口税率)

进口货物完税价格 = (FOB + 运费)/(1 − 保险费费率)

= CFR/(1 − 保险费费率)

= CIF × [1 − (1 + 投保加成率) × 保险费费率] ÷ (1 − 保险费费率)

税费的计算,主要采用如下方式。

关税:实行从价税的,关税额 = 完税价格 × 关税税率;实行从量税的,关税额 = 商品数量 × 关税税率;实行其他税率的,见海关进出口税则。

进口环节税:进口环节税 = (完税价格 + 关税额) × 进口环节税税率。

增值税:增值税税额 = (完税价格 + 实征关税税额 + 实征消费税) × 增值税税率。

消费税:消费税税额 = [(完税价格 + 实征关税税额)/(1 − 消费税税率)] × 消费税税率。

进出口货物的 FOB 及 CIF 价格是以外币计算的,应由海关按照签发税款缴纳证之日国家外汇牌价的中间价折成人民币。完税价格计算到元为止,元以下四舍五入,税费额计算到分为止,分以下四舍五入。

(六)实行两步申报

"两步申报"是进口货物"概要申报、完整申报"的简称,是海关为适应国际贸易的特点和安全便利的需要所采取的一项重要通关改革措施。海关特殊监管区域境外入区货物也适用"两步申报"。

在"两步申报"通关模式下,企业不需要一次性提交全部申报信息及单证,整个提交过程可以分成两步走。

第一步,企业凭提单信息提交口岸安全准入申报需要的相关信息,进行"概要申报"。货物如果不需要进一步查验,就可以马上被放行、提离。涉税的货物,在提供了税款担保以后,也可以被放行、提离。

第二步,货物在口岸放行后的 14 天内,企业补充提交满足税收征管、合格评定、海关统计等整体监管所需要的相关信息和单证。

企业可自主选择"两步申报"或"一次申报"模式。采用两步申报后通关的基本流程如图 5 − 4 所示。

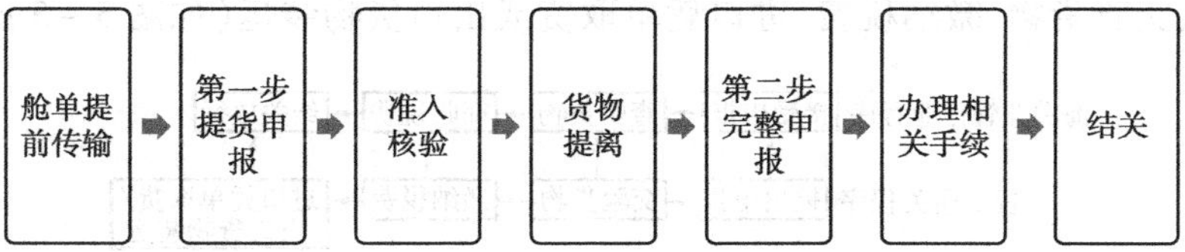

图 5 − 4 "两步申报"通关的基本流程

案例

“两步申报”案例

上海申步公司进口零部件一批，包括灌装机用电气开关、硅胶胶水等，海关监管条件为法定检验、3C证书免办证明、两用物项和技术进口许可证，并采用运保费到付。

上海申步公司如果选择“一次申报”模式，则需取得全部监管证件和单据，其中运保费需货物到港后才能确定，无法提前申报。如果采取“两步申报”，则货物在运输途中，企业获得提单、进口许可证信息后即可提前报关。其中，第一步只需概要申报，上海申步公司录入提单号、HS编码、监管方式、监管证件号等概要信息，确认由提单号关联的相关信息，并提供税款担保，货物到港后如无需口岸查验，即可提离。在运输工具进境申报后14日内上海申步公司进行第二步完整申报，即在第一步申报信息基础上补全报关单其他信息，提交运保费证明、3C免办证明等，并配合海关检验。

两步申报的好处是申报人可以在货物提离以后14天之内，按照规定完成相关手续，既保障了企业权益、降低了企业成本，又提高了通关效率。此外，如果选择“一次申报”模式，企业需一次性全部提交相关信息，信息验证以后才能提离货物，而货物申报时难免出现错报、漏报，需要进行修改和调整，货物通关时间较长。如果采取两步申报则可有效降低上述申报过程中的风险。

（七）全国通关一体化

海关总署为加快转变政府职能，适应开放型经济新体制要求，深化简政放权、放管结合、优化服务，不断通过信息互换、监管互认、执法互助推进全国通关一体化改革。

1. 建设两个中心。全国海关设立风险防控中心和税收征管中心，统一风险分析防控，集中统一实施税收征管，实现全国海关风险防控、税收征管等关键业务集中、统一、智能处置。

风险防控中心对进出口货物统一实施安全准入（准出）风险分析、监控和处置。目前海关总署分别设立了上海、青岛、广州黄埔风险防控中心。

税收征管中心前置税收风险分析，对少量存在重大税收风险且放行后难以有效稽（核）查或追补税的，实施必要的放行前排查处置；对存在一定税收风险，但通过放行后批量审核、验估或稽（核）查等手段，能够进行风险排查处置及追补税的，实施放行后风险排查处置。目前海关总署分别设立了上海、广州、京津税收征管中心。

对企业而言，同一企业在不同海关将面对统一的海关监管政策和要求，享受统一的通关便利待遇，无论在哪里通关，海关都是同一个执法口径和标准，全国是一关。

2. 通关一体化模式下的通关流程。海关传统的通关流程是接受申报、审单、查验、征税、放行的“串联式”监管作业流程。从海关方面看，海关对进出口货物的监管的业务程序是：接受申报、查验货物、征收税费、结关放行。作为进出境货物的收发货人，其相应的报关手续应为：提出申报、交验货物、缴纳税费、进口凭单取货或出口货物装运（如图5－5所示）。

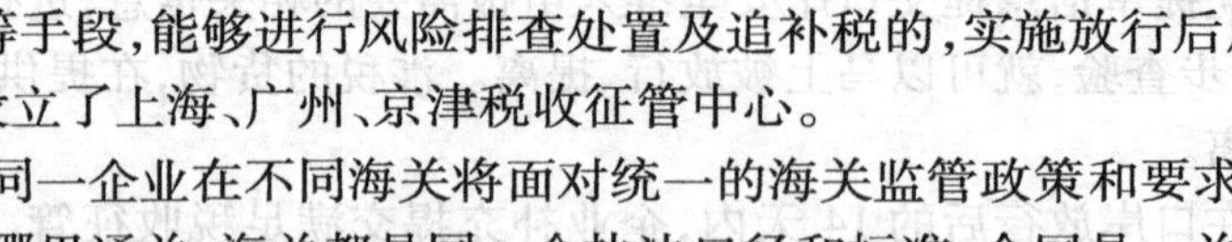

图5－5　进出口货物通关的基本环节

全国海关通关一体化的优点：一是企业可以选择在任意地点进行报关，消除了申报的关区限制；二是海关执法更统一，在"两个中心"的处置下，全国通关的政策和规定执行标准更加一致；三是效率大大提高，简化了口岸通关环节的手续，压缩了口岸通关的时间。

在通关一体化模式下，企业拥有更多的自主选择权，无论选择哪个口岸出口，都可以向属地海关报关，可以按照实际物流需求，自主选择通关地点和方式，任意设计最适合自身的物流方案。这种"多地通关，如同一关"的模式，打破了地域限制和关区的行政界线，在简化手续的同时，有效提高了物流速度。例如，一家生产机械的重庆企业，需要从我国台湾进口一些零配件，以往的流程是海运到上海港，上海代理报关后办理转关，然后再水路运到重庆。但是，全国通关一体化实现后，货物只要到达上海港，重庆企业可以在重庆海关报关缴税，经过审定后，放行指令就直接传到上海海关，货物直接放行（如图 5－6 所示），这样通关成本大幅降低，企业进口成本随之减少。

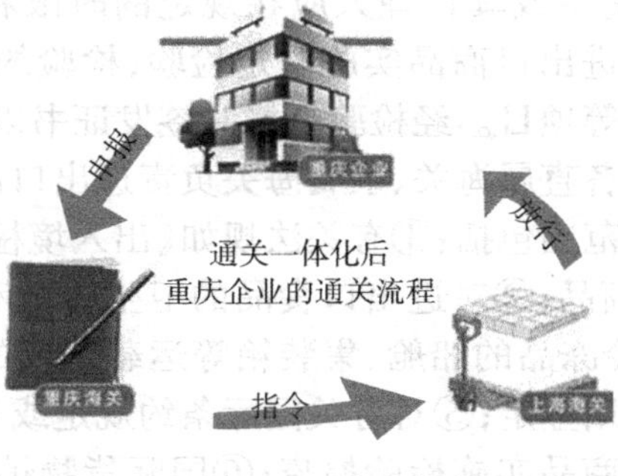

图 5－6　全国通关一体化后的通关流程

单元二　国际货物的检验检疫及报检

检验检疫工作，是指检验检疫机构依照进出口国有关法律、行政法规及国际惯例的规定，实施对报检人申报出入境的货物、交通运输工具、货物包装、集装箱以及人员等进行检验检疫、认证和签发官方检验检疫证明等监督管理业务的统称。海关是我国卫生检疫、动植物检疫、商品检验、进出口食品安全等职责的实施主体。海关在出入境检验检疫方面主要履行经济调节、市场监督、口岸把关、公共服务等职能。其主要工作内容是出入境卫生检疫、动植物检疫、商品检验、鉴定、认证和监督管理。各地海关的检验检疫机构或部门负责办理出入境检验检疫业务。

一、法定检验检疫

法定检验检疫又称强制性检验检疫，是指海关作为检验检疫机构依照国家法律、行政法规和规定，对必须检验检疫的出入境货物、交通运输工具、人员及其他事项等依照规定的程序实施强制性的检验检疫措施。

知识链接

非法定检验检疫

对外经济贸易关系人或者外国检验检疫机构可以根据有关合同的约定或自身的需要，申请或委托检验检疫机构办理进出口商品鉴定业务，签发鉴定证书。这类检验称为鉴定业务，为非法定检验检疫。检验检疫机构办理进出口商品鉴定业务范围包括进出口商品质量鉴定、装运技术条件鉴定、集装箱鉴定、外商投资财产鉴定等业务。

鉴定业务与法定检验的一个主要区别是凭申请或委托办理，而非强制性的。检验检疫机构办理进出口商品鉴定业务，须凭申请办理。检验检疫机构签发各种鉴定证书，供申请单位作为办理商品交接、结算、计费、理算、通关、计税、索赔或举证等的有效凭证。

法定检验检疫的货物，货主或其代理人应在规定的时限和地点向检验检疫机构报检。检验检疫机构依法对指定的进出口商品实施法定检验，检验的内容包括商品的质量、规格、重量、数量、包装及安全卫生等项目。经检验合格并签发证书以后，商品方准出口或进口。

法定检验的实施机构是各直属海关、隶属海关负责进出口商品法定检验的部门。

须实施法定检验检疫的范围包括：①有关法规如《出入境检验检疫机构实施检验检疫的进出境商品目录》中规定的商品；②对进出口食品的卫生检验和进出境动植物的检疫；③对装运出口易腐烂变质食品、冷冻品的船舱、集装箱等运载工具的适载检验；④对出口危险货物包装容器的性能检验和使用鉴定；⑤对有关国际条约规定或其他法律、行政法规规定须经检验检疫机构检验的进出口商品实施检验检疫；⑥国际货物销售合同规定由检验检疫机构实施出入境检验时，当事人应及时提出申请，由检验检疫机构按照合同规定，对货物实施检验并出具检验证书。

《出入境检验检疫机构实施检验检疫的进出境商品目录》（简称《实施检验检疫的进出境商品目录》或《法检目录》）是以《商品分类和编码协调制度》为基础编制而成的，包括了大部分法定检验检疫的货物，是检验检疫机构依法对出入境货物实施检验检疫的主要执行依据。列入检验检疫《法检目录》的进出境商品，必须经海关实施检验检疫和监管。

每条目录由商品编码①、商品名称及备注、计量单位、海关监管条件和检验检疫类别五栏组成（见表5－1）。其中商品编码、商品名称及备注和计量单位是以HS编码为基础，并依照最新的海关《商品综合分类表》的商品编号、商品名称、商品备注和计量单位编制。

表5－1　《出入境检验检疫机构实施检验检疫的进出境商品目录》举例

海关商品编码	商品名称	计量单位	海关监管条件	检验检疫类别
08109030	鲜龙眼	千克	A/B	P. R/Q. S
28469029	其他氯化稀土	千克	/B	M/N

① 商品编码即HS编码，是按照《商品名称及编码协调制度》（*The Harmonized Commodity Description and Coding System*，HS）的相关规定，对每一种进出口货物进行商品归类，以确定该种商品的唯一性商品编码，是商品在国际市场上流通的“身份证”号码，是各国海关、商品出入境管理机构确认商品类别、进行商品分类管理、审核关税标准、检验商品品质指标的最基本的要素。HS编码有的简称为“H. S. 编码”或“H. S 编码”，本书统一简称“HS编码”。

其中，海关监管条件、检验检疫类别代码含义如下。

海关监管条件代码：

A 表示对应商品须实施进境检验检疫；

B 表示对应商品须实施出境检验检疫（电子底账）。

检验检疫类别代码：

M 表示对应商品须实施进口商品检验；

N 表示对应商品须实施出口商品检验；

P 表示对应商品须实施进境动植物、动植物产品检疫；

Q 表示对应商品须实施出境动植物、动植物产品检疫；

R 表示对应商品须实施进口食品卫生监督检验；

S 表示对应商品须实施出口食品卫生监督检验；

L 表示对应商品须实施民用商品入境验证。

二、出入境货物检验检疫的流程

《中华人民共和国进出口商品检验法实施条例》（2019 年修订）第四十三条规定："擅自销售、使用未报检或者未经检验的属于法定检验的进口商品，或者擅自销售、使用应当申请进口验证而未申请的进口商品的，由出入境检验检疫机构没收违法所得，并处商品货值金额 5% 以上 20% 以下罚款；构成犯罪的，依法追究刑事责任。"第四十四条规定："擅自出口未报检或者未经检验的属于法定检验的出口商品，或者擅自出口应当申请出口验证而未申请的出口商品的，由出入境检验检疫机构没收违法所得，并处商品货值金额 5% 以上 20% 以下罚款；构成犯罪的，依法追究刑事责任。"

（一）出入境货物检验检疫的一般工作流程

海关出入境货物检验检疫的工作流程可概括为三个环节：受理报检→检验检疫和鉴定→签证。

1. 受理报检。报检也称报验，是指申请人向海关就进出口货物报请检验检疫，是海关受理报检的前提和基础。海关检验检疫机构接受申请人报检，是检验检疫工作的开始。

报检企业须为国际货物销售合同（包括购销合同）或合约的关系人，或持有上述关系人的委托书。

出口货物的生产、经营单位，进口货物的收货、用货单位可以自理报检，也可以委托有报检报关资质的国际物流企业或货运代理企业代理报检。

不同类的货物如一般货物、动植物以及一些有特殊规定的检验检疫货物，其报检要求是不同的。报检人报检时必须履行的工作主要有三项：申报报关单检务信息；上传或提交相应的单证；按规定配合检验检疫。

我国实行关检融合"整合申报项目"。申报人通过中国国际贸易单一窗口（https://www.singlewindow.cn）完成货物报检与报关申报（如图 5－7 所示）。

方式一，登录后点"标准版应用"→货物申报→进（出）口整合申报→进（出）口报关单整合申报。

方式二，登录后点"我要办事"→选择地区（省份）→中央标准版应用→货物申报→进（出）口整合申报→进（出）口报关单整合申报。

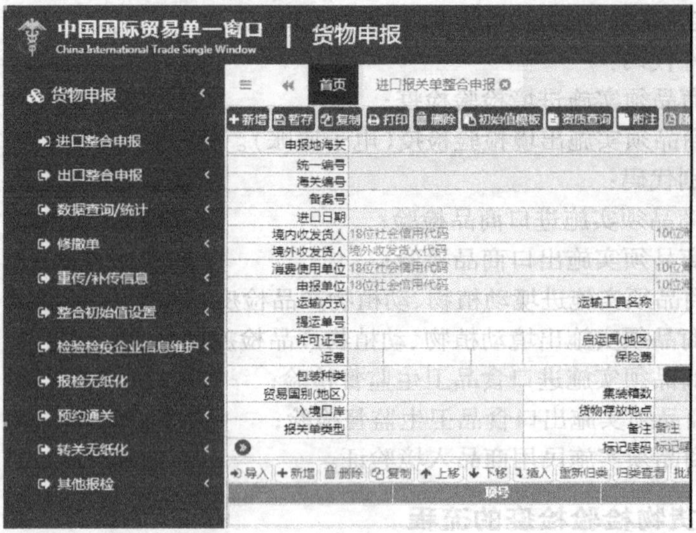

图5-7　国际贸易单一窗口货物整合申报页面

报关单整合申报电子数据项目包括基本申报项目、表头折叠项目和表体折叠项目。其中，基本申报项目整合了报关报检所需的基本申报项目，表头折叠项目和表体折叠项目主要为检务申报项目。申报人按照海关总署发布的《进出口货物申报项目录入指南》填报检务申报项目。

报关单表头折叠项目主要包括：检验检疫受理机关；企业资质类别；企业资质编号；领证机关；口岸检验检疫机关；启运日期；B/L号；目的地检验检疫机关；关联号码及理由；使用单位联系人；使用单位联系电话；原箱运输；特殊业务标识；所需单证；检验检疫签证申报要素。在国际贸易单一窗口货物申报系统进口/出口货物整合申报下的报关单整合申报页面，申报人填写基本信息后，如果需要填写涉检基本信息，点击页面左下角方向 按钮，可弹出涉检报关信息录入区域，如图5-8所示。

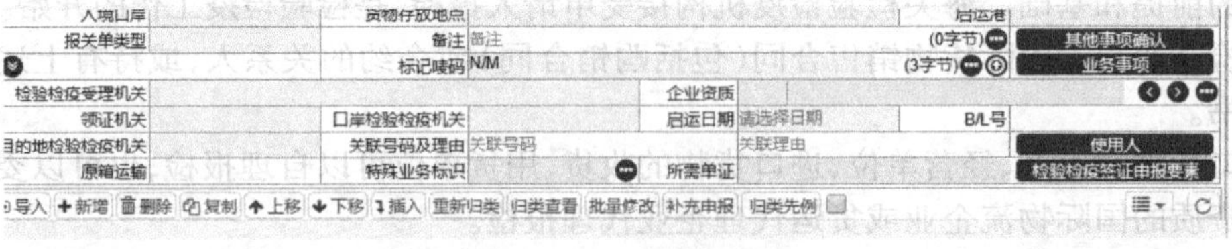

图5-8　检务申报项目截图(1)

报关单表体折叠项目主要包括检验检疫货物规格、产品资质(产品许可/审批/备案)、货物属性、用途、危险货物信息，如图5-9所示。

海关对申报人报检资格、报检时限和地点、电子报检数据和报检单据进行审核，受理报检。

2. 检验检疫和鉴定。海关根据有关工作规范、企业信用类别、产品风险等级，判别是否需要实施现场检验及是否需要对产品实施抽样检测。海关对进出口商品实施检验的内容，包括是否符合安全、卫生、健康、环境保护、防止欺诈等要求以及相关的品质、数量、重量等项目。在检验检疫和鉴定环节，报检人应事先约定抽样、检验检疫和鉴定的时间，并须预留足够的取采

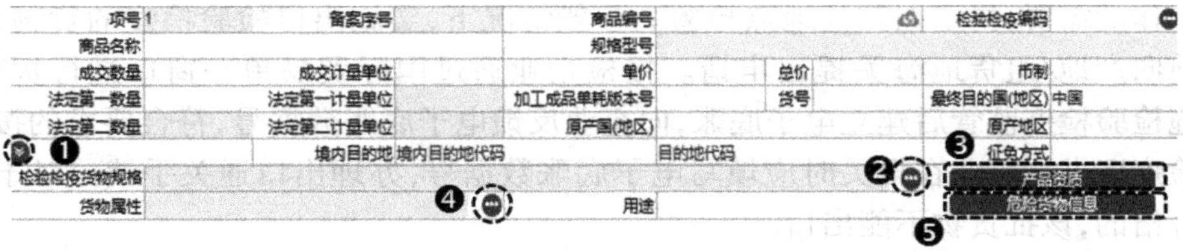

图 5-9　检务申报项目截图(2)

注:在图标❶处录入商品的检务申报内容;在图标❷处点击后按弹出页面录入检验检疫货物规格;在图标❸处点击后录入商品资质相关内容;在图标❹处点击后可以选择正确货物属性;图标❺表示,如果商品是危险化学品需要点击后录入相关信息。

样、检验检疫和鉴定的工作日,同时须提供进行取采样、检验检疫和鉴定等必要的工作条件。

海关对检验检疫的货物进行合格评定。对于仅实施现场检验的进出口商品,经检验符合相关规定的,可以判定该检验批合格,否则应当判定该检验批不合格;对于抽样送检的,应在现场检验和实验室检测,均符合相关要求的可判定该批合格,否则应当判定为不合格。

进出口法定检验商品经检验,涉及人身财产安全、健康、环境保护项目不合格的,由海关责令当事人销毁,或者出具退货处理通知单;其他项目不合格的,可以在海关的监督下进行技术处理,经重新检验合格的,方可销售或者使用。

3. 签证。对出境货物,国外要求签发有关检验检疫证书的,海关根据对外贸易关系人的申请,经检验检疫合格的,签发相应的检验检疫证书;经检验检疫不合格的,签发出境货物不合格通知单。凡法律、行政法规、规章或国际公约规定须经检验检疫机构检验检疫的入境货物,海关接受报检后,经检验检疫合格的,签发《入境货物检验检疫情况通知单》;不合格的,对外签发检验检疫证书,供有关方面对外索赔。

(二)出境货物检验检疫的一般工作流程

凡经检验不合格的货物,一律不得出口。在出口货物托运环节中,未经检验合格是不能装船出运的,因而在托运的同时,应办理报检。出境货物最迟应在出口报关或装运前 7 天报检,对于个别检验检疫周期较长的货物,应留有相应的检验检疫时间。需隔离检疫的出境动物在出境前 60 天预报,隔离前 7 天报检。

出境货物的检验检疫工作是先检验检疫,后通关放行,即出境货物的发货人或者其代理人向海关报检,海关受理报检后实施检验检疫。其一般流程可归纳为:报检(电子申报)→受理报检→检验检疫→合格评定→转通关放行。如图 5-10 所示。

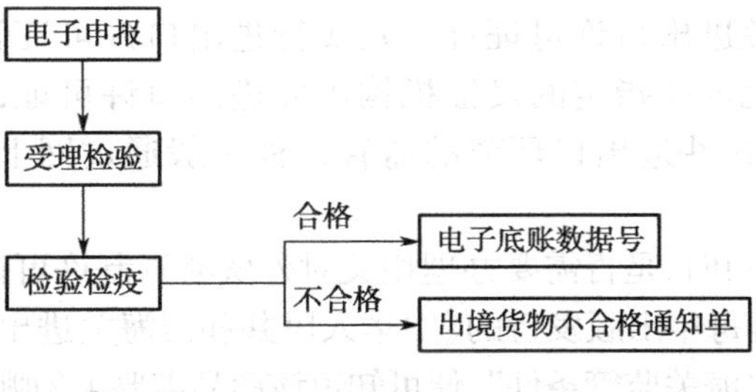

图 5-10　出境货物检验检疫工作的一般流程

出境货物检验检疫遵循产地检验检疫原则,但海关可以根据便利对外贸易和进出口商品检验工作的需要，指定在其他地点检验。一般情况下，实施出口检验检疫的货物，企业应在报关前向产地/组货地海关提出申请。报检企业通过国际贸易单一窗口进行货物申报。海关实施检验检疫监管后建立电子底账，向企业反馈电子底账数据号，符合要求的按规定签发检验检疫证书。企业在报关时应填写电子底账数据号，办理出口通关手续。对于经检验检疫不合格的，该批货物不能出口。

（三）入境货物检验检疫的一般工作流程

入境货物的检验检疫工作程序是报检后先放行通关，再进行检验检疫。法定检验检疫入境货物的货主或其代理人自主选择在口岸或目的地海关报检，货物在目的地海关实施检验检疫①。一般情况下，入境货物货主或其代理人首先向卸货口岸或到达站的海关报检；海关受理报检后，施检部门签署意见，对来自疫区，可能传播检疫传染病、动植物疫情及可能夹带有害物质的入境货物的交通工具或运输包装实施必要的检疫、消毒、卫生除害处理后，签转检验检疫编号，供报检人办理海关的通关手续；货物通关放行20日内，入境货物的货主或其代理人在目的地海关，联系施检部门对货物实施检验检疫。经检验检疫合格的入境货物，海关签发入境货物检验检疫证明；经检验检疫不合格的入境货物，签发检验检疫处理通知书，货主或其代理人应在海关的监督下进行处理，无法进行处理或处理后仍不合格的，入境货物的货主做退运或销毁处理。对检验不合格的进口成套设备及其材料，签发不准安装使用通知书。经技术处理，并经出入境检验检疫机构重新检验合格的，方可安装使用。需要索赔的入境货物，海关签发检验检疫证书。

国际贸易单一窗口为申请人提供了对入境货物检验检疫申请数据进行录入、暂存、删除、打印等操作。入境货物货主或其代理人可以通过国际贸易单一窗口（包括通过“互联网+海关”接入“单一窗口”）进口整合申报页面向海关申报，填制进口货物的检务项目。

一般进口货物在进口整合申报菜单的报关单整合申报页面的检务信息各栏目中申报。企业应当在报关单随附单证栏中填写报检电子回执上的检验检疫编号。

单元三　国际货物的报关

海关对国际货物监管的基本任务，是根据《海关法》和国家有关进出口政策、法律、法规，监督货物和运输工具的合法进出，检查并处理非法进口、偷漏税等走私违法活动。

海关对国际货物的监管依据是：进出口货物的收发货人（或他们的代理人）填写的进出口货物报关单以及商务管理部门签发的进出口货物许可证，或有关主管部门的批准文件以及正常的商务单据。海关监管审核进出境货物是否“合法进出”的依据之一是商务部和其他政府有关部门签发的相关进出口许可证件。凡实行进出口许可证管理的货物，对外贸易经营者应当在进出口前按规定向指定的发证机构申领进出口许可证，海关凭进出口许可证接受申报和验放。实践中，这些进出口环节的监管证件一般通过网上办理、网上申报，海关实现联网核查、自动比对。

国际贸易货物在进出口时，是否需要办理相关对外贸易管制许可证件，必须先进行海关 HS 编码的商品归类，然后根据每年出版发行的《中华人民共和国海关进出口税则及申报指南》或相关网络在线查询该商品的“海关监管条件”，便可知道该商品需要申领哪种进出口许可证件。

---

① 大宗散装商品、易腐烂变质商品、可用作原料的固体废物以及已发生残损、短缺的商品，应当在卸货口岸检验。

一、代理报关的委托

报关是进出口收发货人或其代理人，向海关办理货物、物品、运输工具进出境手续及相关海关事务的过程。报关是海关受理进出口货物通关的前提和基础。

进出口货物，除另有规定的外，可以由进出口货物收发货人自行办理报关纳税手续，也可以由进出口货物收发货人委托海关准予注册的报关企业办理报关纳税手续。因此，外贸企业（进出口货物的收发货人）可以自行办理报关，也可以委托代理报关企业（如国际货运代理企业）代理报关。外贸企业委托国际货运代理企业代理报关的流程如图 5－11所示。

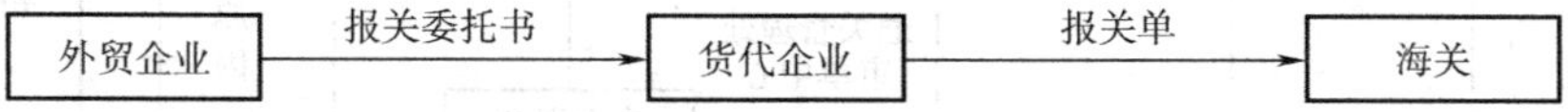

图 5－11　外贸企业委托国际货运代理企业代理报关的流程

进出口货物收发货人委托代理报关企业报关须办理报关委托，签订《代理报关委托书》和《委托报关协议》。《代理报关委托书》和《委托报关协议》作为代理报关时报关单的必备随附单证使用。

实践中，进出口货物收发货人（委托方）和报关企业（受托方）主要通过中国电子口岸或国际贸易单一窗口签订电子代理报关委托书，建立委托关系。进出口货物收发货人可凭中国电子口岸 IC 卡登录该系统，签署电子《委托书/协议》。货物进出口报关申报时派生电子代理报关委托书（委托协议），连同报关单向海关通关管理系统申报。电子报关代理委托协议的形成流程如图 5－12 所示。

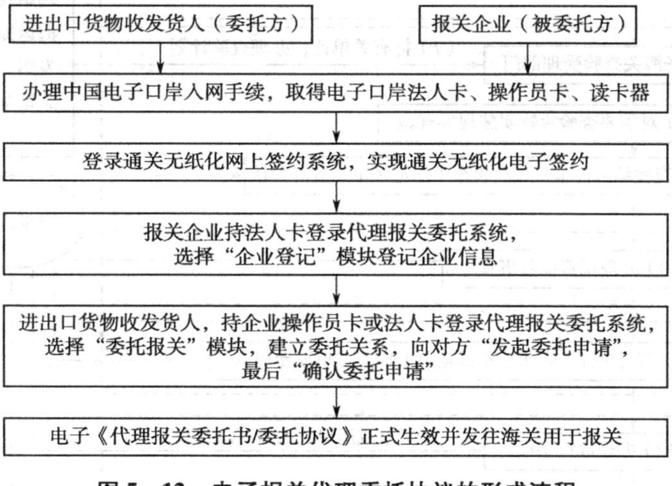

图 5－12　电子报关代理委托协议的形成流程

二、一般进出口货物报关流程

我国采用报关自动化系统进行作业处理。海关利用通关系统，可实现电子审单、放行。一般进出口货物报关的基本流程可细分为电子申报、集中审单、现场通关—接单、现场通关—查验、现场通关—税费征收、现场通关—单证放行、口岸通关—实货放行、进出口货物报关单数据流转与打印、取货或装运九大环节（如图 5－13 所示）。下面就电子申报进行阐述。

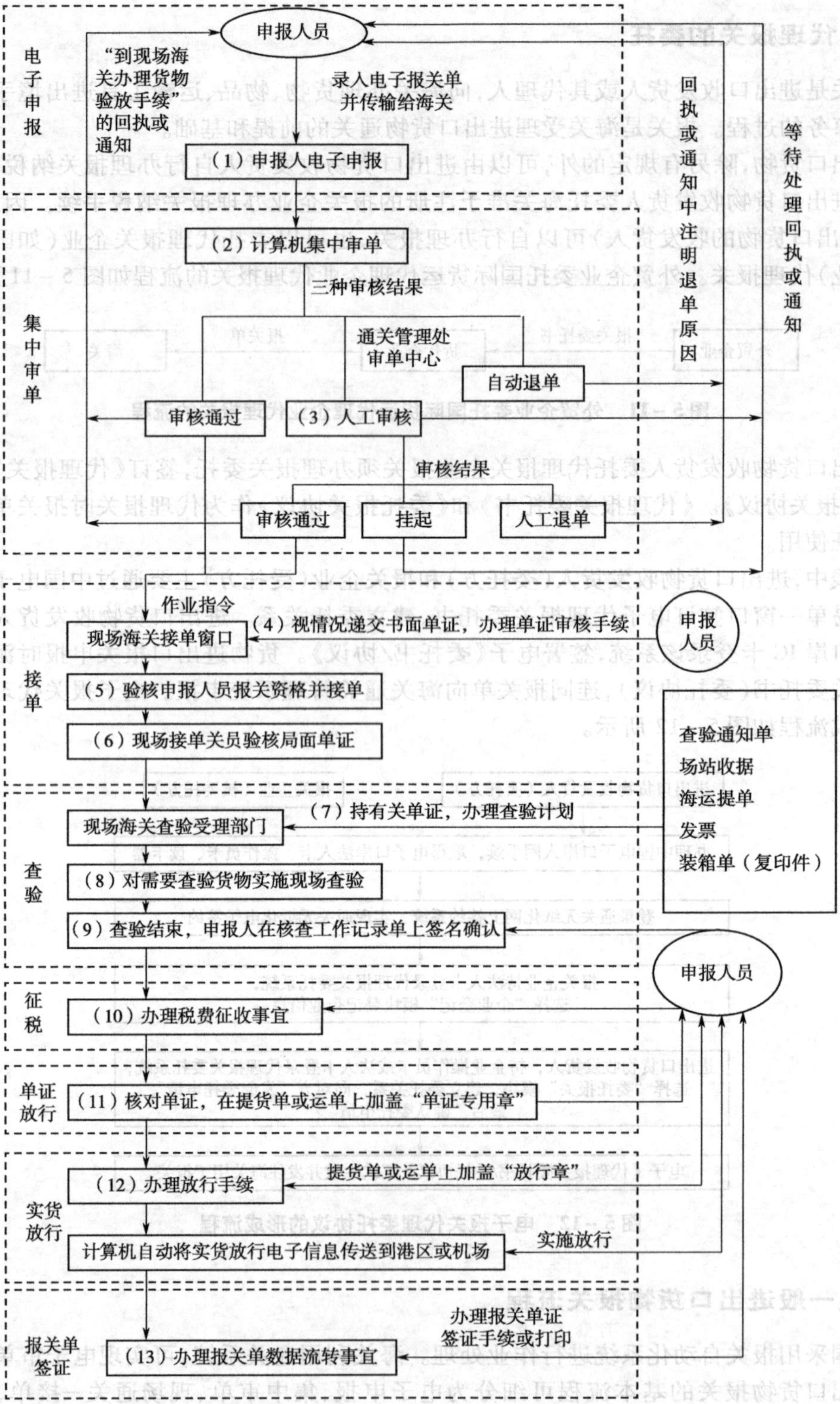

图5－13　进出口货物的通关流程

电子申报这一步骤的主要内容是：货物的收发货人或其代理人根据《中华人民共和国海关进出口货物报关单填制规范》和海关监管、征税、统计等要求录入电子报关数据并通过网络传输方式向海关传输电子数据，进行电子申报。

申报前的准备工作主要有：①进口须接到进口提货通知，出口须备齐出口货物。②委托报关者须办理报关委托，代理报关者须接受报关委托。③准备报关单证，包括基本单证、特殊单证、预备单证。④在实际进出口行为中，如遇《海关进出口商品税则》无具体列名或无法确定的疑难归类商品，可事先向当地海关的关税部门申请归类咨询或申请《海关进出口商品预归类决定书》。

（一）申报的期限

出口货物报关期限与进口货物报关期限是不同的。出口货物的发货人或其代理人除海关特许外，应当在装货的 24 小时以前向海关申报。进口货物的收货人或其代理人应当自载运该货物的运输工具申报进境之日起 14 天内向海关办理进口货物的通关申报手续。如果在法定的 14 天内没有向海关办理申报手续，海关将征收滞报金。滞报金的日征收金额为进口货物完税价格的 0.5‰。进口货物滞报金起算日期为运输工具申报进境之日起第 15 日；邮运的滞报金起算日期为收件人接到邮局通知之日起第 15 日。

（二）申报的方式

实践中办理进出口货物的海关申报手续主要采用电子数据报关单的形式。电子数据报关单与纸质报关单具有同等的法律效力。

中国国际贸易单一窗口是报关单整合申报的主要平台，具有进出口货物进出口报关单录入、导入、保存、申报、查询、打印以及关检数据的互相调用、关联生成等功能。申报人可以从“单一窗口”标准版网站（https://www.singlewindow.cn） 或“互联网 + 海关”网上办事平台（http://online.customs.gov.cn/） 进入“货物申报”页面（如图 5 – 7 所示）。

（三）需申报或交验的单证

申报的有关单证系指与所报货物相适应的，凭以支持报关单填报的单据和证件。申报单证可以分为主要单证和随附单证两大类。其中，主要单证就是报关单；随附单证包括基本单证、特殊单证和预备单证。基本单证是指与进出口货物直接相关的商业和货运单证，主要包括发票、装箱单、提（装）货凭证（或运单、包裹单）、进出口货物征免税证明。特殊单证是指国家有关法律规定实行特殊管理的证件，主要包括配额许可证管理证件和其他各类特殊管理证件。预备单证是指供海关认为必要时查阅或收取的单证，包括合同、货物原产地证明、委托单位的工商营业执照证书、账册资料及其他有关单证。

海关为深入推进通关作业无纸化改革工作，一些单据在申报时可不向海关提交，海关审核时如需要再提交。

案例

中国石油化工进出口公司从委内瑞拉进口原油 20 万吨，由一艘船舶装运进口。问题：在进口报关时除应向海关申报进口货物报关单外，还应具有哪些报关单证？

【案例分析】

原油为国营贸易商品，属于自动进口许可证目录所列商品。因此，报关时除应向海关申报进口货物报关单外，还应具有进口货物提货单、商业发票、装箱单和自动进口许可证。

（四）提前申报

报关企业提前申报的，应当先取得提（运）单或载货清单（舱单）数据。

1. 出口提前申报。出口货物发货人、受委托的报关企业在货物备齐并取得预配舱单电子数据后，可在货物运抵海关监管场所前3日内向海关办理申报手续；在货物运抵海关监管场所（场地），海关收到运抵报告电子数据后，海关办理货物查验、放行手续。提前申报并采取边运抵边装船的海运大宗散装货物，经海关船边实际验核，必须在申报后3日内装载完毕。超期未装载完毕的，须经海关批准。提前申报的出口转关货物必须在报关单电子数据申报之日起5日内运抵启运地海关监管作业场所（场地），办理转关和验放等手续，超过期限的，海关一律直接撤销报关单。

2. 进口提前申报。进口提前申报是指在舱单数据提前传输的前提下，进口货物的收货人、受委托的报关企业提前申报报关单，海关提前办理单证审核及税费征收，待货物实际到港后办理查验及放行手续。进口货物的收货人、受委托的报关企业提前申报的，应当先取得载货清单（舱单）数据。对于采用无纸化方式申报，电子支付税款，且不涉及布控查验的货物，企业可利用货物运输阶段完成申报前准备和申报手续，实现货物到港即提离，大幅提升通关效率。

（五）报关单及其填制

按进出口状态分，报关单可分为中华人民共和国海关进口货物报关单和中华人民共和国海关出口货物报关单。按表现形式分，报关单可分为纸质报关单和电子报关单。在实际操作中，一般通过计算机系统先申报电子数据报关单，再根据需要①打印纸质报关单提交给海关。

电子报关单的录入项目，包括基本申报项目、表头折叠项目和表体折叠项目（见图5－14）。其中基本申报项目包括表头项目、表体项目、集装箱项目、随附单证项目；表头折叠项目和表体折叠项目为检务申报项目。

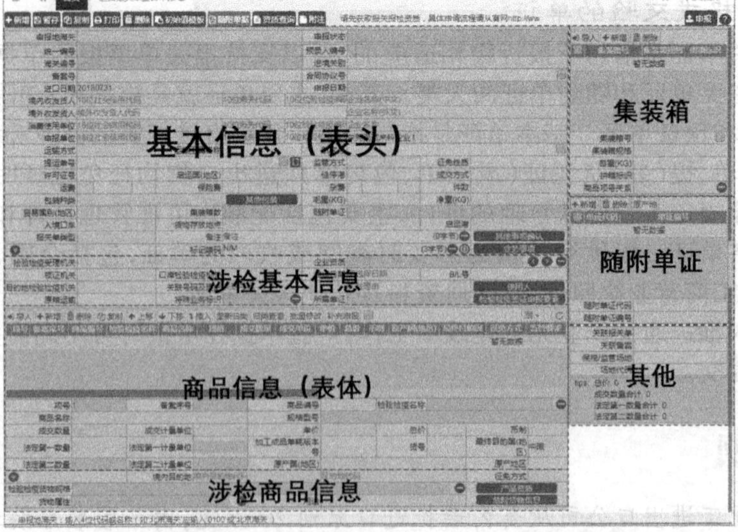

图5－14　国际贸易单一窗口货物申报进口报关单申报页面结构

① 例如：有纸申报、需要现场查验、需要无纸申报转有纸申报的，或者是出现异常情况，需要现场来处理的，就需要打印纸质报关单，向海关提交纸质单据。

纸质报关单并不是电子报关单所有数据的打印版，纸质报关单的主要内容见表5－2、表5－3。

表5－2　出口货物报关单

中华人民共和国海关出口货物报关单

预录入编号：　　　　　　　　　　　　　　　　　　　　海关编号：

<table>
<tr><td>境内发货人</td><td colspan="2">出境关别</td><td colspan="2">出口日期</td><td colspan="2">申报日期</td><td>备案号</td></tr>
<tr><td>境外收货人</td><td colspan="2">运输方式</td><td colspan="2">运输工具名称及航次号</td><td colspan="3">提运单号</td></tr>
<tr><td>生产销售单位</td><td colspan="2">监管方式</td><td colspan="2">征免性质</td><td colspan="3">许可证号</td></tr>
<tr><td>合同协议号</td><td colspan="2">贸易国（地区）</td><td colspan="2">运抵国（地区）</td><td colspan="2">指运港</td><td>离境口岸</td></tr>
<tr><td>包装种类</td><td>件数</td><td>毛重（千克）</td><td>净重（千克）</td><td>成交方式</td><td>运费</td><td>保费</td><td>杂费</td></tr>
<tr><td colspan="8">随附单证及编号</td></tr>
<tr><td colspan="8">标记唛码及备注</td></tr>
<tr><td colspan="8">项号　商品编号　商品名称及规格型号　数量及单位　单价/总价/币制　原产国（地区）　最终目的国（地区）　境内货源地　征免</td></tr>
<tr><td colspan="8"></td></tr>
<tr><td colspan="8"></td></tr>
<tr><td colspan="8"></td></tr>
<tr><td colspan="8">特殊关系确认：　　　　价格影响确认：　　　　支付特许权使用费确认：</td></tr>
<tr><td colspan="2">报关人员　报关人员证号
电话
申报单位</td><td colspan="4">兹申明对以上内容承担如实申报、依法纳税之法律责任
申报单位（签章）</td><td colspan="2">海关批注及签章</td></tr>
</table>

表 5-3　进口货物报关单

中华人民共和国海关进口货物报关单

预录入编号：　　　　　　　　　　　　　　　　　　　　　　　　海关编号：

境内收货人	进境关别		进口日期		申报日期		备案号
境外发货人	运输方式		运输工具名称及航次号		提运单号		货物存放地点
消费使用单位	监管方式		征免性质		许可证号		启运港
合同协议号	贸易国(地区)		启运国(地区)		经停港		入境口岸
包装种类	件数	毛重(千克)	净重(千克)	成交方式	运费	保费	杂费
随附单证及编号							
标记唛码及备注							

项号	商品编号	商品名称及规格型号	数量及单位	单价/总价/币制	原产国(地区)	最终目的国(地区)	境内目的地	征免

特殊关系确认：	价格影响确认：	支付特许权使用费确认：
报关人员　报关人员证号 电话 申报单位	兹申明对以上内容承担如实申报、依法纳税之法律责任 申报单位(签章)	海关批注及签章

申报人在填制报关单时，应当依法如实向海关申报，对申报内容的真实性、准确性、完整性和规范性承担相应的法律责任。报关单填报必须真实，做到"两个相符"：①单、证相符，即所填报关单各栏目的内容必须与合同、发票、装箱单、提单以及批文等随附单据相符；②单、货相符，即所填报关单各栏目的内容必须与实际进出口货物情况相符。申报人必须按照《海关法》《货物申报管理规定》和海关总署公布的报关单填制规范的有关规定和要求，向海关如实申报。

报关人向海关发送报关单后，海关接受报关、审单。海关计算机系统根据预先设定的各项参数对电子报关数据的规范性、有效性和合法性进行电子审核，审核结果将通知申报人。

申报人配合海关查验和税费征收，获得海关放行后凭单取货或装运出口货物。

任务解析

下面根据上述所学知识对项目情景的任务进行简要解析。

任务1 在检验检疫通关一体化模式下，企业可以选择“出口直放”，即可以选择直接向产地机构申请出境通关，不必到口岸机构重新报检。因此，天津灯具进出口公司出口的落地灯具可以在产地即北京报检，并不需要到天津检验检疫机构重新报检。

任务2 出境货物的检验检疫工作是先检验检疫，后通关放行，即出境货物的发货人或者其代理人向海关报检，海关受理报检后实施检验检疫。北京龙口货运代理公司可以按下列步骤办理落地灯具的报检。

第一步：明确报检的要求。该批落地灯具的HS编码可以归为9405200000，查找《出入境检验检疫机构实施检验的进出口商品目录》，确认该商品属于法检商品，其监管条件是B；检验检疫类别是N，即须实行出境商品检验。北京龙口货运代理公司的报关人员查看天津灯具进出口公司寄来的合同、发票、装箱单、提单，确认装运时间是2020年6月1日，货物产地在北京，从天津出运，报关人员可于2020年5月25日向北京海关报检。

第二步：准备单据。报关人员根据这批货物的检验检疫类别，确认这批货物报检需要销售合同、发票、装箱单、报关单、包装性能检验结果单、厂检合格单和报关委托书。销售合同、发票、装箱单已具备。北京龙口货运代理公司应与天津灯具进出口公司签订报关委托书；向北京龙口工贸公司灯具厂索要包装性能检验结果单和厂检合格单。

第三步：电子申报。5月25日，报关人员根据销售合同、发票及其他单据的信息，按照报关单的申报要求，登录国际贸易单一窗口，新建一份报关单，开始填制报关单商品信息和检务信息。

第四步：手工报检。根据海关要求，报关人员持销售合同、发票、装箱单、报关单、包装性能检验结果单、厂检合格单和报关委托书等资料于5月26日到北京海关报检大厅报检，递送报检单等单据，并根据报检回执信息联系施检部门，最终确认检验人员5月28日来工厂检验。

第五步：配合检验货物。5月28日，海关检验人员来厂检验，核查货物的包装、标记及号码，并抽样进行了性能测试等检验工作。

第六步：海关放行。5月29日，北京海关放行该批出境货物。该批货物的报检顺利完成。

任务3 北京龙口货运代理公司可以让其在天津的分公司与天津灯具进出口公司签订代理报关委托书，并掌握合同、商业发票、装箱单等有关单据，由北京龙口货运代理公司天津分公司的报关员申报报关单并上传商业发票、装箱单、合同和通关单、检验检疫证书等有关单据电子版，向天津海关办理出口货物的报关手续。在海关核准后，结清关税。

个案分析

1. 济南A公司在淄博设有生产车间。某年12月3日，A公司从黄岛口岸进口了一批机电设备货物。

问题：

(1)若该批货物依法应当实施检验，海关实施检验的内容包括什么？

(2)A公司可以采用何种方式向海关办理报检手续？

(3)该批进口货物海关放行后，一般情况下，A公司应当在何地接受检验？

2. 快顺货运公司具有报关资质，在接受当地一家出口服装企业委托报关业务时没有察觉到该企业有瞒报情况，在向海关办理报关手续时被海关发现，海关追究快顺货运公司的经济责任，快顺货运公司以不知情为由不服处罚，你认为对吗？

复习思考题

1. 简述出入境货物检验检疫的一般工作流程。
2. 分别阐述出入境货物检验检疫的工作流程。
3. 简述进出口货物提前申报的基本做法。
4. 简述一般进出口货物的通关程序。
5. 简述一般进出口货物的申报期限。
6. 报关的基本单证主要有哪些？
7. 简述“一次申报、分步处置”通关作业流程。
8. 简述两步申报的基本做法。

项目任务六　国际海运物流

项目要求

(1)了解海运物流的特点,熟知海运物流连线和海运流程;
(2)掌握租船的方式和租船合同的主要内容;
(3)掌握班轮运输进出口货运代理的程序;
(4)能够正确计算班轮运输运费;
(5)熟悉各种海运货运单证及其流转,并能在实际业务中缮制主要单证,如托运单、投保申请单、提单等;
(6)掌握海运货运事故的处理程序和方法。

项目情景

上海快达货代公司现要处理以下3笔业务。

(1)受A公司委托,运往肯尼亚蒙巴萨港口门锁一批计1 000箱,每箱体积为20厘米×30厘米×40厘米,毛重25千克。当时燃油附加费为30%,蒙巴萨港口拥挤附加费为10%。门锁属于小五金类,计收标准是W/M,等级为10级,基本运费为每运费吨443.00元。

(2)上海B钢铁企业向澳大利亚C公司按FOB价格购进一批矿产品共30 000吨。委托上海快达货代公司运输。上海B钢铁企业与澳大利亚C公司在贸易合同中规定卖方每天应负责装货2 000吨,按晴天工作日计算。上海快达货代公司在运进这批货物的租船合同中规定每天装货2 500吨,按连续工作日计算。在上述两个合同中滞期费每天均为6 000美元,速遣费每天均为3 000美元。结果卖方只用了13天(其中包括两个星期天)便将全部货物装完。

(3)代理上海W公司从美国D公司进口一批机床,当货到达上海后,上海快达货代公司向W公司发出到货通知,要求W公司提货。W公司因不能出示正本提单,就向上海快达货代公司出具了一份"提货担保书"。担保书在保证单位栏上记载:"上述货物是本公司进口货物。如因本公司未凭正本提单先行提货,致使贵公司遭受任何损失,本公司负责赔偿,本公司收到正本提单后立即交还贵公司换回此保证书。"在"提货担保书"上有W公司盖章和W公司负责人签字。上海快达货代公司接受了W公司的担保书,给W公司签发了提货单,W公司凭提货单提取了货物后,称货物质量不符,未到银行付款赎单,提单被退回到美国出口商D公司(托运人)。D公司持正本提单向美国法院以无单放货为由,对上海快达货代公司提出起诉,要求上海快达货代公司赔偿货款损失。

任务1:按照船公司对船舶经营方式的不同,国际海运可分为哪两种方式?第(1)、第(2)项业务可分别采取哪种方式?

任务2:如何计算班轮运输运费?第(1)项业务中,A公司应付多少运费?

任务3:租船合同的主要内容是什么?第(2)项业务中,是按照贸易合同中的规定有利于卖方,还是按照租船合同中规定的条件有利于卖方?

任务4:海运提单的性质是什么?第(3)项业务中,上海快达货代公司是否应该赔偿货款,为什么?

知识模块

单元一　国际海运物流基础知识

在项目任务一中我们从物资输送方式角度将国际物流分为陆运物流(含公路和铁路联运物流)、海运物流、空运物流、多式联运物流、管道物流、邮运物流六种形式,从本项目任务起我们分章阐述这六种国际物流形式中的海运物流、空运物流、铁路联运物流、多式联运物流等主要形式的物流业务运作。

一、海运物流的特点及海运物流的主要工具

国际海洋货物运输简称海运,是指使用船舶通过海上航道在不同国家和地区的港口之间运送货物的一种方式。

国际海运物流是指使用船舶通过海上航道在不同的国家和地区的港口之间实现的货物实体流动过程。国际海运物流是国内海运物流跨国界的延伸和发展,涉及在不同国家和地区以及国际水域的物流运作。国际海运物流随国际贸易的产生、发展而得以产生和发展。规模化、系统化以及供应链一体化成为国际海运物流的发展趋势。

(一)海运物流的特点

海洋运输的特点使海上货物运输基本上适应绝大多数货物的运输,使海洋运输成为国际贸易中最主要的运输方式,国际贸易总运量的2/3以上通过海运方式来完成。因此,海运物流是国际物流的主要表现形式。

海运物流的特点是由海洋运输的特点所决定的。其主要特点如下。

第一,运输量大。船舶货舱与船舶机舱的比例比其他运输工具都大。因此,可以供作货物运输的舱位及载货量均比陆运或空运庞大。以国际最大的超巨型油轮为例,其每次载运原油的数量可高达60多万吨;而最大的集装箱船每次可装载集装箱10 000~15 000TEU;一般杂货轮的装载量也多在五六万吨以上。

第二,运费低廉。海运单位运输成本低。海运的单位成本是铁路运输的1/25~1/20,是公路运输的1/100,因此海运是最低廉的运输方式,适于运输费用负担能力较弱的原材料及大宗货物的运输。

第三,能耗低。运输1吨货物至同样距离而言,海运所消耗的能源是最低的。

第四,对货物的适应性强。海上货物运输基本上适应绝大多数货物的运输要求。

第五,运输的速度慢。海运受港口、水位、季节、气候影响较大。由于商船的体积大,水流的阻力大,加之装卸时间长等其他各种因素的影响,海洋运输的速度较慢,较快的班轮航行速度也仅30海里/小时左右。

第六,风险较大。由于船舶在海上航行,容易招致海上风险与外来风险。①

由于海运具有速度慢、风险大之弊,因此,对于不宜长期运输的货物以及急用和易受气候条件影响的货物,一般不宜采用海洋运输方式。此外,海洋运输需要其他运输方式的配合和衔接,才能实现“门到门”运输。

海运物流在具体经营过程中还具有如下国际性的特点。

其一,船公司的业务经营对国际海运市场的依存性高。海运业务量的大小直接取决于国际贸易量的大小。需求产生供给,所以,船公司的业务经营好坏,与国际海运市场的总体供求息息相关。

其二,主要货运单证具有较强的国际通用性。各个与运输相关的国际组织为了促进国际贸易的发展,减少由于各国运输单证的不统一带来的手续和监管上的不便,提高国际货物运输的顺畅性,降低运输成本,都致力于从语言、格式、内容、编码等方面统一国际货物运输中的主要单据,并取得了丰硕的成果。发展到现阶段,主要货运单证都具有国际通用性。

其三,在适用法规方面具有国际统一性。对于国际运输过程中赔偿责任的解释所适用的法规,各国之间若是不同,则对同一件事买卖双方各有不同的解释,势必阻碍贸易的发展。只有统一的法规,才能在责任义务的划分等方面取得公平合理的、双方都认可的认识和解释。所以,海运在适用法规方面具有国际统一性。

(二)海运物流的主要工具

船舶是海运物流的主要工具。

船舶按用途分类,可以分为货船和客船。货船是专门用于货物运输的船舶。

货船按照其用途不同可分为干货船(Dry Cargo Ship)和油槽船(Tanker)。干货船主要有杂货船、散装船、多用途船、冷藏船、木材船、集装箱船、滚装船、载驳船等。油槽船是主要用来装运液体货物的船舶。油槽船根据所装货物种类不同,又可分为:油轮、液化天然气船、液体化学品船。

货船按货物的载重量不同分类,主要有巴拿马型船、超巴拿马型船、灵便型船。

二、国际海运物流连线

国际海运物流连线具体表现为各种海运航线和海上通道。国际海运航线是国际海上货物流动的路径,是国际物流的主要连线。世界各地水域,在港湾、潮流、风向、水深及地球球面距离等自然条件的限制下,可供船舶航行的一定径路,称为航路。海上运输承运人在许多不同的航路中,根据主客观的条件,为达到最大的经济效益所选定的营运航路被通称为海运航线。

(一)国际海运航线

海运航线从不同的角度有不同的划分方法。按照船舶经营方式区分,有定期航线和不定期航线。按照航程远近,可分为远洋航线(Ocean Going Shipping Line)、近洋航线(Near-sea Shipping Line)和沿海航线(Coastal Shipping Line)②。

---

① 为此,各国纷纷建立了相应的特殊制度以适应海上风险,如共同海损制度、海上保险制度、海上救助制度、承运人责任限制制度、船舶所有人限制制度等。

② 远洋航线,是指使用船舶(或其他水运工具)跨越大洋的运输航线。近洋航线,是指本国各港至邻近国家港口间的海上运输航线。沿海航线,是指本国沿海各港口间的海上运输路线。

1. 世界主要海运航线。世界主要海运航线包括太平洋航线、大西洋航线、印度洋航线、北冰洋航线以及通过巴拿马运河或苏伊士运河的航线等，这些航线贯穿一个或多个大洋，因而又称国际大洋航线。目前国际大洋航线密如蛛网，其中主要的国际海运航线如表 6－1 所示。

表 6－1 主要的国际海运航线

太平洋航线	①远东—北美西海岸航线 ③远东—南美西海岸航线 ⑤远东—东南亚航线	②远东—加勒比、北美东海岸航线 ④远东—澳大利亚、新西兰航线 ⑥澳、新—北美东西海岸航线
大西洋航线	①西北欧—北美东海岸航线 ③西北欧、北美东海岸—地中海—苏伊士运河—亚太航线 ⑤西北欧、北美东海岸—好望角—远东航线	②西北欧、北美东海岸—加勒比航线 ④西北欧、地中海—南美东海岸航线 ⑥南美东海岸—好望角—远东航线
印度洋航线	①波斯湾—好望角—西欧、北美航线 ③波斯湾—苏伊士运河—地中海—西欧、北美航线 ⑤远东—东南亚、地中海—西北欧航线 ⑦澳、新—地中海—西北欧航线	②波斯湾—东南亚—日本航线 ④远东—东南亚—东非航线 ⑥远东—东南亚—好望角—西非、南美航线 ⑧印度洋北部地区—欧洲航线

2. 我国开辟的主要海运航线。我国开辟的主要海运航线如表 6－2 所示。

表 6－2 我国的主要海运航线

近洋航线	中国至朝鲜、韩国航线 中国至越南航线 中国内地至香港地区航线 中国至泰国、柬埔寨航线 中国至新加坡、马来西亚航线 中国至孟加拉湾航线 中国至阿拉伯海、波斯湾航线	中国至日本航线 中国至俄罗斯远东地区航线 中国至菲律宾航线 中国至印度尼西亚航线 中国至北加里曼丹航线 中国至斯里兰卡航线 中国至澳、新航线
远洋航线	中国至红海航线 中国至西非航线 中国至西欧航线 中国至南、北美西海岸航线 中国至南美东海岸航线	中国至东非航线 中国至地中海航线 中国至北欧航线 中国至加勒比、北美东岸航线

（二）国际海运连线中的重要通道（海峡、运河）

在国际海运航线中最重要的海峡有：英吉利海峡、马六甲海峡、霍尔木兹海峡、直布罗陀海峡、黑海海峡、曼德海峡、朝鲜海峡、台湾海峡、望加锡海峡、龙目海峡等。其中以英吉利海峡、马六甲海峡和霍尔木兹海峡为最繁忙的海峡。

国际海运航线中重要的运河有：苏伊士运河、巴拿马运河等。目前，苏伊士运河为最繁忙的国际运河，每年通过运河的船只达 2 万艘次以上，而且主要是油船，其中由中东运往西欧的石油占运河总货运量的60%以上。

（三）世界集装箱海运干线

目前，世界海运集装箱航线主要有：远东—北美航线；北美—欧洲、地中海航线；欧洲、地中海—远东航线；远东—澳大利亚航线；澳、新—北美航线；欧洲、地中海—西非、南非航线。

三、进出口海运的基本流程

国际海运物流分出口海运物流与进口海运物流。

（一）出口海运的基本流程

出口货物海运业务，是指根据贸易合同中的运输条件，把售予国外客户的出口货物加以组织和安排，通过海运方式运到国外目的港的一种业务。凡以 CIF 和 CFR 条件签订的出口合同，皆由卖方安排运输。卖方须根据买卖合同中规定的交货期安排运输工作。如凭信用证方式结汇的，卖方须等收到信用证后方可安排运输。

在以 CIF 或 CFR 条件成交，由卖方安排运输时，海运出口货物运输工作一般包括 8 个环节，如图 6－1 所示。

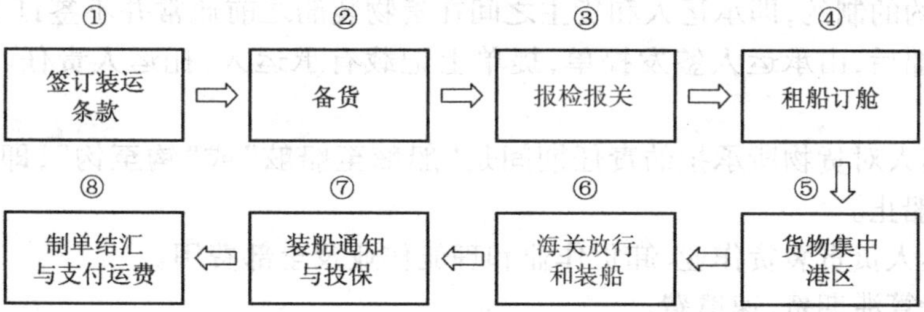

图 6－1 海运出口货物运输工作流程

在以上 8 个环节中，除签订装运条款、备货工作一般由货主（出口商）完成外，其他工作货主均可委托国际物流企业（国际货运代理，下同）代理。为此，国际物流企业一定要与货主签订委托代理合同，填制海运进出口货物代运委托书，国际物流企业按委托代理合同规定的要求和委托项目行事。

（二）进口海运的基本流程

进口货物海运业务是根据贸易合同中有关的运输条款，将国外货物加以组织安排，通过海洋运输方式运进国内的一种业务。这种业务的程序取决于合同中的贸易条件。按 FOB 条件签订进口合同时，称为“我方派船”，应由我进口方安排船舶，如进口方自己没有船舶，则应负责租船订舱或委托代理办理租船订舱手续，当办妥租船订舱手续后，应及时将船名及船期通知卖方，以便卖方备货装船，避免出现船等货的情况。对 CFR 和 CIF 条件的合同，一般称“对方派船”，由卖方负责订舱配船，安排装运，但由于各种原因进口货物不一定都能按期交货，为此，我进口方必须督促出口方按期或提前装运。

按 FOB 条件签订进口合同，对进口商来说，进口货物海运业务的流程可总结为：签订装运条款→租船、订舱→投保→收集和整理单证→报关报检→监卸和交接→进口代运→支付运费。其中，租船、订舱、投保、收集和整理单证、报关报检、监卸和交接、进口代运这些环节，货主或者收货人一般委托国际物流企业完成。

单元二　班轮运输代理业务

按照船公司对船舶经营方式的不同，国际海运可分为班轮运输和租船运输两种方式。根据装载器具技术的不同，班轮运输可分为杂货班轮运输（或称普通海运）和集装箱班轮运输。本单元阐述杂货班轮运输的代理业务。关于集装箱班轮运输的基本业务，我们将在其他单元中详细阐述。

一、班轮运输的特点

班轮运输（Liner Shipping）又称定期运输，是指在既定的航线上、确定的时间里和规定的港口间从事货物运输，并按班轮运价表的规定计收运费的一种营运方式。班轮运输具有如下特点。

第一，由于船舶具有固定航线、固定港口、固定船期和相对固定的运价，因此，“四固定”是班轮运输最基本的特点。

第二，承运人和货主之间权利、义务和责任豁免通常以承运人签发的提单背面条款为依据并受国际公约的制约，即承运人和货主之间在货物装船之前通常并不签订书面运输合同，而是在货物装船后，由承运人签发提单，提单上记载有承运人、托运人责任、权利与义务的条款。

第三，承运人对货物所承担的责任期间是“船舷至船舷”或“钩至钩”，即从货物装上船起至货物卸下船止。

第四，承运人负责装货作业、卸货作业和理舱作业及全部费用。

第五，不计算滞期费、速遣费。

二、杂货班轮运输的代理业务

杂货班轮运输的优点是能及时、迅速地将货物发送和运达目的港；特别适应小批量零星件杂货对海上运输的需要；能满足各种货物对海上运输的要求，并能较好地保证货运质量；通常由班轮公司负责转运工作。

（一）出口杂货班轮运输的代理业务

杂货班轮运输的优点是能及时、迅速地将货物发送和运达目的港，特别适应小批量零星件杂货对海上运输的需要；能满足各种货物对海上运输的要求，并能较好地保证货运质量。出口杂货班轮运输通常由国际物流企业或国际货运代理负责货物的装运，由班轮公司负责转运工作。

1. 出口杂货班轮运输的业务流程。班轮运输中，通常会涉及班轮公司（船公司）、船舶代理人、无船（公共）承运人、海上货运代理人、托运人和收货人等有关货物运输的关系人以及海关、检验检疫机构、银行、保险公司等。其业务流程十分复杂，下面以图 6－2 来简单表示。

2. 出口杂货班轮运输的装运流程。在出口货物杂货班轮运输的业务中，国际物流企业或国际货运代理的工作主要侧重于货物的装运。下面用图 6－3 来表示出口货物杂货班轮运输装运业务流程。

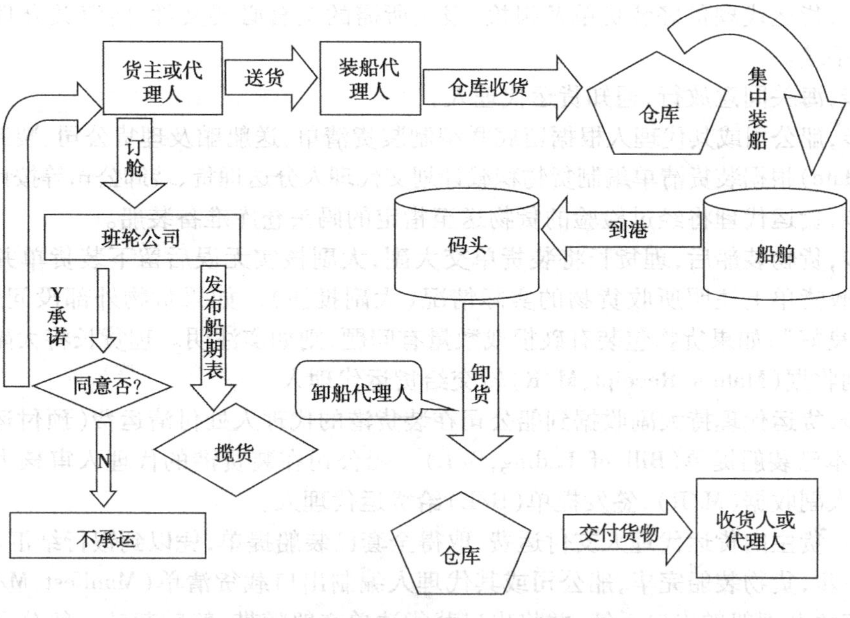

图6－2　出口货物杂货班轮运输业务流程

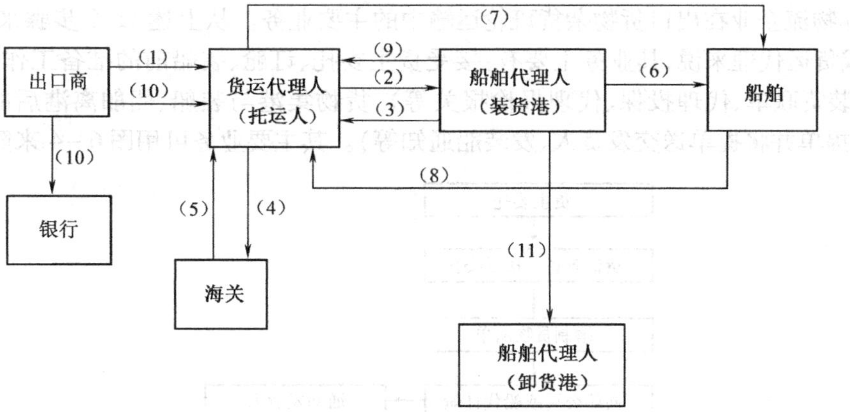

图6－3　出口货物杂货班轮运输装运业务流程

对图6－3的11个步骤说明如下。

第一步，货主(出口商)与货运代理(或国际物流企业，下同)签订委托代理协议，填制海运出口货物代运委托书，随附商业发票、装箱单、出口货物明细单等必要单据，委托货运代理代办订舱、报检、报关及货物储运等事宜。

第二步，货运代理根据代运委托书和订舱委托书，向船公司或其在装货港的代理人提出货物装运申请，缮制并递交托运单(Booking Note，B/N)，随同商业发票、装箱单等单据一同向船公司或其代理人办理订舱手续。

第三步，船公司或其代理人同意承运后，在托运单上编号(该号将来即为提单号)，填上船名、航次，并签署。同时把配舱回单、装货单(Shipping Order，S/O)等与托运人有关的单据退还给货运代理。

第四步，货运代理备好装货单及报检、报关所需的全套必要文件，向海关办理货物出口报检、报关手续。

第五步，海关同意放行，通知货运代理人。

第六步，船公司或其代理人根据留底联编制装货清单，送船舶及理货公司、装卸公司。大副（Chief Mate）根据装货清单编制货物积载计划交代理人分送理货、装卸公司等按计划装船。

第七步，货运代理将经过检验的货物送至指定的码头仓库准备装船。

第八步，货物装船后，理货长将装货单交大副，大副核实无误后留下装货单并签发收货单，大副在收货单上注明所收货物的实际情况（大副批注）。如果货物外部没问题，则注明"表面状况良好"；如果货物包装有破损或数量有问题，则如实注明。理货长将大副签发的收货单即大副收据（Mate's Receipt，M/R）转交给货运代理人。

第九步，货运代理持大副收据到船公司在装货港的代理人处付清运费（预付运费的情况下）换取正本已装船提单（Bill of Lading，B/L）。船公司在装货港的代理人审核大副收据无误后，留下大副收据（M/R），签发提单（B/L）给货运代理人。

第十步，货主向货运代理人支付运费，取得全套已装船提单，凭以到银行结汇。

第十一步，货物装船完毕，船公司或其代理人编制出口载货清单（Manifest，M/F）送船长签字后向海关办理船舶出口手续，并将出口载货清单交船随带，船舶起航。船公司或其代理人根据提单副本（或大副收据）编制出口载货运费清单连同提单副本、大副收据送交船公司结算代收运费，并将卸货港需要的单证寄给船公司在卸货港的代理人。

3. 国际物流企业在出口货物杂货班轮运输中的主要业务。从上述 11 个步骤来看，对国际物流企业或货运代理来说，其业务主要有：接受货主委托、订舱、装船前的准备工作（包括合理配载、制作装货联单、代理投保、代理报检报关等）、货物集港与装船、船舶离港后的善后工作（包括换取提单并将提单送交发货人、发装船通知等）。其主要业务可用图 6－4 来简单表示。

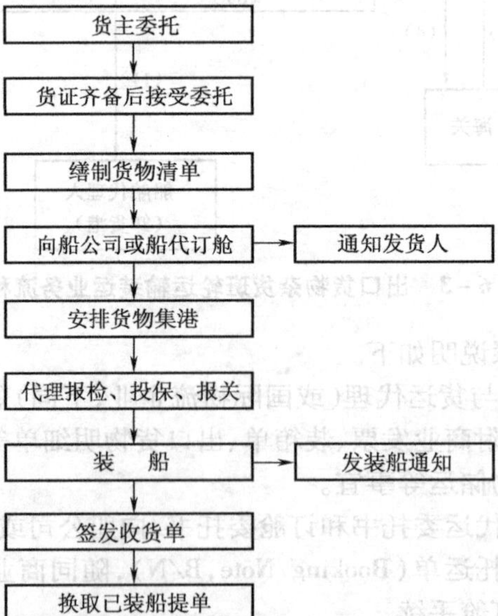

图 6－4　国际货运代理在出口货物杂货班轮运输中的主要业务

(1)接受货主委托。国际货运代理通过揽货，与货主签订货运委托代理合同后，要与货主签订海运进出口货物代运委托书。海运进出口货物代运委托书（简称委托书，见表6－3）是委托方（进出口企业）向被委托方（货运代理人）提出的一种“要约”，被委托方一经书面确认就意味着双方之间委托代理关系的成立，因此委托书应由委托单位盖章，使之成为有效的法律文件。

表6－3　海运进出口货物代运委托书

(1)委托编号 Entrusting Serial No.	(2)提单号 B/L No.	(3)合同号 Contract No.	(4)委托日期 Date of Application	
(5)发货人名称地址 Shipper (Full Name & Address)			(8)唛头标记 Marks	
(6)收货人名称地址 Consignee (Full Name & Address)				
(7)通知方名称地址 Notify Party (Full Name & Address)				
(9)装货港 Port of Loading		(10)目的港 Port of Destination	(11)船名 Vessel Name	
货物详细情况 Cargo Particulars				
(12)编号 Number	(13)件数及包装 No. & Kind of Packages	(14)货物说明 Description of Goods	(15)重量 Weight in kg	(16)体积 Measurement in CBM
(17)装船日期 Loading Date		(18)可否转船 If Transshipment Allowed	(19)可否分批 If Partial Shipment Allowed	
(20)结汇期限 L/C Expiry Date		(21)提单份数 Copies of B/L	正本 Original	副本 Copy
(22)运费支付地点 Freight Payable at				
(23)备注 Remark				
委托人 Entrusting Party		承运人签字 Signed for the Carrier		
地址　电话 Address & Telephone		地址　电话 Address & Telephone		

海运进出口货物代运委托书要详列托运各项资料和委托办理的事项及工作要求，如：委托编号、提单号、合同号、委托日期、发货人名称地址、收货人名称地址、通知方名称地址、唛头标记、装货港、目的港、船名、货物详细情况、装船日期、可否转船、可否分批、结汇期限、提单份数、运费支付地点等。这些是国际物流人员的工作依据。

委托单位编号：出口企业与货运代理间商定的对口编号，一般为出口发票编号。

提单号：不填，待接受委托，订舱后填写。

合同号：如实填写。

委托日期：如实填写。

发货人名称地址：按信用证或合同规定填写，一般为信用证的受益人，即出口商。

收货人名称地址：按信用证或合同的规定填写，一般为“To Order”或者“To Order of ×××”。

通知方名称地址：按信用证或合同规定填写。若信用证未作具体规定，则一般正本留空不填，副本为信用证的开证申请人。

唛头标记：与发票一致。

装货港：按信用证或合同规定填写。

目的港：按信用证或合同规定填写。

船名：不填，待接受委托，订舱后填写。

编号：填货物件号。

件数及包装：一般杂货以件数作为数量单位，如××包。如一批货物有两种或两种以上的包装形式，需标明每种包装的数量和各种包装相加的总数，如250木箱（Wooden Cases）和450纸箱（Cartons），总件数为700件（Packages）。大宗散装货应注明吨数和“散装”（In Bulk）字样，如“1 000吨散装”。

货物说明：应根据信用证或合同规定填写，这是制作提单的依据。

重量：填写实际货物的总毛重。

体积：填写实际货物的总体积。

装船日期：不填，待接受委托，订舱后填写。

可否转船：按信用证或合同规定填写。

可否分批：按信用证或合同规定填写。

结汇期限：填信用证的最后期限。

提单份数：按信用证规定填写。若信用证规定为“全套”，则填“3份正本，2份副本”。

运费支付地点：填写信用证规定的缴付方法，或“Freight Prepaid”（运费预付）或“Freight to Collect”（运费到付）。一般在CIF或CFR出口方式下，均为“运费预付”；一般在FOB方式下，均为“运费到付”，即指货到目的港再付运费。

备注：填写信用证中对提单内容的特殊要求，或填写委托人对货运代理的要求。

（2）订舱。订舱是指托运人（包括其代理人）向班轮公司（即承运人，包括其代理人）洽订班轮舱位、申请货物运输，承运人对这种申请给予承诺的行为。国际货运代理接受委托后，在货物出运前的一定时间内，向船公司或船公司在装货港的代理申请订舱。

以CIF价格条件成交，订舱工作多数在装货港或出口地订舱。异地订舱是指货物可能在出口地或装船港（即出境地），也可能在非出口地或装船港的产地，发货人在货物产地或非装船港（即出境地）的其他地方直接向出口地或装船港（即出境地）的承运人或其代理人在该货物产地或所在地的代理人进行的订舱、委托办理货物出境手续和安排货物装箱出运的行为。

传统的办理订舱手续的程序是：出口商填制海运出口货物订舱委托书①，随附出口货物明细单、商业发票、装箱单等，委托货运代理订舱，货运代理接受委托后根据商品流向和船期表向船公司或其代理人提出“托运单”(B/N)；船公司收到托运单后，根据配载原则安排船只或舱位并签发“装货单”(S/O)，运输合同即告成立，俟船只到港后货主或其代理人便可以凭该单发货、报关、装运。

托运订舱的整个过程可用图6－5来表示。

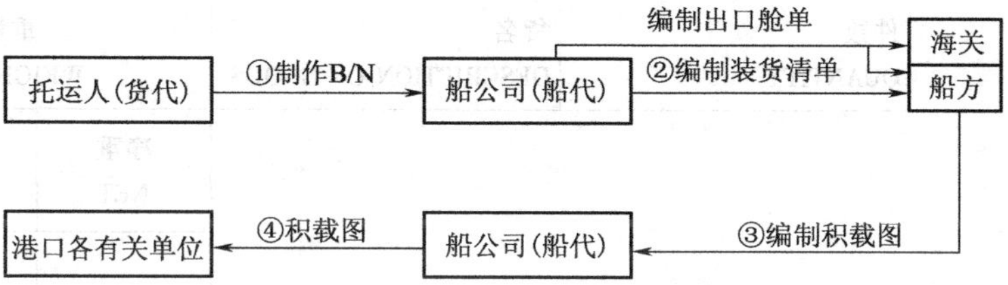

图6－5　托运订舱的整个过程图

托运单(B/N)是托运人根据贸易合同和信用证条款内容填制的，向承运人或其代理办理货物托运的单据。海运出口托运单样本如表6－4所示。

托运单的填写必须清楚、具体，内容必须真实、可靠，与货物、信用证规定一致。

当前电子托运订舱兴起。通过电子报文形式的订舱方式称为电子托运。电子托运的基本流程是：托运人在其办公场所将标准结构的托运单电子数据报文，通过终端申报或登录船公司的网站，在“订舱托运”系统中向船公司计算机系统发送托运电子数据；船公司或其代理收到电子托运数据后安排舱位，一旦船公司确认订舱后，再发送“接受订舱”回执给托运人，将确定的船名、航次、关单号等信息数据传回托运人，完成托运订舱手续。电子托运完成订舱仅需几分钟，这与传统的纸质订舱从制单、送单、确认、配载、取单过程相比差错率降低，订舱效率提高。

当前许多船舶代理公司开发了电子订舱系统，如图6－6所示。

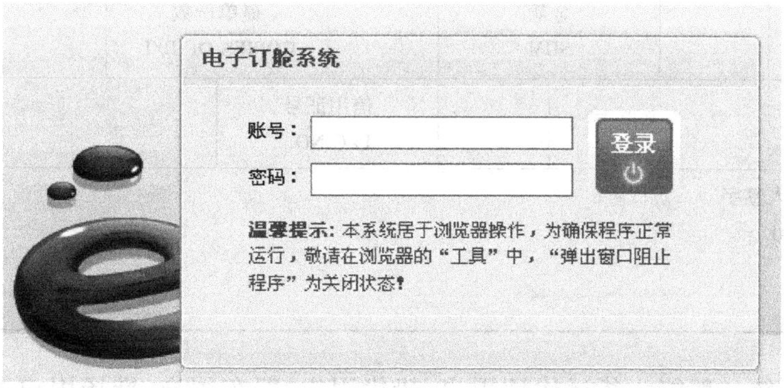

图6－6　电子订舱系统登录界面

① 订舱委托书是进出口企业委托货运代理订舱的证明文件，其填制必须清楚、具体，内容必须真实、可靠，与货物实体、信用证规定相一致。在实际工作中，订舱委托书大多数已与托运单合二为一。

表 6－4　海运出口托运单

海运出口托运单

<table>
<tr><td colspan="6">托运人
SHIPPER
编号　　　　船名
NO.　　　　S/S
目的港
TO</td></tr>
<tr><td>标记及号码
MARKS & NOS.</td><td>件数
QUANTITY</td><td colspan="2">货名
DESCRIPTION OF GOODS</td><td colspan="2">重量千克
WEIGHT KILOS.</td></tr>
<tr><td rowspan="2" colspan="4">共计件数(大写)TOTAL NUMBER OF PACKAGES IN WRITING</td><td>净重
NET</td><td>毛重
GROSS</td></tr>
<tr><td colspan="2">运费付款方式
FREIGHT PREPAID/
FREIGHT TO COLLECT</td></tr>
<tr><td>运费
FREIGHT</td><td colspan="2"></td><td>尺码
MEASUREMENT</td><td colspan="2"></td></tr>
<tr><td>备注
REMARK</td><td colspan="5"></td></tr>
<tr><td>通知
NOTIFY</td><td colspan="2">可否转船
PARTIAL SHIPMENT</td><td>可否分批
TRANSSHIPMENT</td><td colspan="2"></td></tr>
<tr><td rowspan="2">收货人
CONSIGNEE</td><td rowspan="2"></td><td>装期
DATE OF SHIPMENT</td><td>有效期
DATE OF EXPIRY</td><td colspan="2"></td></tr>
<tr><td>金额
SUM</td><td>提单份数
COPIES OF B/L</td><td colspan="2"></td></tr>
<tr><td>配货要求
APPEAL</td><td></td><td></td><td>信用证号
L/C NO.</td><td colspan="2"></td></tr>
<tr><td colspan="6">托运人或代理人签字
SIGNED TO THE:
日期
DATE</td></tr>
</table>

电子订舱系统一般能为货运代理用户、船代用户、船东用户、堆场用户等提供网上操作各项功能。对货运代理用户来说，可以进行网上订舱管理、排载管理、申报管理、提单管理、信息查询和系统维护。

网上订舱管理：为货代和船东提供订舱平台，货代可提交订舱申请，查看船东订舱确认，并可做修改订舱申请及得到船东确认。

网上排载管理：为货代和船代提供排载平台，货代可提交已得到船东订舱确认的排载申请，查看船代的排载确认，并可做修改排载申请及得到船代确认。

网上申报管理：为货代和船代提供预申报平台，货代可提交箱号信息和预申报申请，查看船代的预申报确认，并可做修改预申报申请及得到船代确认。

网上提单管理：为货代和船东提供提单核对平台，货代可在提交箱号资料后，提交提单签发信息，并可做提单修改及得到船东的接受。

信息查询管理：方便货代公司查询订舱的基本信息及状态，统计业务量；查询各票业务产生的费用情况。

系统维护管理：货代公司可根据需要自行建立和维护本公司的公司信息和用户信息，方便用户的自主管理。

(3)装船前的准备工作。订舱后国际货运代理要做好装船前的准备工作。国际货运代理需要做好的装船前准备工作可能包括：合理配载、制作装货联单、代理报检、代理投保、代理报关等。具体要做的事项则根据货主的委托事项而定。

其一，合理配载。合理配载，对国际货运代理来说，主要是考虑能够把出口货物安全、准确、迅速、节省、方便地运抵目的港交给收货人，以完成贸易合同；对船方来说，则考虑所配载的货物能使船舶保持满舱满载，尽可能减少亏舱，既充分利用货舱容积，又充分利用船舶载重量，从而提高营运的经济效果，保证船舶适航。

其二，制作装货联单。国际货运代理将订舱托运单交给船公司或其代理人，并由船公司或其代理人提供提单号、船名、航次，然后制作装货联单。装货联单包括托运单、托运单留底、装货单(见表6-5)、收货单四联。托运单在有效期内经承运人或其代理人签署并以装货单的形式送到托运人手中，意味着承运人已接受托运事宜，运输合同成立。

装货单(Order Shipping)俗称下货纸，由于装货单是海关对出口货物进行监管的单证，所以又被称为关单。装货单是接受了托运人装运申请的船公司签发给托运人，凭以命令船长将承运的货物装船的单据。按运输习惯，装货单一般为一式三份：第一份留底，船方凭以缮制装货清单和积载图，缮制出口载货清单、运费清单，结算运费，最后存档备查和作为运费资料。第二份用做船舶据以装船的依据，又作为凭以向海关办理货物出口申报手续的单据之一。第三份用做收货单。签发装货单时，船公司或其代理人会按不同港口分别编制装货单号(有可能成为最终的提单号)，装货单号不会重复，也不会混港编号。签发装货单后，船、货、港等方面都需要有一段时间来编制装货清单、积载计划、办理货物报关、查验放行、货物集中等待装船等准备工作。因此，对每一航次在装船开始前的一定时间应截止签发装货单。

收货单(MATES RECEIPT)是指某一票货物装上船后，由船上大副(Chief Mate)签署给托运人的，作为证明船方已收到该票货物并已装上船的凭证。所以，收货单又称为“大副收据”或“大副收单”。收货单是划分承、托双方责任的重要依据①，是据以换取已装船提单的单证。托运人取得了经大副签署的收货单后，即可凭以向船公司或其代理人换取已装船提单。大副在签署收货单时，会认真检查装船货物的外表状况、货物标志、货物数量等情况。如果货物外表状况不良，出现标志不清，有水渍、油渍或污渍，数量短缺，货物损坏等情况，大

① 根据《海牙规则》规定，承运人对货物承担的责任期间是从货物装上船时开始至卸下船时为止。对于货物装船前所发生的损失，承运人是不承担责任的。

表 6－5 装货单

装货单 ORDER SHIPPING			
托运人 SHIPPER			
编号 NO.		船名 S/S	
目的港 TO For			
兹将下列完好状况之货物装船后希签署收货单 Received on board the under mentioned goods apparent in good order and condition and sign the accompanying receipt for the same			
标记及号码 MARKS & NOS.	件数 QUANTITY	货名 DESCRIPTION OF GOODS	重量千克 WEIGHT KILOS.
共计件数(大写)TOTAL NUMBER OF PACKAGES IN WRITING			净重 NET / 毛重 GROSS
日期 Date		时间 Time	
装入何舱 Stowed			
实收 Received			
理货员签字 Tallied By		经办员 Approved By	

副就会将这些情况记载在收货单上。此种记载称为“批注”(Remark)，习惯上称为“大副批注”。

货物装船后，经大副签字的收货单由承运船舶退还给托运人。如系预付运费，托运人在付清须预付的运费后，即可持收货单向承运人换取已装船提单。如果收货单上有大副批注（有大副批注的收货单称为“不清洁收货单”），承运人应如实将大副批注转注在提单上，这种提单就成为不清洁提单。

（4）代理报检、报关、投保。货主如果将货物报检、报关、投保事项委托国际货运代理办理，则国际货运代理可以代货主报检、报关、投保。

（5）货物集港、装船。货运代理将所有订舱托运单按不同港口分别编出提单号，写上船名，并根据订舱托运单上的内容编制成配船清单，并制出清洁提单，再将订舱托运单连同提单一起交船务代理签单，以便船务代理及时缮制出口载货清单。货运代理在装船之前应协同发货人将所有货物集港，以便船舶到港后能及时装船出运。在装船之前，货运代理凭全套报关单据向海关申报，海关核实无误后放行才能装船。

在货物装船时，国际货运代理应派人做好装船现场的监装工作，做好现场记录，掌握进度，及时处理意外事故，维护货主的利益，保证装船的质量。

(6)船舶离港后的善后工作。国际货运代理主要应做好如下船舶离港后的善后工作。

其一,换取提单并将提单送交发货人。货运代理到船舶代理处交运费和其他费用,凭大副收据换取提单,并及时将提单送交发货人,以保证及时结汇。如果是持有“表面状况良好”的大副收据,则换取的是清洁提单;如果是货物有不好批注的大副收据,则只能换取不清洁提单。由于不清洁提单在出口商办理议付结汇时银行会拒收,故在装船时最好能得到一张“表面状况良好”的大副收据。

其二,处理退关、短装、漏装货物。如货物没有及时发运,或单证不齐不能报关,需办理退关。在可以分批装运的情况下,部分货物已装船,另外部分货物因缺货或破损等原因没能装上船,称短装。在不可分批或用集装箱运输的情况下,货物没能装上船称漏装。船舶离港后,货运代理应及时将退关、短装或漏装通知书发给发货人,以便发货人及时处理。需再出运的货物,发货人应重新补办托运单订舱。漏装货物应安排最近的航班运出。

其三,发装船通知。货物装船后,货运代理应及时向国外买方发出“装船通知”,以便买方备款、赎单以及办理货运保险、进口报关和接货手续,做好提货准备。如成交条件为 FOB/FCA 或 CFR/CPT 等,货运代理还需要向进口国保险公司发出该通知以便其为进口商办理货物保险手续。

装船通知(Shipping Advice)也叫装运通知,或称装运声明(Shipping Statement),有时也叫 Shipment Details 或 Insurance Declaration,是发货人按合同或信用证规定,在货物装船并取得提单后,向买方或其指定的人发出的有关货物装运情况的说明。

在习惯做法上,发货人在装运货物后,应立即(一般在装船后 3 天内)通知买方或收货人有关装运情况,以便其安排具体的接货事宜,如租订仓库、安排接货运输工具、报关等。特别是在 FOB,CFR 等条件下,装船通知又是进口商办理进口货物运输保险的凭证。因此,买方为防止因卖方的疏忽而未及时接到装船通知,经常会在信用证中订明:受益人必须在规定时间内以电传、电报或其他方式将装运情况通知收货人或开证申请人,并凭该电传或电报的副本结汇,此时的电传或电报副本就成为议付或结汇的单据之一。若卖方未及时通知而使买方漏保或没有及时安排接运工具,则货物由此而产生的所有损失,都应由卖方负责。

装船通知以英文制作,一般只提供一份。无统一格式,企业可自行设计。装船通知样本见表 6-6。

装船完毕,货运代理发出装船通知,并作为托运人凭船公司签发的收货单向船公司或其代理换取已装船提单,这时国内运输段的安排工作即告一段落。国际运输段的安排可由货运代理公司的国外公司或国外代理安排。

其四,做好航次总结。货运代理应在船舶离港后及时做出航次总结,以备保存和查询。

(二)进口货物班轮运输代理业务

货运代理或国际物流企业在进口货物杂货班轮运输中代理业务的流程如图 6-7 所示。从图 6-7 来看,货运代理(或国际物流企业,下同)主要应做好如下工作。

其一,承揽和接受货主的委托。货运代理与进口商达成委托代理合同,接受委托事项。

其二,订舱。进口货物订舱的主要做法是:进口公司收到国外出口商发来的预计装运日期后,先按合同填写“进口订舱联系单”,然后将其连同进口合同副本送交货运代理,货运代理对进口订舱联系单认真审核后接受订舱委托,并向船公司办理订舱托运手续。

表 6－6　装船通知样本

Shipping Advice

TO：

INVOICE NO.：

L/C NO.：__________

S/C NO.：__________

DEAR SIRS：

WE HEREBY INFORM YOU THAT THE GOODS UNDER THE ABOVE MENTIONED CREDIT HAVE BEEN SHIPPED. THE DETAILS OF THE SHIPMENT ARE STATED BELOW.

COMMODITY：__________

NUMBER OF PKGS：__________

INVOICE VALUE：__________

TOTAL G. W.：__________

MEASUREMENT：__________

OCEAN VESSEL：__________

DATE OF DEPARTURE：__________

B/L NO.：__________

PORT OF LOADING：__________

DESTINATION：__________

SHIPPING MARKS：

BENEFICIARY'S SIGNATURE：

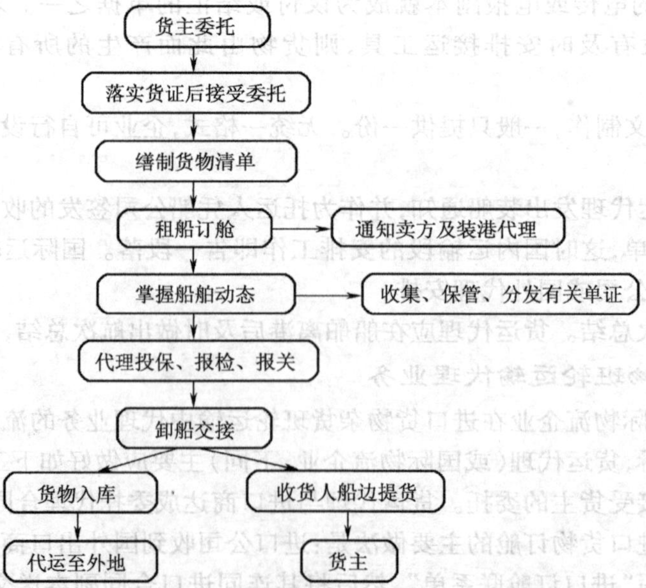

图 6－7　进口货物杂货班轮运输代理业务流程

在 FOB 条件下，货运代理在办妥订舱手续后，应在规定的期限内将船名、船期、船籍、船舶吃水深度、装载重量、到达港口等事项及时通知卖方，并催告卖方如期装船。

其三，掌握进口船舶动态与收集、整理单证。掌握进口船舶动态、船期对于做好港口工作，及时、合理地安排进口船舶卸货，尽快把货物交到收货人手中极为重要。货运代理应做好填写运输卡片和填写进口船舶动态表的工作。安排船、货时，不论是国内班轮还是国外班轮均需认真按船、按航次填写，以作为船、货安排的根据。运输卡片内容包括船名、船期、各港所配货物的主要货类、数量、实装量、离开装货港和到达卸货港日期以及指定装货港代理的日期和运输过程中的主要情况。

进口船舶动态表主要填写船舶类别、卸港顺序、各港货类、货量、预计抵达国内第一卸货港的时间。如有特殊货物如甲板货、重大件货和危险品货物均需列明，以便卸货港事先做好卸货安排。

进口货物运输单证一般包括商务单证和货运单证两大类。商务单证有贸易合同正本及副本、发票、提单、装箱单、品质证明书和保险单等。

货运单证主要有载货清单、货物积载图、提单等。进口货物运输单证多由装货港口的代理和港口轮船代理公司、银行、国外发货人提供。进口货物的各种单证是港口进行卸货、报关、报检、交接和疏运等项工作不可缺少的资料，因此负责运输的部门收到单证后，应以此与进口合同进行核对。若份数不够，要及时复制，分发有关单位，以便船只到港后各单位相互配合，共同做好接、卸、疏运等工作。

其四，代理投保、报检、报关。代理投保、报检、报关工作主要依据委托代理合同行事。

其五，卸船和交接。卸船交货的形式主要有直接卸船交货和集中卸船、仓库交付两种。

直接卸船交货是指将船舶所承运的货物在提单所载明的卸货港从船上卸下，在船边交给收货人并办理货物的交接手续。

集中卸船、仓库交付是指由船公司指定装卸公司作为卸货代理人，由卸货代理人总揽卸货和接收货物并向收货人实际交付货物的工作。

在杂货班轮运输中，不论采取怎样的卸船交货形式，船公司的责任都是以船边为责任界限，而且卸货费用也是按这样的分界线来划分的。在杂货班轮运输中，承运人对承运货物的责任期间可以概括为“船舷至船舷”或“钩至钩”。

其六，进口代运。进口货物卸船报关后，由收货人自行到码头提货的叫作自提。各港口接卸单位或货运代理接受用货部门的委托，代为办理进口货物到达国内港口后的国内转运业务，这种业务称为进口代运工作。进口代运工作的做法是：委托单位向货运代理提出长期或临时委托，签订《海运进口货物国内交接、代运协议书》。货到目的地后，收货人应与承运人办理交接手续。

三、杂货班轮运输的运费

班轮运输的运费是由基本费率（Base Rate）和附加运费（Surcharge，Additional Rate）构成的。

基本费率，又称基本运费，是承运人依据航线、货物性质与种类、营运成本、港口状况等因素，以地区为标准而制定的各种不同运费率，并以运价本（表）的形式表示。在远洋航线运输中，为了简化计算，通常以地区划分，在同一地区使用同一费率，如北美航线费率、欧洲航线费率等;在近洋航线运输中,一般以运输距离长短决定。班轮公会和班轮公司通常都制定了自己的各种航线的运价本(表)。

知识链接

基本运费的计收标准

基本运费的计收标准,通常按不同商品分为下列几种。

①按货物的毛重计收。在运价表中,以"W"字母(Weight的首字母)表示,一般以公吨为计算单位。②按货物的体积计收。在运价表中,以"M"字母(Measurement的首字母)表示,一般以立方米为计算单位。③按货物的毛重或体积计收运费,计收时取其数量较高者。在运价表中以"W/M"字母表示。按惯例凡1吨货物的体积超过1立方米(或40立方英尺)者即按体积收费;1吨货物其体积不足1立方米(或40立方英尺)者,按毛重计收。④按货物的价格计收运费,又称从价运费。在运价表中以"Ad.val"或"A.V."表示。从价运费(Ad. val)表示该种货物应按其FOB价格的某一百分比计算运费。⑤按货物重量或体积或价值三者中最高的一种计收,在运价表中以"W/M or Ad.val"表示。也有按货物重量或体积计收,然后再加收一定百分比的从价运费,在运价表中以"W/M plus Ad. val"表示。⑥按货物的件数计收。如汽车、火车按辆(Per Unit);活牲畜如牛、羊等论头(Per Head)计算。⑦对大宗低值货物,如粮食、豆类、煤炭、矿砂等采用船、货双方临时议定运价的办法。

附加运费是承运人因某种特殊情况,在基本费率之外另行加收的一种临时性的费用。班轮运输中,常见的附加运费有超重或超长费、转船附加费、选卸港附加费、燃料附加费、货币贬值附加费、港口拥挤附加费等。

由于班轮运价本(表)的结构不同,运费的计算方法也不同。单项费率运价表只要找到商品列名,也就找到了运价和计算单位,再加上有关的附加费即可求得该批货物的总运价。等级运价表的计算程序较为复杂,应先根据商品的英文名称,从商品名栏内查明商品等级的计收标准,然后根据该商品等级的计收标准从航线港口划分栏内查基本费率,再查明该商品有无附加费用,如有,各为哪些附加费,最后根据基本费率和附加费求出该商品的总运费。

$$总运费 = 基本运费 + \sum 附加费$$

班轮运费的计算公式分三种情况。

其一,在没有任何附加费的情况下班轮运费的计算公式为:

$$F = f \times Q$$

式中:F 为总运费,以下同;f 为基本费率,以下同;Q 为货运量,以下同。

【例】设 A 公司向日本出口冻驴肉 30 吨,共需装 1 500 箱,每箱毛重 25kg,每箱体积为 20cm×30cm×40cm。贸易合同中规定每箱 FOB 30 美元。现 A 公司委托 B 货运代理公司代理出口运输,代理费为运费的 3%。问应如何计算该批货物的运费和代理费?每箱的 CFR 价应报多少?

解:先按冻驴肉的英文(Frozen Donkey-meat)字母顺序从运价表中查找其属几级货,按什么标准计算。经查该商品属 8 级货,计收标准为 W/M。然后再查出日本航线每 1 运费吨[①]的运价为 144 美元,无其他任何附加费。再次,分清该商品系重货还是轻货,也就是计算该商品的积载系数是大于 1,还是小于 1。如大于 1 为轻货,小于 1 为重货。计算的办法是:$0.2\times0.3\times0.4/0.025=0.96$,可见该商品是按重货计算运费。

将以上已知的数据代入公式即得总运费:

$$F=144\times0.025\times1\ 500=5\ 400(\text{美元})$$

$$\text{该批货物的代理费}=5\ 400\times3\%=162(\text{美元})$$

其二,在有各种附加费,而且附加费按基本费率的百分比收取的情况下,运费的计算公式为:

$$F=fQ(1+S_l+S_2+\cdots+S_n)$$

式中:$S_l,\cdots,S_n$为各项附加费的百分比。

其三,在各项附加费按绝对数收取的情况下,运费的计算公式为:

$$F=fQ+(S_1+S_2+\cdots+S_n)\times Q$$

式中:$S_1,\cdots,S_n$为各种附加费的绝对数。

【例】设某出口公司向马来西亚出口大型机床 1 台,毛重为 7.5 吨,目的港为巴生港或槟城。运送机床去新马航线的基本费率每 1 运费吨为 1 500 港元,另加收超重附加费每运费吨为 28 港元,选港费为 20 港元。问该机床的运费为多少?

解:将上述已知数据代入公式即得:

$$F=1\ 500\times7.5+(28+20)\times7.5=11\ 610(\text{港元})$$

即该机床的运费为 11 610 港元。

单元三　租船运输代理业务

租船运输(Tramp Shipping),又称不定期运输,是相对于定期船运输的另一种船舶运输方式。没有固定的航线和挂靠港口,也没有预先制定的船期表和费率本,船舶经营人与租船人通过洽谈运输条件、签订租船合同来安排运输,故称之为租船运输。

租船运输的特点主要有如下几个。

第一,租船运输是根据租船合同组织运输的,双方事先要签订书面的租船合同。租船合同订明了双方的责任、权利和义务,也是解决争议的依据。

第二,国际租船市场行情影响租金或运费水平的高低。

第三,船舶营运中有关费用的分担取决于不同的租船方式,并在租船合同中订明。

第四,租船运输主要适用于大宗货物的运输,如谷物、矿石、煤炭等。

当货主的货量达到一定规模时则可使用租船运输。租船运输适合大宗散货运输,货物的特点是批量大、附加值低、包装相对简单,因此,租船运输的租金相对班轮运输而言较低。

一、租船的方式

租船方式主要包括定程租船(Voyage Charter,Trip Charter)、定期租船(Time Charter)、

① 运费吨(Freight Ton)又称计费吨,是计算运费的一个特殊计算单位,指按一种货物的重量或体积计算运费的单位,分为重量吨和尺码吨。重量吨是按货物毛重计算运费的单位,1 重量吨 =1 长吨 =2 240 磅;尺码吨是按货物体积计算运费的单位,1 尺码吨 =40 立方英尺。一般情况下,同一货物的重量和体积相比较,以大者为运费吨。

光船租船(Demise or Bareboat Charter)和包运租船4种。

(一)定程租船

定程租船又称为程租船或航次租船(Voyage Charter),是指船舶所有人按双方事先议定的运价与条件向租船人提供船舶的全部或部分舱位,在指定的港口之间进行一个或多个航次运输指定货物的租船业务。定程租船又可分为单航次租船(Single Voyage Charter)、来回航次租船(Round Voyage Charter)、连续航次租船(Consecutive Voyage Charter)、包运合同(Contract of Affreightment,COA)等形式。

在定程租船方式下,船方必须按租船合同规定的航程完成货物运输任务,并负责船舶的经营管理及在航行中的费用开支;租船人则应该支付双方约定的运费。

定程租船的运费一般按装运货物的数量计算,也有按航次包租总金额计算的,至于货物在港口的装卸费用,究竟由船方抑或租方负担,应在租船合同中做出明确规定。

(二)定期租船

定期租船(Time Charter)又称期租船,是指船舶所有人把船舶出租给承租人使用一定时期的租船方式,在此期限内,承租人可以利用船舶的运载能力来安排货运。租期内的船舶燃料费、港口费用以及拖轮费用等营运费用,都由租船人负担;船东只负责船舶的维修、保险、配备船员、供给船员的给养和支付其他固定费用。定期租船的租金在租期内不变,支付方法一般按船舶夏季载重线时的载重吨,每吨每月若干货币单位计算,每30天或每半月预付一次。

关于定期租船的租金,一般是按租期每月每吨若干金额计算。

(三)光船租船

光船租船方式又称船壳租船。这种租船方式实质上是一种财产租赁方式,船舶所有人不具有承揽运输的责任。在租期内,船舶所有人只提供一艘空船给承租人使用,由承租人为船舶配备船员,负责营运管理和供应,以及一切固定或变动的营运费用,船舶所有人在租期内除了收取租金外,对船舶和经营不再承担任何责任和费用。

(四)包运租船

包运租船是指船舶所有人向承租人提供一定吨位的运力,在确定的港口之间,按事先约定的时间、航次周期和每航次较为均等的运量,完成合同规定的全部货运量的租船方式。

二、租船的程序

租船通常在租船市场上进行。船东(或二船东)向租船人提供的不是运输劳务,而是船舶的使用权。船东和租船人之间所进行的租船业务是对外贸易的一种商业行为。

租船程序与商品贸易程序基本一致,同样需要租方和船方之间通过一定的形式提出自己的条件,经过反复商洽,最后达成租船交易。租船一般也要经过询盘、报盘、还盘、接受和签约5个环节。

若国际物流企业或货运代理选择租船进行出口货物托运,则可选择适当的租船代理人或经纪人(如中国租船公司),将托运货物的详细资料(种类、数量、装卸港、时间等)告知经纪人,委托其洽租适当的船舶。船公司接到经纪人的询价后,若有意承运,船方将向经纪人提出报价;经纪人接到报价后与国际物流企业或货运代理协商;若国际物流企业或货运代理对船方的报价有不同意见,可通过经纪人向船方还价,直到双方达成一致,订立正式的租船合同。

三、租船合同的主要内容与范本

国际物流企业或货运代理与船方订立租船合同时，必须注意租船合同与进出口合同有关装运时间的一致性。租前必须了解和熟悉贸易合同中的有关贸易条件，要做到租船条款与贸易条款相衔接。要了解货物的品名、性质（易燃、易爆、易腐等）、包装、尺码、重量以及其他一些情况，如卡车的重量和尺寸、冷冻货所需的温度、超长超重货的重量和长度等。要了解装卸港口情况、装卸率、价格条件（船边交货还是舱底提货）、备货通知期限等。

租船合同是一种运输契约，本质上是船舶所有人与承租人双方自愿接受法律约束的协议，双方有义务遵守。为方便事后法律问题的处理，一般在租船合同中应对适用的规则、规定、法律予以明确。当租船合同对适用法律没有明确规定时，可根据海事国际司法的原则具体适用船籍国、签约地国、合同所用文字国等的法律。

（一）租船合同的主要内容

租船合同用得较多的是航次租船合同和期租合同。期租船租赁时间长，且租期内由租方经营管理。期租合同与航次租船合同在内容上有所不同。

期租合同的主要内容有以下7项：船舶说明、租期、交船、租金、停租与复租、还船、转租。

航次租船合同的内容因具体业务的货类、航线、贸易条件等而不同，使用的标准租船合同格式的条款也不同。我国《海商法》第93条规定："航次租船合同的内容，主要包括船舶所有人和承租人的名称、船名、船籍、载货重量、容积、货名、装货港和目的港、受载期限、运费、滞期费、速遣费以及其他有关事项。"我们认为航次租船合同的主要内容有9项：合同当事人、船舶概况、装卸港、受载期与解约日、货物、装卸费用分担、装卸时间、滞期与速遣、运费。

下面选择航次租船合同中有关装卸费用分担、装卸时间、滞期与速遣三大条款进行阐述。

1. 装卸费用分担。装卸费用是指将货物从岸边（或驳船）装入舱内和将货物从船舱内卸至岸边（或驳船）的费用。如果租船合同中没有做出约定，则由船舶所有人负担，但关于装卸费用及风险如何分担的问题，一般租约中都会做出约定，此时应完全依据合同条款的具体约定。常见的约定方法有以下几种。

（1）船方负担装费和卸费，又称"班轮条件"（Gross Terms；Liner Terms 或 Berth Terms）。在这种条件下，费用划分界限一般在船边，承租人把货物交到船边的吊钩下，船方负责把货物装进舱内并整理好；卸货时，船方负责把货物从舱内卸到船边，由承租人或收货人提货。所以，责任和费用的划分以船边为界，由船舶所有人负责雇佣装卸工人，并负担货物的装卸费用。这种条款多用于包装货或木材，而不适用于散装货。

（2）船方管装不管卸（Free Out，简称 F. O.）。它是指在装货港由船舶出租人负担装货费，在卸货港由承租人负担卸货费。

（3）船方管卸不管装（Free In，简称 F. I.）。它是指在装货港由承租人负担装货费用，在卸货港由船舶出租人负担卸货费用。

（4）船方不管装和卸（Free In and Out，简称 F. I. O）。此种方法使用较多，即船舶出租人既不管装也不管卸。采用这一方法，还应明确谁负担理舱和平舱费。一般都规定由承租方负担，即船方不负担装、卸、理舱和平舱费（Free In and Out，Stowed，Trimmed，简称 F. I. O. S. T）。

2. 装卸时间。装卸时间是指合同当事人双方约定的船舶所有人使船舶适于装卸货物，无须在运费之外支付附加费的时间，也可以说是承租人和船舶所有人约定的，承租人保证将合同货物在装货港全部装完以及在卸货港全部卸完的时间之和。

程租船合同中对装卸时间的确定，最为常见的有三种方法。

(1)分开确定装卸时间，即对装货确定一个"允许装货时间"(Time Allowed for Loading)；对卸货确定一个"允许卸货时间"(Time Allowed for Discharging)。

(2)确定总的装卸时间。总的装卸时间又称为"装卸共用时间"，即对装货和卸货确定一个"允许使用的总时间"(Total Time Allowed to Use)。例如"许可装卸时间共20天"(20 days allowed for loading and discharging)。

(3)许可装卸时间用装卸率表示，如"每天装或卸1 000吨"(1 000 tons per day for loading or discharging)。

双方当事人确定装卸时间长短的主要依据因素是货物种类、货物数量以及船舶所到港的日常装卸率。装卸时间一旦在合同中确定，对双方当事人均有约束力。

由于装卸时间的长短直接影响到船舶的使用周期，对船东来说，在由货方承担装卸责任时，装卸时间无法控制，为保证船期，通常应规定在多少时间内货方应完成装卸作业。

在租船合同中，针对装卸时间往往是用天数来表示的，随着各种各样租船合同的订立，对于天数的表述也是多种多样的。但使用最多的是连续24小时晴天工作日(Weather Working Day of 24 Consecutive Hours)计算法①，即在昼夜作业的港口，须连续工作24小时才算一天，如中间有几个小时坏天气不能作业，则应予扣除。例如，周一是好天气，从9时开始计算许可时间，则到周二(如果仍是好天气)9时才是一个工作日。如果在此期间有3个小时因坏天气无法作业，则到周二12时才算一个工作日。此外，星期日和节假日也应除外。

知识链接

许可装卸时间的规定方法

许可装卸时间中的"日"如何计算，应在合同中明确规定，常见的规定方法有下列几种：①连续日(Running Days or Consecutive Days)。②工作日(Working Days)。③累计8小时工作日(Working Days of 8 Hours)。④累计24小时工作日(Working Days of 24 Hours)。⑤晴天工作日 (Weather Working Days)。⑥连续24小时晴天工作日(Weather Working Days of 24 Consecutive Hours)。

关于利用星期日和节假日作业是否计入装卸时间的问题在合同中应订明："星期日和节假日除外"(Sundays and Holidays Excepted，SHEX)、"不用不算，用了要算"(SHEX Unless

① 24小时工作日(Working Day of 24 Hours)，其含义为累计足够24个小时的工作时间作为一个工作日，例如，港口当地实行8小时工作制，那么3个工作日才可算作一个24小时工作日；24小时连续工作日(Working Day of 24 Consecutive Hours)，此时装卸时间是被连续计算的，其含义与工作日基本相同。24小时晴天工作日这种表示方法与晴天工作日的表述基本相同，但是二者有一个比较小的差别，即在24小时连续晴天工作日的条件下，对任何时间当中发生的坏天气，不论是否发生在作业时间，均要进行实扣实消；而在晴天工作日中，如果坏天气不是发生在工作时间，那么不得进行扣减，但如果发生在工作时间，那么需要按照工作时间与24小时的比例进行扣减。

Used),或"不用不算,即使用了也不算"(SHEX Even Used)。此外,装货和卸货时间是分别计算还是合并计算也都需要明确规定。

3. 滞期与速遣。滞期费(Demurrage Money)是指承租人如不能在合同约定的许可装卸时间内将货物全部装完或卸完,必须按照合同规定向船东支付的罚款。如果承租人在约定的装卸货时间之前完成装卸作业,船东给承租人的奖励叫速遣费(Dispatch Money)。

一般滞期费定为每天若干金额,不是一天按比例计算。它等于滞期时间和约定的滞期费率的乘积。

根据国际航运惯例,速遣费费率通常是滞期费费率的一半(Dispatch Half Demurrage, DHD),除非合同另有明确规定。例如,规定:"滞期费每日 1 500 美元,速遣费每日 750 美元,不足一天按比例计算"(Demurrage/Despatch USD1 500/750 per day or pro rata)。

在租船合同中,如无相反规定还应遵循"一旦滞期,永远滞期"(Once on demurrage always on demurrage)的原则,也就是只要发生滞期,原本可以扣除的星期天、节假日和坏天气等均不能扣除。在计算速遣时间的问题上,出租人和承租人容易发生争议的问题是在节省的时间中是否扣除星期日、节假日及因不良天气停止工作的时间。为了防止争议,租船合同也常常采用一些含义明确的用语,表明速遣时间的计算,即"节省全部时间"(All Time Saved)和"节省全部工作时间"(All Working Time Saved)。当合同中没有明确约定采用哪一种用语来计算速遣时间时,通常解释是按"节省全部工作时间"计算,因为按这种用语计算比较合理,实践中采用的也比较多。

在实际工作中,滞期时间与速遣时间是通过实际使用的装卸时间与合同允许使用的装卸时间相比较而计算出来的。如果实际使用的装卸时间减去可用的装卸时间计算出来的是正值,则是滞期时间;如果是负值,则为速遣时间。

知识链接

计算滞期费和速遣费时要注意的问题

(1)滞期费和速遣费等于规定的每天的费额乘以实际滞期或速遣的天数。

(2)自许可装卸时间终止时起,至全部货物装卸完毕止为滞期时间;自全部货物装卸完毕至许可装卸时间终止为速遣时间。

(3)如滞期、速遣不足一天,则按比例计算;通常每天滞期费为速遣费的两倍。

(4)如无相反规定,习惯按"一旦滞期则始终滞期"原则办理,也就是滞期后该扣除的周末、法定节假日和坏天气均不再扣除;速遣时间的计算则有节省全部时间和节省工作时间两种不同方法。

(5)计算滞期费和速遣费的依据是"装卸时间计算表"(Laydays Statement),经船租双方签字生效。

【例】滞期与速遣费的计算举例。

黑龙江龙华货运代理公司托运大豆 14 000 吨,租用一艘程租船装运,租船合同中有关的装运条件如下。

(1)每个晴天工作日(24 小时)装货定额为 700 吨,星期日和节假日除外,如果使用了,按半数时间计入。

(2)星期日和节假日前一日18时以后至星期日和节假日后一日的8时以前为假日时间。

(3)滞期费和速遣费每天(24小时)均为USD1 500。

(4)凡上午接受船长递交的"装卸准备就绪通知书"(Notice of Readiness),装卸时间从当日14时起算;凡下午接受通知书,装卸时间从次日8时起算。

(5)如有速遣费发生,按"节省全部工作时间"(All Working Time Saved)计算。

装货记录如表6-7所示。

表6-7 装货记录

日期	周	说明	备注
4.27	周三	上午8时接受船长递交的通知书	
4.28	周四	0~24时	下雨停工2小时
4.29	周五	0~24时	
4.30	周六	0~24时	18时以后下雨2小时
5.1	周日	0~24时	节假日
5.2	周一	0~24时	节假日
5.3	周二	0~24时	节假日
5.4	周三	0~24时	8时以前下雨停工4小时
5.5	周四	0~14时	

问题:根据以上条件计算滞期费或速遣费。

解:根据以上条件计算滞期费或速遣费时,可分为以下四步。

第一步,计算使用时间。

4月27日(星期三)为:10小时(当日14时至24时)。

4月28日(星期四)为:$24-2=22$(小时)。

4月29日(星期五)为:24小时。

4月30日(星期六)为:$18+(6-2)\times1/2=20$(小时)。

5月1日(星期日)为:$24\times1/2=12$(小时)。

5月2日(星期一)为:$24\times1/2=12$(小时)。

5月3日(星期二)为:$24\times1/2=12$(小时)。

5月4日(星期三)为:$(24-8)+(8-4)\times1/2=18$(小时)。

5月5日(星期四)为:14小时。

合计:$10+22+24+20+12+12+12+18+14=144$(小时)$=144/24$(天)$=6$(天)。

第二步,计算允许装卸时间:$14\ 000/700=20$(天)。

第三步,计算非工作时间。

4月30日的非工作时间为:$(6-2)\times1/2=2$(小时)。

5月1日的非工作时间为:12小时。

5月2日的非工作时间为:12小时。

5 月 3 日的非工作时间为:12 小时。

5 月 4 日的非工作时间为:(8 −4) ×1/2 =2(小时)。

合计:2 +12 +12 +12 +2 =40(小时) =40/24(天) =1.67(天)。

第四步,计算滞期费或速遣费:由于 6 天 +1.67 天 =7.67 天 <20 天,所以应计算速遣费。速遣费 = USD 1 500 × (20 −7.67) = USD18 495。

(二)租船合同的主要范本

在实务中,为了简化和加速签订租船合同的进程,在国际租船市场上,一些航运集团、大航运公司或贸易集团根据本行业特点,结合货物种类、运输航线以及习惯做法,制定了一些租船合同范本。双方可以根据具体情况和对双方有利的原则,对标准合同格式中的若干条款进行删减或增加,对于没有明确规定的事项可以依照法律或商业习惯处理。

目前航次租船合同范本使用较广的有"标准杂货租船合同"(Uniform General Charter Party,GENCON),简称"金康合同"或"金康格式"。金康合同 1922 年由国际著名船舶所有人组织波罗的海国际航运协会(BIMCO)公布,分别于 1976 年、1994 年进行修订,可适用于各种航线及各类杂货的航次租船。

《金康合同 1994》(《GENCON 94》)共 19 条。其主要内容包括:船舶所有人与承租人;船舶所有人责任条款;绕航条款;运费支付;装卸(费用、风险、船吊、装卸工人损害);装卸时间;滞期费;留置权条款;解约条款;提单;互有责任碰撞条款;共同海损和新杰森条款;税收和使费条款;经纪人费用;代理;普通罢工条款;战争风险;普通冰冻条款;法律和仲裁。

期租合同范本常用的有中国租船公司拟定的租船合同范本"中国期租 1980"(SINOTIME 1980)、波罗的海国际航运协会的"标准定期租船合同"(Uniform Time Charter,BAITIME)、"纽约土产交易所定期租船合同"(New York Produce Exchange Time Charter Party,NYPE,简称 Time Charter Party)。其中"标准定期租船合同"又称巴尔的摩租船合同。该合同是由波罗的海国际航运协会于 1909 年制定,并由英国航运公会承认的标准定期租船合同格式。自 1909 年制定以来,这一格式几经修改,现行使用的是 1950 年修订的格式。其主要条款有:①船舶说明(Description of the Ship);②租期(Charter Period);③交船(Delivery of Vessel);④租金(Hire);⑤停租与复租(Off Hire/Suspension of Hire or On Hire);⑥还船(Redelivery of Vessel)。

单元四　海运提单

海运提单(Bill of Lading,B/L)(以下简称提单,样本见表 6 −8)是承运人签发给托运人的表明货物已被承运人收讫的货物收据,是一种货物所有权凭证(Document of Title)。谁拥有提单,谁就拥有了货物。提单持有人可据以提取货物,也可凭此向银行押汇,还可在载货船舶到达目的港交货之前进行转让①。提单是承运人与托运人之间运输契约(合同)的证明。② 物权凭证、货物收据、运输合同的证明这三个基本功能就是提单在法律上

① 提单还是一种可以流通的有价证券,作为对价转让的标的物或贷款的抵押品,但提单的转让必须在承运人交货前才有效。提单持有人必须在货物运抵目的港一定时间内把货提走,过期不提,视为无主货物,承运人可对货物行使处置权。

② 提单本身并不是运输契约,由于运输契约是在装货前商订,而提单一般是在装货后签发的,因而提单只是运输契约的证明。

的核心内容。

一、提单的当事人、关系人和流转程序

（一）提单的当事人、关系人

提单的当事人是承运人、托运人。在实际业务中，提单所涉及的主要关系人有收货人、提单持有人等。其中，承运人通常是与托运人签订运输合同、承担运输任务的航运公司；托运人是与承运人签订运输合同、送交所运送货物的人；收货人是有权提货的人，常常是买方。以上各方之间的权利、义务关系就构成了提单关系的主要内容。正本提单的合法持有人拥有对货物的请求权，承运人负有向正本提单的合法持有人交付货物的责任。

（二）提单的签发

提单应由承运人或其代理人签发，或者是由船长或其代理人签发。承运人自身签署的要注明 as carrier；如果是代理人签署提单，则代理人须注明被代理人的名称和身份，标明 as agent for the carrier ×××。

表 6－8　海运提单样本

<table>
<tr><td colspan="3">(1) Shipper</td><td colspan="3" rowspan="6">COSCO
B/L No. (4)
中国远洋运输公司
CHINA OCEAN SHIPPING COMPANY
Cable:　　Telex:
COSCO BEIJING 22264CPCPK CN
GUANGZHOU 44080COSCA CN
SHANGHAI 33057COSCO CN</td></tr>
<tr><td colspan="3">(2) Consignee</td></tr>
<tr><td colspan="3">(3) Notify Party</td></tr>
<tr><td colspan="2">(5) Pre Carriage by</td><td>(6) Port of Receipt</td></tr>
<tr><td colspan="2">(7) Ocean Vessel</td><td>(8) Port of Loading</td></tr>
<tr><td colspan="2">(9) Port of Discharge</td><td>(10) Place Delivery</td></tr>
<tr><td>(11) Container No.</td><td>(12) Seal No. Marks & Nos.</td><td>(13) No. of Containers or Pkgs.</td><td>(14) Kind of Packages; Description of Goods</td><td>(15) Gross Weight</td><td>(16) Measurement</td></tr>
<tr><td colspan="2">(17) TOTAL NUMBER OF CONTAINERS OF PACKAGES (IN WORDS)</td><td colspan="4"></td></tr>
<tr><td>(18) Freight & Charges</td><td>(19) Revenue Tons</td><td>(20) Rate</td><td>(21) Per</td><td>(22) Prepaid</td><td>(23) Collect</td></tr>
<tr><td>(24) Ex. Rate</td><td>(25) Prepaid at
(26) Total Prepaid</td><td>(27) Payable at
(28) No. of Original B(s)/L</td><td colspan="3">(29) Place and Date of Issue
Signed for the Carrier</td></tr>
<tr><td colspan="3">LADEN ON BOARD THE VESSEL
(30) Date:
(COSCO STANDARD FORM 07)
BY: COSCO SHANGHAI SHIPPING CO., LTD.
×××
(31) ENDORSEMENT:</td><td colspan="3">COSCO SHANGHAI SHIPPING CO., LTD.
×××
(32) COPIES</td></tr>
</table>

签发时间一般要在货物装船以后凭场站收据签发，如果在装船前签发，就构成预借提单①。预借提单既违约又违法，通常被视为欺诈行为，因而可能会给承运人带来许多不必要的麻烦，甚至是很大的损失，在实际业务中，应避免采用。在实际业务中还应避免倒签提单。倒签提单是因实际装船日期迟于信用证规定的装船期限，卖方在来不及改证时，为了安全结汇，可能以出具“保函”的形式，由承运人倒签提单签发日期或装船日期，使之符合信用证的规定。倒签提单是一种既违约又违法的行为，在许多国家都被视为卖方和船方的共同欺诈，一经发现，承运人将不得不与托运人共同赔偿收货人因此而遭受的损失，因此，在实际业务中应尽量避免。

案例

我国某出口公司先后与伦敦B公司和瑞士S公司签订两个出售农产品的合同，共计3 500吨，价值8.275万英镑。装运期为当年12月至次年1月。但由于原定的装货船舶出故障，只能改装另一艘外轮，致使货物到2月11日才装船完毕。在我公司的请求下，外轮代理公司将提单的日期改为1月31日，货物到达鹿特丹后，买方对装货日期提出异议，要求我公司提供1月份装船证明。我公司坚持提单是正常的，无须提供证明。结果买方聘请律师上货船查阅船长的船行日志，证明提单日期是伪造的，立即凭律师拍摄的证据，向当地法院控告并由法院发出通知扣留该船，经过4个月的协商，最后，我方赔款2.09万英镑；买方才肯撤回上诉而结案。

【案例分析】

倒签提单是一种违法行为，一旦被识破，产生的后果是严重的。但是在国际贸易中，倒签提单的情况还是相当普遍。尤其是当延期时间不多的情况下，还是有许多出口商会铤而走险。当倒签的日子较长的情况出现时，就容易引起买方怀疑，最终可以通过查阅船长的航行日志或者班轮时刻表等途径加以识破。

对于直接签发船公司提单的货物，一般来说，在开船后1个工作日内货运代理人要与船公司联系领取提单事宜，确定提单份数和领取时间，收到提单后，应核对份数、格式、船名、航次提单号等是否正确，并根据船名、航次按委托单位分类登记，委托单位凭协议确认签章，登记签章后领取提单，并注明发放日期。

由于航线过短，银行传递单据的速度较慢，会出现货到单未到的情形，这时的提单就成为过期提单。银行对于这种由于客观原因造成的过期，将给予接受。但卖方迟于运输单据签发日期21天后向银行提交提单，银行将有权拒收，这种过期提单是无效的。

（三）提单的流转

提单流转环节较多，因贸易方式不同，流转环节也不同。以信用证方式结汇的CIF买卖，其提单流转的整个过程如图6－8所示。

从图6－8来看，提单一般流转环节为：起运港承运人或其代理签发→出口商或其货运代理转给托运人→开证银行→收货人（进口商）→目的港承运人或其代理。

---

① 预借提单是因船舶延期抵港、备货拖延等原因引起船、货衔接不当，信用证中规定的装运期、有效期已到，货物却尚未装船完毕，在这种情况下，托运人为了及时结汇，要求承运人预先签发已装船提单，同时由托运人出具“保函”，保证一旦发生因预借提单引起的买方索赔行为，卖方将承担一切风险责任的提单。

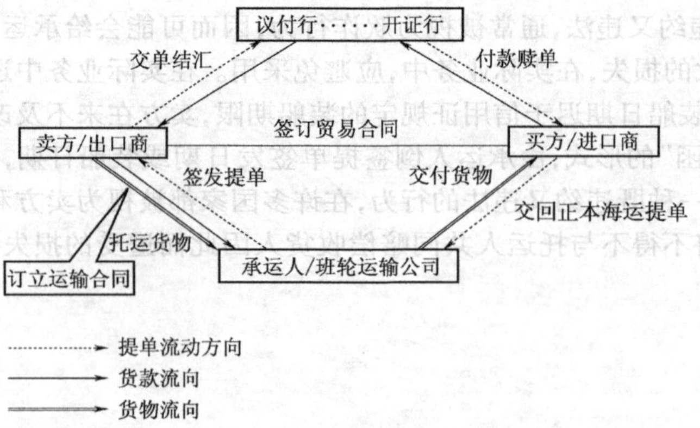

图 6－8　提单流转示意图

从流转环节看，收货人要拿到提单提货，必须通过银行，即收货人必须向开证行付款赎单，否则银行不会将提单交给收货人。

值得注意的是：作为货运代理人，只可将提单交给托运人，千万不可将提单随意交给第三人。目前国外许多收货人在中国设有代表处，有的托运人要求将提单（1/3）交给收货人的代表，而又缺少必要的委托授权手续，一旦发生贸易纠纷，货运代理人往往难逃其责。在提单流转过程中，提单上的发货人、收货人、受让人都应按要求背书。没有背书的提单，其持有人得到提单的合法性往往会受到怀疑。

二、提单正面的填写

提单正面填写主要应注意如下项目。

第一，托运人或发货人（Shipper）。托运人可以是货主，也可以是货主的代理人或货运代理人。信用证支付方式下一般为信用证中的受益人。如果开证人为了贸易上的需要，要求做第三者提单（Third Party B/L），也可照办。托收支付方式下的提单发货人栏应按合同规定的卖方填制。

第二，收货人（Consignee）。本栏的填法，如是信用证支付方式下的提单，要严格按信用证规定办理。如是托收方式下的提单，本栏一般填"To Order"或填"To Order of Shipper"均可，然后由发货人背书。信用证支付方式下如要求记名提单，则可填上具体的收货公司或收货人名称；如属指示提单，则填为"指示"（Order）或"凭指示"（To Order）；如需在提单上列明指示人，则可根据不同要求，做成"凭托运人指示"（To Order of Shipper）、"凭收货人指示"（To Order of Consignee）或"凭银行指示"（To Order of × × Bank）。不记名式，即在本栏留空不填，或填入"To Bearer"（来人抬头）。

本栏注意3点：①本栏若填写 To Order 或 To Order of Shipper 等字样，表示指示提单，可转让，一般通过背书方转让给受让人；②本栏若填写实际收货人，表示记名提单，不可以转让；③承运人不接受一票货物有两个或两个以上的收货人，如有，本栏内填写第一收货人，第二收货人填在被通知人栏内。

【例】已知一笔交易中，各有关当事人的名称为：

卖方：SHANGHAI KANGDA IMP. & EXP. CO., LTD.；其贸易代理为 SHANGHAI

PENCHEN IMP. & EXP. CO. ,LTD. ,货运代理为 SHANGHAI FUYUN FORWARDER CO. 。

买方：SPORTARTIKELFABRIK KARL UHT GMBH；其货运代理为 WPP FORWARDER CO. 。

请写出以下三种情况的托运人和收货人：(1) SHANGHAI KANGDA IMP. & EXP. CO. , LTD. 直接托运给 SPORTARTIKELFABRIK KARL UHT GMBH；(2) SHANGHAI KANGDA IMP. & EXP. CO. ,LTD. 通过其贸易代理直接托运给 SPORTARTIKELFABRIK KARL UHT GMBH；(3)买卖双方均通过其货运代理办理托运。

解：(1) 托运人：SHANGHAI KANGDA IMP. & EXP. CO. , LTD. ；收货人：SPORTARTIKELFABRIK KARL UHT GMBH。(2) 托运人：SHANGHAI PENCHEN IMP. & EXP. CO. , LTD. ；收货人：SPORTARTIKELFABRIK KARL UHT GMBH。(3) 托运人：SHANGHAI FUYUN FORWARDER CO. ；收货人：WPP FORWARDER CO. 。

第三，被通知人(Notify Party)。被通知人一般是收货人的代理人。在信用证项下，银行作为收货人而显示在提单上，这时的被通知人往往是实际收货人。如信用证上对提单被通知人有具体规定，则必须严格按信用证要求填写。如果是记名提单或收货人指示提单，且收货人又有详细地址的，则此栏可以不填。如果是空白指示提单或托运人指示提单，则此栏必须填列被通知人名称及详细地址，否则船方就无法与收货人联系，收货人也不能及时报关提货。信用证规定的被通知人后如有"only"一词，提单亦应照打，不能省略。托收方式下的提单，本栏可按合同的买方名称填入。

第四，提单号码(B/L No.)。一般列在提单右上角，以便于工作联系和查核。发货人向收货人发送装船通知(Shipment Advice)时，也要列明船名和提单号码。

第五，船名(Name of Vessel)。本栏填实际船名，如系班轮有航次号者应注明航次号。

第六，装货港(Port of Loading)。发货地不一定是装货港，本栏应填实际起运港的具体名称，且必须符合信用证和合同规定。

第七，卸货港(Port of Discharge)。填列货物实际卸下的最终港口名称。如属转船，第一程提单上的卸货港填转船港，收货人填二程船公司；第二程提单装货港填上述转船港，卸货港填最后目的港，如由第一程船公司出联运提单(Through B/L)，则卸货港即可填最后目的港，并在提单上列明第一和第二程船名。如经某港转运，要显示"via ××"字样。在运用集装箱运输方式时，目前使用"联合运输提单"(Combined Transport B/L)的，提单上除列明装货港、卸货港外，还要列明"收货地"(Place of Receipt)、"交货地"(Place of Delivery)以及"第一程运输工具"(Pre-carriage by)、"海运船名和航次"(Ocean Vessel, Voy. No.)。填写卸货港，还要注意同名港口问题，如属选择港提单，要在此栏中注明。

第八，货名(Description of Goods)。在信用证项下货名必须与信用证上规定的货名一致。

第九，件数和包装种类(Number and Kind of Packages)。本栏主要填包装数量和包装单位。如果提单项下商品的包装单位不止一种，则应分别表示。如 250 箱，其中包括 100 木箱和 150 纸箱，可表示如下：

100 wooden cases

150 cartons

250 packages

如上述多种包装单位分别表示，则毛重和尺码栏亦应分别表示。

如是散装货无件数，本栏可表示“in bulk”（散装）。

第十，唛头（Shipping Marks）。信用证有规定的，必须按规定填列，否则可按发票上的唛头填列。

第十一，毛重、尺码（Gross Weight，Measurement）。除信用证另有规定外，一般以千克为单位列出货物的毛重，以立方米列出货物的体积，小数点以下保留三位。若裸装货物没有毛重，只有净重，则在净重前加注：“N. W.”（Net Weight）。提单的重量应与其他单据的重量一致。

第十二，运费和费用（Freight and Charges）。一般为预付（Freight Prepaid）或到付（Freight Collect）。如CIF或CFR出口，一般应填上运费预付字样，千万不可漏列，否则收货人会因运费问题提不到货，虽可查清情况，但拖延提货时间也将造成损失。如系FOB出口，则可填上“运费到付”字样，除非收货人委托发货人垫付运费。

第十三，提单的签发、日期和份数。提单必须由承运人或船长或他们的代理签发，并应明确表明签发人身份。一般表示方法有“Carrier”“Captain”或“As Agent for the Carrier：×××”等。提单份数一般按信用证要求出具，如“Full Set of”，一般理解成三份正本若干份副本，当其中一份正本完成提货任务后，其余各份失效。提单还是结汇的必需单据，特别是在跟单信用证结汇时，银行要求所提供的单证必须一致，因此提单上所签的日期必须与信用证或合同上所要求的最后装船期一致或先于装船期。如果卖方估计货物无法在信用证装船期前装上船，应尽早通知买方，要求修改信用证，而不应利用“倒签提单”“预借提单”等欺诈行为取得货款。

第十四，签单地点和日期（Place and Date of Issue）。签单地点就是承运人经营业务所在的地点，一般承运人多数在装运港设有代理人，所以签单地点多数是承运人接管货物或装运的地点。

单元五　国际海运物流货运事故的处理

货运事故是指运输企业自货物承运验收开始至货物运达目的地向收货人交付为止，在运输、装卸、保管等过程中所发生的货物灭失、短少、变质、污染、损坏及超期运达等事故。货运质量事故主要表现为货损及货差两个方面。货损一般是指由于责任人原因导致货物的损坏、灭失；在装卸、运输、保管过程中，由于操作不当或保管不善而引起的货物破损、受潮、变质、污染等。货差即由于错转、错交、错装、错卸、漏装、漏卸以及货运手续办理错误而造成的有单无货或有货无单等单货不符、件数或重量溢短的差错。

国际海运物流人员要了解海运物流中货运事故的种类，掌握各类货运事故的具体处理过程、货运事故的处理原则和方法，防范责任风险。

一、海运货运事故的种类和原因

海运货运事故按照货运事故的性质和损失程度划分，其种类及主要原因见表6－9。

海洋环境风险多变是造成海运货运事故的主要原因之一。除了表6－9中的原因外，还有原装货物数量不足、货物品质与合同不符、货物包装不够而造成的损失，以及水尺计量不准、海上欺诈等原因。

二、海运货运事故的处理

国际海洋货运货损事故虽有可能发生于各个环节，但很大程度上是在最终目的地收货人收货时或收货后才被发现。当收货人提货时，如发现所提取的货物数量不足、外表状况或货物的品质与提单上记载的情况不符，则应根据提单条款的规定，将货物短缺或损坏的事实以书面的形式通知承运人或承运人在卸货港的代理，以此表明提出索赔的要求。如果货物的短缺或残损不明显，也必须要在提取货物后规定的时间内，向承运人或其代理提出索赔通知。

货运事故发生后，收货人与承运人之间未能通过协商对事故的性质和程度取得一致意见时，则应在一致同意的基础上，指定检验人对所有应检验的项目进行检验，检验人签发的检验报告是确定货损责任的依据。

表6－9　海运货运事故的种类和原因

事故种类			主要原因
货差			标志不清、误装、误卸、理货错误等
货损	全部损失		船只沉没、搁浅、触礁、碰撞、火灾、爆炸、失踪、偷窃、政府行为、海盗、战争、拘留、货物被扣等
货损	部分损失	灭失	偷窃、抛海、遗失、落海等
货损	部分损失	内容短缺	包装不良或破损、偷窃、泄漏、蒸发等
货损	部分损失	淡水水湿	雨雪中装卸货物、消防救火过程中的水湿、舱内管系泄漏等
货损	部分损失	海水水湿	海上风浪、船体破损、压载舱漏水等
货损	部分损失	汗湿	通风不良、衬垫或隔离不当、积载不当等
货损	部分损失	污染	不适当的混载、衬垫或隔离不充分等
货损	部分损失	虫蛀、鼠咬	驱虫或灭鼠不充分、舱内清扫或消毒不充分等，对货物检查不严致虫、鼠被带入舱内等
货损	部分损失	锈蚀	潮湿、海水溅湿、不适当的混载等
货损	部分损失	腐烂、变质	易腐货物未按要求积载的位置装载，未按要求控制舱内温度、湿度过高、换气通风不充分、冷藏装置故障等
货损	部分损失	混票	标志不清、隔离不充分，积载不当等
货损	部分损失	焦损	自燃、火灾、漏电等
货损	部分损失	烧损	温度过高、换气通风过度、货物本身的性质等

海运货运事故处理的一般程序是：货运事故调查→审核证明文件→索赔与理赔→货运事故处理总结。

（一）货运事故调查

为进一步查明事故真相、分析原因、划清责任和为事故处理提供可靠的依据，货运代理和承运人要对货运质量事故进行调查和查询，确定最终责任方，以便理赔结案。

对货运质量事故进行调查主要是调查货运各个环节上的有关文字记载、交接清单、积载图以及有关货运方面的票据、单证和发货人声明栏批注。在判定事故原因和损失程度方面,还可借助技术手段进行化验测定、试验等。

为便于货运事故调查,货物在运输和作业过程中发生溢余、灭失、短少、变质、污染、损坏等事故,涉及承运人与托运人、收货人、港口经营人、作业委托人、承运人与港口经营人之间责任的,在交接或交付货物的当时应编制货运事故记录,不得事后补编。货运事故记录反映事故当时的真实情况,原则上只真实、仔细、准确、具体记录,不作结论,不判定责任。货运记录必须使用印有编号的规定格式,按每一张运单编制,并由负责编制记录的人员、收货人或托运人签章。

(二)审核证明文件

收货人向货运代理、承运人等责任人提出索赔和提出货运事故索赔书的同时,应随附货运记录、货运单证和货物损失清单、价格证明文件等。

货运代理、承运人等责任人受理赔偿要求时,应对托运人或收货人提出的赔偿要求及所附的货运记录、货运单证等证明文件进行审核。主要审核赔偿要求时效、赔偿要求人的权利、应附的单证。

经审查,赔偿要求人在法定时效内,而且所附单证完备,赔偿要求人有权提出要求,应予受理并开始接受赔偿的索赔收据,进行立案处理。受理的条件应在赔偿要求登记簿内登记。

(三)索赔与理赔

索赔即货主对因货运事故造成的损失,向货运代理、承运人或船东或其代理人提出赔偿要求的行为。根据法律规定或习惯做法,货主应按照一定的程序提出索赔,并提出能证明事故的原因、责任和损失的单证。理赔即索赔的受理与审核,也就是说,货运代理、承运人或其代理人受理索赔案件后,即须对这一索赔进行审核。通过举证与反举证明确责任,确定损失金额的标准。如果在赔偿上未能达成一致意见,则根据法院判决或决议支付索赔金。

索赔的一般程序是:发出索赔通知→提交索赔申请书→举证→确定赔偿金额与赔偿。

1. 发出索赔通知。索赔必须在所适用的有关国际公约、国家立法和交易条款规定的时效范围内提出。如索赔提出已超过时效,则应拒绝受理。我国《海商法》和有关的国际公约以及各国的海商法或海上货物运输法或者提单条款一般都规定,在发生货损案件时,根据运输合同有权提取货物的人,应在承运人或承运人的代理人、雇用人将货物移交给他的当时或规定的时间内,向承运人或承运人的代理人发出关于货损的书面通知,声明保留索赔的权利。

关于索赔人向承运人或其代理人发出索赔通知的时限,我国《海商法》规定,海运货物在货物交付的次日起连续7日内,集装箱货物为交付的次日起连续15日内;《汉堡规则》规定为在交付货物后15日内。索赔方在提出书面索赔通知后,应尽快地备妥各种有关证明文件,在期限内向责任人或其代理人正式提出索赔要求。

2. 提交索赔申请书。索赔申请书或索赔清单(Statement of Claims)是索赔人向承运人正式要求赔偿的书面文件。索赔申请书主要包括:索赔人的名称和地址;船名、航次、抵港日期、装船港及接货地点名称;货物有关情况;货物损害或灭失情况;索赔日期、金额、理由等。

如果索赔方仅仅提出货损通知而没有递交索赔申请书或索赔清单或出具有关的货运单证,则可解释为没有提出正式索赔要求,承运人不会受理货损索赔。索赔方一旦正式向承运人递交索赔申请书或索赔单,则意味着索赔方正式提出了索赔要求。

3. 举证。提出货物索赔和对这种索赔进行抗辩,都通过举证进行。举证包括索赔方的举证和责任方的举证。举证必须据实举证。

举证主要是通过单证证明索赔人是正当的索赔人,证明被索赔方负有赔偿责任,证明索赔人提出的索赔金额是合理的。

4.确定赔偿金额与赔偿。索赔人应该提交检验报告或带有批注的交付记录,以证明货物的受损程度。为了将已确定的损坏程度换算成为应提出的索赔金额,索赔人还须提出装箱清单(Packing List)及发票、拆箱单、修理单、整理货物单证、贬值证明、施救费用、保险单。

货运事故的赔偿金额,原则上按实际损失金额确定。货物灭失时,按灭失货物的价值赔偿;货物损坏时,按损坏所降低的价值或为修复损坏所需的修理费赔偿。索赔金额须在所使用的有关国际公约、国家立法和交易条款规定的责任金额限制范围内。

凡已向保险公司投保的货物发生责任事故,承运人应负责限额内的赔偿,其余由保险公司按承保范围给予经济补偿。

索赔案件通过索赔人和责任人实事求是、友好协商一般都会得到妥善解决,但也有少数案件索赔无效,双方争议差距很大,只得提起诉讼,请求法院裁决。

(四)货运事故处理总结

对货运事故应定期进行分析,以改进工作或采取防范措施;如果是多次重复出现,则有必要对相关的操作程序进行重新评估。

任务解析

下面根据上述所学知识对项目情景的任务进行简要解析。

任务1　按照船公司对船舶经营方式的不同,国际海运可分为班轮运输和租船运输两种方式。第(1)项业务可采取班轮运输;第(2)项业务可分别采取租船运输。

任务2　*W*:25 千克 =0.025 吨

M:20×30×40=24 000 立方厘米 =0.024 立方米

因 0.025>0.024,即 *W*>*M*,所以,以 *W* 为标准计收运费。

运费 =443.00×0.025×1 000×(1+30%+10%)=15 505(元)

任务3　航次租船合同的主要内容有以下 9 项:合同当事人、船舶概况、装卸港、受载期与解约日、货物、装卸费用分担、装卸时间、滞期与速遣、运费。期租合同的主要内容有 7 项:船舶说明、租期、交船、租金、停租与复租、还船、转租。

第(2)项业务中,在贸易合同中规定卖方每天应负责装货 2 000 吨,按晴天工作日计算。该批货的装卸时间为 30 000/2 000=15 天(晴天工作日)。晴天工作日的含义为既是晴天又是工作日的一天,如遇刮风下雨,使装卸工作不能正常进行,虽属工作日也不能计算装卸时间,其中两个星期天也不计为装卸日。按照贸易合同规定的装卸时间为 15 天,而卖方只用了 13 天(其中包括两个星期天)全部装完,则卖方实际可计算的装货日为 11 天,有 4 天速遣,可得速遣费 12 000 美元。在租船合同中规定每天装货 2 500 吨,按连续工作日计算。该批货的装卸时间为 30 000/2 500=12 天(连续工作日)。连续日是从午夜零时到次日午夜零时,不管天气如何,时钟连续走过 24 小时就算一天,没有任何扣除。卖方用 13 天将全部货物装完,根据租船合同,卖方有 1 天滞期,卖方应向船方支付滞期费 6 000 美元。因此,按照贸易合同中的规定有利于卖方,而按照租船合同中规定的条件则不利于卖方。

任务4　提单是承运人与托运人之间运输契约(合同)的证明,是一种货物所有权凭证。

谁拥有提单，谁就拥有了货物。上海快达货代公司应该赔偿D公司的货款，这是因为：收款人提货时必须以正本提单为凭，而承运人交付货物时必须收回正本提单，并在提单上做作废的批注。如收货人用担保书交换提货单提货，承运人违反了运输合同的义务，承运人对正当提单持有人仍负有赔偿一切损失的责任。如承运人无单放货，他就必须为此而承担赔偿责任。所以本案下，D公司（托运人）有权要求上海快达货代公司赔偿货款，上海快达货代公司应赔偿此货款。

个案分析

1. 我国某货运代理要托运一票货物通过海运去西雅图（Seattle，WA，USA）。问题：该票货物应走下列哪条航线？

A. 远东—北美西岸航线　　B. 远东—北美东岸航线

C. 远东—欧洲航线　　D. 远东—地中海航线

2. A公司出口某商品20吨（净重），装1 000箱，每箱单价为46美元，委托B物流公司代运，B物流公司取得清洁提单，加一成投保一切险。货到目的港后，买方发现除短少3箱外，还短量680千克。问A公司共遭受多少损失？B物流公司是否负责赔偿？

3. 某货主委托承运人的货运站装载1 000箱小五金，货运站收到1 000箱货物后，出具仓库收据给货主。在装箱时，装箱单上记载980箱，由于提单上记载1 000箱，收货人向承运人提出索赔，但承运人拒赔。问题：承运人是否要赔偿收货人的损失？如果需要赔偿，应赔偿多少箱？

4. 某轮装运小麦20 000吨，定程租船合同规定：船东不负责装卸、理舱、平舱；按连续24小时晴天工作日计算，装货率为每天2 000吨；周末、法定节假日除外（不用不算，用了也不算），星期六下午6时以后至下一个工作日8时前不计为装卸时间（工作日前一天和节假日后一天亦同样办理），递交备装通知书后从次日上午8时开始，如通知书于下午4时以后送达则于次日下午2时开始起算装货时间，滞期费每天8 000美元，速遣费折半，不足一天按比例计算；滞期按连续计算，速遣按节省工作时间计算。备装通知书于5月20日下午2:30送达，具体装卸时间如表6－10所示。

表6－10　某轮具体装卸时间表

日期	周	时		使用时间			免堆期			说明
		从	至	天	小时	分	天	小时	分	
5.21	周六	08:00	24:00		16					非工作时间8小时
5.22	周日	—								星期日
5.23	周一	08:00	24:00		16					非工作时间8小时
5.24	周二	08:00	24:00		22					下雨2小时
5.25	周三	08:00	24:00	1						
5.26	周四	08:00	24:00	1						
5.27	周五	08:00	24:00	1						

续表

日期	周	时		使用时间			免堆期			说明
		从	至	天	小时	分	天	小时	分	
5.28	周六	08:00	24:00		16					非工作时间 8 小时
5.29	周日	—	—							星期日
5.30	周一	08:00	24:00		16					非工作时间 8 小时
5.31	周二	08:00	24:00	1						
6.1	周三	08:00	24:00		21					至晚 9 点全部装完

请计算滞期费或速遣费(设星期六为码头工作日,星期日为码头单休日)。

5. 日本 EC 海运公司于 5 月 25 日从日本横滨装运 10 辆汽车到上海,货物装船后,船公司签发了没有批注的清洁提单,提单号为 YS－016,船名"幸福"。该船于 6 月 2 日靠上海港 A 作业区 5 号泊位。在卸货时,发现其中 5 辆汽车外表损坏,理货公司制作货物残损单,船公司签字确认。收货人上海 B 汽车进出口公司提货时发现车辆受损。后来上海 B 汽车进出口公司对车辆进行修理,费用为 RMB20 000,有修理发票。收货人欲向船公司索赔,但对索赔等事宜不熟悉。请你替收货人写一份索赔申请书。

复习思考题

1. 简述海运物流的特点。
2. 图示出口海运的基本流程。
3. 太平洋航线主要有哪几条?
4. 班轮运输具有哪些特点?
5. 图示出口杂货班轮运输的装运流程。
6. 电子托运订舱如何进行?
7. 班轮基本运费的计收标准有哪些?
8. 租船方式主要包括哪几种?
9.《金康合同 1994》的主要内容包括哪些?
10. 图示海运提单的流转程序。
11. 简述海运货运事故的处理程序。

项目任务七　国际空运物流

项目要求

(1)了解国际空运物流的基础知识,熟悉国际空运航线;
(2)理解国际空运物流主要当事人间的关系;
(3)掌握国际航空运输代理业务;
(4)能够计算国际航空运输运费;
(5)熟悉国际货运托运书、航空货运单;
(6)掌握《华沙公约》的主要内容;
(7)掌握航空运输中承运人或其代理的理赔程序。

项目情景

KD空运代理公司现有如下2笔业务要处理。

(1)2017年7月25日,北京TT工业公司(BEIJING TT INDUSTRY CORP,BEIJING,CHINA)出口美国纽约斯波特进口公司(NEW YORK SPORT IMPORTERS,NEW YORK,USA)一票机械用品,实际毛重25.2千克,投保金额600美元,委托KD空运代理公司办理空运。KD空运代理公司选择中国国际航空公司从首都机场空运该票货物到美国肯尼迪国际机场。当时的费率(RATE/CHARGE):CNY37.51/千克。

(2)2017年7月27日,KD空运代理公司揽货后发现有四笔精密仪器都需从北京空运香港。它们的重量分别为10千克、20千克、35千克、40千克。从北京空运香港,一般货物的起码运费为65港元,45千克以下每千克3港元,45千克以上每千克2.5港元。

任务1:KD空运代理公司如何代理北京TT工业公司货物的物流运输,其主要流程如何?

任务2:如何计算北京TT工业公司货物的航空运费?

任务3:如何填制北京TT工业公司货物的国际货物托运书和航空货物主运单?

任务4:国际航空运输的经营方式有哪些?单纯从运费角度考虑,KD空运代理公司是采取分别托运,还是采取集中托运所揽的四笔精密仪器?

知识模块

单元一　国际空运物流基础知识

国际空运物流是基于国际航空货物运输方式的一种物流,是随着国际贸易和民用航空运输的发展而发展起来的。国际货物运送速度快,商品和原材料的供应就及时,生产周期就能大幅度缩短,企业的竞争力就会大幅上升,这对货主无疑具有巨大的吸引力。从订货到把货物交付到收货人手里的时间(称为“前置时间”)的角度比较,空运物流无疑具有明显的比较优势。特别是某些对保鲜要求较高的货物如食品、海鲜、鲜花、水果及某些价值昂贵的货物如电脑芯片、电子产品、家用电器，还有某些高档消费品，对运价的承受能力都很好，适用于国际空运物流。

一、航空货物运输的特点

航空运输(Air Transportation)是使用飞机、直升机及其他航空器运送人员、货物、邮件的一种运输方式。航空货物运输所提供的产品是一种特殊形态的产品——“空间位移”，其产品形态是改变航空运输对象在空间上的位置，在服务、运价、技术标准、经营管理和法律法规的制定实施等方面，都要受国际统一标准的制约和国际航空运输市场的影响。现在，航空货物运输已成为国际空运物流的核心功能，是实现货物快捷运输的途径、邮政运输的手段，同时也是实现多式联运的一种重要运输方式。

航空货物运输的优点表现在以下几个方面。

第一，运输速度快。这是航空货物运输最大的优势和主要特点。现代化的运输机是迄今为止最快捷的交通工具。

第二，不受地面条件影响，机动性大。较之火车、汽车、船舶要依附蜿蜒曲折的铁路、公路或航道行使，航空运输则不受严格限制。飞机一般选择在两点间作直线飞行，受航线条件限制的程度相对较小，可跨越地理障碍将任何两地连接起来。

第三，可以节约包装、保险、利息等费用。采用高速且管理完善的航空运输方式，货物在途时间短，商品周转速度快，可以简化商品包装，大大降低企业存货数量，加快企业资金周转，节约利息费用和仓储费用。

航空货物运输虽然有着其他运输方式无可比拟的优越性，但也有自身的局限性。例如：航空运输运量较小，不适于运送大件货物或大批量货物；运费较高，航空运输的成本高于其他运输方式的成本；飞机飞行会受到气候条件的影响；航空运输业存在较强的周期性，受经济波动和突发事件等的影响大。

总之，航空货物运输的上述特点使得航空货物运输适于高附加值、低重量、小体积的物品运输、急快件货物运输以及时效性和季节性强的货物运输。

二、航空货物运输系统

航空货物运输系统主要包括：飞机、机场、飞行航线、空中交通管理系统和货运服务站等。这四个部分有机结合、分工协作，共同完成航空运输的各项业务活动。

(一)飞机

航空运输的主要工具是民用航空运输飞机和集装器。

1. 民用航空运输飞机。按运输类型的不同，民用飞机可分为运送旅客和货物的各种运输机。按飞机使用用途来分，民用飞机可划分为全货机、全客机和客货混用机三种。在舱位结构方面，一般飞机主要分为两种舱位，即主舱和下舱①。各种飞机也有相应的装载限制，如对货物的重量和体积的限制；每份运单上货物的申明总价值不得超过10万美元等。

2. 航空集装器。航空集装器(Unit Load Device，ULD)是随着航空运输的发展而产生的

① 但波音747分为三种舱位，分别为上舱(Upper Deck)、主舱和下舱。

一种货物集装设备。注册(Certified)集装器与飞机匹配,可以被看作是飞机的一部分;非注册集装器未经有关部门授权生产,与飞机不匹配,不能看成是飞机的一部分,一般不允许装入飞机的主货舱,仅适合特定机型的特定货舱。

航空集装器的种类主要有以下几种。

(1)集装板和网套。集装板(Pallet)有不同的型号,以适应不同的机型和飞机的不同部位,其四周带有卡锁轨和网带卡锁眼。网套用来固定板上的货物。

(2)集装棚。集装棚(Igloo)的目的是用来保护飞机的内壁,分结构式与非结构式。结构式集装棚带有固定在底板上的外壳设备,它实际上形成了一个完整的集装箱。非结构式集装棚就是在集装板和网套之间增加一个非结构的棚罩。

(3)集装箱。集装箱(Container)类似于结构式集装棚,主要有三种类型,即空陆联运集装箱、主货舱集装箱、下货舱集装箱。空陆联运集装箱尺寸相对固定,只能装于全货机或装于客机的主货舱内,主要有20英尺×8英尺×8英尺和40英尺×8英尺×8英尺两种规格。主货舱集装箱只能用于全货机或客机的主货舱内。下货舱集装箱只能用于宽体飞机的下货舱内。

知识链接

航空集装器的代码

每个集装器都有国际航空运输协会(IATA)的编号,航空集装器的代码(如PAP2547CA)代表着集装器的类型、尺寸、外形及注册人等信息,一般位于集装器的面板或四周。航空集装器代码的含义如下。

第一位字母表示集装器的类型。集装器的类型中,A表示注册集装箱,D表示非注册集装箱,P表示注册集装板,R表示保温集装箱,U表示非结构集装棚。

第二位字母表示底板尺寸。基本尺寸有七种,其中:A为224cm×318cm,B为224cm×274cm,E为224cm×135cm,G为224cm×606cm,K为153cm×156cm,L为153cm×318cm,M为244cm×318cm。

第三位字母表示外形或适配性。

第四至第七位数字表示序号。

第八和第九位字母表示所有人或注册号码,一般为航空公司的ITAT二字代码。

(二)机场

机场(航空站)是提供飞机起飞、着陆、停驻、维护、补充给养及组织飞行保障活动的场所,也是旅客和货物的起点、终点或转折点。机场是空运物流的节点。

机场按航线性质分,可分为国际航线机场(国际机场)和国内航线机场;按机场在民航运输网络中所起作用划分,可分为枢纽机场、干线机场和支线机场;按机场所在城市的性质、地位划分,可分为Ⅰ类机场、Ⅱ类机场、Ⅲ类机场和Ⅳ类机场。机场按照最大起飞全重,分为一、二、三、四级。按照年旅客吞吐量或货物运输吞吐量分小型、中小型、中型、大型、特大型五级。

（三）航线

空运航线是空运货物物流的路径。民航飞机从事运输飞行，必须按照规定的线路进行，这种路线叫作航空交通线，简称航线（Air Route）。航线由飞行的起点、经停点、终点、航路、机型等要素组成。

一般情况下，航线安排以大城市为中心，在大城市之间建立干线航线，同时辅以支线航线，由大城市辐射至周围小城市。

航线按飞机飞行的路线分为国内航线和国际航线。飞机飞行的线路起讫点、经停点均在国内的称为国内航线；飞机飞行的线路跨越本国国境，通达其他国家或地区的称为国际航线。飞机按照民航管理当局批准的民航运输飞行班期时刻表由始发站起飞按照规定的航线经过经停站至终点站作运输飞行称为航班（Flight Service）。

世界重要航空线有如下几条。

其一，西欧—北美的北大西洋航空线。主要往返于西欧的巴黎、伦敦、法兰克福与北美的纽约、芝加哥、蒙特利尔等机场。

其二，西欧—中东—远东航空线。该航线连接西欧各主要机场至远东的香港、北京、东京等机场。途经的重要航空站有雅典、开罗、德黑兰、卡拉奇、新德里、曼谷和新加坡等。

其三，远东—北美的北太平洋航线。这是远东的北京、香港、东京等主要国际机场经北太平洋上空至北美西海岸的温哥华、西雅图、旧金山和洛杉矶等国际机场，再连接北美大西洋岸的航空中心的航线。太平洋上的檀香山、阿拉斯加的安克雷奇国际机场是该航线的重要中间加油站。

此外，还有北美—南美、西欧—南美、西欧—非洲、西欧—东南亚—澳新、远东—澳新、北美—澳新等重要国际航空线。

目前，我国已有多条国际航线，从北京、上海、广州、昆明、大连、厦门等国际机场起程，可飞往亚洲、非洲、欧洲、大洋洲、北美洲等国家的城市。

（四）空中交通管理系统及空运货运站

空中交通管理系统是为了保证航空器飞行安全及提高空域和机场飞行区的利用效率而设置的各种助航设备和空中交通管制机构及规则。

航空运输的机场一般为客货兼营，在机场内设有空运货运站。空运货运站是空运货物集结、暂存、装卸搬运、信息处理的场所。

三、航空货运代码

航空货运代码具有识别容易、简洁明了的特点，方便了单证的制作和业务操作，对航空货运的顺畅运作起到了重要作用。

航空公司在航空货运代码中使用英文字母 2 字代码①或使用数字 3 字代码。例如，中国国际航空公司（Air China），其 2 字代码为 CA，其 3 字代码为 999。英国航空公司（British Airlines），其 2 字代码为 BA，其 3 字代码为 125。

国家用 2 字代码表示。例如，中国的代码为 CN，美国的代码为 US，英国的代码为 GB，德国的代码为 DE，日本的代码为 JP。

---

① 少数航空公司的 2 字代码中也使用数字和英文字母的组合。例如 UPS 国际快递公司的 2 字代码为 5X。

城市用 3 字代码表示。例如,北京的代码为 GJS,上海的代码为 SHA,广州的代码为 CAN,伦敦的代码为 LON,东京的代码为 TYO,巴黎的代码为 PAR。

机场用 3 字代码表示。例如,北京首都国际机场的代码为 PEK,上海浦东国际机场的代码为 PVG,英国伦敦希斯罗机场的代码为 LHR,法国巴黎戴高乐机场的代码为 CDG,首尔国际机场的代码为 SEL。

四、空运物流的主要当事人及其关系

在空运物流运作的各环节中,所涉及的相关当事人主要有:发货人、航空货运代理、航空公司(承运人)、地面运输公司和收货人等。

(一)航空公司

航空公司是航空运输的承运人,它拥有飞机,从事航空运输(包括客运、货运)以及接受办理与其能力相适应的航空运输业务。其主要任务是把所接受委托的客、货,按指定要求从一机场运往另一机场。

《统一航空运输某些规则的公约》(*Convention for the Unification of Certain Rules Relating to International Carriage by Air*),简称《华沙公约》,对承运人的责任作了明确的规定。例如:《华沙公约》第 18 条第 1 款规定:"对于交运的行李或货物因毁灭、遗失或损坏而产生的损失,如果造成这种损失的事故发生在航空运输期间①,承运人应负责任。"《华沙公约》第 22 条第 2 款规定:"如交运的行李或货物的一部分或者货物中任何物件发生遗失、损坏或者延误,以致影响同一份货运单所列的另一包装件或者其他包装件的价值,在确定责任限额时,另一包装件的总重量也应当考虑在内。"

(二)航空货运代理

航空货运代理又称航空货运公司,是随航空运输的发展及航空公司运输业务的集中化而发展起来的一种服务性组织。

航空货运代理主要从事航空货物在始发站交航空公司前的揽货、接货、报关、订舱及在目的地从航空公司处接货、报关或送货等一系列业务。根据国际航空运输协会的规定,航空货运代理可从航空公司收取订舱佣金(5%)以及运价回扣。按航空公司发布的运价费率代发货人交付运费,并向发货人收取所提供相关服务的手续费。

航空货运代理具有两种职能:一是向货主提供服务,代替货主向航空公司办理托运或提取货物;二是为航空公司服务,部分航空货运代理人还代替航空公司接受货物,出具航空公司的总运单和自己的分运单。因此,航空货运代理不同于传统意义上的货运代理,它在运输过程中具有双重角色。对各个发货人来说,其地位相当于承运人,要承担的是货物的运输责任,而不仅仅是在始发地将货物交给航空公司,在目的地提取货物并转交给不同的收货人;而对航空公司来说,其又是托运人,集中托运一整批货物,而不承担从机场到机场的空中运输责任。

---

① 《华沙公约》所说的航空运输期间"包括行李或货物在承运人保管的期间,不论在航空站内、在航空器上或在航空站外降停的任何地点"。

知识链接

航空货运代理人的身份

(1)承运人身份。可作为空运缔约承运人和空运实际承运人。

(2)托运人身份。当货运代理人以自己的名义与航空公司签订运输合同时,相对于运输合同对方当事人而言,他是托运人,航空公司是承运人。

(3)收货人身份。在目的地,货运代理人可以自己的名义接受货物,同样可以成为收货人。

(4)托运人的代理人。当货运代理人从不同的托运人手中接受货物,以托运人的名义与航空公司签订运输合同时,货运代理人是托运人的代理人,航空公司是承运人。

(5)承运人的代理人。当货运代理人以承运人的名义与托运人签订运输合同并向托运人签发航空货运单时,货运代理人是承运人的代理人。

(三)各有关当事人的关系

航空公司与航空货运代理之间职责分明。航空公司通过航空货运代理接揽货物,增加运量,延伸服务功能;航空货运代理则通过航空公司将货物按委托人旨意运送至收(发)货人,是航空公司与收(发)货人之间联系的纽带。在航空货物运输中,各有关当事人的责任划分,如图 7-1 所示。

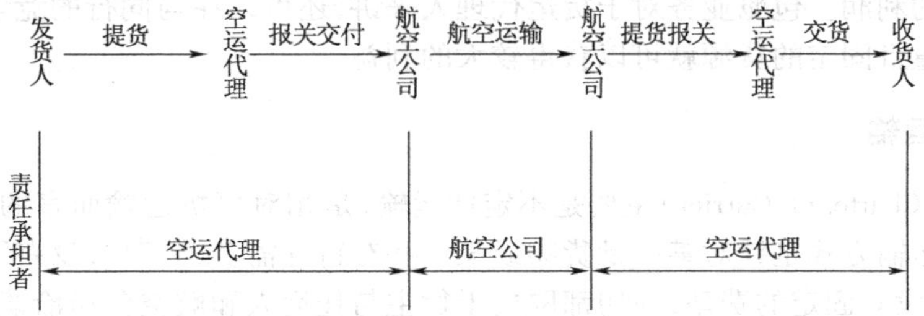

图 7-1 航空货物运输中各有关当事人的责任划分

为协调航空货物运输中各有关当事人的关系,促进航空货物运输的发展,一些国际航空运输组织相继成立,如国际民用航空组织(International Civil Aviation Organization, ICAO)、国际航空运输协会(International Air Transport Association, IATA)、国际货物发运人协会(International Federation of Freight Forwarders Association, FIATA)等。我国是 ICAO 的理事国。国际航空运输日常工作中所使用的《航空货运价手册》(*The Air Cargo Tariff*)和《ABC 航空货运指南》(*ABC Air Cargo Guide*)都是由 IATA 制定的。中国民航未参加 IATA,但有非正式联系。

单元二 国际空运物流的方式

国际空运物流的方式主要有以下几种:班机运输、包机运输、集中托运、航空快递和陆空联运。

一、班机运输

班机运输(Scheduled Airline)是指在固定航线上定期开航的有固定始发站、到达站和经停站的飞机运输方式。班机运输有客运航班、货运航班及客货混合航班之分。其中,客货混装是班机运输的主要形式。

班机运输有固定的航线、停靠机场、航班和到港时间,不仅速度快,而且交货时间准确。货物收(发)货人对贵重物品、市场上急需的商品、鲜活易腐货物的运送一般采用班机运输。但班机运输由于多采用客货混合机型,航班以客运服务为主,货物舱位有限,不能满足大批量货物及时出运的要求,往往只能分批运输。再有,不同季节同一航线客运量的变化也会直接影响货物装载的数量,使得班机运输在货物运输方面存在很大的局限性。随着航空货运市场的发展和航空技术的进步,一些有固定客户且货物运输量大的大型航空公司在一些货源充足的航线上使用全货机,开辟定期的货运航班。

班机运输的经营方式主要有包舱、包板(集装箱)①。

包舱、包板(集装箱)是指托运人根据所运输的货物在一定时间内需要单独租用航空公司飞机的部分或全部机舱、集装箱、集装板,而由承运人给予事先承诺,并保证舱位的一种运输经营方式。

包舱、包板(集装箱)的实质就是包租固定的舱位。目前在航空货物运输经营中,由于包舱运输给承运人和代理人都带来了不少的好处,因此已成为最常见的一种方式。对于航空公司,因为舱位包租给了他人,飞机的正常营运有了保证,减少了自身的风险;对于货运代理企业,因为它能为航空公司带来稳定的货源,使其在承运人那里获得较低的运价成为可能,可以取得更多的利润。包舱业务对于货运代理人来讲,还可以在与同行的竞争中获得优势,只要有一定数量且固定的货源就可以获得较大的利益。

二、包机运输

包机运输(Chartered Carrier)主要是不定期运输,是相对班机运输而言的另一种运输形式。由于这种运输方式是针对某一批货物或某一些有特殊需要的客户,没有固定的航线、时间和起落站,也没有固定的费率,一切都取决于货主与托运人和航空公司洽谈的条件和订立的包机合同而定。包机运输分为整架包机和部分包机两种形式。

整架包机即托运人包租整架飞机,是指航空公司或包机代理公司按照与租机人事先约定的条件和费率,将整架飞机的某个航次包租给包机人,从一个航空站或几个航空站将货物运往指定的目的地。整架包机的特点是运输量比较大,时间比较灵活,运费相对比较低。

部分包机主要有两种形式:一种是由几家航空货运代理公司或多个发货人联合包租整架飞机;另一种是由包机公司把整架飞机包租后,将舱位分租给若干个航空货运代理公司。部分包机适合货量比较大但不足整架包机的货物运输。

包机运输可以解决班机运输舱位不足的矛盾;包机运输比班机运输更具灵活性,不用中转,可以弥补直达航班的不足;可以减少货损、货差或货物丢失;货物全部由包机运出,可以避免多次发货的手续,节省时间;在空运旺季,可以缓解航班紧张状况;可以解决海鲜品、活

① 人们也将集中托运、航空快递归纳到班机运输中。本书将集中托运、航空快递作为单独的运输方式进行介绍。

动物的运输问题。但包机运输要等待其他货主备妥货物，往往不能按时起飞。此外，各国政府出于安全的需要，常对从事包机业务的外国航空公司实行各种限制，各国还通过制定复杂烦琐的审批手续来增加他国航空公司包机运输的营运成本，因此目前包机业务并不盛行。

包机运输的运费一般为一次一议，并随着国际市场供求情况的变化而变化。包机运输在原则上是按每一飞行千米的固定费率核收费用。如果是单程运输，则要按每一飞行千米费用的80%收取空载费。因此，采用包机运输方式，最好争取来回程都有货载，这样才能降低单位运输成本。在整机包机这种运输方式下，包机人一般要在货物装运前一个月与航空公司联系，以便航空公司安排运载和向起降机场及政府有关部门申请、办理过境或入境的有关手续。

三、集中托运

集中托运(Consolidation)是指航空货运代理公司将若干批单独发运的货物组成一整批，向航空公司办理托运，采用一份航空总运单集中发运到同一目的站，由集中托运人在目的地指定的代理收货，再根据集中托运人签发的航空分运单分拨给各实际收货人的运输方式。目前这种运输方式是航空货物运输中开展最为普遍的一种运输方式。

简单点说，集中托运是将从同一始发站运往同一目的地的众多托运人的小件货物，集合成批量货物进行集中运输。其过程如图7-2所示。

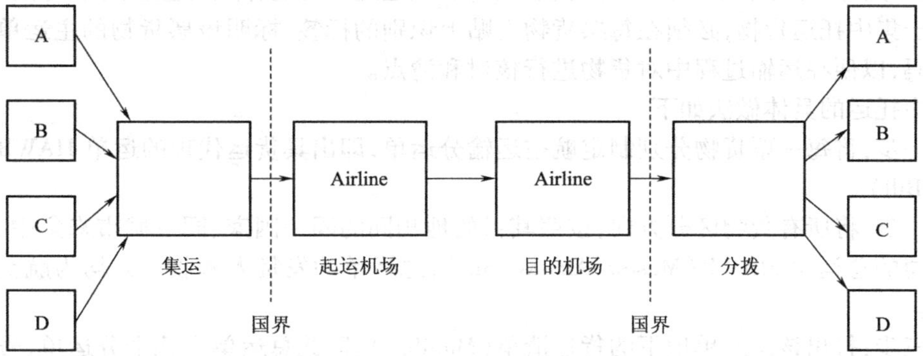

图7-2 航空货物集运过程示意图

集中托运实际上是一种代理形式的货运业务。由于航空运价是根据货物计费重量的增加而逐步递减的，货物的重量越重，货运代理就可以在航空公司获得更加优惠的运价。在航空运输市场上，运价对代理企业的经营效益起着相对重要作用的情况下，集中托运的经营方式是航空代理企业增加收益的重要手段。

在航空集运过程中，向航空公司托运货物的是航空货运代理企业。航空货运代理企业在收取每个托运人的货物时必须出具凭证，这个凭证就是代理企业自己签发的航空货物分运单(House Air Waybill，HAWB)，表明托运人已把货物交给了代理人。代理企业本身没有分运单的也可以用航空公司的运单代替。分运单的托运人栏和收货人栏是实际的托运人和收货人。

知识链接

适合集中托运的货物

(1)由于货物性质的缘由,对于集中托运的货物的性质有一定的要求,诸如活体动物、尸体、骨灰、贵重物品、外交信函、危险货物等不得以集中托运方式运输。

(2)由于采用集中托运的运输方式,货物的出运时间不能确定,所以鲜活易腐货物、市场上急需的货物或其他对时间要求高的货物不适于采用这种运输方式。

(3)只有目的地相同或临近,才能办理集中托运。例如,运往美国和日本的货物就不能一起办理集中托运。

(4)那些可以享受航空公司优惠运价的货物,如书本等,如果采用集中托运方式,则无法享受到运费的优惠。

代理人在收取众多托运人的货物以后,进行集中托运,需要把来自不同托运人的货物集中起来,交由航空公司运输。代理人与航空公司之间也需要一种凭证,这个凭证就是主运单(Master Air Waybill,MAWB)。主运单上的有关信息就是航空公司进行航空运输的依据。主运单上的托运人和收货人,必须是办理出口集运航空代理企业和其在进口地的代理企业。

在集中托运的运输方式下,主运单下还要配有集中托运的货物舱单(Manifest),主要列明主运单下每票货物的分运单号、实际的收(发)货人、运送目的地、件数、重量、体积等具体信息。

对于集中托运货物,必须在每票货物上贴上识别的标签,标明该票货物的主运单和分运单的号码,以便在运输过程中对货物进行核对和清点。

集中托运的具体做法如下。

第一步:将每一票货物分别制定航空运输分运单,即出具货运代理的运单 HAWB(House Airway Bill)。

第二步:将所有货物区分方向,按照其目的地相同的同一国家、同一城市来集中,制定出航运公司的总运单 MAWB(Master Airway Bill),总运单的发货人和收货人均为航空货运代理公司。

第三步:打出该总运单项下的货运清单(Manifest),即此总运单有几个分运单,号码各是什么,其中件数、重量各多少等。

第四步:把该总运单和货运清单作为一整票货物交给航空公司。

第五步:货物到达目的地机场后,当地的货运代理公司作为总运单的收货人负责接货、分拨,按不同的分运单制定各自的报关单据并代为报关,为实际收货人办理有关接货、送货事宜。

第六步:实际收货人在分运单上签收以后,目的站货运代理公司以此向发货的货运代理公司反馈到货信息。

四、航空快递

航空快递(Air Express),也叫航空快运或航空速递,是指具有独立法人资格的企业将进出境的货物或物品从发件人(Consignor)所在地,通过自身或代理的网络运达收件人(Consignee)的一种快速运输方式。其中采用这种运输方式进出境的货物、物品被称为"快件"。快件业务又可分为快件文件和快件包裹两大类。快件文件主要指商务文件、资料等无商业价值的印刷品，也包括银行单证、合同、照片、机票等。快件包裹指一些贸易成交的小型样品、返修零配件及采用快件运送方式运送的一些进出口货物和物品。

航空快递企业负责整个过程中除航空运输以外的所有事务，包括到发货人所在地接货、货物托运事宜、办理进出境通关手续和将货物送达收货人等。

航空快递的主要业务形式有以下几个。

（一）机场到机场（Airport to Airport）

在这种快递业务形式下，发件人须将快件送到机场，待快件到达目的地机场后，收件人需自己办理相关手续，并到机场提货。由于这种快递业务不够便捷，现在已较少被使用。

（二）门/桌到门/桌（Door/Desk to Door/Desk）

在这种快递业务形式下，发件人在需要发件时可电话通知快件公司，快件公司在接到电话后会立即派人到发件人处取件。然后快件公司会将所有收到的快件以其目的地为依据进行分拣、整理、核对、制单、报关，分别赶乘各自最快的航班，发往世界各地，同时，快件公司会利用最为快捷的通信方式（传真或电传）将所运送快件的相关信息通知其在目的地的分公司或代理公司。在快件运送的整个期间，客户可依靠快件公司的电脑网络随时对快件的位置进行查询。待快件到达目的地后，再由快件公司在当地的分公司或代理公司办理清关、提货手续，并及时将快件送至收件人手中，之后，将快件派送消息及时反馈给发件地的快件公司。

（三）门/桌到机场（Door/Desk to Airport）

在这种快递业务形式下，快件公司只负责将快件送达目的地机场。然后由快件公司通知收件人自己去办理清关、提货手续。采用这种快递方式的多是价值较高的或是海关当局有特殊规定的货物或物品。

（四）专人派送（Courier on Board）

专人派送俗称“手提”。这种快递业务形式通常是在一些较特殊的时候，为确保货物的安全或交货时间才采用的方式。具体来说，专人派送是指由发件地快件公司指派专人携带快件在最短时间内采用最便捷的交通方式，将快件直接送到收件人手中。

在上述四种方式下专人派送最可靠、最安全，同时费用也最高。

五、陆空联运

陆空联运是指包括空运在内的两种以上运输方式的联合运输。陆空运输的主要形式有3种：

火车—飞机—卡车（Train - Air - Truck，TAT）。

火车—飞机（Train - Air，TA）。

卡车—飞机（Truck - Air，TA）。

我国空运出口货物往往采用陆空联运方式。用火车、卡车、轮船等运输工具将货物运到国际航空港口岸，再采用航空运输方式，将货物转运到目的地。采取这种运输方式的最大好处是节省了运费。因为我国幅员辽阔，而国际航空港口岸主要有北京、上海、广州等。虽然省会城市和一些主要城市每天都有班机飞往上海、北京、广州，但班机所带货量有限，费用比较高。如果采用国内包机，费用更贵。因此在货量较大的情况下，往往采用陆运至航空口岸，再与国际航班衔接。由于汽车具有机动灵活的特点，在运送时间上更可掌握主动，因此一般都采用“TAT”方式组织出运。

我国长江以北的外运公司多采用火车或卡车将货物送至北京、上海航空口岸出运。我国长江以南的外运公司目前办理陆空联运的具体做法是用火车、卡车或船将货物运至我国香港地区，然后利用香港航班多、到欧洲和美国运价较低的条件（普遍货物），把货物从香港运到目的地，或运到中转地，再通过当地代理，用卡车送到目的地。

陆空联运货物发运前，空运代理要事前与在香港的收转人联系，满足香港的收转人对单证的要求，便于提前订舱。各地发货时，可使用空运代理的航空分运单，也可使用"承运货物收据"。有关单据上要注明是转口货，要加盖"陆空联运"字样的标记，以加速周转和避税。

单元三　国际空运物流业务流程

下面分别阐述进出口货物空运物流业务流程。

一、出口货物空运物流业务流程

对货主来说，在出口货物空运物流业务中，主要是做好货物托运，其流程可归纳为图7－3。

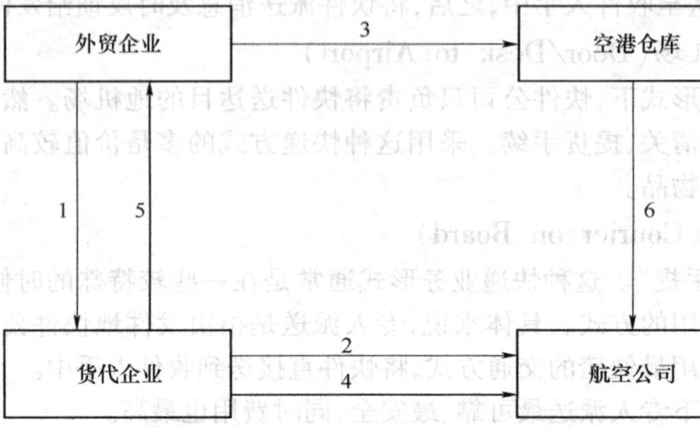

图7－3　航空出口货物托运流程

图注如下。

第一步，办理托运。货主填写"国际货物托运委托书"并发送给其航空货运代理作为承办航空货物托运的书面依据。航空货运代理接受委托书并落实货、证备齐后，依据货主委托书制作纸质托运单或电子托运数据向航空公司办理托运手续。

第二步，预订舱。航空货运代理对相关单证（如商业发票、报关单、装箱单、外汇核销单等）进行初步审核后进行预订舱，初步确定航班、日期、运价后，正式通知货主交货。

第三步，收运货物。货主按照货代通知的仓库、进仓时间和编号将货物送入指定仓库并取得仓库收货凭据。航空货运代理则代表航空公司收运货物，对货物编号、件数、重量、尺寸进行核查，将清点称重和丈量后的实际数据记录在收货凭据上。

第四步，正式订舱。航空货运代理在起飞24小时前向海关办理出口货物报关手续。然后根据待运货物件数、重量、体积与实际舱容进行正式配舱，并向航空公司吨控部门申请订舱。

第五步，填制货运单。经由航空公司正式确认舱位的货物，航空货运公司代理填制该货物的总运单。如果是由航空货运代理汇总各个企业的出口货物后再向航空集中托运的货物，则还需要为每一票货物填开分运单。

第六步，装货出运。航空公司或其代理验收单据和货物后，在交接单上签字并将货物装上飞机。

对航空货运代理来说，在出口货物空运物流业务中，主要是做好代理作业。出口货物的航空货运代理作业是指航空货运代理从发货人（货主）手中接到货物并将货物交到航空公司发运的一系列活动。主要业务环节如图7-4所示。

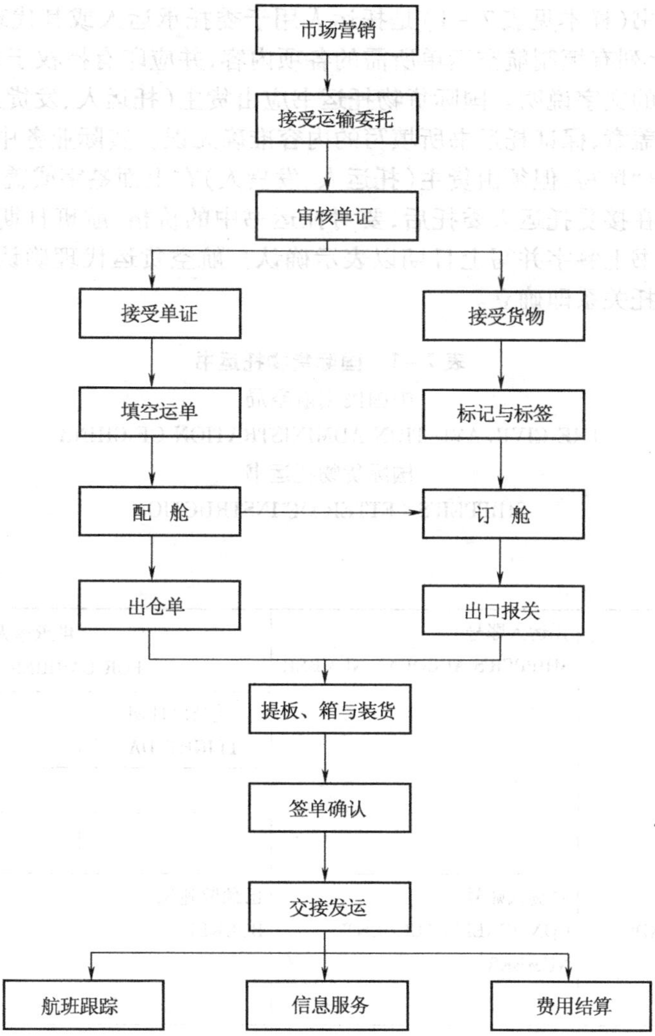

图7-4　出口货物国际航空运输代理业务流程图

下面就图7-4中的一些主要业务环节进行阐述。

（一）市场营销与接受运输委托

1. 市场营销。这里所说的市场营销就是通常所说的揽货，是指航空货运代理到有进出口经营权的企业去组织货源，销售航空公司的舱位。为承揽货物，航空货运代理需及时向托运人介绍本公司的业务范围、服务项目、各项收费标准，特别应向出口公司介绍优惠运价、公司的服务优势等。

2. 接受委托。航空货运代理与货主(出口商)就出口货物运输事项达成意向后，航空货运代理向托运人提供所代理的航空公司的“国际货物托运书”(Shipper's Letter of Instruction)。货主应向航空货运代理提交填好的“国际货物委托书”和出口合同副本及有关单证。对需要包机运输的大宗货物，货主应在发运货物前40天填写“包机委托书”送交航空货运代理。对需要紧急运送的货物或必须在中途转运的货物，应在委托书中说明，以便航空货运代理设法利用直达航班运送和安排便于衔接转运的航班运送。

国际货物托运书(样本见表7-1)是托运人用于委托承运人或其代理人填开航空运单的一种表单，表单上列有填制航空运单所需的各项内容，并应印有授权于承运人或其代理人代其在运单上签字的文字说明。国际货物托运书应由货主(托运人、发货人)自己填写，而且必须在上面签字或盖章，保证托运书所填写的内容准确无误。实际业务中，国际货物托运书也可由航空货运代理填写，但须由货主(托运人、发货人)在上面签字或盖章。

航空货运代理在接受托运人委托后，要对托运书中的价格、航班日期等进行审查，审核无误后必须在托运书上签字并写上日期以表示确认。航空货运代理确认后，航空货运代理与托运人双方的委托关系即确立。

表7-1 国际货物托运书

中国民用航空局

THE CIVIL AVIATION ADMINISTRATION OF CHINA

国际货物托运书

SHIPPER'S LETTER OF INSTRUCTION

货运单号码

No. OF AIR WAYBILL

托运人姓名及地址 SHIPPER'S NAME AND ADDRESS	托运人账号 SHIPPER'S ACCOUNT NUMBER	供承运人用 FOR CARRIER USE ONLY	
		航班/日期 FLIGHT/DAY	航班/日期 FLIGHT/DAY
收货人姓名及地址 CONSIGNEE'S NAME AND ADDRESS	收货人账号 CONSIGNEE'S ACCOUNT NUMBER	已预留吨位 BOOKED	
代理人的名称和城市 Issuing Carrier's Agent Name and City		运费 CHARGES	
始发站 AIRPORT OF DEPARTURE			

续表

<table>
<tr><td colspan="4">到达站
AIRPORT OF DESTINATION</td><td colspan="2">另请通知
ALSO NOTIFY</td></tr>
<tr><td colspan="3">托运人声明的价值
SHIPPER'S DECLARED VALUE</td><td rowspan="2">保险金额
AMOUNT OF
INSURANCE</td><td colspan="2" rowspan="2">所附文件
DOCUMENTS TO
ACCOMPANY AIR
WAYBILL</td></tr>
<tr><td colspan="2">供运输用
FOR CARRIAGE</td><td>供海关用
FOR CUSTOMS</td></tr>
<tr><td colspan="6">处理情况(包括包装方式、货物标志及号码等)
HANDLING INFORMATION (INCL. METHOD OF PACKING IDENTIFYING MARKS AND NUMBERS. ETC.)</td></tr>
<tr><td>件数
NO. OF
PACKAGES</td><td>实际毛重(千克)
ACTUAL GROSS
WEIGHT(kg)</td><td>运价类别
RATE CLASS</td><td>收费重量
CHARGEABLE
WEIGHT</td><td>费率
RATE/
CHARGE</td><td>货物品名及数量(包括体积或尺寸)
NATURE AND QUANTITY OF GOODS (INCL. DIMENSIONS OR VOLUME)</td></tr>
<tr><td></td><td></td><td></td><td></td><td></td><td></td></tr>
<tr><td colspan="6">托运人证实以上所填全部属实并愿遵守承运人的一切载运章程
THE SHIPPER CERTIFIES THAT THE PARTICULARS ON THE PAGE HEREOF ARE CORRECT AND AGREES TO THE CONDITIONS OF CARRIAGE OF THE CARRIER
托运人签字 日期: 经手人 日期:
SIGNATURE OF SHIPPER DATE AGENT DATE</td></tr>
</table>

国际货物托运书上要写明货物名称、体积、重量、件数、目的港和要求出运的时间等内容。

(二)审核、接受单证、接收货物

审核、接受单证、接收货物简称审单、接单、接货。

1. 审单。航空货运代理对托运人提交的"国际货物委托书"和随附单证①必须进行审核,如发现单证不符或缺少,应要求托运人尽快修改或补交。

航空货运代理应着重检查托运书上以下栏目的填写。

(1)货物品名栏(包括体积及尺寸)。检查货物品名栏内的品名是否填写得过于笼统,如"鱼罐头"不应笼统地填写为"食品"。另外应检查托运人所填写的货物尺寸是否注明计量单位,对于危险物品,则应要求注明其专用名称和包装级别。

① 根据货物的不同种类,托运人应提供以下有关文件:①进出口货物过境海关所需文件;②货物的内容清单;③托运危险品、动物证明;④在国际航协3区和1区之间托运指定商品时,必须提供商业发票。

(2)收货人姓名和地址栏。代理人应了解收货人所在城市名称是否属于不同国家中的重名城市，遇有此种情况时，必须要求加上国名，运往美国的货物则还应加上州名。本栏不得出现“TO Order”字样。

(3)货物重量栏。如托运人自己将货物重量填入栏内，代理人必须进行复核。代理人对货物应进行称重和量尺寸，以便计算出计费重量。

(4)运费栏。在计算运费前，必须准确地确定费率，计算完运费后，必须进行复核。

(5)托运人签字栏。检查托运人签字栏内是否有托运人的签字。

2. 接单。航空货运代理接受托运人送交的已经审核确定的托运书及报关单和收货凭证后，用电脑中的收货记录与收货凭证进行核对，制作操作交接单，填上所收到的各种报关单证的份数，给每份交接单配一份总运单或分运单。如果货未到或未全到，可以按照托运书上的数据填入交接单并注明，货物到齐后再进行修改。

3. 接货。接货就是航空货运代理和货主交接货物，并将货物运至航空货运代理公司仓库或直接运至航空公司仓库的过程。航空货运代理接货最重要的工作是根据货主提供的发票和装箱单清点货物，核对货物的数量、重量、品名、包装等是否与货运单据上列明的一致。如有遗漏或破损要及时与货主联系，整理补足后，与货主办理交接手续。如果货主通过空运或铁路从内地将货物运往出境地，航空货运代理可代为提货，如货主已在当地办理了清关手续，则应要求对方提供当地海关的关封。

航空货运代理接货后要填写收货单。收货单是客户与航空货运代理之间收交货物的凭证，也是货运单上数据更改的依据。收货单的主要内容包括：客户名称、进舱编号、分运单号、货物目的地、收货日期、货物件数、重量、体积、收货人签名等。收货单分客户、仓库和出口业务部三联。

(三)填制航空运单

航空货运代理根据发货人提供的国际货物委托书，缮制航空运单，包括总运单，也称主运单(Master Air Waybill，MAWB)(样本见表7－2)和分运单(House Air Waybill，HAWB)。

表7－2　航空主运单

999		999 –
Shipper's Name and Address	Shipper's Account Number	NOT NEGOTIABLE 中国民航 *CAAC* AIR WAYBILL(AIR CONSIGNMENT NOTE. ISSUED BY:THE CIVIL AVIATION ADMINISTRATION OF CHINA，BEIJNG CHINA)
		Copies 1，2 and 3 of this Air Waybill are originals and have the same validity
Consignee's Name and Address	Consignee's Account Number	It is agreed that the goods described herein are accepted in apparent good order and condition(except as noted) for carriage SUBJECT TO THE CONDITIONS OF CONTRACT ON THE REVERSE HEREOF. THE SHIPPER'S ATTENTION IS DRAWN TO THE NOTICE CONCERNING CARRIER'S LIMITATION OF LIABILITY. Shipper may increase such limitation of liability by declaring a higher value for carriage and paying a supplemental charge if required. ISSUING CARRIER MAINTAINS CARGO ACCIDENT LIABILITY INSURANCE

续表

Issuing Carrier's Agent Name and City		Accounting Information
Agent's IATA Code	Account No.	
Airport of Departure (Addr. of First Carrier) and Requested Routing		

to	by First Carrier	Routing and Destination	to	by	to	by	Currency	Chgs Code	WT/VAL		Other		Declared Value for Customs	Declared Value for Carriage
									PPD	COLL	PPD	COLL		

Airport Destination	Flight/Date	for Carrier Use only	Flight/Date	Amount of Insurance	INSURANCE if carrier offers insurance, and such insurance is requested in accordance with conditions on reverse hereof, indicate amount to be insured in figures in box marked amount of insurance

Handling Information

(for USA only) Those commodities licensed by U. S. for ultimate destination...... Diversion contrary to U. S. law is prohibited

No. of Pieces RCP	Gross Weight	KG/LB		Rate Class / Commodity Item No.		Chargeable Weight	Rate/Charge		Total		Nature and Quantity of Goods (incl. Dimensions or Volume)

Prepaid Weight Charge Collect	Other Charge
Valuation Charge	
Tax	
Total Other Charges Due Agent	
Total Other Charges Due Agent	Shipper certifies that the particulars on the face hereof are correct and that insofar as any part of the consignment contains dangerous goods, such part is properly described by name and is in proper condition for carriage by air according to the applicable Dangerous Goods Regulations -- Signature of Shipper or His Agent
Total Other Charges Due Carrier	

Total Prepaid	Total Collect		
Currency Conversion Rates	CC Charges in Dest. Currency	-- Executed on (date) at (place) Signature of Issuing Carrier or His Agent	
For Carriers Use only at Destination	Charges at Destination	Total Collect Charge	999 –

1. 航空运单的作用。航空运单是托运人和承运人之间在承运人的航线上运输货物所订立运输契约的凭证，是托运人或其代理人所使用的最重要的货运文件，其作用归纳如下。

一是承运人与托运人之间缔结运输契约的凭证；

二是承运人收运货物的证明文件；

三是运费结算凭证及运费收据；

四是承运人在货物运输组织的全过程中运输货物的依据；

五是国际进出口货物办理清关的证明文件；

六是保险证明。

2. 航空运单的特点和国际惯例。

(1)一张货运单只能用于一个托运人在同一时间同一地点托运的、由承运人承运的、运往同一目的站同一收货人的一件或多件货物。

(2)航空运单可以代表航空公司身份，该货运单由航空公司印制。航空运单还可以不是由航空公司印制的不代表任何一个航空公司的中性运单。

(3)运单的右上端印有"不可转让"(NOT NEGOTIABLE)字样，其意义是指航空运单仅作为货物航空运输的凭证，所有权属于出票航空公司，与可以转让的海运提单恰恰相反。因此，任何IATA成员都不允许印制可以转让的航空运单，运单上的"不可转让"字样不可被删去或篡改。

(4)空运交货方式下的航空运单不同于海运提单，不是通过转让单据来转让货物所有权。航空货运单不是货物所有权的凭证，也不能通过背书转让。收货人提货不是凭航空货运单，而是凭航空公司的提货通知单。

(5)《UCP600》规定，航空运单只有在特别要求实际发运日期时，才以运单批注的发运日期为装运日期，否则均以签发日期作为装运日期。因此，航空运单签发日期不能超过交单的限期，否则会违反信用证的规定。

3. 航空运单的填制责任。根据《华沙公约》《海牙议定书》和承运人运输条件的条款规定，托运人有责任填制航空运单。规定明确指出，托运人应自行填制航空运单，也可以要求承运人或承运人授权的代理人代为填制。托运人对货运单所填各项内容的正确性、完备性负责。由于航空运单所填内容不准确、不完全，致使承运人或其他人受到损失，托运人负有责任。托运人在航空运单上的签字，证明其接受航空运单正本背面的运输条件。根据《中华人民共和国民用航空法》第113条和114条的规定，托运人应当填写航空运单正本一式三份，连同货物交给承运人。承运人有权要求托运人填写航空运单，托运人有权要求承运人接受该航空运单。托运人未能出示航空运单、航空运单不符合规定或航空运单遗失，不影响运输合同的存在或者有效。

在实务中航空运单一般由托运人的货运代理或承运人或其代理代为填开。货主所托运的货物是直接发给国外收货人的单票托运货物，货运代理填写航空公司总运单即可。但货物如果属于以国外货代为收货人的集中托运货物，货运代理必须先为每票货物填写分运单，再填写总运单，以便国外代理对总运单下的各票货物进行分拨。总运单下有几份分运单时，需制作航空货物清单。总运单上货物的件数必须与相对应的几份分运单的件数相同。

4. 我国的航空运单。我国国际航空运单由一式12联组成，包括3联正本、6联副本和3联额外副本。3联正本中，第一联正本交给货主；第二联承运人(航空公司)留存，为运费账单和发票，作为各方费用结算的凭证；第三联注有"Original for the consignee"字样，作为随机单据，到目的地后交收货人，作为核收货物的依据，第三联正本也是收货人报关的主要凭证之一。

5. 航空运单的填写。填写航空运单的主要依据是发货人提供的国际货物托运书。航空货运单一般用英文大写字母填写。目的地为香港地区的航空运单可以用中文填写。托运书上的各项内容都应体现在航空货运单上。各栏内容必须准确、清楚、齐全，不得随意涂改①。已订舱的货物或运费到付的货物，运单上要注明已订妥的航班号、航班日期。对于运输途中需要特殊对待的货物还应在航空货运单“Handling Information”栏中注明。

航空运单的主要内容与填写要求如下。

(1)运单号(No.)。航空运单的运单号由航空公司编制，所以从航空运单号可以区别出哪一国的航空公司。运单号一般由11位数字组成，前三位数字为航空公司代码，如中国国际航空公司的代码是999、南方航空公司的代码是784、日本航空公司的代码是131，后面7位数是顺序号，最后一位是检查号②。

(2)承运人名称(Carrier's Name)。根据《UCP600》的规定，如果信用证要求空运单据，银行将接受表面标明承运人名称的单据。各航空公司的运单均标明了承运人的名称。

(3)发货人名称及地址(Shipper's Name and Address)。本栏要求填托运人的全称、街名、城市名称、国名，以及便于联系的电话号、电传号或传真号。信用证项下必须与收益人名称及地址一致。托收项下按合同的卖方、地址填。

(4)发货人账号(Shipper's Account Number)。本栏为便利双方结算而提供账号，可根据实际情况在必要时填入，一般可不填，所以本栏可留空。

(5)收货人名称及地址(Consignee's Name and Address)。航空运单的收货人一般不作指示式，因为航空运单不是物权凭证，只代表承运人已收到货的收据。航空运单的正本共三份，其中一份航空公司自己留底，一份给发货人，另一份随机带去，货到目的地承运人按指定的收货人发出到货通知(Notice of Arrival)，并交给收货人航空运单正本。所以事实上收货人接到通知即可提货。因此，运单上收货人栏一般都是记名式，指名某某人为收货人。本栏填收货人的全称、街名、城市名称、国名(特别是在不同国家内有相同城市名称时，必须要填上国名)以及电话号、电传号或传真号。

(6)收货人账号(Consignee's Account Number)。本栏根据实际需要，在必要时可填入收货人账号。没有特别要求，一般可以不填。

(7)签发运单的承运人的代理人名称及城市(Issuing Carrier's Agent Name and City)。如果运单系由承运人的代理人签发，则本栏填实际的代理人名称及城市名。如果直接由承运人本人签发，本栏可不填。

(8)代理人的IATA代号(Agent's IATA Code)。本栏填承运人代理人的IATA代号。一般本栏可不填。

(9)代理人账号(Agent's Account No.)。本栏填代理人的账号，供承运人结算使用。一般本栏可不填。

(10)起航机场和指定航线(Airport of Departure and Requested Routing)。起航机场和

① 航空运单已填内容在运输过程中需要修改时，必须在修改项目的近处盖章注明修改货运单的空运企业名称、地址和日期。修改货运单时，应将所有剩余的各联一同修改。

② 检查号用以识别运单的真假，该数字为前7位数字除以7的余数。

指定航线指该飞机起航机场名称和航线。一般填起航机场名称的三字代码即可。

(11)会计结算情况(Accounting Information)。本栏指与费用结算有关情况,如运费预付、到付或发货人结算使用信用卡号以及其他必要的情况。

(12)运输路线(to…by…to…by…)。分别填入第一(二、三)中转机场的IATA代码和承运人。

(13)目的地机场(Airport of Destination)。本栏填符合信用证或合同所规定的目的地机场名称。不知道机场名称时,可填城市名称。如果在不同的国家有相同的名称和城市,则要指出该城市所属国家。例如:LONDON UK 英国,伦敦;LONDON KY US 美国肯达基州,伦敦;LONDON TO CA 加拿大安大略省,伦敦。又如:Barcelona,Spain 西班牙,巴塞罗那;Barcelona,Venezuela 委内瑞拉,巴塞罗那。托运人所指的目的站没有机场时,要查看航空货运价手册(The Air Cargo Tariff Rules,TACT Rules)7.3.2节中的1.1国内机场部分(Customs Airports),填目的站所在国中与该目的站最近的一个机场。

(14)航班/日期(仅供承运人使用)[Flight/Date (for carrier use only)]。航班/日期系航班号及该飞机实际起飞日期。但本栏所填的内容只能供承运人使用,故本栏所注明的起飞日期不能视为本货物的装运日期,一般以航空运单的签发日期作为装运日期。

(15)费用币制及费用代号(Currency and Charges Code)。支付费用使用的币制以货币国际标准代码表示,如人民币以"CNY"表示。费用代号一般可不填。

(16)运费/声明价值费和其他费用(WT/VAL and Other)。如果运费和声明价值费或其他费用是预付,则在"PPD"栏下填"X","PPD"系"Prepaid"的缩写,即表示费用已预付。如果费用是待付,则在"COLL"栏下填"X","COLL"系"Collect"的缩写,即表示费用待付。如果第11栏已填"Freight Prepaid"或"Freight Collect",则本栏所填的"PPD"或"COLL"不得与第11栏有抵触。

(17)供运输使用声明价值(Declared Value for Carriage)。本栏填供运输用的声明价值金额,该价值即为承运人负赔偿责任的限额①。承运人按有关规定向托运人收取声明价值费,但如果所交运的货物毛重每千克不超过20美元(或其等值货币),无须填写声明价值金额,可在本栏内填"NVD"(NO Value Declared,未声明价值),如本栏空着未填写,承运人或其代理人可视为货物未声明价值。如在本栏填声明价值,其币制应与第15栏表示的币制一致。

(18)供海关使用声明价值(Declared Value for Customs)。本栏所填的价值作为海关征税的依据。目前有的地区以出口货物报关单申报价值或提供商业发票作为征税依据时,则本栏可不填。有的还在本栏填"As per Invoice No."。如果作为样品等数量极少的货物,无商业价值,可填"NCV"或"N. C. V.",表示"No Commercial Value"(无商业价值)。

(19)保险金额(Amount of Insurance)。我国民航各空运企业暂未开展国际航空运输代保险业务,本栏可空着不填。

(20)处理情况(Handling Information)。根据需要可利用本栏填所需要的内容,如注明

① 根据《统一国际航空运输某些规则的公约》(华沙公约)规定,托运人在交运货物时有特别声明货物价值者,如果货物因承运人的责任而造成毁灭、遗失或损坏的损失,承运人按其声明价值赔偿。如无声明价值,承运人即按统一规定的每千克定额赔偿,但其定额不超过该货到达后的价值。

下列内容:①必须首先填写危险货物(如有)的情况:其一,需要附托运人危险货物申报单的,则本栏填写“DANGEROUS GOODS AS PER ATTACHED SHIPPER'S DECLARATION”字样,对于要求装货机上的危险货物,还应加上“CARGO AIRCRAFT ONLY”字样;其二,不需要附托运人危险货物申报单的,则本栏填写“SHIPPER'S DECLARATION NOT REQUIRED”字样。②被通知人。例如:另请通知(ALSO NOTIFY)。如托运人希望在货物到达的同时除通知收货人之外还通知他人,请另填写通知人的全名和地址。③货运单所附文件(DOCUMENT TO ACCOMPANY AIRWAY BILL)。填随附在货运单上送往目的地的文件,应填上所附文件的名称,例如:托运人的动物证明(SHIPPER'S CERTIFICATION FOR LIVE ANIMALS)。④包装情况。一般使用“货物交换电报程序”(CARGO - IMP)中的代号和简语填写。⑤发货人对货物在途中的某些特别指示,或对第二承运人的要求等。

(21)件数(No. of Pieces RCP)。本栏要正确填入所装载的包装件数,并填该批货物的总件数,注明其包装方法,且应符合信用证的要求。例如:包裹(Package)、纸板盒(Carton)、盒(Case)、板条箱(Crate)、袋(Bag)、卷(Roll)等,如货物没有包装,就注明为散装(Loose)。

本栏的 RCP 系“Rate Combination Point”的缩写,即运价组成点,在填完(21) - (29)项后在本栏另起一行填运价组成点,即填货物的总件数、总重量及运费总计。

(22)毛重(Gross Weight)。本栏填实际货物毛重。

(23)千克或磅(kg/lb)。本栏指第 22 栏毛重是以千克或以磅为计算单位。将使用的重量单位(K 或 L)填入该栏。

(24)运价分类(Rate Class)。运价分类代号有“*M*”“*N*”“*Q*”“*C*”“*R*”“*S*”。本栏根据不同的航空运价填相应的运价代号。例如:“*M*”即货物起码的费率;“*N*”即 45 千克以下普通货物的费率;“*Q*”即 45 千克以上普通货物的费率。运价分类代号可参考航空公司有关运价材料按实际填写。

(25)商品编号(Commodity Item No.)。属于“*C*”运价分类代号者,在“*C*”同一行的本栏内填入商品编号,例如填编号:“0300”。如果属于“*R*”“*S*”运价分类代号者,在“*R*”“*S*”同一行的本栏内填其运价加或减的百分比。对于集装设备运输,还应在集装设备附加项代号“*X*”同一行的本栏内填入集装设备的类型代号。

(26)计费重量(Chargeable Weight)。以重量计算运费,填实际毛重,与第 22 栏毛重相同。如果属于“*M*”运价分类代号和以尺码计收运费者,本栏可不填。

(27)费率(Rate/Charge)。本栏按实际计费的费率填入。例如,费率是以每千克 20.51 元计算的,即填“20.51”。如果按“*M*”运价代号(起码费率)计费则列出起码费率。

(28)运费总额(Total)。本栏填计收运费的总额,即计费重量 × 费率 = 运费总额。

(29)货物的品名和数量(包括尺寸或体积)[Nature and Quantity of Goods(incl. dimensions or volume)]。本栏填货物的品名、数量、体积、尺寸等。货物中的每一项均须分开填写,并尽量填写详细。本栏所属填写内容应与商业发票和进口许可证上所列明的内容一致。危险品应填写适用的准确名称及标贴的级别。

(30)以重量计算的运费额(Weight Charge)。本栏有两项,预付额(Prepaid)和待付额(Collect),根据实际情况填制,并与第 28 栏金额相同。

(31)其他费用(Other Charges)。例如,在本栏填“AWC:50.00”,“AWC”系“Air Waybill Charges”(运单费)的缩写。有的填“AWB”“AW”或“AWB FEE”也可以。此外还有危险货

物费、起运地仓储费和目的地仓储费等。

知识链接

航空运输中的其他费用代码

AC:动物容器费;AS:集中服务费;AW:货运单费;CF:代收货款手续费;CH:办理海关手续和处理费;DB:代付款项手续费;IN:保险费;MO:杂费;PU:取货和送货费;SO:保管费;SU:地面运输费;TR:中转费;TX:捐税;UH:集装箱处理费。

(32)由于承运人的需要而产生的其他费用总额(Total Other Charges Due Carrier)。例如,除了运单费50元外无其他费用,所以本栏总额也就填50元。

(33)预付费用总额(Total Prepaid)。本栏填预付运费及其他费用总额。

(34)发货人或其代理人签名(Signature of Shipper or His Agent)。发货人或其代理人在本栏签名后表示保证所托运的货物并非危险品。

(35)承运人或其代理人签字及签发运单日期、地点[Executed on(date) at(place), Signature of Issuing Carrier or his Agent]。正本航空运单必须由承运人或其代理人签名盖章才能生效。承运人的任何签字或证实必须表明承运人的身份。代理人代为承运人签字或证实时,也必须表明其代理的委托人的名称及身份。

本栏所表示的日期为签发本运单的日期,也是本批货物的装运日期。

(四)做标记与标签、配舱、订舱

1. 刷上标记和贴上标签。在航空货物运输中一定要刷上标记和贴上标签。

标记是在货物外包装上刷上有关事项和记号,如托运人和收货人的姓名、地址、联系电话、传真、合同号、运输操作事项等内容。

标签是承运货物的标志。航空货运代理必须为每件货物拴挂或粘贴上有关的标签。对于一票货物,如果航空货运代理公司出具了分运单,则除了航空公司主标签外,还要加挂航空货运代理公司的分标签。对需要特殊处理或照管的货物要粘贴指示性标签。

2. 配舱。航空货运代理配舱时要核对托运书上预报的数量与货物的实际件数、重量、体积的差异,根据预订的舱位、板箱合理搭配,按照各航班机型、板箱型号、高度、数量进行配载。对货物晚到、未到情况以及未能顺利通关放行的货物进行调整处理,为制作配舱单作准备。

3. 订舱。订舱是指航空货运代理公司将所接收的空运货物向航空公司正式提出运输申请并订妥舱位。首先,航空货运代理接到托运人的发货预报,向航空公司吨控部门领取并填写订舱单,同时提供相应信息,包括货物的名称、体积、重量、件数、目的地、要求出运的时间及其他运输要求。其次,航空公司接受订舱后,签发舱单,同时给予装货集装箱领取凭证,以表示舱位已订妥。航空货运代理在订舱时,应依照托运人的要求选择最佳的航线和最佳的承运人,为托运人争取最低、最合理的运价。

(五)出口货物报检、报关

在发运货物之前,发货人或代理人要先填写报检单,到当地的商检机构报检,向起运地或出境地海关办理出口货物报关手续。报检、报关工作可由航空货运代理代为办理。海关放行后，航空货运代理要将盖有海关放行章的运单与货物一起交给航空公司，航空公司验收单、货无误后在交接单上签字。

（六）出仓单，提板、箱与装货

1. 编制出仓单。配舱方案制订后，就可编制出仓单。出仓单用于仓库安排货物出库计划及供装板、装箱部门作为仓库提货的依据和仓库交货的凭证，同时也是制作《国际货物交接清单》的依据。出仓单上应载明出仓日期、承运航班日期、装载板箱形式及数量、货物进仓顺序编号、总运单号、件数、重量、体积、目的地三字代码和仓库交货的凭证。

2. 提板、箱与装货。一般情况下，航空货物均以集装箱或集装板形式装运。因此，航空货运代理要根据订舱计划向航空公司申请板、箱并办理相关手续。提板、箱时，应领取相应的塑料薄膜和网。对使用的板、箱要登记、销号。

装板、装箱应注意如下事项：不要用错集装箱、集装板，不要用错板型、箱型；不要超过装箱、装板尺寸；要垫衬、封盖好塑料薄膜，以防潮、防雨淋；集装箱、集装板内货物尽可能配装整齐，结构稳定，接紧网索，防止运输途中倒塌；对于大宗货物，尽可能将整票货物装载在一个或几个板、箱内运输。

大宗货物、集中托运货物可以在货运代理公司自己的仓库、场地、货棚装板、装箱，亦可在航空公司指定的场地装板、装箱。

（七）签单、交接发运

1. 签单。航空货运代理在货运单上盖好海关放行章后，还应到航空公司签单，航空公司审核确定运价使用是否正确以及货物性质是否适合航空运输。只有签单确定后才允许将单、货交给航空公司。

2. 交接发运。交接发运是指航空货运代理向航空公司交单交货，航空公司接货，并安排运输。

交单就是将随机单据和应由承运人留存的单据交给航空公司。随机单据包括第二联航空运单正本、发票、装箱单、产地证明、品质鉴定书等。交货就是将与单据相符的货物交给航空公司。航空货运代理交货之前，必须粘贴或拴挂货物标签。交货时要清点和核对货物，填制货物交接清单。大宗货、集中托运货，以整板、整箱称重交接。零散小货按票称重，计件交接。航空公司核对清点后，在交接清单上签收。

航空公司接单接货后，将货物存入出口仓库，单据交吨控部门，以便缮制舱单、吨位控制与配载。航空公司制订配舱方案后编制出仓单。

货物装机完毕，由航空公司签发航空总运单，货运代理公司签发航空分运单。

（八）航班跟踪、结算费用等发运后的事宜

1. 航班跟踪与信息服务。单、货交给航空公司后，航空公司可能会因为各种原因不能按预定时间运出，所以航空货运代理从单、货交给航空公司后就需对航班、货物进行跟踪。

航空货运代理从接受发货人委托开始，就须在多个方面为客户做好信息服务。航空货运代理应向委托人提供的信息主要有：订舱信息、审单情况、报关信息（货主委托航空货代报关的情况下）、称重信息、仓库收货信息、集中托运信息、单证信息、一程及二程航班信息等。

航空货运代理应将盖有放行章和验讫章的出口货物报关单、出口货物收汇核销单、运单正本第三联（在集中托运情况下仅交付分运单第三联，总运单留存货运代理人手中）等单据交付托运人（货主）。

2. 变更运输。由于托运人的原因改变运输，称为自愿变更运输。由于天气、机械故障、货物积压、禁运和承运人的其他原因而改变已订妥的航班和运输路线，称为非自愿变更运输。

3. 结算费用。货主(出口商)凭航空货运代理签发的分运单向银行办理结汇。航空货运代理发货后与货主结算航空运费和地面服务费。航空货运代理在收讫运费后，在规定的时间内与航空公司结算航空运费。

4. 发出装运通知。货物装机后，货主即可向买方发出装运通知，以便对方准备付款、赎单、办理收货。

二、进口货物空运物流业务流程

对航空货运代理来说，进口货物空运物流业务主要是进口货物航空货运代理业务。进口货物航空货运代理业务是指航空货运代理接受收货人委托办理接货手续，完成货物从入境到提取或转运整个流程的各个环节所需办理的手续及准备相关单证的全过程。主要业务环节如图 7－5 所示。

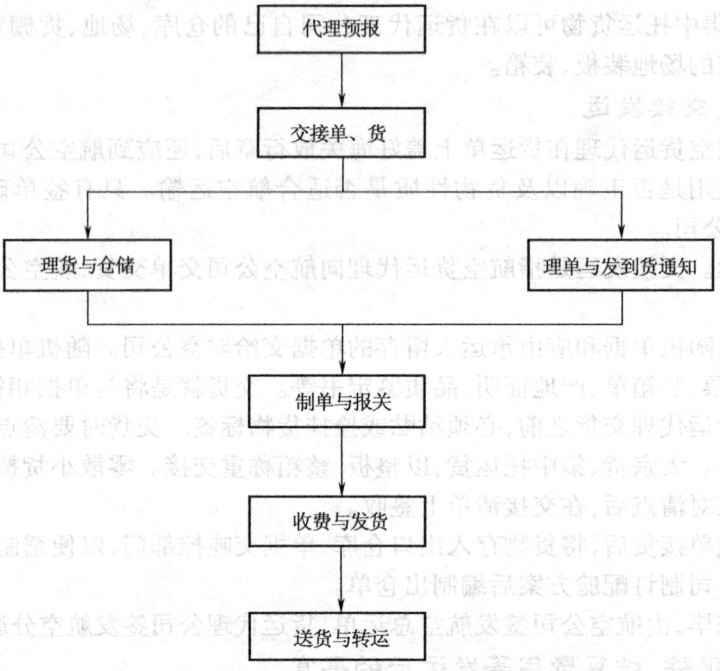

图 7－5　出口货物国际航空运输代理业务流程图

下面就图 7－5 中的主要业务进行阐述。

(一)代理预报与交接单、货

1. 代理预报。在进口货物发运之前，航空货运代理的国外代理将运单、航班、件数、重量、品名、实际收货人及地址、联系电话等内容通过传真或电子邮件发给国内目的地的航空货运代理。

2. 航空货运代理与航空公司交接单、货。货物到达后，航空货运代理接到航空公司的到货通知时①,应从机场或航空公司营业处或航空公司的地面代理取单(航空运单第三联正本——Original for the Consignee)。航空公司的地面代理向航空货运代理交接的有国际货物交接清单、总运单、随机文件与货物。航空货运代理与航空公司交接时要单单核对、单货核对。

需要注意的是:①航空公司免费保管货物的期限为3天,超过此限取单应付保管费。货物运达目的地机场后3个月内未收到托运人指示的,承运人按其无法交付货物的规定处理。②进口货物应自运输工具进境之日起14天内办理报关。如通知取单日期已临近或超过限期,应在先征得收货人同意缴纳滞报金的情况下方可取单。③航空货运代理在与航空公司进行进口货物交接时,出现清单有记录、有货物,但没有主运单的情况,应采取主运单后补的方式处理。

收货人或者其代理人提取货物,未提出异议,即视为货物已经在完好状态下按照运输合同有效交付。交货时如发现缺少、残损等情况,航空货运代理应向航空公司索取商务记录,然后交货主向航空公司索赔,也可根据货主委托代办索赔。如货物包装外表完好,但内部货物的质量或数量有问题,则属于"原残",应由货主向商检部门申请检验出证并向国外发货人交涉赔偿。此外,承运人按适用的法律,已将货物交付给海关或者其他行政当局的,应当视为有效交付。

(二)理货与仓储、理单与发到货通知

航空货运代理与航空公司进行单货交接后要理货、理单并向收货人发到货通知。

航空货运代理公司的理单人员需将总运单、分运单与随机单证、国外代理先期寄达的单证审核、编配。单证齐全、符合报关条件的即转入制单、报关程序。如果单证不齐,应立即与货主联系,催其交齐单证,使之符合报关条件。

同时,货运代理应尽快发出到货通知。如货主自行报关,要提醒货主配齐有关单证,尽快报关,为货主减少仓储费,避免海关滞报金。

(三)收费与发货、送货与转运

1. 收费与发货。办完报关、报检等手续后,货主凭盖有海关放行章、检验检疫章的进口提货单到所属监管仓库付费提货。航空货代公司仓库在发货前,一般先将费用收妥再发货。收费内容主要有:到付运费及垫付佣金、单证报关费、仓储费、装卸费、铲车费、航空公司到港仓储费、海关预录入及商检费等代收代付费用、关税及垫付佣金。

仓库发货时,须再次检查货物外包装情况,遇有破损、短缺,应向货主做出交代,应指导并协助货主合理安排安全装车,以提高运输效益,保障运输安全。

2. 送货与转运。送货是指航空货代将进口清关的货物用汽车直接运送到货主单位,也叫送货上门。航空货代在货主的委托下将进口清关的货物用火车、飞机、汽车、水运、邮政等方式转运到货主所在地,叫转运业务。

如一张运单上有两个或两个以上的收货人,则航空货运代理应按照合同或分拨单上的品名、数量、规格、型号,开箱办理分拨与分交。收货人应向航空货运代理出具收货证明并签字、注明日期。

① 货物运达目的地后,承运人应当及时向收货人发出货物到达通知,对未收到或者未按时收到此通知的,承运人不承担责任。

单元四 国际航空运输运价与运费

航空运价又称费率(Rates),是指承运人为运输货物对规定的重量单位(或体积)收取的费用,特指机场与机场间的空中费用,不包括承运人、代理人或机场收取的其他费用。运费(Transportation Charges)是根据适用运价计得的发货人或收货人应当支付的每批货物的运输费用。

航空公司按国际航空运输协会(IATA)所制定的三个区①划费率收取国际航空运费。计算货物的运费公式为:

货物运费 = 适用的运价 × 计费重量

计算空运货物运费时主要应考虑三个因素,即计费重量、运价种类、货物的声明价值及其他规定。

一、航空运输计费重量

计费重量是指用以计算货物航空运费的重量。航空运费中货物的计费重量分为实际毛重、体积重量、计费重量三种。

实际毛重是货物净重与包装件重量的总和,以0.1kg为计算单位。

由于货舱空间体积的限制,一般对于低密度的货物,即轻泡货,其体积重量可能会成为计费重量。体积重量用货物的体积按一定的比例折合成重量,以0.1kg为计算单位。国际航空货物运输组织规定在计算体积重量时,以7 000cm^3折合为1kg。我国民航则规定以6 000cm^3折合1kg为计算标准。

不论货物的形状是否为规则的长方体或正方体,计算货物体积时,均应以最长、最宽、最高的三边的厘米长度计算。长、宽、高的小数部分按四舍五入取整,体积重量的折算、换算标准为每6 000cm^3折合1kg,其公式为:

体积重量(kg) = 货物体积 ÷ 6 000cm^3

在货物体积小、重量大时,按实际重量计算;在货物体积大、重量小时,按体积计算。在集中托运时,如果一批货物由几件不同的货物组成,有轻泡货,也有重货,其计费重量则采用整批货物的总毛重或总的体积计量,按两者之中较高的一个计算。计费重量以0.5kg为最小单位,重量尾数不足0.5kg的,按0.5kg计算;0.5kg以上不足1kg的,按1kg计算。例如:105.001kg计为105.5kg,105.501kg计为106.0kg。

【例】某批货物两箱,包装尺寸分别为:100×80×80(cm^3),90×82×70(cm^3),总体积为1 156 600cm^3。该批货物的毛重为167kg。按6 000cm^3折合1kg,计得体积重量为:192.77kg。计费重量取实际重量和体积重量的高者,故计费重量应取192.77kg。0.5kg以上不足1kg按1kg计算,故最终计费重量应为:193kg。

---

① IATA划分的三个区域为IATA一区、IATA二区、IATA三区3个区域。IATA一区包括:全部南、北美洲大陆及临近岛屿,格陵兰,百慕大,西印度群岛及加勒比海岛屿,夏威夷群岛(包括中途岛和巴尔米拉环礁)。IATA二区包括:欧洲(包括俄罗斯联邦的欧洲部分)及临近岛屿冰岛,北大西洋的亚苏尔群岛,全部非洲及临近岛屿,南大西洋的阿森松岛,亚洲西部地区(含伊朗)。IATA三区包括:除IATA二区部分以外的全部亚洲地区及临近岛屿,东印度群岛,澳大利亚、新西兰及临近岛屿,太平洋岛屿(属IATA一区部分除外)。

二、运价的种类及使用方法

航空运价的特点有:①运价是指从一机场到另一机场,而且只适用于单一方向。②运价不包括其他额外费用,如提货、报关、接交和仓储费用等。③运价一般以运输始发地的本国货币公布,有的国家以美元代替其本国货币公布。④运价一般以千克或磅为计算单位。⑤航空运单中的运价是按出具运单之日所适用的运价。

按运价制定的途径划分,国际航空货物运价可分为协议运价和国际航协(IATA)运价。

协议运价是指同行的双方或几方航空公司通过磋商达成协议,并且报请各国政府获得批准后共同使用、遵守的运价。

国际航协运价是指 IATA 在航空货运价手册(The Air Cargo Tariff Rules, TACT RULES)上公布的运价。

按照 IATA 货物运价公布的形式划分,国际航协运价可分为公布直达运价和非公布直达运价。公布直达运价分普通货物运价、指定商品运价、等级货物运价、起码运价。如从始发地至目的地无公布直达运价可以使用,那么采用非公布直达运价,方法有二:其一是比例运价构成全程运价;其二是分段相加运价构成全程运价[①]。

上述国际货物运价的使用原则是:①优先使用协议运价。②其次使用公布直达运价。③最后使用非公布直达运价,即比例运价、分段相加运价。④使用的运价应为填开运单之日的有效运价。⑤使用时要注意运输路线的方向性,不得使用反方向运价。

(一)普通货物运价(GCR)

不含有贵重元素,并按普通货物运价收取运费的货物称普通货物。为普通货物制定的运价称为普通货物运价(General Cargo Rate, GCR)。普通货物运价也称一般货物运价。

普通货物运价的代号为:

N——标准运价(Normal Rate, 45kg 以下普通货物运价);

Q——45kg 以上普通货物运价(Quantity Rate)。

普通货物运价以 45kg(或 100 磅)为划分点,45kg 以上较 45kg 以下的运价低。普通货物运价还公布有"*Q*45""*Q*100""*Q*300"等不同重量等级分界点的运价。"*Q*45"表示 45kg 以上(包括 45kg)普通货物的运价,依此类推。

普通货物运费的计算方法是:货物的计费重量乘以相应重量等级的运价所得的运费,与较高重量等级的起始重量乘以相应的运价所得的运费进行比较,取其低者[②]。

【例】从北京到荷兰阿姆斯特丹空运一批货(Bamboo Basket),其毛重为 38.6kg,体积为 101×58×32(cm^3),公布运价如下,请计算该批货物的运费。

BEIJING		CN	BJS
Y. RENMINBI		CNY	kg
AMSTERDAM	NL	*M*	320.00
		N	50.22

① 美国和加拿大不使用比例运价,而只能使用分段相加运价。

② 由于 45kg 以上较 45kg 以下的运价低,所以对不足 45kg 的货物计算运费时要比较按实际重量计算的运费与采用较高重量分界点的运价计算的运费,取运费较低者为实际运费。

$Q45$	41.53
$Q300$	37.52

解:(1)按实际重量计算:

体积:$101 \times 58 \times 32cm^3 = 187\ 456cm^3$。

计费重量:$187\ 456cm^3 \div 6\ 000cm^3/kg = 31.24kg = 31.5kg$(不足0.5kg的按0.5kg计算)。

毛重:38.6kg。

计费重量:39.0kg(0.5kg以上不足1kg按1kg计算)。

适用运价:N为50.22元/千克。

运费:$39.0 \times 50.22 = 1\ 958.58$(元)。

(2)采用较高重量分界点的较低运价计算:

计费重量:45.0kg。

适用运价:Q为41.53元/千克。

运费:$41.53 \times 45.0 = 1\ 868.85$(元)。

(1)与(2)比较,取运费较低者。

运费应为1 868.85元,而不是1 958.58元。

本题应填开运单如表7-3所示。

表7-3 航空运单主要栏目

No. of Pieces RCP	Gross Weight	kg/lb	Rate Class		Chargeable Weight	Rate/Charge	Total	Nature and Quantity of Goods (Incl. Dimensions or Volume)
			Q	Commodity Item No.				
1	38.6	K			45	41.53	1 868.85	Bamboo Basket DIMS:101 × 58 × 32cm³

运用下列公式,可求得在两个相邻重量分界点之间,按较高重量分界点的起始重量与相应运价计算运费的起码重量:

$$W_x = W_2 \times A_2 / A_1$$

式中:W_2为较高重量等级的起始重量,单位为千克;相邻重量等级的运价,A_1为较低重量等级,A_2为较高重量等级,单位为元/千克。

【例】上海运往旧金山的普通货物两批,第一批30kg,第二批40kg,分别计算两批货物的航空运费。

运价资料: 上海—旧金山

M	420元
N	51.59元/千克
$Q45$	38.71元/千克

解:计算按高重量分界点的起码重量:

$W_x = W_2 \times A_2 / A_1 = 45 \times 38.71 / 51.59 = 33.8 = 34$(kg)。

两批货物适用的运价:

第一批货物重30kg,小于34kg,所以,按$N = 51.59$元/千克和30kg运费计算;第二批货物重量40kg,大于34kg,所以,按$Q = 38.71$元/千克和45kg运费计算。

第一批货物运费:$51.59 \times 30 = 1\ 547.7$(元)。

第二批货物运费:38.71 ×45 =1 741.95(元)。

该二批货物采用上述方法计算的航空运费均大于货物运输的起码运费 M。

正由于航空运费按计费重量大小,分成几个等级,航空运输代理就可以从运价级差中获利。例如,代号为 *M* 表示 5 千克以下,代号为 *N* 表示 45 千克以下,代号为 *Q* 表示 45 千克以上。级次越高,费率越低;计费重量越大,费率越低。航空运输以一张运单作为计算运费单位,如果有三批各为 35 千克计费重量的货物运往西雅图,分制三张运单,则每批都按 N 级运价 49.12 元计费。若把这三批货物合在一起,做成一张运单,则按 100 千克以上运价 34.41 元计费。但一张运单只能是一个收货人,因此,有些货运代理把收集起来运往同一目的地不同收货人的多批货物,用一张运单送给目的地的货运代理,货物运抵目的地后由其按不同货物标记,分交不同的收货人,这样,运输代理就可以从运价级差中获利。

总之,航空运费的计算步骤主要有如下三步。

第一步,求出货物的体积,除以 6 000cm^3折合成体积重量。

第二步,将体积重量与实际毛重比较,选择两者之中的高者作为计费重量。

第三步,应用计算公式,航空运费 = 计费重量 × 费率。

(二)特种货物运价(SCR)

特种货物运价(Special Cargo Rate, Specific Commodity Rate, SCR),也称指定货物的运价,通常是承运人根据在一定航线上经常性运输某一类货物的托运人的请求,或为促进某地区间某一货物的运输,经 IATA 同意所提供的优惠运价。这种运价通常低于一般货物运价。

特种货物运价的代号为 *C*。就目前我国出口商品的特点,采用航空运输方式的特种货物主要是纺织品、食品、海产品、药品等。国际航空运输协会公布特种货物运价时将货物编为一个对应的组号,如 0850、9999 等。

在航空运输中使用特种货物运价时,所运输的货物满足如下三个条件,运输始发地和运输目的地就可以直接使用特种货物运价:一是运输始发地至目的地之间有公布的特种货物运价,例如,目前北京至美国、加拿大和日本的一些货物就有指定商品运价;二是托运人所交运的货物,其品名与有关特种货物运价的货物品名相吻合;三是货物的计费重量满足特种货物运价使用的最低重量要求。

知识链接

普通货物运价和特种货物运价的使用

(1)两地间既有普通货物运价,又有特种货物运价,优先使用特种货物运价。

(2)既有确指品名运价,又有泛指品名运价,优先使用确指品名运价(即使泛指品名运价较低也不能使用)。

(3)如果用特种货物运价计得的运费,高于用普通货物运价计得的运费,那么取其低者。

(4)货物的计费重量要满足特种货物运价使用的最低重量要求,例如100千克,如果货量不足100千克,而托运人又希望适用特种货物运价,那么货物的计费重量就要以所规定的最低运量为准。

【例】北京运往大阪的蘑菇两批，分别为150kg和50kg，试计算航空运费（蘑菇适合编号为0850的指定商品运价）。

M		200元
N		38.69元/千克
*Q*45		29.04元/千克
0850	100	14.89元/千克
0850	500	13.83元/千克

解：所托运的第一批货物150kg符合0850运价使用的最低要求，第二批货物没有达到指定商品的最低重量要求。

第一批重量符合指定商品运价：运费 = 14.89 × 150 = 2 233.50（元）。

第二批按照指定商品运价：运费 = 14.89 × 100 = 1 489（元）。

按照普通货物运价计算：运费 = 29.04 × 50 = 1 452（元）。

比较得出：第一批货物运费为2 233.50元；第二批货物运费为1 452元。

（三）等级货物运价（CCR）

等级货物运价（Class Cargo Rate，CCR），是指适用于规定的地区或地区之间的少数货物的运价。等级货物运价是在一般货物运价的基础上增加或减少一定百分比而构成的，起码重量规定为5kg。

适用等级货物运价的货物一是在一般货物运价基础上增加百分比的货物，如我国至世界各地的贵重货物，按照普通货物45kg以下运价的200%收费，活动物、贵重物品、尸体等一般用"*S*"表示高于普通货物运价的等级货物运价（Surcharge）；二是在一般货物运价基础上降低百分比的货物，如出土文物、行李、出版物等，一般用"*R*"表示低于普通货物运价的等级货物运价，即折扣货物运价（Reduction）。

（四）起码运价（MR）

起码运价（Minimum Rate，MR）是航空公司办理一批货物所能接受的最低运价，即不论货物的重量或体积多少，在两点间运输一批货物应收取的最低金额。一批货物计算运费时，使用计费重量乘以所适用的运价，不管使用哪一种运价，运费不能低于公布的起码运价。不同地区有不同的起码运价。

总之，在上述这几种运价中，运费只选择其中之一计算。

如遇两种运价均适用，则首先应选用特种货物运价，其次是等级货物运价，再次才是普通货物运价。

如果一批货物既没有可适用的等级运价，也没有特种货物运价，就须使用普通货物运价。

在使用特种货物运价时，首先是决定货物属于哪一类特种货物，然后再查阅在所要求的航线上有哪些特种货物运价，进而查阅《航空货物运价表》上的《货物明细表》，选择与货物一致的号码。如果该货物号码有更详细的内容，则选择最合适的细目。最后，根据适用该货物的起码重量，选择合适的特种货物运价。

【例】有一票热带鱼，毛重120千克，体积0.504立方米。需从我国某地空运至韩国首尔，问应如何计算其运费（设一般货物运价：45千克以上，每千克为9港元；等级货物运价：每千克为16.70港元；特种货物运价：每千克为7.59港元）？

解：根据上述运价进行比较计算。

按GCR运价，应为：9 × 120 = 1 080（港元）。

按 CCR 运价,应为:16.70 × 120 = 2 004(港元)。

按 SCR 运价,应为:7.59 × 120 = 910.8(港元)。

可见,此票热带鱼应选用 SCR 运价算。

三、货物的声明价值和其他规定

根据《华沙公约》的规定,由于承运人的失职而造成货物损坏、丢失或延误等,承运人应承担责任,其最高赔偿限额为每千克(毛重)20 美元或 7.675 英镑或等值的当地货币。如果货物的实际价值每千克超过上述限额,且发货人要求在发生货损货差时全额赔偿,则发货人在托运货物时就应向承运人或航空货运代理声明货物的价值。如果发货人不办理声明价值,则应在运单的有关栏内填上"N. V. D"(No Value Declared)字样,这种情况下,承运人的最高赔偿额为毛重每千克不超过 20 美元。

【例】2020 年 4 月,一票货物 5kg,无运输声明价值,在目的地遗失,该货物在目的地的实际价值为人民币 1 500 元,但民航部门最高赔偿限额为 100 美元,约合人民币 700 元。

当声明的价值毛重每千克超过 20 美元时,承运人将向托运人收取一定的费用,这个费用称为声明价值附加费。该附加费为声明价值毛重每千克超过 20 美元部分的 0.5%。声明价值附加费的最低收费为人民币 10 元。其计算公式为:

$$声明价值附加费 = (声明价值 - 实际毛重 \times 20\ 美元) \times 0.5\%$$

托运人自愿办理声明价值,其声明价值一般不超过 10 万美元。若超过 10 万美元,货运代理可以按下列方法办理:第一,请托运人分票办理;第二,和有关的承运人事先取得联系,待证实后方可收运。

除声明价值附加费外,航空公司还可能收取运费到付服务费、货运单费、中转手续费和地面运输费等。

运费到付服务费(Charge Collect Fee),是由发货人与承运人之间预先安排,然后由承运人在货物运到后交给收货人的同时收回的运单上列明的金额。这项金额由发货人填入运单货到付款栏内,在金额前填上相应的货币名称。

运费到付服务费的收取方法如下:凡是运费到付的货物,按货运单上以重量计算的运费和声明价值附加费总额的 2% 向收货人收取运费到付服务费。最低运费到付服务费为 10 美元。

单元五 有关航空运输的国际公约

有关航空运输的国际公约,影响比较大的主要有 1929 年的《华沙公约》、1955 年的《海牙议定书》和 1961 年的《瓜达拉哈拉公约》等。在这些文件中,《华沙公约》是最基本的,随后的各项议定书都是在其基础上进行补充或修改,形成的文件合称为华沙体系。

《华沙公约》计 41 条,全称为《统一航空运输某些规则的公约》(*Convention for the Unification of Certain Rules Relating to International Carriage by Air*)。我国于 1958 年 7 月宣布参加该公约,同年 10 月,该公约对我国正式生效。其主要条款涉及如下四方面。

一、运输凭证

运输凭证包括客票、行李票和航空货运单,分别适用于运送旅客、行李和货物。航空货运单(Air Consignment Note, ACN)是订立契约、接受货物和承运条件的证明,所以,它也就是双方当事人订立的运输合同。

二、承运人的责任

《华沙公约》第 18 条第 1 款规定："对于交运的行李或货物因毁灭、遗失或损坏而产生的损失，如果造成这种损失的事故发生在航空运输期间，承运人应负责任。"《华沙公约》所说的航空运输期间"包括行李或货物在承运人保管的期间，不论在航空站内、在航空器上或在航空站外降停的任何地点"。

《华沙公约》第 22 条第 2 款规定："如交运的行李或货物的一部分或者货物中任何物件发生遗失、损坏或者延误，以致影响同一份货运单所列的另一包装件或者其他包装件的价值，在确定责任限额时，另一包装件的总重量也应当考虑在内。"

《华沙公约》对承运人的责任限制也作了规定，并明确规定："企图免除承运人的责任，或定出一个低于本公约规定的责任限制的任何条款都属无效。"承运人对每一旅客的责任以 125 000 法郎为限，对行李或货物的责任以每千克 250 法郎为限，对旅客自己保管的物品以每件 5 000 法郎为限。

承运人在下列情况下，可免除或减轻责任。

第一，证明承运人自己和代理人为了避免损失的发生，已经采取了一切必要的措施，或不可能采取这些措施时；

第二，证明损失的发生是由于驾驶、航空器的操作或领航上的过失；

第三，证明损失的发生是由于受害人的过失引起或助成的，法院可按照法律规定，免除或减轻承运人的责任。

案例

一票航空运输的货物，从新加坡经北京中转到天津，运输的是机器设备，货运单号 555－89783442，3 件货物重 178 千克，计费重量共 206 千克，从新加坡运往北京采用的是飞机运输，再从北京转运天津时，使用卡车运输，但在高速公路上，不幸发生车祸，设备全部损坏。试问：

(1) 航空公司是否应赔偿？

(2) 理由何在？

(3) 如果赔偿，应赔偿多少？

【案例分析】

(1) 航空公司应该赔偿。

(2)《华沙公约》第 18 条第 1 款规定："对于交运的行李或货物因毁灭、遗失或损坏而产生的损失，如果造成这种损失的事故发生在航空运输期间，承运人应负责任。"航空运输期间包括行李或货物在承运人保管的期间，不论在航空站内、在航空器上或在航空站外降停的任何地点。此票货物的损害虽然是在公路上发生的，却是在承运人的保管期间。

(3) 航空公司应赔偿 USD $20\times178=$ USD 3 560。

三、托运人和收货人的权利和义务

托运人应对在航空货运单上所填写有关货物的各项说明和声明的正确性负责。托运人还应提供各种必需的资料，以便在货物交付收货人以前完成海关、税务或公安手续。这些必需的有关证件应附在航空货运单的后面。

托运人在履行契约规定的一切义务的条件下,有权在起运地航空站或目的地航空站将货物提回;或在途中经停时中止运输;或在目的地或运输途中将航空运单交给非航空货运单上所指定的收货人;或要求将货物退回起运地航空站。

收货人在货物到达目的地,并在交付了应付款项和履行运单上规定的运输条件后,有权要求承运人移交货运单并发给货物。

四、索赔和诉讼时效

对于索赔时效,《华沙公约》分货物损害和货物延迟的情况区别对待。前者的索赔时效是7天,后者为14天。以上任何异议应在规定的期限内写在运输凭证上或以书面提出,否则就不能再向承运人索赔。诉讼时效为两年。

单元六　国际空运物流中货运事故的处理

货运事故和货运质量事故出现的原因是多方面的,可能由货主所致,也可能在承运人的保管与运输下产生,当然也有可能是航空货运代理的责任。出现货运事故和货运质量事故后,航空货运代理要谨慎处理。

国际空运物流中货运事故的处理程序与海运货运事故的处理程序大致相同,这里主要阐述国际空运物流中货运事故的索赔与理赔。

一、处理好客户的索赔

在航空货运代理过程中,货运代理经常会接到客户由于货物发生延误或遗失而向货运代理提起的索赔要求,索赔事宜不能得以及时妥善处理将严重影响与客户的关系,甚至失去客户,但在处理过程中,货运代理的利益往往与客户的利益或要求相矛盾,因而解决矛盾就成了处理索赔的关键。

对此,货运代理首先应该明确哪些索赔在货运代理的受理范围。其次,要处理好以下两个关系。

一是国际贸易与国际货物运输的关系。国际运输是国际贸易过程中的重要环节之一,但就其索赔程序来说,与贸易索赔程序是分开的,具有独立性,因为它们援引的法律依据是不同的,是各自独立的。货运代理在处理索赔时经常会收到托运人以“收货人在收到货后,发现货损、货物延误等理由拒付托运部分或全部的货款,或取消今后的订单等”为由,向货运代理提出部分或全部的贸易损失。这实质上是一种贸易风险的转嫁,货运代理应该要求托运人运用国际贸易方面的法律来保护其自身的利益。即使托运人或收货人合法享有向对方提起贸易索赔的权利,也不应该将索赔的解决作为解决贸易问题的前提,并以此向货运代理提出非索赔范围内的要求。运输与贸易两者本不适用同一法律范畴,托运人在货运中的权利并不影响有关贸易法规定中的权利,两者可以同时进行,也可以先行处理贸易索赔。

二是运费的收取与索赔的关系。运费是托运人托运货物时应当支付给承运人或承运代理人的费用,这是事前的行为与责任;而索赔是在货物运输过程中,或货物到达目的地后的事后的行为与权利要求,托运人将受到国际运输法有关规定的合理保护,托运人以索赔未成、未解决为由拒付货运代理运费是没有依据的。

二、向承运人或其代理的索赔

托运人、收货人或其代理在始发站、目的站或损失事故发生的中间站均可以书面形式或在运输凭证上注明,向承运人或其代理提出索赔要求。

对于索赔时效,《华沙公约》分成货物损害和货物延迟的情况区别对待。前者的索赔时效是7天,后者为14天。以上任何异议应在规定的期限内写在运输凭证上或以书面提出,否则就不能再向承运人索赔。诉讼时效为两年。

在上述规定时限内,托运人、收货人或其代理应书面向承运人或其代理提出赔偿要求,索赔人应开具"索赔清单",详细说明货物损坏、短缺、遗失、延误的情况,并随附货运单、商业发票、装箱单的影印件。

三、承运人或其代理的理赔

受理赔偿的部门根据要求首先应备制有关文件,如货运单、舱单、货物事故调查报告等。其次提出合理的赔偿金额,如果货物没有办理声明价值,则承运人按照实际损失的价值进行赔偿,最高赔偿限额为20美元/千克;如托运人已办理声明价值并交付声明价值附加费,则赔偿金额以不超过声明价值为限。

理赔的程序一般如下。

第一,货物运输事故签证。当航空地面代理在卸货时发现货物破损,即由航空公司或代理填写《货物运输事故签证》,该签证主要是在目的站货物出现问题的一个证明。在填写这份签证之前,收货人需要进一步确认内装物的受损程度,可以同航空公司的货运人员共同开箱检查,确认货物的具体受损程度。《货物运输事故签证》由航空公司的货运部门签完后,再由收货人签字,其中一份航空公司留存,另一份由收货人留存。

第二,提出索赔申请书。自发现货物出现问题后,货运代理要按照规定的赔偿时限提出赔偿要求,向航空公司提出书面索赔申请书。

第三,航空公司审核所有的资料和文件。包括:正式索赔函、货运单正本或副本、货物商业发票、装箱清单、货物舱单、货物运输事故签证、商检证明、运输事故记录、来往电传等文件。

第四,填写航空货物索赔单。由航空公司填写航空货物索赔单,索赔人签字盖章,表明航空公司正式认可索赔的有关事项。

第五,航空公司核批货物索赔审批单。航空货物的索赔根据货物的金额不同,需要各级领导审批。

第六,签订责任解除协议书。在索赔人收到索赔款时签署责任解除协议书,即放弃诉讼权及进一步的索赔权。

如货运代理人或收货人欲对承运人起诉,起诉地点应为承运人的所在地,或签约的所在地或目的地的法院。诉讼应在航空器到达目的地之日起,或应该到达之日起,或运输停止之日起2年内提出,否则便丧失追诉权。

任务解析

下面根据上述所学知识对项目情景的任务进行简要解析。

任务1 北京TT工业公司要与KD空运代理公司签订国际货物托运委托书,KD空运代理公司代理北京 TT 工业公司货物的物流运输，其主要流程如下。

第一步，办理托运。北京 TT 工业公司填写“国际货物托运委托书”并发送给 KD 空运代理公司作为承办航空货物托运的书面依据。KD 空运代理公司接受委托书并落实货证备齐后，依据货主委托书制作纸质托运单或电子托运数据向航空公司办理托运手续。

第二步，预订舱。KD 空运代理公司对相关单证（如商业发票、报关单、装箱单、外汇核销单等）进行初步审核后进行预订舱，初步确定航班、日期、运价后，正式通知货主交货。

第三步，收运货物。北京 TT 工业公司按照 KD 空运代理公司通知的仓库、进仓时间和编号将货物送入指定仓库并取得仓库收货凭据。KD 空运代理公司代表航空公司收运货物，对货物编号、件数、重量、尺寸进行核查，将清点称重和丈量后的实际数据记录在收货凭据上。

第四步，正式订舱。KD 空运代理公司在起飞 24 小时前向海关办理出口货物报关手续。然后根据待运货物件数、重量、体积与实际舱容进行正式配舱，并向航空公司吨控部门申请订舱。

第五步，填制货运单。经由航空公司正式确认舱位的货物，KD 空运代理公司填制该货物的总运单。

第六步，装货出运。航空公司或其代理验收单据和货物后，在交接单上签字并将货物装上飞机。

任务 2 该批货物为普通货物，其运费计算方法是：货物的计费重量乘以相应重量等级的运价。该批货物实际毛重 25.2 千克。由于计费重量以 0.5 千克为最小单位，重量尾数不足 0.5 千克的，按 0.5 千克计算，因此，该批货物的计费重量为 25.5 千克，该批货物的运费为 $25.5 \times 37.51 = 956.51$（元）。

任务 3 该批货物的国际货物托运书（这里仅列出计费栏，其他栏目按要求填写）如表 7－4所示。

表 7－4 国际货物托运书

SHIPPER'S LETTER OF INSTRUCTION

货运单号码

No. OF AIR WAYBILL

<table>
<tr><td rowspan="4">托运人姓名及地址
SHIPPER'S NAME AND ADDRESS
CHINA INDUSTRY CORP, BEIJING, CHINA TEL: 86(10)64487770</td><td rowspan="4">托运人账号
SHIPPER'S ACCOUNT NUMBER</td><td colspan="2">供承运人用
FOR CARRIER USE ONLY</td></tr>
<tr><td>航班/日期
FLIGHT/DAY</td><td>航班/日期
FLIGHT/DAY</td></tr>
<tr><td>CA921/30 JUL. ,2017</td><td></td></tr>
<tr><td></td><td></td></tr>
<tr><td>收货人姓名及地址
CONSIGNEE'S NAME AND ADDRESS
NEW YORK SPORT IMPORTERS,
NEW YORK, USA
TEL:78789999</td><td>收货人账号
CONSIGNEE'S ACCOUNT NUMBER</td><td colspan="2">已预留吨位
BOOKED</td></tr>
</table>

续表

<table>
<tr><td colspan="4">代理人的名称和城市
Issuing Carrier's Agent Name and City
KUND AIR FREIGHT CO. ,LTD.</td><td colspan="2" rowspan="2">运费
CHARGES
CHARGES PREPAID</td></tr>
<tr><td colspan="4">始发站
AIRPORT OF DEPARTURE
CAPITAL INTERNATIONAL AIRPORT</td></tr>
<tr><td colspan="4">到达站
AIRPORT OF DESTINATION
JOHN KENNEDY AA AIRPORT</td><td colspan="2">ALSO NOTIFY：</td></tr>
<tr><td colspan="3">托运人声明的价值
SHIPPER'S DECLARED VALUE</td><td colspan="2" rowspan="2">保险金额
AMOUNT OF
INSURANCE
600USD</td><td rowspan="2">所附文件
DOCUMENTS TO
ACCOMPANY AIR
WAYBILL
1 COMMERCIAL
INVOICE</td></tr>
<tr><td colspan="2">供运输用
FOR CARRIAGE
NVD</td><td>供海关用
FOR CUSTOMS
NCV</td></tr>
<tr><td colspan="6">处理情况（包括包装方式货物标志及号码等）
HANDLING INFORMATION（INCL. METHOD OF PACKING IDENTIFYING MARKS AND NUMBERS. ETC.）</td></tr>
<tr><td>件数
NO. OF
PACKAGES</td><td>实际毛重（千克）
ACTUAL GROSS
WEIGHT（kg）</td><td>运价类别
RATE CLASS</td><td>收费重量
CHARGEABLE
WEIGHT</td><td>费率
RATE/
CHARGE</td><td>货物品名及数量（包括体积或尺寸）
NATURE AND QUANTITY OF
GOODS（INCL. DIMENSIONS
OR VOLUME）</td></tr>
<tr><td>1</td><td>25.2</td><td></td><td></td><td></td><td>MECHINERY
DIMS：82cm×48cm×32cm</td></tr>
<tr><td colspan="6">托运人证实以上所填全部属实并愿遵守承运人的一切载运章程
THE SHIPPER CERTIFIES THAT THE PARTICULARS ON THE PAGE HEREOF ARE CORRECT AND AGREES TO THE CONDITIONS OF CARRIAGE OF THE CARRIER
托运人签字　　日期：　　经手人　　日期：
SIGNATURE OF SHIPPER　　DATE 25 JUL,2017　　AGENT　　DATE
BEIJING TT INDUSTRY CORP,BEIJING,CHINA</td></tr>
</table>

航空运单运费计费栏填制如表 7－5 所示。

表 7-5　航空运单运费计算表

No. of Pieces RCP	Gross Weight	kg/lb	Rate Class		Chargeable Weight	Rate/Charge	Total	Nature and Quantity of Goods (Incl. Dimensions or Volume)
			Q	Commodity Item No.				
1	25.2	K			25.5	37.51	956.51	MECHINERY DIMS:82cm×48cm×32cm

任务 4　KD 货运代理公司应采取集中托运。如分别托运,其运费为:

3×10=30(港元),因不足起点运费,故按 65 港元收费。

3×20=60(港元),因不足起点运费,故按 65 港元收费。

3×35=105(港元)。

3×40=120(港元)。

以上四笔运费共为:65+65+105+120=355(港元)。

如集中托运其运费为:(10+20+35+40)×2.5=262(港元)。

因集中托运运费少于分别托运的总运费,因此 KD 货运代理公司应采取集中托运。

个案分析

1. 从北京运往新加坡一箱水龙头接管,毛重 40.2 千克,公布运价如表 7-6 所示。

表 7-6　水龙头接管运价

BEIJING Y. RENMINBI	CN CNY		BJS KGS
SINGAPORE	SN	*M*	200.00
		N	30.50
		45	22.49

航空运单运费计费栏如表 7-7 所示。

表 7-7　航空运单运费计算表

No. of Pieces RCP	Gross Weight	kg/lb	Rate Class		Chargeable Weight	Rate/Charge	Total	Nature and Quantity of Goods (Incl. Dimensions or Volume)
				Commodity Item No.				
								PIPE FILLING

问题:如何按公布的运价为这批货物填制航空运单运费计算栏?

2. 一票从北京运往伦敦的机器配件,在巴黎中转,货运单号 666-33783442,4 件,每件 25kg,在巴黎中转时,由于临时出现问题,发货人向航空公司提出停止运输,且返回北京。问题:发货人的请求是否可以得到航空公司的许可?为什么?返回的机器配件的运费由谁来支付?

3. 一票从上海运往泰国的整套流水线机器，货运单号777－89783442，由于机器比较庞大，用了6个箱子，每件重量60千克，整套机器的价值USD 6 000，无声明价值，在终点站接货时，发现一个箱子开裂，经检验，这个箱子的机器已完全受损，其他5个箱子完好。问：航空公司应如何赔偿？

4. 青岛某货主将一批价值USD 10 000，计10箱的丝织品通过A航空公司办理空运经北京出口至法国巴黎。货物交付后，由B航空公司的代理人A航空公司于1月1日出具了航空货运单一份。该货运单注明：第一承运人为B航空公司，第二承运人为C航空公司，货物共10箱，重250千克。货物未声明价值。B航空公司将货物由青岛运抵北京，1月3日准备按约将货物转交C航空公司时，发现货物灭失。为此，B航空公司于当日即通过A航空公司向货主通知了货物已灭失。为此，货主向A航空公司提出书面索赔要求，要求A航空公司全额赔偿。

问题：

(1)本案中，A、B、C航空公司的法律地位是什么？

(2)谁应当对货物的灭失承担责任？

(3)本案是否适用于《华沙公约》？

(4)货主要求全额赔偿有无依据？

(5)航空公司应该赔偿的数额是多少？

复习思考题

1. 世界重要航空线有哪几条？
2. 国际航空运输有哪几种主要方式？
3. 简述航空货物运输相关当事人及其责任关系。
4. 陆空陆联运有哪几种方式？
5. 简述航空货代的优势与两种主要职能。
6. 简述出口货物航空货运代理作业的主要内容。
7. 我国国际航空运单为一式几联？其中包括几张正本？其主要作用有哪些？
8. 填写航空货运单的主要依据是什么？
9. 简述空运运单的特点。
10. 进口货物航空货运代理作业主要有哪几个环节？
11. 计算空运货物运费时主要应考虑哪四个因素？
12. 简述GCR，SCR，CCR主要运价的使用规则。
13. 有关航空运输的国际条约主要有哪些？
14. 简述空运物流货运事故的理赔程序。

项目任务八　国际铁路物流

项目要求

(1)了解国际铁路物流中的主要运输干线；
(2)理解国际联运合同；
(3)熟悉国际货物铁路联运的特点和业务类别；
(4)掌握国际货物铁路联运货运代理的程序；
(5)了解国际货物铁路联运的规章与公约；
(6)掌握国际铁路货物联运费用的计算和核收原则。

项目情景

武汉A公司出口100吨钢管到俄罗斯，并与武汉M货运代理公司订立了国际铁路货物运输委托代理合同，武汉M货运代理公司与铁路部门订立了国际联运合同，采用整车运输，在武汉M货运代理公司的努力下，不久，该批钢管顺利抵达莫斯科。

任务1：该批货物可以采用哪条物流线路？

任务2：何谓国际铁路货物运输委托代理合同、国际联运合同，两者有何区别与联系？

任务3：武汉M货运代理公司如何实施这批货物的物流运输？其主要流程有哪些？

任务4：这批货物会涉及哪些物流运输费用？

知识模块

单元一　国际铁路物流中的主要运输干线

在国际铁路物流中，一般涉及两个或两个以上国家铁路运送。因此，国际铁路物流主要表现为国际铁路货物联运物流。

由于铁路运输(Rail Transportation)的运行速度较快、载运量较大且在运输中遭受的风险较小，一般能保持常年正常运行，具有高度的连续性，运输成本较低，因此，铁路运输成为国际货物运输中仅次于国际海运的一种主要运输方式。国际铁路运输目前在我国的国际物流中起着非常重要的作用。我国通过铁路把欧、亚大陆连成一片，从而为发展我国与亚洲、欧洲各国之间的经济贸易联系提供了十分有利的条件；铁路也是我国大陆与港、澳地区进行贸易的重要运输方式。

各国铁路车站是国际铁路物流的重要结点，而国际铁路运输线及大陆桥运输线则是国际铁路货物流动的重要路径。

一、世界主要铁路货物运输干线

世界主要铁路货物运输干线有以下4条。

(一)西伯利亚大铁路干线

西伯利亚大铁路干线东起俄罗斯远东日本海之滨的海参崴(符拉迪沃斯托克),经伯力、赤塔、伊尔库茨克、新西伯利亚、鄂木斯克、车里雅宾斯克、古比雪夫,止于莫斯科,全长9 300多千米。以后东端又延伸到东方港和纳霍德卡港。

在西伯利亚大铁路干线的东段与之连接的其他干线有:①海参崴(符拉迪沃斯托克)—清津港—咸兴—平壤铁路;②大连—沈阳—长春—哈尔滨—赤塔铁路;③广州—长沙—武汉—郑州—北京—大同—乌兰巴托—乌兰乌德铁路。

西伯利亚大铁路干线西端的连接干线有:①莫斯科—圣彼得堡—赫尔辛基—斯德哥尔摩—奥斯陆铁路;②莫斯科—华沙—柏林—科隆—布鲁塞尔—巴黎铁路;③莫斯科—罗斯托夫—第比利斯—卓勒法—德黑兰铁路。

我国与独立国家联合体(简称"独联体")、东欧国家及伊朗之间的贸易,主要通过西伯利亚大铁路干线进行。

(二)加拿大连接东西两大洋的铁路干线

加拿大连接东西两大洋的铁路干线主要有两条。

其一:鲁珀特港—埃德蒙顿—温尼伯—魁北克(加拿大国家铁路)。

其二:温哥华—卡尔加里—温尼伯—散德贝—蒙特利尔—圣约翰—哈利法克斯(加拿大太平洋大铁路)。

(三)美国连接东西两大洋的铁路干线

美国连接东西两大洋的铁路干线主要有四条。

其一:西雅图—斯波坎—俾斯麦—圣保罗—芝加哥—底特律(北太平洋铁路)。

其二:洛杉矶—阿尔布开克—堪萨斯城—圣路易斯—辛辛那提—华盛顿—巴尔的摩(圣菲铁路)。

其三:洛杉矶—图森—帕索—休斯敦—新奥尔良(南太平洋铁路)。

其四:旧金山—奥格登—奥马哈—芝加哥—匹兹堡—费城—纽约(联合太平洋铁路)。

(四)中东—欧洲铁路干线

中东—欧洲铁路干线从伊拉克的巴士拉,向西经巴格达、摩苏尔、叙利亚的穆斯林米亚、土耳其的阿达纳、科尼亚、厄斯基色希尔至博斯普鲁斯海峡东岸的于斯屈达尔,过博斯普鲁斯大桥至伊斯坦布尔,接巴尔干铁路,向西经索菲亚、贝尔格莱德、布达佩斯至维也纳,连接中、西欧铁路网。

二、我国通往邻国的铁路干线

我国通往邻国的铁路干线主要有如下几条。

(一)通往俄罗斯的铁路线

我国通往俄罗斯的铁路线有:滨洲线、滨绥线。

1. 滨洲线。从京哈线上的哈尔滨出发,经大庆、富拉尔基、海拉尔,到达边境城市满洲里市,与俄罗斯外贝加尔西伯利亚铁路连接,全长935千米,是东北三省到达俄罗斯西伯利亚的一条交通干线。满洲里是首批国家沿边开放城市和内蒙古对俄贸易的主要通商口岸,现已发展成为我国最大的陆路口岸。

由于我国与独联体国家的铁路轨距不同,对外贸易货物需要在国境车站换装后才能继续运送。

2. 滨绥线。从京哈线上的哈尔滨出发，经尚志、牡丹江到达中俄边境的绥芬河市，与俄罗斯远东铁路接轨，可达俄罗斯远东最大城市符拉迪沃斯托克（海参崴），全长548千米，是中国连接俄罗斯西伯利亚铁路的另一条铁路交通干线。绥芬河市现已成为欧亚大陆桥上一座新兴的国际商贸城市，是中国通往日本海的最大陆路贸易口岸，同时，又是多国商品转运中心。

（二）通往蒙古的铁路线

我国通往蒙古的铁路线是集二线。

集二线自京包铁路的集宁北行，到达中蒙边境城市二连浩特市，与蒙古的扎门乌德铁路接轨，全长331千米，是通往蒙古的主要铁路交通干线和连接莫斯科的国际联运干线。集二铁路的建成，使北京至莫斯科较经满洲里的运程缩短了1 141千米。二连浩特市是我国对外贸易物资转运站、北京—莫斯科国际铁路干线的必经之地和重要的口岸城市。

（三）通往朝鲜的铁路线

我国通往朝鲜的铁路线主要有沈丹线、长图线、梅集线。

1. 沈丹线。沈丹线自沈阳至丹东，越过鸭绿江与朝鲜铁路相接。由于中朝两国铁路轨距相同，车辆无须换装，原车过轨。

2. 长图线。长图线自京哈线上的长春出发，经吉林、敦化到达中朝界河图们江边的图们市，过江后与朝鲜罗津铁路相连，全长529千米，是吉林省通向朝鲜的主要铁路干线。图们市位于图们江下游，是国家一类边境口岸城市，具有沿边、沿江、沿线和近海特点，是中、朝、日、俄等国多边贸易物资的中转口岸。

3. 梅集线。梅集线自吉林省梅河口至集安，越过鸭绿江直通朝鲜满浦车站。

（四）通往越南的铁路线

我国通往越南的铁路线主要有：湘桂线、昆河线。

1. 湘桂线。湘桂线从京广线上的衡阳西南行，经东安、桂林、柳州、南宁到达中越边境城市凭祥，通过友谊关与越南谅山地区铁路接轨，全长1 013千米，是我国通往越南及东南亚最大、最便捷的陆路通道。凭祥市地处中国大陆和东南亚两大经济区域的结合部，素有“中国南大门”之称，是对外开放口岸城市，也是我国与越南交往的主要城市。

由于此线的中越铁路轨距不同，货物须在凭祥车站办理换装。

2. 昆河线。昆河线自昆明东南行，经宜良、开远到达边境城市河口，全长464千米，与越南老街铁路接轨后直达河内，是我国内联西南、外联越南及东南亚的第二条重要的交通要道。

由于此线的中越铁路轨距相同，车辆无须换装，可原车过轨。

（五）通往哈萨克斯坦的铁路线

我国通往哈萨克斯坦的铁路线是北疆线。

北疆线自兰新铁路的西端乌鲁木齐出发，经石河子、奎屯、乌苏到边境城市博乐，通过阿拉山口与哈萨克斯坦铁路接轨，西行可达阿拉木图，全长467千米，是我国通往哈萨克斯坦、中亚各国及俄罗斯的主要铁路交通干线，是连接亚欧大陆桥的重要组成部分。

因我国与哈萨克斯坦的铁路轨距不同，货物需要换装（出口在友谊站，进口在阿拉山口站），才能进行运送。

我国通往邻国的铁路干线、国境站站名、货物和车辆的交换地点如表8－1所示。

表 8－1　我国通往邻国的铁路干线、国境站站名、货物和车辆的交换地点表

我国与邻国	我国铁路干线	我国国境站站名	邻国国境站站名	交接、换装地点 出口	交接、换装地点 进口
中俄间	滨洲线	满洲里	后贝加尔	后贝加尔	满洲里
	滨绥线	绥芬河	格罗迭科沃	格罗迭科沃	绥芬河
	珲马线	珲春	卡梅绍娃亚	卡梅绍娃亚	珲春
中哈间	北疆铁路	阿拉山口	德鲁日巴	德鲁日巴	阿拉山口
中蒙间	集二线	二连	扎门乌德	扎门乌德	二连
中朝间	沈丹线	丹东	新义州	新义州	丹东
	长图线	图们	南阳	南阳	图们
	梅集线	集安	满浦	满浦	集安
中越间	湘桂线	凭祥	同登	凭祥	凭祥
	昆河线	山腰	老街	老街	山腰

三、大陆桥运输线

大陆桥（Land Bridge）是指把海与海连接起来的横贯大陆的铁路。大陆桥运输是指以大陆上铁路或公路运输系统为中间桥梁，把大陆两端的海洋连接起来的集装箱连贯运输方式。大陆桥运输一般都是以集装箱为媒介，采用国际铁路系统来运送。

目前广泛使用的大陆桥有西伯利亚大陆桥、新亚欧大陆桥和北美大陆桥（包括美国大陆桥和加拿大大陆桥）。

（一）西伯利亚大陆桥

西伯利亚大陆桥（Siberian Land Bridge，SLB）地跨欧亚两洲，所以又称欧亚大陆桥路线（Europe－Asia Land Transport Line），或第一条欧亚大陆桥。西伯利亚大陆桥是亚洲东部国家与欧洲各国及西亚连接的铁路运输干线，我国有滨绥线、滨洲线与之相连。

西伯利亚大陆桥利用独联体西伯利亚铁路作为陆地桥梁，把太平洋远东地区与独联体波罗的海和黑海沿岸，以及西欧大西洋口岸连接起来，是世界最长的运输路桥。它东起俄罗斯的符拉迪沃斯托克（海参崴），向西经莫斯科，可达欧洲各主要港口。从海参崴到鹿特丹全长约 1.3 万千米。

十几年来，这条大陆桥运输路线的西端已从英国延伸到了包括西欧、中欧、东欧、南欧、北欧的整个欧洲大陆和中东各国，其东端也不只是到日本，而是发展到了韩国、菲律宾、中国内地和中国香港等地。从西欧到远东，经大陆桥为 13 000 千米，比海上经好望角航线缩短约 1/2 的路程，比经苏伊士运河航线缩短约 1/3 的路程，同时，运费要低 20%～25%，时间也可节省 3～5 天。西伯利亚大陆桥的运输线路如图 8－1 所示。

目前，经过西伯利亚往返于欧亚之间的大陆桥运输路线主要有 3 条。

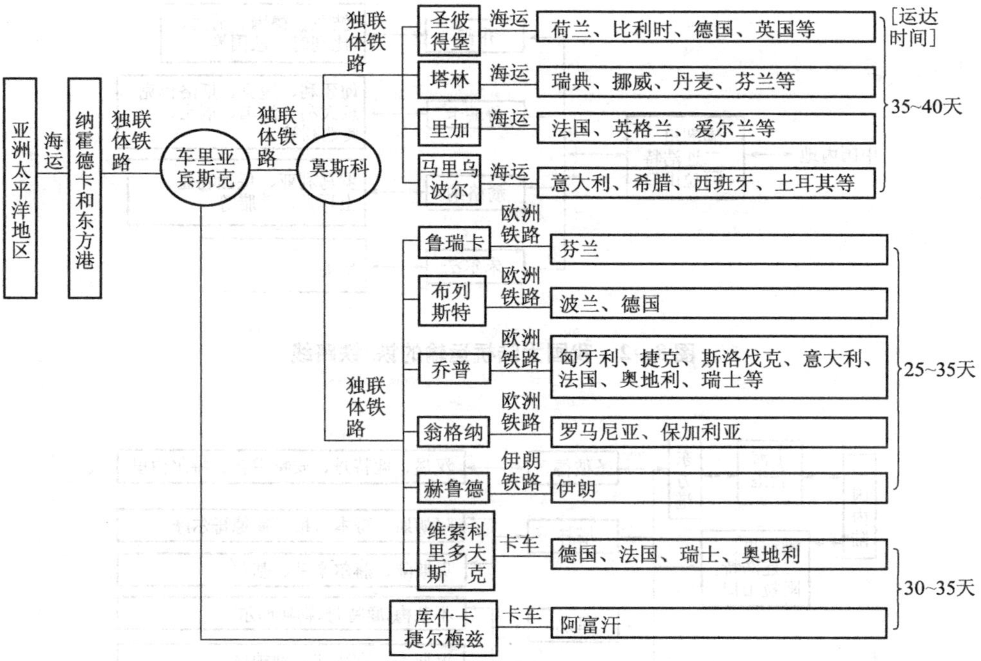

图 8－1　西伯利亚大陆桥的运输线路

1. 铁/铁路线。铁/铁路线即由日本、中国等地用船把货箱运至俄罗斯的纳霍德卡和东方港，再用火车经西伯利亚铁路运至白俄罗斯西部边境站，然后继续运至欧洲和伊朗；或相反方向。

我国开办大陆桥运输业务主要是铁/铁路线（如图 8－2 所示），即从中国内地各站把货物运至中俄边境满洲里/后贝加尔，进入俄罗斯，或运至中蒙边境站二连/扎门乌德进入蒙古，经蒙俄边境站苏赫巴托/纳乌斯基进入俄罗斯，再经西伯利亚铁路运至白俄罗斯西部边境站，辗转欧洲铁路运至欧洲各地或从俄罗斯运至伊朗。在我国大陆桥运输具体业务上，根据欧洲各国收发箱的不同地点，铁/铁路线有多条，分别用独联体西部边境站，如朱尔法、温格内、乔普、鲁瑞卡分别往返伊朗、东欧、西欧、北欧等地。

2. 铁/海路线。铁/海路线是用船把货箱运至东方港，再用火车运到波罗的海和黑海的港口，装船运至北欧、西欧、巴尔干地区的港口，最终交收货人；或由国内各火车站经满洲里至俄罗斯后贝加尔站或由二连浩特至蒙古扎门乌德站、俄罗斯纳乌什基站，利用西伯利亚铁路运至波罗的海和黑海港口，再装船转运至西欧、北欧和巴尔干地区的主要港口及相反方向的运输。我国大陆桥运输的铁/海路线如图 8－3 所示。

3. 铁/卡路线。铁/卡路线即用船把货箱运至东方港，再用铁路运至俄罗斯西部边境布列斯特附近的奥托布列斯特，再用卡车把货箱运至德国、瑞士、奥地利等国；或由国内各车站经满洲里或二连浩特、阿拉山口出口，通过蒙古、俄罗斯铁路再转至俄罗斯奥托布列斯特转公路运至欧洲各地及相反方向的运输。我国大陆桥运输的铁/卡路线如图 8－4 所示。

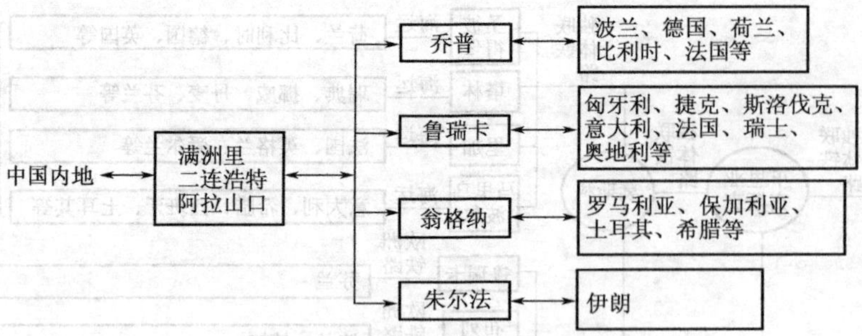

图 8－2　我国大陆桥运输的铁/铁路线

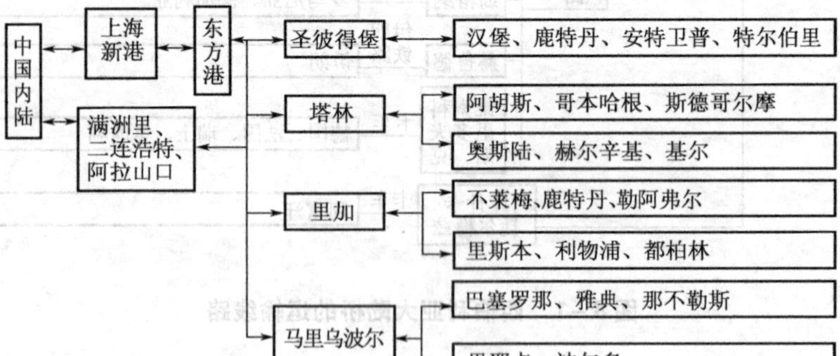

图 8－3　我国大陆桥运输的铁/海路线

图 8－4　我国大陆桥运输的铁/卡路线

（二）新亚欧大陆桥

新亚欧大陆桥（A. －E. Land Bridge）也称第二条欧亚大陆桥，东起中国江苏的连云港，经陇海线、兰新线西去，经乌鲁木齐，出阿拉山口之后与中亚铁路相连，在中亚哈萨克斯坦的阿克斗卡分为南北两路继续西行。北路经阿斯塔纳、莫斯科、明斯克、华沙、柏林到荷兰的鹿特丹。南路经塔什干、伏尔加格勒、基辅、布达佩斯、维也纳、伯尼亚、巴黎，到鹿特丹。

新亚欧大陆桥是太平洋西岸港口与欧洲最大港口鹿特丹之间的陆上最近通道，比第一条欧亚大陆桥缩短了 2 000 多千米、节省运费约 30%，与海运比较，可节省运输时间 60% 左右。北线全长10 800千米,在我国境内有4 143千米。南路还可以从塔什干继续南下,经德黑兰到安卡拉,从而把西亚诸国和非洲连接起来。

知识链接

中欧班列

中欧班列(China Railway Express,CR Express)是由中国国家铁路集团有限公司组织,按照固定车次、线路、班期等条件开行,运行于中国与欧洲以及"一带一路"沿线国家间的集装箱铁路国际联运列车。依托新亚欧大陆桥和西伯利亚大陆桥,我国已形成西、中、东三条中欧铁路运输通道:西部通道由我国中西部经阿拉山口(霍尔果斯)出镜;中部通道由我国华北地区经二连浩特出境;东部通道由我国东南部沿海地区经满洲里(绥芬河)出境。主要班列有:中欧班列(重庆—杜伊斯堡);中欧班列(成都—罗兹);中欧班列(郑州—汉堡);中欧班列(苏州—华沙);中欧班列(武汉—捷克、波兰);中欧班列(义乌—马德里);中欧班列(哈尔滨—俄罗斯);中欧班列(哈尔滨—汉堡);中欧班列(广州—莫斯科);等等。

亚欧之间的物流通道主要包括海运通道、空运通道和陆运通道。中欧班列以其运距短、速度快、安全性高的特征,以及安全快捷、绿色环保、受自然环境影响小的优势,已经成为国际物流中陆路运输的骨干方式,并已成为丝绸之路经济带发展战略的重要组成部分。

除西伯利亚大陆桥、新亚欧大陆桥外,国际货物大陆桥运输中还有美国小陆桥(U. S. Mini-land Bridge)、美国微型路桥(U. S. Micro-land Bridge)或半路桥(Semi-land Bridge)。美国小陆桥路线为:远东、日本—美国西海岸—美国东海岸或墨西哥湾港口—目的地。这条小陆桥路线避免了绕道巴拿马运河,可以享受铁路集装箱专用列车优惠运价,从而降低了成本,缩短了路径,运输方式为海—铁。

单元二　国际货物铁路联运的货运代理

在国际铁路物流中,一般涉及两个或两个以上国家铁路运送。在两个或两个以上国家铁路运送中,使用一份运送票据,以连带责任办理货物的全程运送,并且在由一国铁路向另一国铁路移交货物时,无需发货人、收货人参加,这种运输方式称为国际铁路货物联运(International Through Railway Transport,International Railway Through Goods Traffic)。国际铁路联运是我国国际货物铁路运输的主要方式。

一、国际铁路货物联运的特点及业务类别

国际铁路货物联运作为国际货物运输的重要运输方式之一,在我国改革开放的进程中,处于更加重要的位置。特别是在与周边国家的经济交流中,国际铁路联运更是我国不可缺少的主要货物运输方式。在我国与周边国家的对外经贸交往中,援外项目和海外投资项目越来越多,周边国家大多资源富集,如蒙古的铁矿、煤矿、铜矿,哈萨克、土库曼斯坦的原油、

天然气，乌兹别克的棉花、短绒等产品。中国企业会越来越多地去投资建矿、建厂、建立我国的能源和原料基地。这样，通过国际铁路货物联运的货运量会迅速增长，国际铁路货物联运将成为我国国际物流企业的重要业务。

（一）国际铁路货物联运的特点

与国内铁路运输相比，国际铁路货物联运有以下特点。

第一，涉及面广。每运送一批货物都要涉及两个或两个以上国家、几个国境站。

第二，运输条件高。要求每批货物的运输条件（如包装、转载、票据的编制、添附文件及车辆使用）都要符合有关国际联运的规章、规定。

第三，办理手续复杂①。货物必须由两个或两个以上国家的铁路部门参加运送，在办理国际铁路联运时，其运输票据、货物、车辆及有关单证都必须符合有关规定和一些国家的正当要求。

第四，用一份铁路联运票据完成货物的跨国运输。

第五，运输责任方面采用统一责任制。按国际货协运单承运货物的铁路部门，负责完成货物运送全程的运输合同，直到在到站交付货物时为止；如将货物转发送到未参加国际货协铁路的国家，则负责完成到按另一种国际铁路直通货物联运协定的运单办完运送手续时为止。每一继续运送的铁路部门，自接收附有运单的货物时起，即认为参加了这项运输合同，并承担由此而产生的责任和义务。国际铁路货物联运的上述责任也称为国际铁路货物联运的连带责任。

目前，国际铁路联运主要应用于我国内地出口芬兰、俄罗斯、阿富汗、蒙古、朝鲜和越南的货物运输。这种运输方式的最大缺陷在于，由于俄罗斯和蒙古铁路的轨距与我国不同，因此在边境口岸需要进行货物换装业务。

（二）国际铁路货物联运办理种别

国际铁路货物联运的办理种别分为整车、零担和大吨位集装箱货物运输，以及货物随旅客列车挂运。

1. 整车货物运输。根据《国际铁路货物联运协定》（*Agreement on International Railroad through Transport of Goods*，简称《国际货协》）第7条，凡按一张运单办理的需要单独车辆运送的一批货物，即为整车货物。托运货物时，发货人必须在运单"办理种别"栏内，注明"整车或零担"。整车货物运输装载量大，运输费用较低，运输速度快，能承担的运量也较大，是铁路的主要运输形式。

2. 零担货物运输。凡按一张运单办理的重量不应超过5 000千克的，并按其体积又不需要单独车辆运送的一批货物，即为零担货物。对零担货物，应在每件货物上做出标记。

中朝铁路相互间和从朝鲜通过中国运往越南、蒙古及相反方向运送的零担货物，不受《国际铁路货物联运协定》第7条有关每批零担货物重量不应超过5 000千克的规定限制。

3. 集装箱货物运输。根据《国际铁路货物联运协定》附件第5号，联运集装箱分为：小型集装箱、大型集装箱以及其他铁路集装箱。容量1～3立方米、总重小于2.5吨的集装

① 但国际铁路货物联运免除了货主和托运人繁多的手续和环节，由参加国际铁路货物联运协定的国家铁路承担连带责任，把货物运送到另一国家的目的地（到达站）。

箱为小型集装箱。容量超过3立方米、总重2.5～5吨的集装箱为大型集装箱。用其他的铁路集装箱,其中包括专用集装箱运送货物时,只在参加运送的各铁路商定后,才准许办理。

我国铁路部门目前只办理整车运送的铁路5吨箱和零担运送的铁路1吨箱以及货主自备大吨位集装箱装运的进口货物,出口货物可利用返还的集装箱运到集装箱所属铁路,也可用货主自备箱装运。

4. 慢运、快运和整车货物随旅客列车挂运。国际铁路联运货物按运送速度可分为慢运和快运。根据《国际铁路货物联运协定》的规定,慢运整车每昼夜应为200运价千米,零担应为每昼夜150运价千米;快运整车应为每昼夜320运价千米,零担应为每昼夜200运价千米;挂旅客列车运送的整车每昼夜应为420运价千米。

根据有关铁路间的商定,整车货物可随旅客列车挂运。

二、国际铁路联运合同与国际铁路货物运输代理合同

参加国际铁路联运的国家主要分两个集团:一个是以英、法、德等32个国家组成并签订有《关于铁路货物运输的国际公约》的“货约”集团;另一个是以苏联为首的12个国家组成并签订有《国际铁路联运协定》的“货协”集团。尽管“货协”中的苏联政体在20世纪80年代解体了,但铁路联运业务并未终止,原“货协”的运作制度仍被沿用。“货协”的东欧国家又是“货约”的成员国,这样“货协”国家的进出口货物可以通过铁路转运到“货约”的成员国去,这为沟通国际铁路货物运输提供了更为有利的条件。我国1953年加入“货协”,是“货协”的成员国,凡经由铁路运输的进出口货物均按“货协”的规定办理。

自苏联解体以来,国际铁路货物联运业务变化很大,其中一个重要变化是,“货协”各铁路之间的普通车运输由原来的各路之间相互清算改为由铁路认可的各货运代理人之间清算。由此导致国际铁路货物联运中法律关系的变化:原来只有一个法律关系,即国际联运承运人与托运人之间的国际联运合同关系;变化之后有两个法律关系,即原来的国际铁路联运合同关系和新产生的国际铁路货物运输代理人与货主之间的国际货物铁路运输代理合同关系。

(一)国际铁路联运合同

1. 国际铁路联运合同的当事人。国际铁路联运合同的当事人有两方,即承运人和托运人。承运人是所有参加运送货物的各国经批准的铁路企业,托运人是指本人或者委托他人以本人名义或者委托他人为本人与承运人订立国际联运合同的人,一般称为发货人。收货人并不是国际联运合同的当事人,而是合同一方当事人或托运人的关系人。

2. 国际联运合同的性质及特征。国际联运合同属于国际运输合同,是托运人同国际联运承运人签订的就国际铁路货物联运明确有关各方权利和义务的协议。它的标的是跨国运送货物的行为,该合同的履行必须以货物交付收货人为终点,发货人和/或收货人应按规定付给承运人运费。

3. 国际联运合同的形式。国际联运合同是以书面形式表现的联运运单和必要的添附文件,具有格式合同的特点。

联运运单是承运人与托运人之间缔结的运送契约,它规定了参加联运各国铁路和发/收货人在货物运送整个过程中的权利和义务,对各方当事人具有法律约束力。

必要的添附文件主要有:出口货物报关单;品质证明书;商品检验证书;动、植物检验

证书;装箱单;化验单。我国出口货物必须添附出口货物明细单和出口货物报关单以及出口外汇核销单。另外,根据有关规定及合同的要求还要添附出口许可证、品质证明书、检验证、卫生检疫证、动植物检验检疫证以及装箱单、磅码单、化验单、产地证和发运清单等有关单证。

4. 合同的订立。联运合同订立的一般程序是:托运人向承运人提报联运计划;取得代表承运人的发送路对该计划同意后,由发货人按照联运运单要求认真填写所要求的各项内容并签字;发货人再将运单连同货物以及必要的文件一起交发送路有资格的发送站,经该站审核无误,确认符合国际联运条件后,在运单上加盖承运戳,并把运单副本交发货人,合同即成立并同时生效。

(二)国际铁路货物运输代理合同

1. 国际铁路货物运输代理合同的当事人。国际铁路货物运输代理合同有两方当事人,即代理人和被代理人。此外,该代理关系还涉及代理行为的相对人。

我国的国际铁路货运代理人必须是经商务部审批,并经铁道部门认可的从事国际铁路货物运输代理业务的合法企业,被代理人是国际联运的发货人或收货人。代理行为的相对人是国际联运的承运人,在实践中,该承运人一般不是参加运送货物的所有各国铁路,而是参加运送货物的一个或两个国家铁路。

2. 国际铁路货物运输代理合同的性质及特征。国际铁路货物运输代理合同属于委托代理合同,它是代理人与被代理人之间订立的由代理人代替被代理人从事某些国际联运行为的协议。

代理人以被代理人的名义向承运人支付运费,该项运费以被代理人名义支付,在实践中,主要体现在国际联运运单第20栏("发货人负担下列过境铁路的费用")的记载上;代理人在代理合同规定的权利范围内独立行使代理行为,代理人在具体如何及何时代理支付运费上具有独立性;代理人支付运费行为的法律后果归属于被代理人,如果代理人未能履行代理支付运费的义务,承运人依据联运运单有权要求发货人或收货人(被代理人)而不是代理人支付运费。当然,由于代理人的过失给被代理人造成损失的,代理人应承担相应责任。

我国国际铁路货物运输代理合同的形式、订立、履行、变更和解除、违反合同的法律责任适用我国《民法通则》及有关规定。

(三)国际联运合同与国际铁路货物运输代理合同之间的联系

国际联运合同与国际铁路货物运输代理合同有着明显区别;同时,两个合同又联系紧密、相互依赖。国际联运合同是国际铁路货物运输代理合同存在的基础,没有国际联运合同,国际铁路货物运输代理合同不能存在;另一方面,国际铁路货物运输代理合同又是国际联运合同得以履行的保障,没有国际铁路货物运输代理合同,联运运费的正常支付就会出现问题,国际联运合同也就无法得到正常履行。

因此,作为两个合同关系当事人的托运人(被代理人)尤其要处理好两个合同之间的关系,其中任何一个合同不能履行或不能很好地履行,都将对最终结果产生不利影响。

三、国际铁路联运业务

下面对进出口货物的国际铁路联运进行分别阐述。

（一）出口货物国际铁路联运

我国出口货物国际铁路联运运输组织工作的流程主要包括：铁路联运出口货物运输计划的编制→货物托运和承运→国境站的交接→出口货物的交付等。对货主（出口商或发货人）来说，主要就是货物的托运。对货运代理来说，主要应完成如下工作。

1. 接受货主委托，向铁路部门提出要车计划。货运代理办理出口货物国际铁路联运事宜，首先要接受货主委托书。

凡发送整车货物，均需具备铁路部门批准的月度要车计划和旬度要车计划。因此，货运代理要根据货主的贸易合同、备货和国际市场的需要等情况，按所在地铁路部门规定的月度要车计划提出时间，填写印有“国际联运”的月度要车计划表，向铁路局（分局、站）提出下月要车计划。

货运代理要制订装车方案，铁路部门要制定配载装车表。

2. 代理货物的托运。货物的托运可由货主办理，也可由货运代理代为办理。在托运前必须将货物的包装和标记严格按照合同中的有关条款以及国际货协等规定的有关条款办理。货物包装应能充分防止货物在运输中灭失和腐坏，保证货物多次装卸而不致毁坏。货物标记、标示牌及运输标记、货签等字迹均应清晰、不易擦除，保证多次换装而不致脱落。

（1）整车货托运的基本程序。整车货托运主要有如下四步。

第一步，向铁路车站填报国际铁路联运运单。国际铁路联运运单（International Through Railway Bill）是参加国际铁路货物联运的铁路与发货人、收货人之间缔结的运输合同。它体现了参加联运的各国铁路和发货人、收货人之间在货物运送上的权利、义务、责任和豁免，对铁路和发货人、收货人都具有法律效力。运单签发即表示承运人已收到货物并受理托运，装车后加盖承运日戳即为承运。运单正本随同货物送至终点站交收货人，是铁路同收货人交接货物、核收运杂费用的依据。运单副本加盖日戳后是卖方办理银行结算的凭证之一。国际铁路联运运单与提单及航空运单不同，它不是物权凭证，因此不能转让。

国际铁路联运运单一式五联。第一联为“运单正本”，它随货走，到达终点站时连同第五联和货物一并交收货人；第二联为“运行报单”，亦随货走，是铁路部门办理货物交接、清算运送费用、统计运量和收入的原始凭证，由铁路部门留存；第三联为“运单副本”，由始发站盖章后交发货人凭以办理货款结算和索赔用；第四联为货物交付单，随货走，由终点站铁路部门留存；第五联为“到达通知单”，由终点站随货物交收货人。

国际铁路联运运单必须记载的内容包括：到站名称；收货人名称和地址；货物名称；货物重量；零担货物件数、包装标志；发货人负责装车时的车号及私有车辆的自重；单证明细表；发货人名称和地址。

国际铁路联运运单根据需要记载的内容包括：货物交付方式；适用的运价规程；货物交付利息的金额数；发货人负责支付的费用；现款交付和运费的金额；发送国和各过境国的出口国境站，如有可能从出口国境站通过邻国的几个进口国境站办理货物运送，则应注明运送所要通过的进口国境站；发货人和收货人相互间关于办理海关手续的约定；发货人关于收货人不得变更合同的声明；押运情况。

国际铁路联运运单可附加记载的内容仅供收货人参考，对铁路无约束力，用以向收货人提示有关货物的情况，如货物的来向、去向及运输方、货物的保险等。

国际铁路联运运单正面未划粗线的各栏由发货人填写。发货人应对其在运单中所填报的和声明的事项的正确性负责。由于记载和声明事项不正确、不确切或不完备，以及由于未将应报事项记人运单而发生的一切后果，均由发货人负责。铁路有权检查发货人在运单中所做的记载是否正确，但途中检查货物内容，仅限于在海关和其他规章有规定的情况下，以及为保证途中行车安全和货物完整。

第二步，车站接到运单后进行审核，对整车货物检查是否有批准的月度、旬度货物运输计划和要车计划，检查货物运单各项内容是否正确，如确认可以承运，给予签证。车站在运单上签注货物应进入车站的日期或装车日期，即表示受理托运。

第三步，按签证指定的日期将货物搬入车站或指定的货位。

第四步，车站根据运单查对货物，如无问题，待装车后由始发站在运单上加盖承运日期戳，负责发运。对棚车、保温车、罐车必须施封，由发货人装车的由发货人施封，由铁路部门装车的由铁路部门施封。铅封内容有站名、封志号、年、月、日。

整车货物一般在装车完毕后，由发站在货物运单上加盖承运日期戳，即为承运。承运是铁路部门负责运送货物的开始，表示铁路部门开始对发货人托运的货物承担运送义务，并负运送上的一切责任。

(2)零担货物的托运程序。与整车货物不同，零担货物的托运不需要编制月度、旬度要车计划，即可凭运单向车站申请托运。车站受理托运后，发货人应按签证指定的日期将货物搬进货场，送到指定的货位上，经查验、过磅后，即交由铁路部门保管。当车站将发货人托运的货物，连同货物运单一同接受完毕，在货物运单上加盖承运日期戳时，即表示货物业已承运。铁路部门对承运后的货物负保管、装车发运责任。

3. 报检、报关。在货物发运前，货运代理要查验发货人提供的报检报关文件，随车递交口岸站或在发站报检、报关。铁路车站承运后，应在货物报关单上加盖站戳，货物报关单与运单一同随货同行，以便国境车站向海关办理申报。

国际铁路联运货物的进口申报手续有边境口岸报关和到达站报关两种形式。一般国际铁路联运货物在边境口岸报关和缴纳海关应收、代收的税款。如在到达站设有驻在海关或有海关监管条件，在向海关提出申请后，可办理监管转关运输，运抵到达站报关，办理进口通关手续缴纳税费。

知识链接

国际铁路货物联运中海关监管的特殊规定

(1)可以在发运车站报关，报关后，以铁路车辆作为监管运输工具，加封后发往边境铁路口岸，边境铁路口岸海关及联检办在核对关封及电子数据无误后，即予交接出境。还可以在发运站按铁路国际联运货物发运，发运站使用国际货协运单施封运输，车辆到达国境站后，在边境口岸海关查验、报关后交接出境。

(2)国际铁路联运中的货物报关，以一辆铁路车辆为单位(即一车一票)，每一铁路车辆使用一套报关单据(包括外汇核销单、出口合同、箱单、发票和其他单证)。

(3)在内地发运站报关时，铁路车辆可以作为监管运输工具使用，由海关加封后准予监管运输到国境站出境。

(4)在发运站报关后海关准予放行(但此时货物还在铁路车辆运至国境站途中，并未出境)。

4. 办理发运后事项。铁路部门对承运后的货物负保管、装车发运、在国境站的交接责任，货运代理要办理好发运后的事项。主要的发运后事项有如下几项。

(1)登记。在发货后，要将发货经办人员的姓名和货物名称、数量、件数、毛重、净重、发站、到站、经由口岸、运输方式、发货日期、运单号、车号及运费等项目，详细登记在发运货物登记表内，作为原始资料。

(2)信息传递。例如：将车号等信息通知口岸代理和国外代理；向货主递送运单三正三副以对外结汇；向国外代理递送运单副本一份；口岸代理办理货物交接时通知发货人交接时间；通知收货人等。

(3)与国外代理结算。根据协议与国外代理结算费用，向货主通报货物在国外的交付信息。

(二)进口货物国际铁路联运

进口货物国际铁路联运的流程可简单归纳为图8－5。

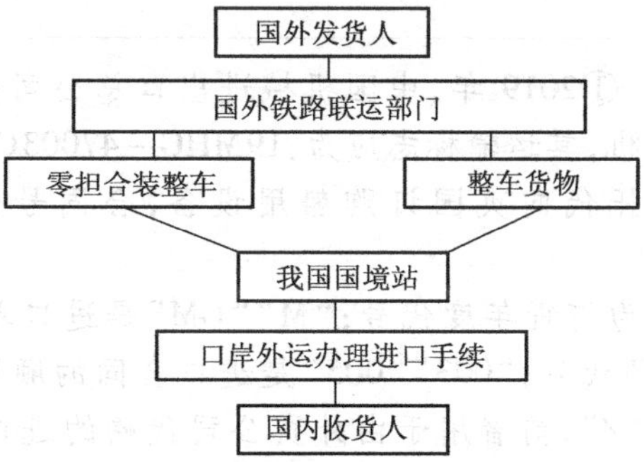

图8－5 进口货物的国际铁路联运的流程

进口货物国际铁路联运的发运工作是由国外发货人根据合同规定，向该国铁路车站办理的。根据《国际货协》的规定，我国从参加《国际货协》的国家通过铁路联运进口货物，凡国外发货人向其所在国铁路部门办理托运，一切手续和规定均按《国际货协》和该国国内规章办理。我国国内有关进口商及货运代理处理联运进口货物的工作主要包括：联运进口货物在发运前编制运输标志；审核联运进口货物的运输条件，向国境站寄送合同资料；国境站交接、分拨、交付进口货物给收货人以及运到逾期计算，等等。

对货运代理来说，要做好如下工作。

1. 接受货主委托。货运代理要与货主(收货人)签订代理协议，沟通运输细节。收货人应提出确切的到达站的车站名称和到达路局的名称，注明货物经由的国境站，即注明货物是经二连还是满洲里抑或阿拉山口进境。

2. 编制运输标志。我国规定联运进口货物在订货工作开始前，由国家统一编制向国外订货的代号，作为收货人的唛头，进口商必须按照统一规定的收货人唛头对外签订合同。

知识链接

收货人唛头由七部分组成，按下列顺序排列

(1)订货年度代号，如2019年签订的进口贸易合同，即以“19”为年度代号。

(2)承办订货进出口贸易公司代号，如由中国机械进出口总公司订货，即以“M”为代号。

(3)订货部门(即收货人)代号，如由有关部门委托订货，即以“KF”为代号。

(4)间隔号，外贸为“—”，工贸为“/”。

(5)商品类别代号，如“44”即代表有线电设备。

(6)合同或编号或卡片编号，即采用进口合同所编的顺序号码。

(7)供货国别地区代号，按照同我国建立外交和贸易关系的国家和地区，分别用两个拉丁字母作为一个国家或地区的代号，如“CF”代表法国、“MR”代表美国等。

【例】运输标志的编制。①2019年，中国机械进出口总公司受轻工业部门的委托以第003号合同向法国订购计算机，其运输标志应为：19MHG－47003CF。②2019年，中国船舶工业公司受北京市物资局委托代向英国订购船用设备，合同号为005，其运输标志应为：19GMRT/382005CE。

解：上述标志中的“19”为订货年度代号；“M”“GM”是进口单位代号；“HG”“RT”是收货人代号；“47”“382”是商品代号；“003”“005”是进口合同的顺序编号；“CF”“CE”是贸易国别的代号；间隔号“－”和“/”，前者用于由外贸公司代购的进口商品，后者用于由工贸公司代购的进口商品。

3. 向国境站外运机构寄送合同资料。货运代理应及时将贸易合同的副本、附件、补充协议书、变更申请书、确认函电、交货清单等寄送国境站外运机构，在这些资料中有合同号、订货号、品名、规格、数量、单价、经由国境站、到达路局、到站、唛头、包装及运输条件等内容。事后如有某种变更事项也应及时将变更资料抄送外运机构。

4. 代理报检、报关。在口岸站委托报检报关代理办理报检、报关、换装、运输等事宜，并将代理费和关税交报检报关代理或海关。

5. 进口货物在国境站的交接与分拨。联运进口货物的交接程序与做法是：我国国境站根据邻国国境站货物列车的预报和确报，通知交接所及海关做好到达列车的检查准备工作。进口货物列车到达后，铁路部门会同海关接车，由双方铁路部门进行票据交接，然后将车辆交接单及随车带交的货运票据呈交接所，交接所根据交接单办理货物和车辆的现场交接。海关则对货物列车执行实际监管。我国国境站交接所通过内部联合办公，开展单据核放、货物报关和验关工作，然后由铁路部门负责将货物调往换装线进行换装作业，并按流向编组向国内发运。

货运代理要根据国外发货人提供的发货运输信息在口岸站安排接运事宜。货物到站向收货人发到货通知；收货人接到通知向铁路部门付清运送费用后，铁路部门将其背面已由铁路部门记载各段运输情况，并盖有各种运输戳记的运单第五联交给收货人或货运代理，收货人或货运代理凭运单第五联办理提货，在取货时应在运单上加盖收货戳记。提货时如发现货物部分或全部灭失或毁损，必须要求铁路部门编制商务记录。货运代理根据收货人的委托可办理国内运输，将货送交收货人。

6. 运费核收。货运代理要在国内到站核收口岸至到站的运费和口岸站产生的换装费用。

进口货物国际铁路联运还涉及运到逾期的问题。铁路部门承运货物后，应在最短期限内将货物运至最终到站，货物从发站至到站所允许的最大限度的运送时间，即为货物运到期限。货物运到期限，应从承运货物的次日零时起开始计算，不足 1 天按 1 天计算。如承运的货物在发送前需预先保管，运到期限则从货物指定装车的次日零时起开始计算。货物实际运到天数超过规定的运到期限天数，表示该批货物运到逾期。如果货物运到逾期，造成逾期的铁路部门应按该部门收取的运费的一定比例，向收货人支付逾期罚款。逾期罚款的规定及计算方法如下：

逾期罚款 = 运费 × 罚款率

逾期百分率 =（实际运送天数 − 按规定计算运到期限天数）÷ 按规定计算运到期限天数 × 100%

知识链接

《国际铁路联运协定》对运到逾期罚款率的规定

逾期不超过总运到期限1/10时，为运费的6%；逾期超过总运到期限1/10，但不超过2/10时，为运费的12%；逾期超过总运到期限2/10，但不超过3/10时，为运费的18%；逾期超过总运到期限3/10，但不超过4/10时，为运费的24%；逾期超过总运到期限4/10时，为运费的30%。

【例】某公司从保加利亚进口一批机器，该批货物按规定计算的运到期限天数为 60 天。保加利亚瓦尔纳港口站于某年 3 月 10 日以慢运整车承运。该批货物经由鲁塞东/翁格内、后贝加尔/满洲里，5 月 16 日到达北京东站。铁路部门所收运费为8 000欧元。问题：你认为该批货物是否运到逾期？假如逾期，铁路部门应向收货人支付多少逾期罚款？

解：(1) 计算该批货物从 3 月 11 日至 5 月 16 日的实际运送时间为 67 天（从承运货物的次日零时起开始计算，不足一天按一天计算）。该批货物按规定计算的运到期限天数为 60 天，因此，该批货物运到逾期。

(2) 计算逾期百分率：

逾期百分率 = (67 − 60)/60 × 100% = 11.67%。

逾期百分率按公式计算为 11.67% = 1.167/10。

(3) 逾期罚款率是根据逾期百分率决定的，其逾期超过总运到期限的 1/10，但不超过 2/10时，逾期罚款率按运费的 12% 支付。

(4) 按逾期罚款公式计算，逾期罚款 = 8 000 欧元 × 12% = 960 欧元，运到逾期的铁路部门对该批货物应支付逾期罚款 960 欧元。

四、国际铁路货物联运费用的计算和核收

国际铁路货物联运运送费用的计算和核收，必须遵循《国际货协》《国际铁路货物联运统一过境运价规程》（简称《统一货价》）和中华人民共和国铁道部《铁路货物运价规则》（简称《国内价规》）的规定。联运货物运送费用包括货物运费、押运人乘车费、杂费和其他费用。

（一）运送费用核收的规定

1. 参加国际货协各铁路间运送费用核收的原则。

发送路的运送费用——在发站向发货人或根据发送路国现行规定核收。

到达路的运送费用——在到站向收货人或根据到达路国现行规定核收。

过境路的运送费用——按《统一货价》在发站向发货人或在到站向收货人核收。

2. 国际货协参加路与非国际货协铁路间运送费用核收的规定。

发送路和到达路的运送费用与上同。

过境路的运送费用，按下列规定计收。

其一，参加国际货协并实行《统一货价》各过境路的运送费用，在发站向发货人（相反方向运送则在到站向收货人）核收；但办理转发送国家铁路的运送费用，可以在发站向发货人或在到站向收货人核收。

其二，过境非国际货协铁路的运送费用，在到站向收货人（相反方向运送则在发站向发货人）核收。

其三，在港口站所发生的杂费和其他费用，在这些港口站向发货人或收货人的代理人核收。

（二）国际铁路货物联运国内段运送费用的计算

根据《国际货协》的规定，我国通过国际铁路联运的进出口货物，其国内段运送费用的核收应按照我国《铁路货物运价规则》进行计算。运费计算的程序如下。

第一，根据货物运价里程表确定从发站至到站的运价里程。

第二，根据运单上填写的货物品名查找货物品名检查表，确定适用的运价号。

第三，根据运价里程和运价号，在货物运价率表中查出相应的运价率。

第四，按《铁路货物运价规则》确定的计费重量与该批货物适用的运价率相乘，算出该批货物的运费。

运费计算公式如下：

整车货物每吨运价（运价率）= 发到基价 + 运行基价 × 运价公里

运费 = 运价率 × 计费重量

重量以吨为单位，吨以下四舍五入。

【例】某公司从国外进口一整车的矿石，该货物的品名分类代码为“04”，经查该商品的运价号为“4”，按照《铁路货物运价规则》的规定，使用矿石车、平车、砂石车经铁路局批准装运“铁路货物运输品名分类与代码表”中“01”“0310”“04”“06”“081”和“14”类货物按40吨计费，国内段从发站至到站的运价里程为200千米，试根据表8-2所示的运价表核算该票货物的国内段运费。

表8-2　铁路货物运价率表

类别	运价号	发到基价		运行基价	
		单位	标准	单位	标准
整车	1	元/吨	7.40	元/吨千米	0.056 5
	2	元/吨	7.90	元/吨千米	0.065 1
	3	元/吨	10.50	元/吨千米	0.070 0
	4	元/吨	13.80	元/吨千米	0.075 3
	5	元/吨	15.40	元/吨千米	0.084 9
	6	元/吨	22.20	元/吨千米	0.114 6

解：计算如下。

第一步，根据商品的运价号为“4”，从表 8－2 可以确定该批货物的发到基价为 13.80 元/吨，货物的运行基价为 0.075 3 元/吨千米。

第二步，该批货物整车货物每吨运价＝发到基价＋运行基价×运价公里＝13.80＋0.075 3×200＝28.86 元/吨。

第三步：总运费＝运价率×计费重量＝28.86 元/吨×40 吨＝1 154.40 元。

该票货物的国内段运费为 1 154.40 元。

（三）国际铁路货物联运过境运费的计算

国际铁路货物联运过境运费是按照《统一货价》的规定计算的。其运费计算的程序如下。

第一，根据运单记载的应通过的国境站，在《统一货价》过境里程表中分别找出货物所通过的各个国家的过境里程。

第二，根据货物品名，查阅《统一货价》中的通用货物品名表，确定所运货物应适用的运价等级。

第三，根据货物运价等级和各过境路的运送里程，在《统一货价》中找出符合该批货物的运价率。

第四，《统一货价》对过境货物运费的计算是以慢运整车货物的运费额为基础的（即基本运费额），其他种别的货物运费则在基本运费额的基础上分别乘以不同的加成率。

运费计算公式如下：

总运费＝基本运费额×（1＋加成率①）

基本运费额＝货物运价率×计费重量

单元三　国际铁路货物联运的规章或国际公约

国际铁路联运的国际公约主要有：以英、法、德等 32 个国家组成的“货约”集团所制定的《关于铁路货物运输的国际公约》（简称《国际货约》，也称《伯尔尼货运公约》）；以苏联为首的 12 个国家组成的“货协”集团所制定的《国际铁路货物联运协定》（简称《国际货协》）。我国是“货协”的成员国，凡经由铁路运输的进出口货物均按“货协”的规定办理。

一、办理国际铁路货物联运时主要适用的规章

办理国际铁路货物联运时主要适用下列规章。

其一，《国际铁路货物联运协定》（简称《国际货协》）。

其二，《国际铁路货物联运协定办事细则》。

其三，《国际铁路货物联运统一过境运价规程》（简称《统一货价》）。它规定了参加《统一货价》的铁路，按照《国际货协》的条件，利用铁路运送过境货物时，办理货物运送的手续、过境运送费用的计算、货物品名分等表、过境里程表和货物运费计算表等内容，对铁路和发货人与收货人都适用。新的《统一货价》自 1991 年 7 月 1 日起施行。

---

① 加成率系指运费总额应按托运类别在基本运费额基础上所增加的百分比。例如：快运货物运费按慢运运费加 100%，零担货物加 50% 后再加 100%。随旅客列车挂运整车费，另加 200%。

其四,《国际联运车辆使用规则》。

其五,《国际旅客联运和铁路货物联运清算规则》。

其六,《国境铁路协定》和《国境铁路会议议定书》。《国境铁路协定》是由相邻国家签订的,它规定了办理联运货物交接的国境站、车站及货物交接条件和方法、交接列车和机车运行办法及服务方法等内容。根据国境协定的规定,两个相邻国家铁路定期召开国境铁路会议,对执行协定中的有关问题进行协商,签订国境铁路会议议定书,其主要内容为双方铁路之间关于行车组织、旅客运送、货物运送、车辆交接以及其他有关问题。我国与苏联、蒙古、朝鲜、越南各铁路均分别签订有国境铁路协定和议定书。

其七,我国《铁路货物运价规则》。它是办理国际铁路货物联运时国内段货物运送费用计算和核收的依据,规定了在各种不同情况下计算货物运输费用的基本条件,各种货物运费、杂费和其他费用的计算方法及国际铁路联运货物国内段的运输费用的计算方法等。

其八,我国《国际铁路货物联运办法》。

二、《国际铁路货物联运协定》的内容

《国际铁路货物联运协定》签订于1951年11月1日(我国在1954年1月1日加入),目前,参与签字国有中、俄、越、蒙、哈等22个国家,铁路总长26万多千米。《国际铁路货物联运协定》是缔约各国发货人、收货人以及过境办理货物联运所共同遵循的基本文件。《国际铁路货物联运协定》共设8章40条。主要内容包括:适用范围、运输契约缔结、托运人的义务和权利、承运人权利和义务、赔偿请求与诉讼时效等。下面重点介绍《国际铁路货物联运协定》的主要内容,详细规定可网上查阅与学习。

(一)适用范围

《国际铁路货物联运协定》适用于缔约国铁路方面的国际直通货物联运,协定对铁路部门、发货人、收货人都有拘束力。但不适用于:①发、到站都在同一国内,而用发送国列车只通过另一国家过境运送货物;②两国车站间,用发送国或到达国列车通过第三国过境运送的;③两邻国车站间,全程都用某一方列车,并据这一铁路的国内规章办理货物运送时。

(二)运输契约缔结

发货人托运时,要填写运单和运单副本。

运单是发货人与铁路之间缔结的运输契约,是铁路向收货人收取运杂费用和点交货物的依据。它规定了铁路、发货人和收货人在货运中的权利、义务和责任,因此,运单对上述当事人均有法律约束力。同时,运单又是铁路运输的凭证。但运单不是物权凭证,不能转让,亦不能凭以提货。运单随同货物从始发站至终点站全程附送,最后交给收货人。联运运单副本是贸易双方结算货款的依据。当所运货物或票据丢失时,副本可作为向铁路索赔的证件。运单副本加盖戳记后,证明铁路运输合同订立,并交付发货方凭以结汇。

(三)托运人的权利、义务

托运人包括发货人和收货人,其主要权利和义务如下。

1. 发货人对运单记载和声明事项的正确性承担义务,否则,承担相应的一切后果。

2 发货人对货物包装、标记符合要求负责。

3. 按规定计算、支付运费。即发送路铁路国内运价由发货人支付;到达路发生的运费按到达国国内运价由收货人在到站支付;过境铁路运费按《国际铁路联运协定》统一的过境运价规程计算,在发站或到站由收货人支付。

4. 货到站后，收货方应付清运费并领取货物。

5. 货物发生重大质变，不能按原用途使用时，收货人有拒绝领取货物的权利。

6. 发货人和收货人都有对运送契约变更一次的权利。发货人在发站领回货物；变更到站；将货物返还发站。收货人也可在到达国范围内变更到站或收货人，但变更申请必须在货物尚未从到达国境站上发出时做出；否则，一旦从国境站发出，申请变更无效。变更运输合同应在国内（发出或到达国）按规定交纳一定费用。

（四）铁路（承运人）的权利和义务

铁路（承运人）的权利和义务如下。

1. 收取运送费用和其他费用，并交付货物和运单。

2. 有权检查运单中记载事项的正确性，并对不完全、不准确记载和声明核收罚款。

3. 对非承运人过失而引起的货物灭失、损坏、短量不负责任。

4. 铁路对于按《国际铁路货物联运协定》办妥联运手续的货物负全程运输责任。

5. 如果货物发往非《国际铁路货物联运协定》国，铁路应负责按另一种有关协定的运单要求办理运送手续。

（五）赔偿请求与诉讼时效

赔偿请求与诉讼时效的规定如下。

1. 托运人有权据合同提出赔偿请求。赔偿请求应采用书面形式。由全权代理人、代表提出时，应有发货人或收货人的委托证明书方可。

2. 列明具体赔偿金额。当请求人是发货人时，向发送路局提出；如由收货人提赔，则应向到达站提出。

3. 索赔不能得到合理解决时，可起诉。

4. 提赔和诉讼时效为：9 个月内提出或诉讼；但逾期的请求赔偿和诉讼，应为 2 个月内提出。部分灭失、损坏以及逾期索赔，自交付货物之日起算；全部灭失赔偿，自货物运到期限届满后 30 日内计算。

任务解析

下面根据上述所学知识对项目情景的任务进行简要解析。

任务1　该批货物可以从武汉铁路运输到哈尔滨，然后采用滨洲线或滨绥线通过铁路运输到满洲里或绥芬河，再过境运输到俄罗斯。

任务2　国际铁路货物运输代理合同属于委托代理合同，它是代理人与被代理人之间订立的由代理人代替被代理人从事某些国际联运行为的协议。国际联运合同属于国际运输合同，是托运人同国际联运承运人签订的就国际铁路货物联运明确有关各方权利和义务的协议。国际联运合同与国际铁路货物运输代理合同有着明显区别；同时，两个合同又联系紧密，相互依赖。国际联运合同是国际铁路货物运输代理合同存在的基础，没有国际联运合同，国际铁路货物运输代理合同不能存在；另一方面，国际铁路货物运输代理合同又是国际联运合同得以履行的保障，没有国际铁路货物运输代理合同，联运运费的正常支付就会出现问题，国际联运合同也就无法得到正常履行。

任务3　武汉 M 货运代理公司需要与武汉 A 公司签订国际铁路货物运输代理合同，并与铁路部门签订国际联运合同，主要应完成如下工作：接受货主委托，向铁路部门提出要车计划;代理货物的整车托运(例如,向铁路车站填报国际铁路联运运单,按签证指定的日期将货物搬入车站或指定的货位);代理报检、报关;办理发运后事项。

任务4 这批货物会涉及如下物流运输费用:国内段运送费用、国际铁路货物联运过境运费、其他物流运输相关费用。

个案分析

1. 蒙古国A公司从日本购买了一批重100吨的钢管,从日本经过海运到我国天津新港,然后过境中国铁路从二连运到蒙古。此批货物装一个敞车运送,通过我国铁路的过境运送费用为:天津新港至二连站的过境运价里程为903千米,钢管37类1级,按实际重量计算。运价率为4.58瑞士法郎/100千克。整车货物一等的加成率为0.5。问:这批货物的铁路过境运费为多少?

2. 北京某机械公司从罗马尼亚进口一批农机具,该批货物按规定计算的运到期限天数为75天。罗马尼亚车站于某年4月15日以慢运整车承运。该批货物经由翁格内、满洲里等地,6月18日到达北京东站。问题:你认为该批货物实际运送时间为多少天?是否运到逾期?

复习思考题

1. 经过西伯利亚往返于欧亚之间的大陆桥运输路线主要有哪几种?
2. 简述国际铁路货物联运的特点。
3. 国际铁路货物联运的种别有哪些?
4. 简述整车货托运的基本程序。
5. 进口货物铁路联运向国境站外运机构寄送合同资料主要包括哪些内容?
6. 简述参加国际货协各铁路间运送费用核收的原则。

项目任务九 集装箱与国际多式联运物流

项目要求

(1)掌握集装箱运输的特点与业务流程;
(2)能够计算或估算集装箱海运运费;
(3)熟悉集装箱海运物流的常用单证;
(4)掌握多式联运的优点、组织形式及一般业务流程。

项目情景

甘肃A公司出口英国B公司一批人造纤维,体积为20立方米、毛重为17.8吨。甘肃A公司委托多式联运经营人C物流公司进行多式联运。物流的基本线路是:从天水车站通过铁路联运至俄罗斯的圣彼得堡,然后海运至荷兰或德国,再用铁路运至英国。甘肃A公司要求某C物流公司选择卸货港Rotterdam或Hamburg(Rotterdam和Hamburg都是基本港口,基本运费率为USD80.00/FT,三个以内选卸港的附加费率为每运费吨加收USD3.0,"W/M"。如果集装箱运输,海运费的基本费率为USD1 100.00/TEU,货币附加费10%,燃油附加费10%。)货物发运后半年,英国B公司尚未收到货,经C物流公司多次与其国外代理联系查找,尚无货物下落。C物流公司的俄罗斯代理虽传真答复货在俄罗斯某铁路段,但又说不清在俄罗斯铁路段何处。这样造成英国B公司拒付货款,直接经济损失2万多美元。

任务1:若不计杂货运输和集装箱运输两种运输方式的其他费用,C物流公司从节省海运费的角度考虑是否该用集装箱运输?

任务2:按本案的物流线路,本案属于哪种多式联运?其基本做法是什么?

任务3:C物流公司是否应该进行赔付?如果需要赔付,它该如何减少其损失?

知识模块

单元一 集装箱运输代理业务

集装箱运输是一种运输方式,它是以集装箱为货运单位所进行的货物运输,在海、陆、空运输中都可以使用。集装箱运输可以通过铁路、公路和水路进行运输,中途只需更换车船而不需要把货物取出,真正实行了"门到门"的运输服务。同时,集装箱运输大大提高了装卸效率,有利于机械化操作,消除繁重的体力劳动,减少货损,简化手续,加快车船周转从而达到降低运输成本的作用。

一、集装箱运输的特点及运输的关系人

集装箱运输是以集装箱作为运输单位进行货物运输的一种先进的现代化运输方式。它

除具有杂货班轮运输的优点外，还比杂货班轮运输速度更快、货运质量更高。目前，世界主要航线上的班轮运输，除少部分货载仍使用杂货班轮经营外，班轮运输已基本上发展为集装箱班轮运输。

（一）集装箱的特点

集装箱（Container）是用钢、铝、胶合板、玻璃钢或这些材料混合制成的大型装货容器，是具有一定规格和强度、专为周转使用的大型货箱。国际标准化组织（ISO）对集装箱下的定义为“集装箱是一种运输设备”。集装箱在我国香港被称为“货箱”，在我国台湾被称为“货柜”。

集装箱按用途分有：干货集装箱（Dry Container）、散货集装箱（Bulk Container）、冷藏集装箱（Reefer Container）、挂衣集装箱（Dress Hanger Container）、开顶集装箱（Open Top Container）、台架式集装箱（Platform Based Container）、罐式集装箱（Tank Container）、通风集装箱（Ventilated Container）、平台集装箱（Platform Container）等。

按尺寸①分，目前国际标准集装箱的宽度均为 8 英尺（ft）；高度有 8 英尺、8 英尺 6 英寸、9 英尺 6 英寸和小于 8 英尺 4 种；长度有 40 英尺、30 英尺、20 英尺和 10 英尺 4 种（见表 9－1）。此外，还有一些国家颁布的各自标准下所使用的集装箱。目前，在海上运输中，经常使用的是国际标准化组织 IAA 型和 ICC 型集装箱，即主要采用长度为 20ft（6.1m）和 40ft（12.2m）的两种集装箱。为使集装箱箱数计算统一化，把 20ft 集装箱作为一个标准箱 1TEU（Twenty-feet Equivalent Units），40ft 集装箱作为 2 个标准箱（2TEU），30ft 的集装箱计为 1.5 个标准箱；一个 10ft 的集装箱计为 0.5 个标准箱，以利于统计集装箱的吞吐量、载运量、营运量等。

表 9－1　国际标准集装箱规格尺寸和总重量

箱型	规格	长度（L）	宽度（W）	高度（H）	最大总重量（kg）
40ft	IAAA IAA IA IAX	40ft	8ft	9.5ft 8.5ft 8ft ＜8ft	30 480
箱型	规格	长度（L）	宽度（W）	高度（H）	最大总重量（kg）
30ft	IBBB IBB IB IBX	30ft	8ft	9.5ft 8.5ft 8ft ＜8ft	25 400
20ft	ICC IC ICX	20ft	8ft	8.5ft 8ft ＜8ft	24 000
10ft	ID IDX	10ft	8ft	8ft ＜8ft	10 160

① 集装箱外尺寸是确定集装箱能否在船舶、底盘车、货车、铁路车辆之间进行换装的主要参数。集装箱内尺寸决定集装箱内容积和箱内货物的最大尺寸。

集装箱具有坚固、密封和可以反复使用等优越性，这是任何运输包装都无法与之比拟的。集装箱放在船上等于是货舱，放在火车上等于是车皮，放在卡车上等于是货车，因此，无论在单一运输方式下或多式运输方式下均不必中途倒箱。集装箱的内部容量较大，而且易于装满和卸空，在装卸设备配套的情况下它能迅速搬运。

（二）集装箱运输的特点

集装箱运输就是以集装箱作为运输单位进行货物运输的一种先进的现代化运输方式。它具有如下特点。

第一，在全程运输中，可以将集装箱从一种运输工具上直接方便地换装到另一种运输工具上，而无须接触或移动箱内所装货物。

第二，货物在发货人的工厂或仓库装箱后，可经由海陆空不同运输方式一直运至收货人的工厂或仓库，实现"门到门"运输而中途无须开箱倒载和检验，大大减少了中间环节，简化了货运手续，加快了货运速度，缩短了货运时间，从而减少了商品在途时间。

第三，集装箱由专门的运输工具装运，装卸快，效率高，质量有保证。

第四，一般由一个承运人负责全程运输。

（三）集装箱运输的关系人

当前，集装箱运输已日益成为物流行业的一个举足轻重的运输方式。集装箱货物的集散，可由集装箱码头物流中心来完成。货物由物流中心汇集起来，按发货人的要求，通过集装箱配送专车把集装箱送到集装箱码头或集装箱货运站，再通过各种集装箱运输方式把货物送到收货人所在地的物流中心或直接送到收货人处。集装箱运输最大的成功在于其产品的标准化以及由此建立的一整套运输体系，并且以此为基础逐步实现全球范围内的船舶、港口、航线、公路、中转站、桥梁、隧道、多式联运相配套的物流系统。当然，在集装箱运输的港站以及与货代、船代、运输公司、银行、保险、监管等部门的业务活动中，围绕着集装箱的验收、提取、装卸、堆存、装箱、拆箱、收费、一关三检等，存在着错综复杂的作业环节，伴随着众多单证的处理要求，因此，集装箱运输物流系统十分复杂。

集装箱运输系统包括海运、陆运、空运、港口、货运站以及与集装箱运输有关的海关、检验检疫、船舶代理公司、货运代理公司等众多机构。它们相互配合，在整个运输过程中发挥着各自不同的作用。除货主及其代理人外，集装箱运输的关系人还主要包括以下几个。

1. 经营集装箱货物运输的实际承运人。经营集装箱货物运输的实际承运人（Actual Carrier）是指掌握运输工具并参与集装箱运输的承运人，包括经营集装箱运输的船公司、联营公司、公路集装箱运输公司、航空集装箱运输公司等。它们通常拥有大量集装箱，以利于集装箱的周转、调拨、管理以及集装箱与车、船、机的衔接。

2. 无船承运人。无船经营人（Non – Vessel Operating Common Carrier，NVOCC）是指专门经营集装箱货运的揽货、装拆箱、内陆运输及经营中转站或内陆站业务的人。它在承运人与托运人之间起着中间桥梁的作用。

3. 集装箱租赁公司。集装箱租赁公司（Container Leasing Company）是随集装箱运输发展而兴起的一种新兴行业，它专门经营集装箱的出租业务。

4. 集装箱码头（堆场）经营人。在传统的集装箱运输链中，集装箱码头只是供集装箱船舶停靠和装卸作业的场所；在现代港口物流链中，集装箱码头是海运与陆运的连接点，是海陆多式联运的枢纽站，是换装转运的中心，是物流链中的重要环节和港口物流的重要结点。

集装箱码头（堆场）经营人（Container Terminal Operator）是拥有码头和集装箱堆场

(Container Yard,CY)经营权(或所有权),从事集装箱交接、装卸、保管等业务的服务机构。它受托运人或其代理人以及承运人或其代理人的委托提供各种集装箱运输服务。

5. 集装箱货运站。集装箱货运站(Container Freight Station,CFS)是集装箱码头对拼箱货进行收发交接、装箱、拆箱、配载、保管等业务操作的场所。集装箱货运站在整个集装箱运输和集装箱多式联运中,发挥着纽带的作用。其主要业务就是集、散货物。

二、集装箱货物的装箱方式与交接方式

集装箱货物的运输有不同的集散方式和流转程序。

(一)集装箱货物的装箱方式

在集装箱货物的流转过程中,其流转形态分为两种:一种为整箱货;另一种为拼箱货。

1. 整箱货。整箱货(Full Container Cargo Load,FCL)是指发货人或其代理人把经报关、检验的货物自行装箱、铅封①后,以箱为单位进行托运和交付。习惯上,整箱货只有一个发货人和一个收货人。

2. 拼箱货。拼箱货(Less than Container Cargo Load,LCL,或 Consolidated Cargo),是指承运人或货运代理人接受货主托运的数量不足整箱的小票货运后,根据货类性质和目的地进行分类整理,把去往同一目的地的货集中到一定数量,然后拼装入箱的货物。由于一个箱内有不同货主的货拼装在一起,所以叫拼箱。这种情况在货主托运的货物数量不足装满整箱时采用。习惯上,拼箱货涉及多个发货人或多个收货人。拼箱货的分类、整理、集中、装箱(拆箱)、交货等工作均在承运人码头集装箱货运站(Container Freight Station)或内陆集装箱转运站进行。

(二)集装箱货物的交接方式

集装箱货物的交接有多种方式:以传统的方式在船边进行交接,以整箱货的方式在集装箱堆场进行交接,以拼箱货的方式在集装箱货运站进行交接,也可以在多式联运方式下在货主的仓库或工厂进行交接。在海上集装箱班轮运输实践中,班轮公司通常承运整箱货,并在集装箱堆场交接;而集拼经营人则承运拼箱货,并在集装箱货运站与货方交接货物。实际业务中,集装箱货物的交接方式通常主要有以下几种(如图 9-1 所示)。

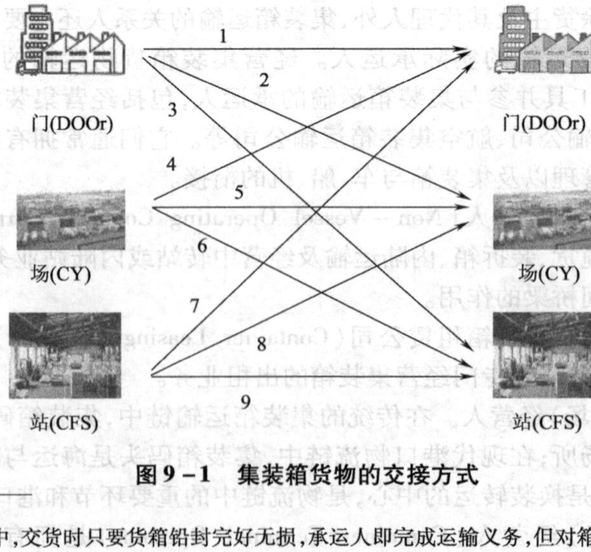

图 9-1 集装箱货物的交接方式

① 在整箱货物运输中,交货时只要货箱铅封完好无损,承运人即完成运输义务,但对箱内货物不承担责任。

1. 门到门。门到门(Door to Door)是指集装箱运输经营人从发货人工厂或仓库接收货物,负责运至收货人工厂或仓库交付。这种货物的交接形态都是整箱接、整箱交。

2. 门到场。门到场(Door to CY)是指集装箱运输经营人从发货人工厂或仓库接收货物,并负责运至卸货港码头堆场或其内陆堆场,向收货人交付。这种货物的交接形态也都是整箱接、整箱交。

3. 门到站。门到站(Door to CFS)是指集装箱运输经营人在发货人工厂或仓库接收货物,并负责运至卸货港码头的集装箱货运站或其在内陆地区的货运站,经拆箱后向各收货人交付。这种货物的交接形态是整箱接、拆箱交。

4. 场到门。场到门(CY to Door)是指集装箱运输经营人在码头堆场或其内陆堆场接收发货人的货物(整箱货),并负责把货物运至收货人的工厂或仓库向收货人交付。这种货物的交接形态是整箱接、整箱交。

5. 场到场。场到场(CY to CY)是指集装箱运输经营人在装货港的码头堆场或其内陆堆场接收货物(整箱货),并负责运至卸货港码头堆场或其内陆堆场,在堆场向收货人交付(整箱货)。这种货物的交接形态是整箱接、整箱交。

6. 场到站。场到站(CY to CFS)是指集装箱运输经营人在装货港的码头堆场或其内陆堆场接收货物,并负责运至卸货港码头集装箱货运站或其在内陆地区的集装箱货运站,经拆箱后向收货人交付。这种货物的交接形态是整箱接、拆箱交。

7. 站到门。站到门(CFS to Door)是指集装箱运输经营人在装货港码头的集装箱货运站及其内陆的集装箱货运站接收货物,拼箱后,运至收货人的工厂或仓库交付。这种货物的交接形态是拼箱接、整箱交。

8. 站到场。站到场(CFS to CY)是指集装箱运输经营人在装货港码头或其内陆的集装箱货运站接收货物,经拼箱后运至卸货港码头或内陆地区的堆场交付。这种货物的交接形态是拼箱接、整箱交。

9. 站到站。站到站(CFS to CFS)是指集装箱运输经营人在装货港码头或内陆地区的集装箱货运站接收货物,经拼箱后,运至卸货港码头或其内陆地区的集装箱货运站,拆箱后,向收货人交付。这种货物的交接形态是拼箱接、拆箱交。

集装箱的交货方式可归纳为表9－2。

表9－2 集装箱的交货方式

交货地点	装箱方式
门到门(Door to Door) 场到场(CY to CY) 门到场(Door to CY) 场到门(CY to Door)	整箱货与整箱货的交接(FCL－FCL)
站到门(CFS to Door) 站到场(CFS to CY)	拼箱货与整箱货的交接(LCL－FCL)
门到站(Door to CFS) 场到站(CY to CFS)	整箱货与拼箱货的交接(FCL－LCL)
站到站(CFS to CFS)	拼箱货与拼箱货的交接(LCL－LCL)

三、出口货物集装箱运输

集装箱货物的运输一般是将分散的小批量货源预先在内陆的某几个点加以集中，等组成大批量货源后，通过内陆运输，将其运至集装箱码头装船，然后通过海上运输，到达卸船港卸货，再通过内陆运输，将集装箱货物运到最终目的地。其货运的一般流程可用图9－2简单表示。

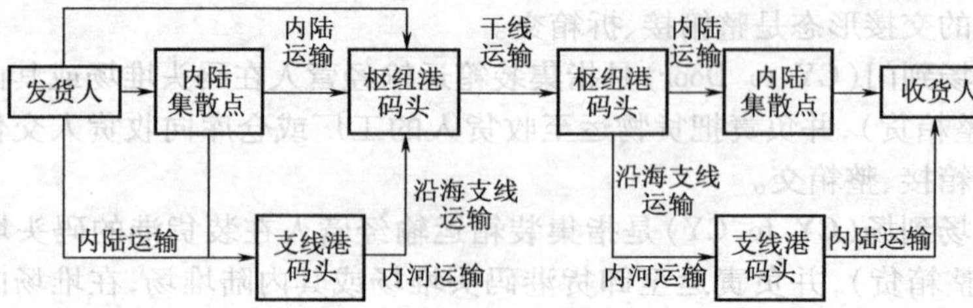

图9－2 集装箱货运的一般流程

（一）出口货物集装箱运输流程

对出口货物集装箱运输来说，我们用图9－3简单表示。

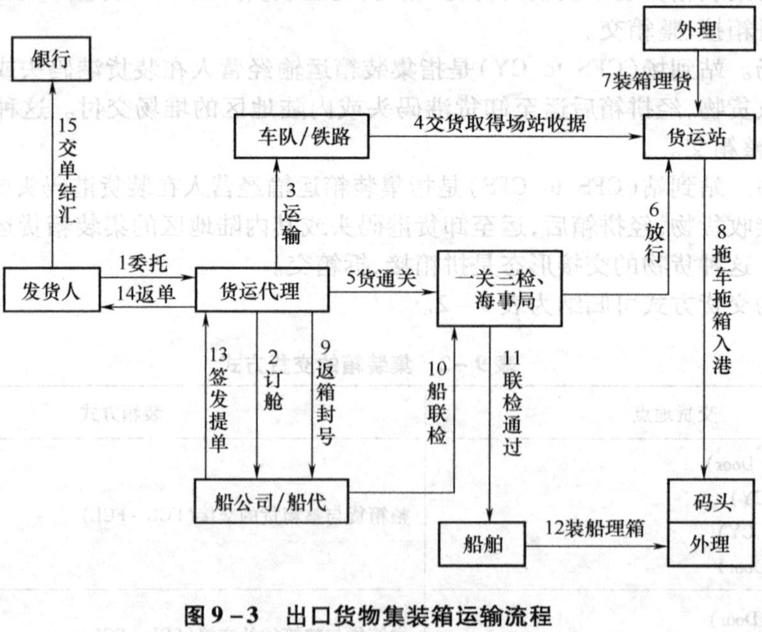

图9－3 出口货物集装箱运输流程

从国际物流企业或货运代理的角度，出口货物集装箱运输的流程可简化为如下步骤：揽货接单、签订代理协议→接受委托、索取出口单证→订舱配载→提取空箱→货物报检、报关、保险→整/拼箱操作→制作提单→集港交货→港口装船→换取提单→装船通知→费用结算→单证整卷归档。从操作内容来说，涉及货物与单证等；从关联部门来说，涉及客户、船公司、集装箱码头、海关等。下面对一些主要环节进行阐述。

1. 订舱配载。集装箱班轮运输下的托运手续与程序，与非集装箱班轮运输基本一致，只是场站收据与装箱单以及集装箱货物交接方式有一定的差别，其他手续与程序两者基本相同。

订舱配载的程序是货运代理根据发货人的贸易合同或信用证条款或委托书的规定，在货物托运前的一定时间内填好集装箱托运单①（Container Booking Note），注明要求配载的船只、航次等，向船公司或其代理人在截单期②前申请订舱。船公司或其代理人审核货名、重量、尺码、卸货港等后可予接受，即在托运单上填写船名、航次、提单号，抽留其需要各联并在集装箱装货单上盖好签单章，连同其余各联退回货运代理人作为对该批货物订舱的确认。

船公司或其代理公司根据自己的运力、航线等具体情况考虑货运代理的要求，决定接受与否，若接受申请就着手编制订舱单，然后分送集装箱堆场（CY）和集装箱货运站（CFS），据以安排空箱及办理货运交接。

货运代理还应向船公司或船代递交装货单。集装箱准备妥当之后，要进行配载，制订积载方案，编制出配载单或装箱明细单。配载时，应充分利用集装箱的载重量和容积。

货运代理在取得船公司的配舱回单后，分船归类立卡，做好每批货物的记录，这种记录称为船卡（Shipping List by Vessel）。船卡是货运代理人在某一条船上的全部货物清单，可据以检查通关情况、装箱情况、集港情况、信用证有效期内提单是否签发等。因此，它对货运代理人掌握工作进度、实现跟踪检查、加强有效管理极为有用。

2. 提取空箱。通常整箱货货运的空箱由货运代理到集装箱码头堆场领取，有的货主有自备箱；拼箱货货运的空箱由集装箱货运站负责领取。

3. 整/拼箱操作。整/拼箱操作一般由发货人指定的或货代选择的装箱站操作，但发货人和货运代理可监督装箱。

拼箱货装箱由货运站根据订舱单和场站收据负责装箱，然后由装箱人编制集装箱装箱单（Container Load Plan）。

整箱货一般由发货人或货运代理负责装箱，并将已加海关封志的整箱货运到货运站。货运站根据订舱单，核对集装箱场站收据（Dock Receipt，D/R）及装箱单验收货物。

货运站在验收货物和/或箱子后，即在场站收据上签字，并将签署后的D/R交还给发货人或货运代理。

4. 换取提单。杂货班轮运输下的货运提单，是在货物实际装船完毕后，经船方在收货单上签署，表明货物已装船，发货人据经船方签署的收货单（大副收据）交船公司或其代理公司换取已装船提单。而集装箱运输下的货运提单则是以码头收据换取的，它与杂货班轮运输下签发的已装船提单不同，是一张收货待运提单。所以，在大多数情况下，船公司根据发货人的要求，在提单上填注具体的装船日期和船名后，该收货待运提单也便具有了与已装船提单同样的性质和作用。

---

① 集装箱货物托运单的填制与杂货班轮货物托运单基本相同，但除应填写与杂货班轮托运单相似栏目外，还应标明托运货物的交接方式，如CY－CY、CFS－CFS等，以及集装箱货物的种类，如普通、冷藏、液体等。

② 截单期即是该船接受订舱的最后日期，超过截单期如舱位尚有多余或船期因故延误，船公司同意再次接受订舱，称为“加载”。截单期一般在预定装船日期前几天，以便进行报关、报检、装箱、集港、制单等项工作。

发货人或货运代理凭 D/R 向集装箱运输经营人或其代理换取提单，然后去银行办理结汇。

5. 发装船通知。集装箱装卸区根据装货情况，制订装船计划，并将出运的箱子调整到集装箱码头前方堆场，待船靠岸后，即可装船出运。货运代理要对大宗货箱掌握装船进度，船开后代出口人向国外卸港代理发送装船通知。

（二）出口货物集装箱运输的主要单证

在集装箱货物进出口业务中，除采用了与传统的散杂货运输中相同的商务单证（如商业发票、报关单、检验检疫证书、磅码单、装箱单、货物托运单、装货单、提单等各种单证）以外，在运输单证中根据集装箱运输的特点，还采用了空箱提交单、设备交接单、集装箱装箱单、场站收据、提货通知书、到货通知书、交货记录、卸货报告和待提集装箱报告等。

集装箱出口单证流转流程如图 9－4 所示。

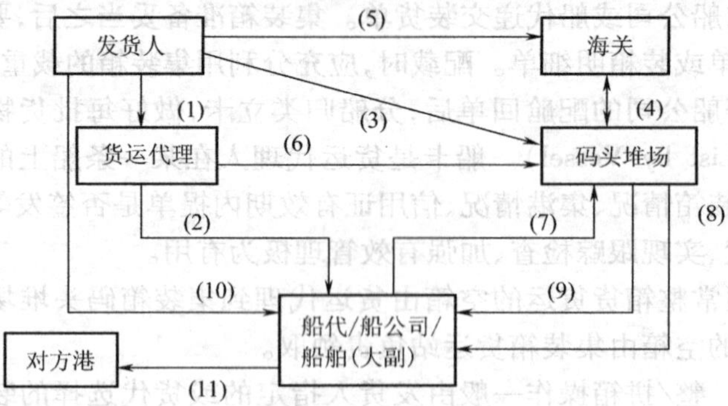

图 9－4　集装箱出口单证流转流程

图 9－4 中各流程涉及的具体单证有：①货物委托书、委托报关书；②订舱单；③设备交接单、装箱单；④堆存信息/查验、监管信息；⑤装货单、商业发票、出口许可证、商品说明书等；⑥装货单、大副收据、场站收据；⑦预配清单、预配船图、危险品清单、温控箱清单、危险品货物积载申报单等；⑧配载图、装船顺序单；⑨外轮理货计数单、实际积载图；⑩场站收据；⑪实际积载图、舱单、危险品清单、温控箱清单、残损箱清单等。

下面主要介绍出口货物集装箱运输中的场站收据联单、集装箱装箱单、设备交接单。

1. 场站收据联单。与传统件杂货班轮运输所使用的托运单证相比，场站收据联单是一份综合性的单证。为了提高集装箱货物托运的效率，场站收据联单把货物托运单（订舱单）、装货单（关单）、大副收据、理货单、配舱回单、运费通知等单证汇成了一份。

场站收据联单是由承运人发出的证明已收到托运货物并开始对货物负责的凭证。场站收据一般是在托运人口头或书面订舱，与船公司或船代达成了货物运输的协议，船代确认订舱后，由船代交托运人或货代填制，在码头堆场、集装箱货运站或内陆货运站收到整箱货或拼箱货后签发生效，托运人或其货运代理人可凭场站收据，向船代换取已装船或待装船提单。

当货运代理去船公司订舱的时候用的就是场站收据联单（十联单），其构成和用途如表 9－3 所示。

表 9 -3　场站收据的构成和用途

序号	名　　称	颜色	用　　途
1	集装箱货物托运单—货方留底	白色	托运人留存备查
2	集装箱货物托运单—船代留底	白色	编制装船清单、积载图、预制提单
3	运费通知(1)	白色	计算运费
4	运费通知(2)	白色	运费收取通知
5	装货单—场站收据副本(1)	白色	报关并作为装货指示
	缴纳出口货物港杂费申请书	白色	港方计算港杂费
6	场站收据副本(2)—大副联	粉红色	报关，船方留存备查
7	场站收据	淡黄色	报关，船代凭以签发提单
8	货代留底	白色	缮制货物流向单
9	配舱回单(1)	白色	货代缮制提单等
10	配舱回单(2)	白色	根据回单批注修改提单

十联单样本举例如表 9 -4、表 9 -5、表 9 -6 所示。

表 9 -4　集装箱货物托运单

Shipper　(发货人)	D/R No.(编号) **集装箱货物托运单** 货主留底 第一联
Consignee　(收货人)	
Notify Party　(通知人)	
Pre Carriage by(前程运输) Place of Receipt(收货地点)	

续表

Particulars Furnished by Merchants

Ocean Vessel(船名) Voy. No.(航次)Port of Loading(装货港)					
Port of Discharge(卸货港)Place of Delivery(交货地点)			Final Destination for Merchant's Reference(目的地)		
Container No.(集装箱号)	Seal No.(封志号) Marks & Nos.(标记与号码)	No. of Containers or Pkgs.(箱数或件数)	Kind of Packages. Description of Goods(包装种类与货名)	Gross Weight 毛量(千克)	Measurement 尺码(立方米)
Total Number of Containers or Packages(in Words) 集装箱数或件数合计(大写)					

Freight & Charges(运费与附加费)	Revenue Tons(运费吨)	Rate(运费率)Per(每)	Prepaid(运费预付)	Collect(到付)

Ex Rate:(兑换率)	Prepaid at(预付地点)	Payable at(到付地点)	Place of Issue(签发地点)
	Total Prepaid(预付总额)	No. of Original B(s)/L(正本提单份数)	

Service Type on Receiving	Service Type on Delivery	Reefer Temperature Required(冷藏温度)	℉	℃
□-CY. □-CFS. □-DOOR	□-CY. □-CFS. □-DOOR			

Type of Goods(种类)		危险品	
	□Ordinary(普通) □Reefer(冷藏) □Dangerous(危险品) □Auto(裸装车辆)		Glass: Property: IMDG Code Page: UN No.
	□Liquid(液体) □Live Animal(活动物) □Bulk(散货) □________		

可否转船:	可否分批:
装　期:	效　期:
金额:	
制单日期:	

表 9－5　集装箱货物装货单

Shipper(发货人)	D/R No. (编号) **装　货　单** 场站收据副本 第五联
Consignee(收货人)	
Notify Party(通知人)	Received by the carrier the total number of containers or other packages or units stated below to be transported subject to the terms and conditions of the Carrier's regular form of Bill of Lading (for combined transport or port to port shipment) which shall be deemed to be incorporated herein Date(日期)
Pre Carriage by(前程运输) Place of Receipt(收货地点)	
Ocean Vessel(船名) Voy. No. (航次) Port of Loading(装货港)	场站章

Port of Discharge(卸货港)	Place of Delivery(交货地点)	Final Destination for Merchant's Reference(目的地)

Particulars Furnished by Merchants

Container No. (集装箱号)	Seal No. (封志号) Marks & Nos. (标记与号码)	No. of Containers or Pkgs. (箱数或件数)	Kind of Packages. Description of Goods (包装种类与货名)	Gross Weight 毛重(千克)	Measurement 尺码(立方米)
Total Number of Containers or Packages(in Words) 集装箱数或件数合计(大写)					

Container No. (箱号) Seal No. (封志号) Pkgs. (件数) Container No. (箱号) Seal No. (封志号) Pkgs. (件数)

Received(实收) by Terminal Clerk(场站员签字)

Freight & Charges	Prepaid at(预付地点)	Payable at(到付地点)	Place of Issue(签发地点)
	Total Prepaid(预付总额)	No. of Original B(s)/L (正本提单份数)	Booking Approved by (订舱确认)

Service Type on Receiving □-CY. □-CFS. □-DOOR	Service Type on Delivery □-CY. □-CFS. □-DOOR	Reefer Temperature Required(冷藏温度)	℉	℃

续表

Type of Goods（种类）	□Ordinary □Reefer □Dangerous □Auto （普通）（冷藏）（危险品）（裸装车辆）	危险品	Glass： Property： IMDG Code Page： UN No.
	□Liquid □Live Animal □Bulk □______ （液体）（活动物）（散货）		

表 9－6 集装箱货物场站收据

Shipper（发货人）	D/R No.（编号） **场站收据** DOCK RECEIPT
Consignee（收货人）	Received by the carrier the total number of containers or other packages or units stated below to be transported subject to the terms and conditions of the Carrier's regular form of Bill of Lading (for combined transport or port to port shipment) which shall be deemed to be incorporated herein Date（日期）：
Notify Party（通知人）	
Pre Carriage by（前程运输） Place of Receipt（收货地点）	
Ocean Vessel（船名）Voy. No.（航次）Port of Loading（装货港）	场站章

第七联

Port of Discharge（卸货港） Place of Delivery（交货地点）	Final Destination for Merchant's Reference（目的地）

Particulars Furnished by Merchants

Container No.（集装箱号）	Seal No.（封志号）Marks & Nos.（标记与号码）	No. of Containers or Pkgs.（箱数或件数）	Kind of Packages. Description of Goods（包装种类与货名）	Gross Weight 毛重（千克）	Measurement 尺码（立方米）
Total Number of Containers or Packages (in Words) 集装箱数或件数合计（大写）					

续表

Container No.（箱号）	Seal No.（封志号）	Pkgs.（件数）	Container No.（箱号）	Seal No.（封志号）	Pkgs.（件数）
			Received（实收） By Terminal Clerk（场站员签字）		

Freight & Charges	Prepaid at（预付地点）	Payable at（到付地点）	Place of Issue（签发地点）
	Total Prepaid（预付总额）	No. of Original B(s)/L（正本提单份数）	Booking Approved by（订舱确认）

Service Type on Receiving	Service Type on Delivery	Reefer Temperature Required（冷藏温度）	°F	℃
□-CY. □-CFS. □-DOOR	□-CY. □-CFS. □-DOOR			

Type of Goods（种类）		危险品	
	□Ordinary □Reefer □Dangerous □Auto （普通） （冷藏） （危险品） （裸装车辆）		Glass: Property: IMDG Code Page: UN No.
	□Liquid □Live Animal □Bulk □________ （液体） （活动物） （散货）		

知识链接

场站收据联单的填制要求

（1）场站收据由发货人填制，由发货人或其代理人交船舶代理确认订舱。场站收据中的收货人、通知人、箱号、封志号、箱数、收货方式和交货方式应如实申报，不允许一票场站收据上同时出现两种收货方式、两种交接方式。

（2）对填制栏目内容如有任何变更或整票退关，应向船公司或船舶代理人和其他有关单位分送更正通知单。

（3）发货人或其代理人应在海关放行后将货物装箱。各装箱点应将每票场站收据的箱号、封志号、箱数及时报告发货人或其代理人，发货人或其代理人应在场站收据正本和副本的相应栏目上填明箱号、封志号、箱数。

（4）场站业务员在集装箱进场时，重点核对场站收据装货单上的海关放行章、箱号、封志号、箱数等栏目，在实收栏目内批注、签字，在签章栏目注明签章日期，加盖场站章。

2. 集装箱装箱单。集装箱装箱单是记载集装箱内所有装载货物的名称、重量、尺码、数量等内容的单证,它是装箱人根据实际装入箱内的货物制作的。

集装箱装箱单(样本见表9-7)每一个集装箱一份,一式五联,其中:码头、船代、承运人各一联,发货人、装箱人两联。

表9-7 集装箱货物装箱单

装 箱 单 **CONTAINER LOAD PLAN**	集装箱号 Container No.	集装箱规格 Type of Container: 20 40
	铅封号 Seal No.	冷藏温度 ℉ ℃ Reefer. Temp. Required

船 名 Ocean Vessel 航 次 Voy. No.	收货地点 Place of Receipt □-场 CY □-站 CFS □-门 Door	装货港 Port of Loading	卸货港 Port of Discharging	交货地点 Place of Delivery □-场 CY □-站 CFS □-门 Door

箱主 Owner	提单号码 B/L No.	1. 发货人 Shipper 2. 收货人 Consignee 3. 通知人 Notify Party	标志和号码 Marks & Numbers	件数及包装种类 No. & Kind of Pkgs.	货 名 Description of Goods	重 量(千克) Weight (kg)	尺码(立方米) Measurement (Cu. M.)
		底 Front 门 Door					
					总件数 Total Number of Packages 重量及尺码总计 Total Weight & Measurement		

危险品要注明危险品标志分类及闪点 In case of dangerous goods, please enter the label classification and flash point of the goods	重新铅封号 New Seal No.		开封原因 Reason for Breaking Seal	装 箱 日 期 Date of Vanning......... 装箱地点 at:.......... (地 点 及 国 名 Place & Country)	皮 重 Tare Weight
	出口 Export	驾驶员签收 Received by Drayman	堆场签收 Received by CY	装箱人 Packed by: 发货人 货运站 (Shipper/CFS) .... (签署)Signed	总毛重 Gross Weight
	进口 Import	驾驶员签收 Received by Drayman	货运站签收 Received by CFS		发货人或货运站留存 I. SHIPPER/CFS (1)一式十份,此栏每份不同

集装箱货运站装箱时，集装箱装箱单由装箱的货运站缮制；由发货人装箱时，集装箱装箱单由发货人或其货运代理的装箱货运站缮制。集装箱装箱单填制准确与否直接关系到出口货物进港、装船、运输的安全及效率。集装箱装箱单是发票的补充单据，它列明了信用证（或合同）中买卖双方约定的有关包装事宜的细节，在信用证有明确要求时，就必须严格按信用证约定制作。集装箱装箱单记载内容必须与场站数据保持一致；所装货物如品种不同必须按箱子前部到箱门的先后顺序填写。

集装箱装箱单是记载出口货物信息的重要单证之一，其作用主要表现在如下几方面。

其一，是船公司了解集装箱内所装货物的明细表。

其二，是计算船舶吃水和稳定性的基本数据来源。

其三，是集装箱装、卸两港编制装、卸船计划的依据。

其四，是作为发货人、集装箱货运站与集装箱堆场之间货物交接的依据。

其五，便于国外买方在货物到达目的港时供海关检查和核对货物。

其六，是作为办理保税内陆运输，以及办理货物从码头堆场运出手续，并作为集装箱货运站办理掏箱、分类、交货的依据。

其七，是处理货损、货差索赔时的重要单据之一。

知识链接

集装箱装箱单的流转

发货人或货运站将货物装箱，缮制装箱单一式五联后，连同装箱货物一起送至集装箱堆场。集装箱堆场的业务人员在五联单上签收后，留下码头联、船代联和承运人联，将发货人、装箱人联退还给送交集装箱的发货人或集装箱货运站。发货人或集装箱货运站除自留一份备查外，将另一份寄交给收货人或卸箱港的集装箱货运站，供拆箱时使用。

对于集装箱堆场留下的三联装箱单，除集装箱堆场自留码头联，据此编制装船计划外，还须将船代联及承运人联分送船舶代理人和船公司，据此缮制积载计划和处理货运事故。

当前电子装箱单系统兴起。电子装箱单是出口集装箱进港前，由货运代理、仓库、运输公司将装箱数据先行预录并送给码头的电子单证，该电子单证便于码头及时了解进港集装箱的装箱信息，提高码头进箱效率。同时，在集装箱进港后，码头根据用户提供的电子装箱单数据生成运抵报告发送给海关，作为用户报关的依据之一。电子装箱单系统满足了码头、海关、用户的需求，并备有手机客户端应用，解决了集装箱深夜进港无人预录的业务难题。

3. 集装箱设备交接单。集装箱设备交接单（Equipment Interchange Receipt，EIR）是集装箱进出港区、场站时，用箱人、运箱人与管箱人及其代理人之间交接集装箱的凭证。纸质的设备交接单共 6 联，进场和出场各 3 联，分别为管箱人（船公司、船代）联；码头/堆场联；用箱人/运箱人联。集装箱设备交接单是证明双方交接时集装箱状态的凭证和划分双方责任的依据。设备交接单为一单一箱，即一份设备交接单只能用于一个自然箱。设备交接单的主

IN 进场
No.

表 9-8　集装箱设备交接单

EQUIPMENT INTERCHANGE RECEIPT

<table>
<tr><td colspan="4">用箱人/运箱人(CNTR. USER/HAULIER)</td><td colspan="4">提箱地点(PLACE OF DELIVERY)</td></tr>
<tr><td colspan="4"></td><td colspan="4"></td></tr>
<tr><td colspan="4">来自地点(WHERE FROM)</td><td colspan="4">返回收箱地点(PLACE OF RETURN)</td></tr>
<tr><td colspan="4"></td><td colspan="4"></td></tr>
<tr><td colspan="2">船名/航次(VESSEL/VOYAGE No.)</td><td colspan="2">集装箱号(CNTR. No.)</td><td colspan="2">尺寸/类型(SIZE/TYPE)</td><td colspan="2">营运人(CNTR. OPTR)</td></tr>
<tr><td colspan="2"></td><td colspan="2"></td><td colspan="2"></td><td colspan="2"></td></tr>
<tr><td>提单号(B/L No.)</td><td>危品类型(IMCO CLASS)</td><td>铅封号(SEAL. No.)</td><td colspan="2">免费期限(FREE TIME PERIOD)</td><td colspan="3">运载工具牌号(TRUCK WAGON BARG No.)</td></tr>
<tr><td></td><td></td><td></td><td colspan="2"></td><td colspan="3"></td></tr>
<tr><td>货重(CARGO W.)</td><td colspan="2">出场目的/状态(PPS OF GATE OUT/STATUS)</td><td colspan="2">进场目的/状态(PPS OF GATE - IN/STATUS)</td><td colspan="3">进场日期(TIME - IN)</td></tr>
<tr><td></td><td colspan="2"></td><td colspan="2"></td><td colspan="3">月　日　时</td></tr>
<tr><td colspan="8">进场检查记录(INSPECTION AT THE TIME OF INTERCHANGE)</td></tr>
<tr><td colspan="2">普通集装箱(CP. CNTR.)</td><td colspan="2">冷藏集装箱(RF. CNTR.)</td><td colspan="2">特种集装箱(SPL. CNTR.)</td><td colspan="2">发电机(GEN. SET)</td></tr>
<tr><td colspan="2">□正常(SOUND)
□异常(DEFECTIVE)</td><td colspan="2">□正常(SOUND)　设定温度(SKT)
□异常(DEFECTIVE)　记录温度(RECORDED)</td><td colspan="2">□正常(SOUND)
□异常(DEFECTIVE)</td><td colspan="2">□正常(SOUND)
□异常(DEFECTIVE)</td></tr>
<tr><td colspan="8">损坏记录及代号(DAMAGE & CODE)　如有异状,请注明程度及尺寸(REMARK)
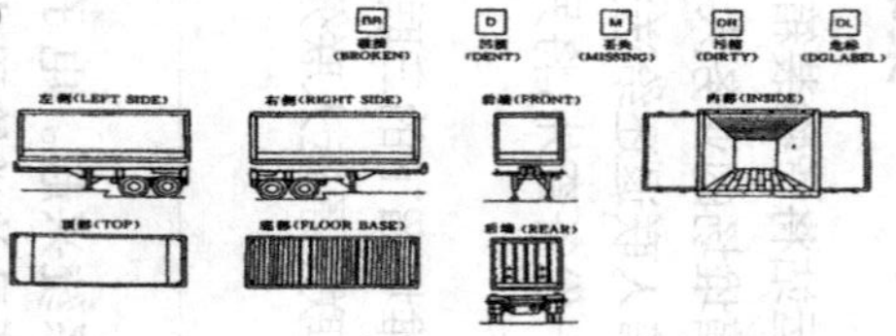</td></tr>
</table>

除列明者外,集装箱设备交接时完好无损,铅封完整无误。

CONTAINER EQUIPMENT INTERCHANGED IN SOUND CONDITON AND SEAL INTACT UNLESS OTHERWISE STATED

用箱人/运箱人签署
(CONTAINER USER/HAULIER'S SIGNATURE)
______年____月____日

码头/堆场值班员签署
(TERMINAL/DEPOT CLERK'S SIGNATURE)
______年____月____日

GB/T 1656—1996 格式印制

要内容有：船名航次、提箱地点、返回/收箱地点、订舱号、箱型、箱主或营运人、用箱人/运箱人、出厂目的/状态、进场目的/状态等。设备交接单分进场(IN)(样本如表5-6所示)和出场(OUT)两种。设备交接单中各栏目必须如实填写，正确无误。码头工作人员审核的内容有：船名(Vessel)、航次(Voyage No.)、箱号(Container No.)、箱型(Size / Type)、提箱及收箱地点、箱的外表状况、运输集卡牌号等。

集装箱设备交接单(EIR)在规范集装箱作业方面发挥了重要作用，但随着信息化程度的提高，纸质单证模式已成为提升港口物流效率和降低成本的阻碍。近年来，我国一些港口加快EIR电子化公共平台(e EIR系统)建设，全面实行EIR电子化，使得集装箱信息得以高速流转，降低了人力和物流成本。下面以上海口岸e EIR平台为例阐述EIR的电子化。

上海口岸eEIR平台(http://eeir.sipg.com.cn)是上港集团在上海口岸服务办公室牵头组织下，设计开发的集装箱设备交接单(EIR)电子化公共平台。目前，该平台已完成业务标准化、标准接口开发和基础传输平台搭建，实现所有业务实体信息接入和共享的全流程操作。其业务功能如图5-9所示。

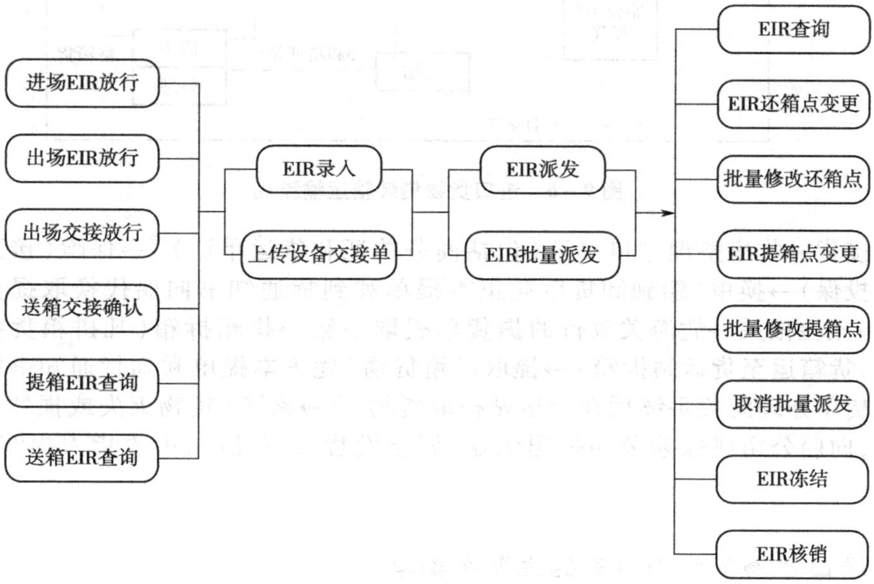

图9-5 上海口岸e EIR平台功能

四、进口货物集装箱运输

我们分进口货物集装箱运输业务和货运单证两部分来阐述进口货物集装箱运输。

(一)进口货物集装箱运输业务

进口货物集装箱运输流程如图9-6所示。

从货运代理的角度，进口货物集装箱运输的流程可简化为几个步骤：办理订舱、洽船公司①、

① 如果货物以FOB等价格术语成交，货运代理接受收货人委托后就负有订舱或租船的责任，并有将船名、装船日期通知发货人的义务。

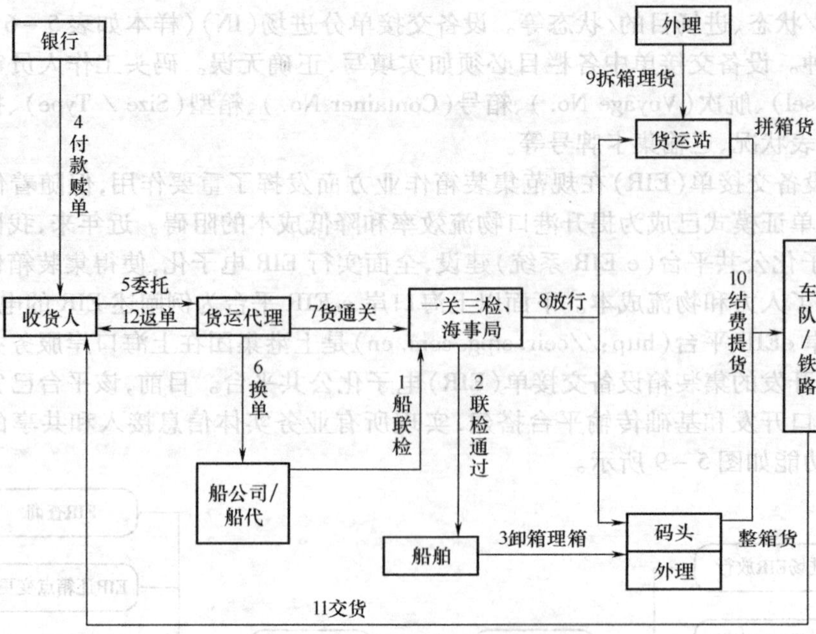

图 9－6　进口货物集装箱运输流程

国外港口接货→收集整理进口单证（包括商务单证和货运单证）①→保险（接到装船信息后立刻投保）→换单（船到卸货后凭正本提单和到货通知书向船代换取提货单和交货记录）→报检报关→凭海关放行的提货单提取整箱→拼箱拆箱（凡拼箱货物填写拆箱申请单，货箱运至货运站拆箱）→提取拼箱货物（凭正本提单和到货通知书换取交货记录和提货单办理海关手续后在货运站提取货物②）→索赔（货物灭失或损坏属于船公司责任的，向船公司或保险公司提出索赔，属于发货人责任的，由收货人提赔）→单证整卷归档。

（二）进口货物集装箱运输的主要运输单证

进口货物集装箱运输的单证流转流程如图 9－7 所示。

图 9－7 中各流程涉及的具体单证：①实际配载图、舱单、特种箱清单等；②同上，船代同时提供海关舱单；③卸船顺序单、进口船图，卸船后，外轮理货提供理货计数单；④到货通知

---

① 这一步骤具体为：首先，起运港的船公司或其代理寄送资料。起运港的船公司或其代理应在货轮抵港前（近洋 24 小时前，远洋 7 天前）采用传真或电传或邮寄的方式向卸货港的船公司或其代理提供提单副本、舱单、装箱单、积载图、危险货物集装箱清单、危险货物说明书、冷藏箱清单等有关的必要的卸船资料。其次，分发单证。卸货港的船公司或其代理应及时地将起运港寄来的有关货运单证分别送给有关的进口货代或收货人、堆场和货运站，以便各有关单位在货轮抵港前做好各项准备工作。最后，发到货通知。船公司或其代理应向进口货代或收货人预告货轮抵港日期，并应于船舶到港后发正式到货通知。

② 货运代理向货主交货有两种情况：一是象征性交货，即以单证交接，货物到港经海关验收，并在提货单上加盖海关放行章，将该提货单交给货主，即为交货完毕；二是实际性交货，即除完成报关放行外，货运代理负责向港口装卸区办理提货，并负责将货物运到货主指定地点，交给货主。集装箱整箱货运输中通常货代还应负责空箱的还箱工作。以上两种交货，都应做好交货工作的记录。

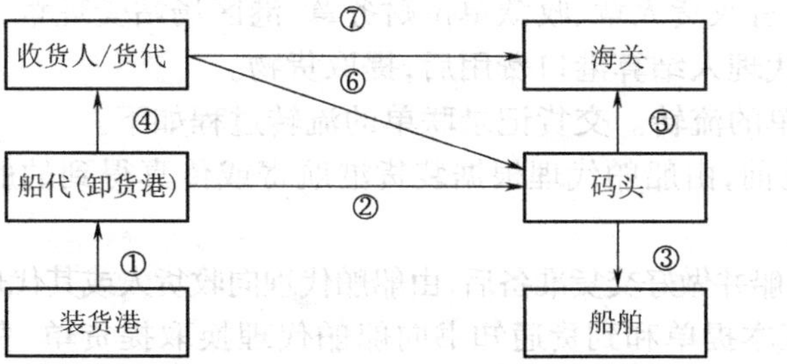

图9-7　港口集装箱码头进口货运单证流转流程

书(提单换提货单),收货人;⑤堆存信息,查验监管等;⑥设备交接单、提货单;⑦进口货物海关申报单。

进口货物集装箱运输的主要运输单证是交货记录联单(Cargo Receipt)。交货记录联单共五联:到货通知书一联、提货单一联、费用账单两联、交货记录一联。

1.交货记录联单各单据的作用。

(1)到货通知书(Arrival Notice)。到货通知书是在卸货港的船舶代理人在集装箱卸入集装箱堆场,或移至集装箱货运站,并办好交接准备后,向收货人发出的要求收货人及时提取货物的书面通知。

到货通知书是在集装箱卸船并做好准备后,将五联单中的第一联(到货通知联)寄交收货人或通知人。收货人持正本提单和到货通知书到船公司或船代处付清运费,换取其余四联。

(2)提货单(Delivery Order)。提货单是船公司或其代理人指示负责保管货物的集装箱货运站或集装箱堆场的经营人,向提单持有人交付货物的非流通性单据。

收货人或其货运代理凭到货通知书和正本提单换取费用账单两联、盖章后的提货单一联和交货记录一联,共四联,随同进口货物报关单到海关办理货物进口通关,海关核准放行后,在提货单上盖海关放行章,收货人或其货运代理再持单到集装箱堆场或货运站,场站留下提货单和两联费用账单,在交货记录上盖章,收货人凭交货记录提货。

(3)交货记录(Delivery Record)。交货记录是承运人将集装箱货物交给收货人或其代理时双方共同签署的,证明货物已经交付,以及该批货物交付时情况的单证。交货记录在签发提货单的当时交给收货人或其代理人,再出示给集装箱货运站或集装箱堆场经营人。

作为船公司代理人的集装箱货运站或集装箱堆场的经营人在向收货人或其代理人交货时,要检查货物的件数和外表状态,有损坏或灭失等情况时,应把损害的内容记载在摘要栏内,双方签字后完成交接手续。

在收货人提取集装箱货物时,堆场或货运站的发货人员凭交货记录发放集装箱货物,收货人在交货记录上签收,堆场或货运站留存。

在集装箱运输中,船公司的责任从接收货物开始到交付货物为止。因此,场站收据是证明船公司责任开始的单据,而交货记录是证明责任终了的单据。

(4)费用账单。费用账单是场站凭此向收货人结算费用的单据。其主要内容包括:收货人名称、地址、开户银行与账号、船名、航次、起运港、目的港、提单号、交付条款、到付海运费、卸货地点、到达日期、进库场日期、第一程运输、标记与集装箱号、货名、集装箱数、件数、重量、体积、费用名称、港务费、港建费、堆存费、装卸费、其他费用、费用合计等栏目;还有计费吨、单价、金额;另外有收货人章、收款单位财务章、港区场站受理章、核算章、复核章,开单日期等。收货人或其代理人结算港口费用后,提取货物。

2.交货记录联单的流转。交货记录联单的流转过程如下。

(1)在船舶抵港前,由船舶代理根据装货港航寄或传真得到的舱单或提单副本后,制作交货记录一式五联。

(2)在集装箱卸船并做好交货准备后,由船舶代理向收货人或其代理人发出到货通知书。

(3)收货人凭正本提单和到货通知书向船舶代理换取提货单、费用账单、交货记录共四联,对运费到付的进口货物结清费用,船舶代理核对正本提单后,在提货单上盖专用章。

(4)收货人持提货单、费用账单、交货记录共四联随同进口货物报关单一起送海关报关,海关核准后,在提货单上盖放行章,收货人持上述四联送场站业务员。

(5)场站核单后,留下提货单联作为放货依据,费用账单由场站凭此结算费用,交货记录由场站盖章后退收货人。

(6)收货人凭交货记录提货,提货完毕时,交货记录由收货人签收后交场站留存。

3.交货记录联单的填制要求。交货记录在船舶抵港前由船舶代理依据舱单、提单副本等卸船资料预先制作。到货通知书除进库日期外,所有栏目由船舶代理填制,其余四联相对应的栏目同时填制完成。提货单盖章位置由责任单位负责盖章,费用账单剩余项目由场站、港区填制,交货记录出库情况由场站、港区的发货员填制,并由发货人、提货人签名。

五、集装箱运输的集拼业务

有条件①的国际货运代理或国际物流公司一般承办集拼业务。集拼(Consolidation,简称Consol,承办者称为Consolidator)是指接受客户尺码或重量达不到整箱要求的小批量货物,把不同收货人、同一卸货港的货物集中起来,拼凑成一个20英尺或40英尺整箱的货运的做法。

图9-8简单表示了集拼业务的一般流程。

从事集拼业务的国际货运代理具有双重身份,对货主而言,国际货运代理虽不是国际贸易合同的当事人,但由于其签发了自己的提单(House B/L),要受该提单条款约束,因与货主订立运输合同而对货物运输负有责任,故通常被货主视为承运人。然而,对真正运输货物的集装箱班轮公司而言,国际货运代理又是货物托运人,国际货运代理本人不拥有海上运输工具。

集拼业务的操作比较复杂,先要区别货种,合理组合,待拼成一个20英尺或40英尺箱时,可以向船公司或其代理人订舱。

集拼的每票货物各缮制一套托运单(场站收据托运联),附于一套汇总的托运单(场站收据)上,例如有5票货物拼成一个整箱,这5票货物须分别按其货名、数量、包装、重量、尺码等各自缮制托运单(场站收据),另外缮制一套总的托运单(场站收据),货名可制作成"集拼货物"(Consolidated Cargo),数量是总的件数(Packages),重量、尺码都是5票货的汇总数,目的港是统一的,关单(提单)号也是统一的编号,但5票分单的关单(提单)号则在这个统一编号之尾缀以A,B,C,D,E以区分,货物出运后船公司或其代理人按总单签一份海运提

① 这些条件一般包括具有集装箱货运站(CFS)装箱设施和装箱能力;与国外卸货港有拆箱分运能力的航运或货运代理企业建有代理关系;经政府部门批准有权从事集拼业务并有权签发自己的仓至仓提单(House B/L)。

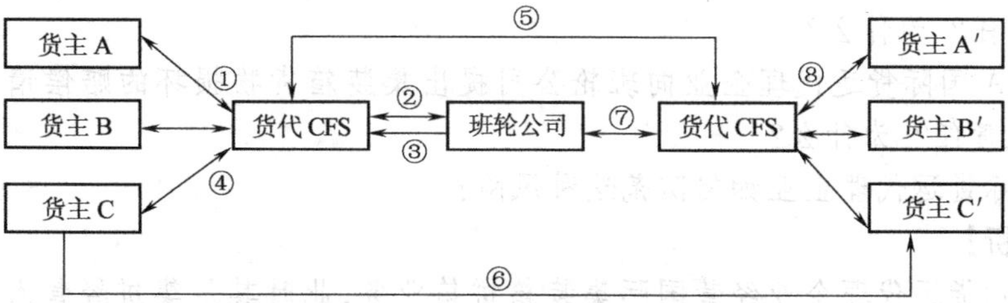

图9-8 集拼业务的一般流程

注：

①A,B,C等不同货主(发货人)将不足一个集装箱的货物(LCL)交给货运代理(即集拼经营人)；

②货运代理将拼箱货拼装成整箱后,向班轮公司办理整箱货物运输；

③整箱货装船后,班轮公司签发B/L或其他单据(如海运单)给货运代理；

④货运代理在货物装船后签发自己的提单(House B/L)给每一个货主；

⑤货运代理将货物装船及船舶预计抵达卸货港等信息告知其卸货港的机构或其代理人,同时还将班轮公司B/L及货运代理的House B/L的复印件等单据交卸货港代理人,以便向班轮公司提货和向收货人交付货物；

⑥货主之间办理包括House B/L在内的有关单据的交接；

⑦货运代理在卸货港的代理人凭班轮公司的提单提取整箱货；

⑧A′,B′,C′等不同货主(收货人)凭House B/L在CFS提取拼箱货。

单(Ocean B/L),托运人是货代公司,收货人是货代公司的卸货港代理人,然后,货代公司根据海运提单,按5票货的托运单(场站收据)内容签发5份海运代理人的仓至仓提单(House B/L),House B/L编号按海运提单号,尾部分别缀以A,B,C,D,E,其内容则与各该托运单(场站收据)相一致,分发给各托运单位供银行结汇之用。

另一方面,货代公司须将船公司或其代理人签发的海运提单正本连同自签的各House B/L副本快递给其卸货港代理人,卸货港代理人在船到时向船方提供海运提单正本,提取该集装箱到自己的货运站(CFS)拆箱,通知House B/L中各个收货人持正本House B/L前来提货。

案例

A国际货运代理企业经营国际集装箱拼箱业务。某年9月15日,A国际货运代理企业在KOBE港自己的货运站(CFS)将分别属于6个不同发货人的拼箱货装入一个20英尺的集装箱,然后向某班轮公司托运。该集装箱于9月18日装船,班轮公司签发给A国际货运代理企业CY/CY交接的FCL条款下的MASTER B/L一套;A国际货运代理企业然后向不同的发货人分别签发了CFS/CFS交接的LCL条款下的House B/L共6套,所有的提单都是清洁提单。9月23日载货船舶抵达提单上记载的卸货港。第二天,A国际货运代理企业从班轮公司的CY提取了外表状况良好和铅封完整的集装箱(货物),并在卸货港自己的CFS拆箱,拆箱时发现两件货物损坏。9月25日收货人凭A国际货运代理企业签发的提单前来提货,发现货物损坏。

请问:

(1)收货人向A国际货运代理企业提出货物损坏赔偿的请求时,A国际货运代理企业是否要承担责任?为什么?

(2)如果A国际货运代理企业向班轮公司提出集装箱货物损坏的赔偿请求时,班轮公司是否要承担责任?为什么?

(3)A国际货运代理企业如何防范这种风险?

【案例分析】

(1)A国际货运代理企业经营国际集装箱拼箱业务,此时其是集拼经营人,由于其签发自己的提单,所以它是无船承运人。本案中A国际货运代理企业应承担责任,因为货物肯定是在拼箱过程中造成的损坏,除非A国际货运代理企业能举证不属于他的责任。

(2)班轮公司可不负责,因集装箱外表状况良好,铅封完整,而且货物是由A国际货运代理企业装箱。

(3)A国际货运代理企业在接货后签发场站收据(D/R)之前,对货物要仔细检查,装箱时应特别慎重,以防积载不当造成货损。

六、集装箱海运的运费

集装箱海运运价实质上也属于班轮运价的范畴。我国现行集装箱海运运输下的拼箱货运费计收,与普通杂货班轮运输下的件杂货运费计收方法基本相同。整箱货有最高运费和最低运费的计收规定,而且,集装箱货物最低运费的计收不是规定某一金额,而是规定了一个最低运费吨,又称计费吨。这一概念与杂货班轮运输下最低运费的规定是不同的。

(一)集装箱海运的运费构成

集装箱货物在进行门到门运输时,一般通过多种运输方式完成整个运输过程,该过程可分出口国内陆运输、装船港运输、海上运输、卸船港运输、进口国内陆运输五个组成部分。其中,船公司通常负责出口国集装箱货运站或码头堆场至进口国码头堆场或集装箱货运站的运输,这一范围通常是集装箱运输下所包括的范围。这一点与普通船仅从事海上运输的部分,并按海运运费计收有较大区别。由于船公司支付了集装箱货物在运输过程中的全部费用,所以,集装箱货物的运费构成包括海上运输费用、内陆运输费用及各种装卸费用、搬运费、手续费、服务费等。上述费用一般被定为一个计收标准,以确保船公司在整个运输过程中全部支出后均能得到相应的补偿。集装箱海运运费构成可参见图9-9。

内陆运输	港区运输	海上运输	港区运输	内陆运输
①	②	③	④	⑤

图9-9 集装箱海运的运费构成

注:

①发货地国家内陆运输费和有关费用;

②发货地国家港区(码头堆场)费用;

③海上运费;

④收货地国家港区(码头堆场)费用;

⑤收货地国家内陆运输费和有关费用。

从总的方面来说,集装箱海运的运费仍由海运运费加上各种与集装箱运输有关的费用组成。这里主要阐述海运运费,不涉及堆场服务费、拼箱服务费、集散运费、内陆运费等。

（二）集装箱海运运费的计收

集装箱海运运费是海上运输的费用，包括基本运费及各类附加费，其结构与传统杂货班轮运费类似。但由于集装箱运输的特殊性，一般根据交接方式不同，把集装箱货物分为整箱货（FCL）及拼箱货（LCL）两种，它们的运费计收方式也有所不同。

1. 整箱货运费的计收。整箱货一般按箱计收运费。包箱运价（Freight for All Kinds，FAK），是指集装箱运输的基本费率，它不分货类、不计货量，统一按集装箱的大小，每一个集装箱收若干运费。按箱计收运费的费率即包箱费率，它又分为商品包箱费率和均一包箱费率两种。

商品包箱费率，是按不同商品和不同类型、尺寸的集装箱规定不同的包箱费率。按不同货物等级制定的包箱费率，其等级的划分与杂货班轮运输的货物等级分类基本相同，但是集装箱货物大多数分为 4 个级别费率，如 1 ~ 7 级，8 ~ 10 级，11 ~ 15 级，16 ~ 20 级或 1 ~ 8 级，9 级，10 ~ 11 级，12 ~ 20 级等，还有的分为 3 个等级费率。

均一包箱费率，是每个集装箱不细分箱内所装货物种类，不计货物重量或尺码（重量在限额之内），统一收取的运费。

在普通杂货班轮运输中没有最高运费的概念，承运人按托运人托运货物的数量及规定的费率计收运费。但在集装箱整箱货运输的情况下，如果采用按普通杂货班轮运输海运运费的计算方法计收运费，当托运人使用承运人的集装箱装货时，承运人计收的整箱货运费则有最低运费和最高运费的计算方法。

最高运费是指即使托运人实际装箱的货物尺码超出对集装箱规定的计费吨，承运人仍按对集装箱规定的计费吨收取运费，超出部分免收运费。

例如，某 20FT 干货集装箱最高计费吨为 21.5 立方米，而箱内实载 10 级货物 28 立方米，超出 6.5 立方米，则其最高运费 = 21.5 × 10 级货物运费率。

使用最高运费作为集装箱运费计算的一种方法，其目的在于鼓励托运人采用集装箱装运货物，并能最大限度地利用集装箱的内容积。为此，在海上集装箱运输的运费计算中，航运公会或班轮公司多为各种类型和规格的集装箱制定一个按集装箱内容积折算的最高运费吨。最高运费吨通常是按集装箱内容积的 85% 计算。最高运费的计算仅适用于按尺码吨计算运费的体积货物，而不适用于按重量计算运费的重量货物。

集装箱运输下整箱货的最低运费规定，不是普通船运输下所规定的最低运费金额，而是规定一个最低运费吨，也叫计费吨，它是计收每一种货物运费时所使用的计算单位。不同的船公司对不同类型、不同用途的集装箱分别确定了各自的最低运费吨。规定最低运费吨的目的在于，如货物是由货主自己装载，箱内所装货物又没有达到所规定的最低运费吨，则货主需支付亏箱运费，以确保承运人的利益。显然，最低运费吨乘上费率得出的全部运费中已包括了亏箱运费。

例如，某箱最低运费吨规定为 21.5 立方米，由货主装箱，实际装箱尺码吨为 18 立方米，运费计算则仍按 21.5 立方米计收，其得出的全部运费中已包括 3.5 立方米的亏箱运费。

2. 拼箱货运费的计收。拼箱货按所运货物的计费吨计收运费，这与传统件杂货班轮运费计收方式颇为类似，只是费率水平不同。其计算公式为：

拼箱货海运运费 = 基本运费 + 各项附加费 = 基本运价 × 计费吨 + 各项附加费

式中：基本运价参照各航线不同结构（等级）的运价率；计费吨按运价本规定的计费标准确定；附加费以运价本的规定为标准计收。

拼箱货附加费有超重附加费、超长附加费等,但不存在拼箱货的选港附加费与变更卸货港附加费。

此外,拼箱货也规定起码运费,如运价表规定,每一提单不足1运费吨时,则按1运费吨计收运费。

(三)基本运费的估算

在进口交易中,采用FOB贸易术语成交的条件下,进口商往往请货运代理核算海运费。

采用包箱费率的计费方法计算集装箱海运基本运费十分方便,即只需要根据具体航线、货物等级(或不分等级)及箱型的费率乘以箱数就可得出基本运费。

在核算海运费时,首先要根据进口数量算出产品体积,再查找到对应于该批货物目的港的运价。如果进口数量正好够装整箱(20英尺或40英尺),则直接取其运价为海运费;如果不够装整箱,则用产品总体积乘以拼箱的价格来算出海运费。

【例】商品A,从加拿大进口,卸货港是大连新港。商品A的体积是每纸箱0.164m^3,每箱装60只。试分别计算进口数量为5 000只和9 120只的海运费。

解:

第1步,计算产品体积:

进口数量为5 000只,总体积=5 000÷60×0.164=13.667(m^3)。

进口数量为9 120只,总体积=9 120÷60×0.164=24.928(m^3)。

第2步,查运价:

查得蒙特利尔港口运至大连新港的海运费分别是:每20英尺集装箱USD1 350,每40英尺集装箱USD2 430,拼箱每立方米USD65。

20英尺集装箱的有效容积为25m^3,40英尺集装箱的有效容积为55m^3。根据第1步计算出的体积结果来看,5 000只的运费宜采用拼箱,9 120只的海运费宜采用20英尺集装箱。进口数量为5 000只,海运费=13.667×65=888.36(美元)。

进口数量为9 120只,海运费=1 350(美元)。

单元二 国际货物多式联运

多式联运①物流是物流企业通过与其他物流企业开展物流协作来拓展市场并发展壮大的重要途径。

随着集装箱运输的发展,国际多式联运也迅速发展起来。到20世纪80年代集装箱运输已进入多式联运时代。集装箱货物、成组托盘货物、一般的散杂货均可适用国际多式联运。

与传统的运输方式相比,多式联运在经营管理、运输技术、运输法规、运输单证、运输责任划分等方面都有较大的区别与变化。国际多式联运是一种利用集装箱进行联运的、新的运输组织方式,具有自身的特点和优越性。

---

① 由两种及以上的交通工具相互衔接、转运而共同完成的运输过程统称为复合运输,我国习惯上称之为多式联运(Multimodal Transport)。它通常是以集装箱为运输单元,将不同的运输方式有机地组合在一起,构成连续的、综合性的一体化货物运输。例如,我国内贸集装箱联运形式:公路—近海—公路,公路—铁路—公路,公路—近海—铁路—公路,公路—内河—公路等,就是常用的多式联运。

一、国际多式联运的优点及组织形式

多式联运不仅仅是不同运输工具进行的联合运输，更重要的是在全程运输中只有一份运输合同，由多式联运经营人作为合同承运人统一组织全程运输，负责将货物从接货地运往交货地。因此，多式联运在本质上不同于分段联运，它是一种以实现货物整体运输的最优化效益为目标的联运组织形式。

所谓国际多式联运（Multimodal Transport），按照《联合国国际货物多式联运公约》的定义，是指多式联运经营人按照多式联运合同，以至少两种不同的运输方式，将货物从一国境内接管货物的地点运至另一国境内指定交付货物的地点的运输方式。

根据《联合国国际多式联运公约》对国际多式联运定义的描述，国际多式联运表现出以下特征。

第一，要有一个多式联运合同，明确规定多式联运经营人（承运人）和联运人之间的权利、义务、责任、豁免的合同关系和多式联运的性质。

第二，必须使用一份全程多式联运单证（Multimodal Transport Documents，MTD），即证明多式联运合同及证明多式联运经营人已接管货物并负责按照合同条款交付货物所签发的单据。

第三，必须是两种或两种以上不同运输方式的连贯运输。《联合国国际货物多式联运公约》对运输方式的种类未作限制，可以由陆海、陆空、海空等运输方式组成，但我国《海商法》规定必须有一程为海运。

第四，必须是国际货物运输，这是区别于国内运输和是否适用国际法规的限制条件。

第五，必须有一个多式联运经营人对全程运输负总的责任，这是多式联运的一个重要特征，由多式联运经营人去寻找分承运人实现分段的运输。

第六，必须对货主实现全程单一运费费率。多式联运经营人在对货主负全程运输责任的基础上，制定一个货物发运地至目的地的全程单一费率，并以包干形式一次性向货主收取。

（一）国际多式联运的优点

国际多式联运是一种利用集装箱进行联运的、新的运输组织方式。它采用海、陆、空等两种以上的运输手段，完成国际的连贯货物运输，从而打破了过去海运、铁路、公路、航空等单一运输方式互不连贯的传统做法。其优越性主要表现在以下几个方面。

1. 简化托运、结算及理赔手续，节省人力、物力和有关费用。在国际多式联运方式下，无论货物运输距离有多远，由几种运输方式共同完成，且不论运输途中货物经过多少次转换，所有一切运输事项均由多式联运经营人负责办理。而托运人只需办理一次托运、订立一份运输合同、支付一次费用、办理一次保险，从而省去托运人分别与不同承运人办理托运手续的许多不便。同时，由于多式联运采用一份货运单证，统一计费，因而也可简化制单和结算手续，节省人力和物力。此外，一旦运输过程中发生货损货差，都由多式联运经营人对全程运输负责，从而也可简化理赔手续，减少理赔费用。

2. 缩短货物运输时间，减少库存，降低货损货差事故，提高货运质量。在国际多式联运方式下，各个运输环节和各种运输工具之间配合密切、衔接紧凑，货物所到之处中转迅速及时，大大减少了货物在途停留的时间，从而从根本上保证了货物安全、迅速、准确、及时地运抵目的地，因而也相应地降低了货物的库存量和库存成本。同时，多式联运系通过集装箱为运输单元进行直达运输，尽管货运途中须经多次转换，但由于使用专业机械装卸，且不涉及箱内货物，因而货损货差事故大为减少，从而在很大程度上提高了货物的运输质量。

3. 降低运输成本，节省各种支出。由于多式联运可实现门到门运输，因此对货主来说，在货物交由第一承运人以后即可取得货运单证，并据以结汇，从而提前了结汇时间。这不仅有利于加速货物占用资金的周转，而且可以减少利息的支出。此外，由于货物是在集装箱内进行运输的，因此从某种意义上来看，可相应地节省货物的包装、理货和保险等费用的支出。

4. 提高运输管理水平，实现运输合理化。对于区段运输而言，由于各种运输方式的经营人各自为政、自成体系，因而其经营业务范围受到限制，货运量相应也有限。而一旦由不同的运输经营人共同参与多式联运，经营的范围可以大大扩展，同时可以最大限度地发挥其现有设备的作用，选择最佳运输线路组织合理化运输。

(二) 国际多式联运的组织形式

按组织方式和体制分类，国际多式联运的组织形式可分为协作式多式联运和衔接式多式联运两大类。协作式多式联运是指两种或两种以上运输方式的运输企业，按照统一的规章或商定的协议，共同将货物从接管货物的地点运到指定交付货物的地点的运输。衔接式多式联运是指由一个多式联运经营人综合组织两种或两种以上运输方式的运输企业，将货物从接管货物的地点运到指定交付货物的地点的运输。衔接式多式联运是多式联运的主要形式。

按联合的运输方式的不同分类，国际多式联运的组织形式可分为海陆联运、大陆桥运输、海空联运、陆空联运等。

1. 海陆联运。海陆联运(Sea - Land)是国际多式联运的主要组织形式，也是远东/欧洲多式联运的主要组织形式之一。这种组织形式以航运公司为主体，签发联运提单，与航线两端的内陆运输部门开展联运业务，与大陆桥运输展开竞争。

具体的做法是，内陆地区的托运人或收货人与航运企业或无船承运人签订由内陆出口地到内陆进口地的国际多式联运协议，托运人在内陆集装箱场站将货物转交承运人控制，得到多式联运提单。或者多式联运经营人派遣车辆将空的海运集装箱调拨到托运人内陆仓库，装上货物，签发多式联运提单。随后，货物通过铁路运输或公路运输运抵海运段的装货港，在装货港(也可以在内陆出口地)完成出口报关，装上远洋船舶运到预定的卸货港，再转由铁路或公路送达收货人仓库(当然也可以由收货人到港口自提货物)。

2. 大陆桥运输。在国际多式联运中，大陆桥运输是远东/欧洲国际多式联运的主要形式。大陆桥运输(Land Bridge Transport)是指采用集装箱专用列车或卡车，把横贯大陆的铁路或公路作为中间"桥梁"，使大陆两端的集装箱海运航线与专用列车或卡车连接起来的海—陆—海的一种连贯运输方式①。

3. 海空联运。海空联运(Sea - Air)又被称为空桥运输(Air-bridge Transport)。在运输组织方式上，空桥运输与陆桥运输有所不同：陆桥运输在整个货运过程中使用的是同一个集装箱，不用换装，而空桥运输的货物通常要在航空港换入航空集装箱。不过，两者的目标是一致的，即以低费率提供快捷、可靠的运输服务。

---

① 严格来讲，大陆桥运输也是一种海陆联运形式。只是因为其在国际多式联运中的独特地位，故人们将其单独作为一种运输组织形式。人们把使大陆两端的集装箱海运航线与专用列车连接起来的海—陆的连贯运输方式又称为小陆桥运输(Mini-land Bridge Transport)。

这种方式兼有海运的经济性和空运的速度，可以在控制运输成本的基础上缩短运输时间，因而受到了某些货主的欢迎。在远东、欧洲、中南美洲等的国际贸易中运用越来越广泛，适用于电器、电子产品、计算机和照相器材等高价值商品以及玩具、时装等季节性需求较强的商品。不过，由于航空运输与海运的巨大差异，特别是海运集装箱和空运集装箱的不兼容性，导致海空联运受到一定的限制。

4. 陆空联运。长途运输（尤其是国际长途运输）中，航空与公路/铁路运输的联合十分常见，行包运输和件杂货运输，就常使用该种联合方式。在欧洲和美国，很多航空货物由卡车经长途运输到达各大航空公司的基地，再由飞机运往目的地。欧洲的许多大型航空公司为此建立了卡车运输枢纽作为公路运输经营的据点。

陆空联运（Air - Land）方式既弥补了全程空运费用高的弊端，又巧妙利用了航空运输枢纽的有利地位，提高了运送速度。如内地的货物首先通过公路/铁路运输方式到达香港，再借助香港航线多的优越条件利用空运转运到北美、欧洲等。

二、国际多式联运的经营人

在开展多式联运业务时，货物从发货人仓库到收货人仓库及到海、陆、空等运输区段，必须有人负责整个全程运输的安排、组织、协调与管理工作，这个负责人就是联运经营人，或称契约承运人。国际多式联运的经营人（Multimodal Transport Operator, MTO）是指本人或委托他人以本人名义与托运人订立一项国际多式联运合同并以承运人身份承担完成此项合同责任的人。国际多式联运的经营人是多式联运的总承运人，对全程运输负责，对货物灭失、损坏、延迟交付等均承担责任。国际多式联运的经营人既不是发货人的代理或代表，也不是承运人的代理或代表，而是一个独立的法律实体（签订多式联运合同且负有履行责任的法人）。他们具有双重身份，对货主来说他们是承运人，对实际承运人（分承运人）来说他们又是托运人。他们一方面与货主签订多式联运合同，另一方面又与实际承运人签订运输合同。

在国际上经营国际多式联运业务的多是规模较大、实力雄厚的国际货运公司。在我国，中外合资企业、中外合作企业的企业法人资格需要经交通运输部、铁道部共同批准，并办理相应手续后才能经营国际集装箱多式联运业务；除非法律、行政法规另有规定，外商独资企业不得从事国际集装箱多式联运业务。未经交通运输部、铁道部共同批准，境外企业不得从事我国国际集装箱多式联运业务。

（一）国际多式联运的经营人应具备的技术条件

开展国际多式联运应具备比单一运输方式更为先进、更为复杂的技术条件。这些条件主要包括以下几个。

1. 建立国际多式联运线路与集装箱货运站。国际多式联运的线路，从理论上说，可以是从某一国的任何一地到另一国的任何一地。但事实上这是不可能的，世界上许多经营多式联运的公司通常只能是重点办好几条多式联运线路。确定建立一条多式联运线路，首先需要进行国际货物流向、流量的调查，在此基础上，选择货物流量较大且较稳定的路线；其次要考虑联运线路的全程应具备适当规模的运输能力。此外，由于国际多式联运通常以集装箱运输为主，所以联运线路需要有一定的装卸、运送集装箱的设备条件。

2. 建立国内外联运网点。国际多式联运是跨国运输，不可能仅由一国一家完成，需要国内外有关单位的共同合作才能进行有效的联合运输。因此,经营国际多式联运必须根据业务的需要建立国内外业务合作网,不仅要在国内外的沿海、沿江港口有自己的分支机构或代理,而且在国内外的内陆大城市也要有自己的分支机构或代理,负责办理国内外运输、交接手续。多式联运经营人只有具备这样的网络才能把两种或两种以上的不同运输方式联成一体以完成一批货物的连贯运输。

3. 制定多式联运单一费率。采用单一费率是国际多式联运的基本特征之一,因此,经营多式联运要制定一个单一的联运包干费率。由于多式联运环节多,费率又是揽取业务的关键,所以制定单一费率是一个复杂而又重要的问题,需要综合考虑各种因素,使制定的费率具有竞争性,以利于联运业务的顺利进行。国际集装箱多式联运全程运费主要由运输费用(国内外内陆段运费、海运段运费或国际铁路、航空运费)、经营管理费用以及利润三大部分组成,该单一费率因货物的交接地点和业务项目的不同而异。

4. 制定国际多式联运单据。作为国际多式联运经营人,必须具有自己的多式联运单据或提单。多式联运单据是经营人与货主之间运输合同的证明,它具有有价证券的性质,可以进行转让和向银行抵押贷款。

在多式联运中,当多式联运经营人收到托运人交付的货物时,应当向托运人签发多式联运单证。所谓多式联运单证,就是证明多式联运合同存在及多式联运经营人接管货物并按合同条款提交货物的证据。它由承运人或其代理人签发。

知识链接

国际多式联运单证系统的组成

其一是在国际多式联运经营人与货主(托运人、收货人)之间流转的单证。由于没有可适用的国际公约,并不存在国际上认可的、统一的多式联运单证,实务中使用的多式联运单证是通过订立合同产生的,它既可以是可转让的,也可以是不可转让的,但目前以使用可转让的多式联运提单最为常见。

其二是国际多式联运经营人与各区段实际承运人之间流转的单证。这部分单证采用该区段运输方式所使用的运输单证。

关于多式联运单证的表现形式,目前并没有统一的格式。实践中,多式联运单证可以种种不同的格式、名称出现,其记载的内容和特点也可能有差别。常见的有菲亚塔的 FBL(1992)、FWB(1997)以及波罗的海航运公会 1995 年缮制的多式联运提单,此外,很多联合运输单据,甚至联运单据的单证也时常出现在多式联运中,履行着多式联运单证的职能。

多式联运单证一般包括 15 项内容:货物品类、标志、危险特征的声明、包数或者件数、重量;货物的外表状况;多式联运经营人的名称与主要营业地;托运人名称;收货人名称;多式联运经营人接管货物的时间、地点;交货地点;交货日期或者期间;多式联运单据可转让或者不可转让的声明;多式联运单据签发的时间、地点;多式联运经营人或其授权人的签字;每种运输方式的运费、用于支付的货币、运费由收货人支付的声明等;航线、运输方式和转运地点;关于多式联运遵守公约的规定的声明;双方商定的其他事项。以上一项或者多项内容的缺乏,不影响单据作为多式联运单证的性质。

在实际业务中，多式联运提单和各区段实际承运人的货运单证的缮制大多交由多式联运经营人的各区段代理负责，多式联运经营人主要充当全面控制和发布必要指示的角色。图 9-10 以一程是公路运输，二程是海上运输，三程是铁路运输的多式联运为例，说明了多式联运经营人签发的多式联运提单及各区段实际承运人签发的运输单证的流转程序。

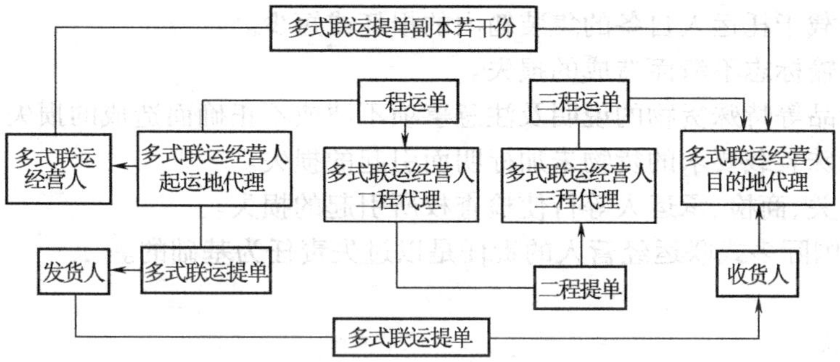

图 9-10 多式联运提单及各区段单证的流转程序

（二）国际多式联运经营人的责任

国际多式联运经营人的责任期间是从接受货物之时起到交付货物之时为止，在此期间，其对货主负全程运输责任。但在责任范围和赔偿限额方面，根据目前国际上的做法，可以分为统一责任制、网状责任制。此外，在某些特定情况下，多式联运经营人可免责。

1. 统一责任制。统一责任制（Uniform Liability System）又称同一责任制，是多式联运经营人负货物损害责任的一种赔偿责任制度。按照这种制度，统一由签发联运提单的承运人对货主负全程运输责任，即货损货差不论发生在哪一个运输阶段，都按同一的责任内容负责。如果能查清发生损害的运输阶段，联运经营人在赔偿以后，可以向该段运输的实际承运人追偿。

2. 网状责任制。网状责任制（Network Liability System）又称分段责任制，是多式联运经营人负货物损害责任的一种赔偿责任制度。按照这种制度，签发联运提单的承运人虽然仍对货方负全程运输的责任，但对损害赔偿不像统一责任制那样，而是按发生损害的运输阶段的责任内容负责。例如，对损害发生在海上运输阶段的，按国际货运规则办理；如损害发生在铁路或公路运输阶段，则按有关国际法或国内法处理。

具体来说，国际多式联运经营人在从接受货物起到交付货物止的过程中，其主要责任如下。

（1）托运人委托多式联运经营人负责装箱、计数的，后者应对箱内货物不是由于商品自身包装和质量问题而造成的污损和灭失负责。

（2）托运人委托装箱时，多式联运经营人对未按托运人要求，因积载不当、衬垫捆扎不良而造成的串味、污损、倒塌、碰撞等货损负责。

（3）多式联运经营人对在责任期间内因责任事故致使的货物损坏或灭失负责。

（4）多式联运经营人对货物的延迟交付负责。

3. 国际多式联运经营人的免责。对下述原因造成的货损或灭失，国际多式联运经营人不负责。

(1)托运人所提供的货名、种类、包装、件数、重量、尺码及标志不实,或由于托运人的过失和疏忽而造成的货损或灭失,均由托运人自行承担责任。如对多式联运经营人或第三者造成损失,即使托运人已将多式联运单证转让,托运人仍应承担责任。

(2)发生损失的货物是由托运人或其代理装箱、计数或封箱的。

(3)货物品质不良,外包装完好而内包装货物短缺、变质。

(4)货物装载于托运人自备的集装箱内的损坏或短少。

(5)由于运输标志不清而造成的损失。

(6)对危险品等特殊货物的说明及注意事项不清或不正确而造成的损失。

(7)对有特殊装载要求的货物未加标明而引起的损失。

(8)由于海关、商检、承运人等行使检查权所引起的损失。

由上可见,国际多式联运经营人的责任是以过失责任为基础的。

案例

某年1月18日,某工贸公司委托某货运代理办理一批参加巴拿马国际博览会的展品货物的出口运输,并向其递交了一份出口货物托运单。1月22日,货运代理签发了一份全程多式联运提单,提单载明:海运船舶为驶往巴拿马的定期班轮"N"轮。货物由汽车运往香港,装上"N"轮,中途曾被卸下,由他船转运至巴拿马。货物运抵巴拿马,已超过合同约定的期限,未能参展。该工贸公司遂向法院提起诉讼,认为:由于被告擅自转船,导致货物迟延交付,错过了参展日期,因此,要求被告赔偿其经济损失。法院审理认为:被告擅自将承运的货物转船运输,是导致货物延期运到的根本原因,被告不能证明有转船的必要,应承担不合理转船造成货物延误的责任。

【案例分析】

本案中,被告某货运代理以自己的名义签发全程多式联运提单,其作为多式联运经营人的地位是毫无异议的。尽管货运代理对于转船无实际过错,但这并不能免除其作为多式联运经营人对全程运输应负的责任。

三、国际多式联运的业务运作

国际货物多式联运业务主要包括:与发货人订立多式联运合同,组织全程运输,完成从接货到交付过程的合同事项等基本内容。由于多式联运是依托不同运输方式、跨国跨地区的物流业务,是不同的运输方式的组合,其具体业务运作也就不尽相同。

例如,CIF条件下国际集装箱铁—海多式联运[①]出口业务主要包括如下环节:接受托运申请,订立多式联运合同→编制作业计划,(向铁路部门、船公司)订车、租船订舱→提取空箱,安排货物进库场→办理货物装车→报检报关→签发全程多式联运提单→传递货运信息和寄送相关单证→办理货物在中转港的海关手续及制作货运单据→货交船公司,船公司签

---

① 这里所说的国际集装箱铁—海多式联运出口,是指货方采取铁—海联运方式,在内地口岸将出口集装箱装上铁路集装箱班列,由铁路集装箱班列将货物运至集装箱码头后,换装海运船舶,由海运船舶继续将集装箱运至目的港,并交付收货人。

发提单→传递货运信息及寄送相关单证→提取货物与交付货物→货物事故处理。

(一)国际多式联运经营人的出口运作

总体来说,国际多式联运经营人的出口运作大致需要经过:营销揽货→接受托运申请,订立多式联运合同→编制作业计划,(向铁路部门、船公司、航空公司)订车、租船订舱→接货、空箱发放、提取、装箱、运送→出口报检报关→办理货物保险→签发多式联运提单,组织完成货物的全程运输→单证寄送→办理运输过程中的海关业务→货物交付→货物事故处理等环节。

1. 营销揽货。营销揽货环节的工作内容就是向货主承揽运输业务。经过与竞争者的费率进行比较,调整各种费用报价,访问货主拟委托的业务项目并向货主提出报价单,报价经货主接受后,双方签订协议书,正式成交。

2. 接受托运申请,订立多式联运合同。多式联运经营人根据货主提出的托运申请和自己的运输线路等情况,判断是否接受该托运申请。如果能够接受,则双方协定有关事项后,签订多式联运合同。

3. 编制作业计划,订车、租船订舱。多式联运经营人接受货主委托后安排相关作业。

其一,总承运人与分承运人及运输的各连接点之间签订合同,与船公司、航空公司、铁路部门、具体作业的部门、仓库、港口、商检、理货签订合同。合同可以有不同的方式,有的签订正式合同,有的沿用已有的协议,有的办理委托手续,或填写委托书、申请表。

其二,收集托运人出口所需的各种单证。

其三,编制作业计划,填制作业安排书。作业计划应包括货物的运输线路、区段的划分、各区段实际承运人的选择确定及各区段间衔接地点的到达、起运时间等内容。货物运输计划的安排必须科学并留有余地。工作中应相互联系,根据实际情况调整计划,避免彼此脱节。

其四,国际多式联运经营人根据具体情况向合适的实际区段的承运人租船、订舱或要求列车车皮进行货物运输。多式联运经营人向分承运人租船订舱或订车是经营人独立的业务活动,与货主无关。

4. 接货、空箱发放、提取、装箱、运送。国际多式联运经营人按托运人的托运要求,安排运输线路、接货,安排内陆运输、仓储。多式联运中使用的集装箱一般应由经营人提供。这些集装箱的来源可能有3个:一是经营人自己购置使用的集装箱;二是向租箱公司租用的集装箱,这类集装箱一般在货物的起运地附近提箱而在交付货物地点附近还箱;三是由全程运输中的某一分运人提供,这类集装箱一般需要在多式联运经营人为完成合同运输,与该分运人(一般是海上区段承运人)订立分运合同后方可获得使用权。

如果双方协议由发货人自行装箱,则多式联运经营人应签发提箱单或者将租箱公司或分运人签发的提箱单交给发货人或其代理人,由他们在规定的日期到指定的堆场提箱并自行将空箱托运到货物装箱地点,准备装货。如发货人委托,亦可由经营人办理从堆场到装箱地点的空箱托运(这种情况需加收空箱托运费)。

如是拼箱货(或是整箱货但发货人无装箱条件而不能自装)时,则由多式联运经营人将所用空箱调运至接收货物的集装箱货运站,做好装箱准备。

若是发货人自行装箱,发货人或其代理人提取空箱后在自己的工厂和仓库组织装箱。装箱工作一般要在报关后进行,并请海关派员到装箱地点监装和办理加封事宜。如需理货,还应请理货人员现场理货并与之共同制作装箱单。如是拼箱货物,发货人应负责将货物运至指定的集装箱货运站,由货运站按多式联运经营人的指示装箱。

无论装箱工作由谁负责,装箱人均需制作装箱单,并办理海关监装与加封事宜。

由货主自装箱的装箱货物被运至双方协议规定的地点,多式联运经营人或其代表(包括委托的场站业务员)在指定地点接收货物。如是拼箱货,经营人在指定的货运站接收货物。验收货物后,代表联运经营人接收货物的人应在堆场收据正本上签章并将其交给发货人或代理人。

国际多式联运经营人按托运人的托运要求将货物送至实际承运人指定的车站、堆场或港口,实际承运人向多式联运经营人签发提单或运单。

5. 出口报检报关。若联运从港口开始,则在港口报检报关;若从内陆地区开始,应在附近的内陆地点办理报检报关。出口报检报关事宜一般由发货人或其代理人办理,也可委托多式联运经营人代为办理。

6. 办理货物保险。在发货人方面,应投保货物运输险。该保险由发货人自行办理,或由发货人承担费用由多式联运经营人代为办理。货物运输保险可以是全程,也可分段投保。

在多式联运经营人方面,应投保货物责任险和集装箱保险,由经营人或其代理人负责办理。

7. 签发多式联运提单,组织完成货物的全程运输。多式联运经营人的代表收取货物后,经营人应向发货人签发多式联运提单。在把提单交给发货人前,应注意按双方协定的付费方式及内容、数量,向发货人收取其全部应付费用。

多式联运经营人有完成和组织完成全程运输的责任和义务。在接收货物后,要组织各区段实际承运人、各派出机构及代表人共同协调工作,完成全程中各区段的运输、各区段之间的衔接工作以及运输过程中所涉及的各种服务性工作,并做好运输单据、文件及有关信息等的组织和协调工作。

国际多式联运经营人要做好货物运输过程中的跟踪监管,定期向发货人或收货人发布货物位置等信息,通知其货物抵达目的地的时间,并要求目的地代理人办理货物进口手续。

8. 单证寄送。货物装船(车、飞机)发运后,国际多式联运经营人将船名(车号、航空运单号)、集装箱、发运日期、中转地、目的地等项内容,先以电传通知国外代理,然后填制发运单或指示(Shipping Notification, Shipping Instruction),连同联合运输单据副本、承运单证、装箱单等有关发运单据寄国外代理,由其凭以办理接货、交货或转运工作。

9. 办理运输过程中的海关业务。按照国际多式联运的全程运输(包括进口国内陆段运输)均应视为国际货物运输,因此,该环节工作主要包括货物及集装箱进口国的通关手续、进口国内陆段保税(海关监管)运输手续及结关等内容。如果陆上运输要通过其他国家海关和内陆运输线路,则还应包括这些海关的通关及保税运输手续。

这些涉及海关的手续一般由多式联运经营人的派出机构或代理人办理,也可由各区段的实际承运人作为多式联运经营人的代表代为办理。由此产生的全部费用,应由发货人或收货人负担。

如果货物在目的港交付,则结关应在港口所在地海关进行。如在内陆目的地交货,则应在口岸办理保税(海关监管)运输手续,海关加封后方可运往内陆目的地,然后在内陆海关办理结关手续。

10. 货物交付。当货物运至目的地后,由国际多式联运经营人在目的地的代理通知收货人提货。收货人需凭多式联运提单提货，多式联运经营人或其代理人需按合同规定，收取收货人应付的全部费用，收回提单并签发提货单(交货记录)，提货人凭提货单到指定堆场和地点提取货物。如是整箱提货，则收货人要负责至拆箱地点的运输，并在货物取出后将集装箱运回指定的堆场，运输合同方终止。

11. 货运事故处理。如果全程运输中发生了货物灭失、损害和运输延误，无论是否能确定损害发生的区段，发(收)货人均可向多式联运经营人提出索赔。多式联运经营人根据提单条款及双方协议确定责任，并做出赔偿。如果确知事故发生的区段和实际责任者，多式联运经营人则可向其进一步进行索赔。不能确定事故发生的区段时，一般按在海运段发生处理。如果已对货物及责任投保，则存在要求保险公司赔偿和向保险公司进一步追索的问题。如果受损人和责任人之间不能取得一致意见，则需通过在诉讼时效内提起诉讼和仲裁来解决。

(二)国际多式联运经营人的进口运作

国际多式联运经营人的进口运作业务环节主要包括：接受托运申请，订立多式联运合同→向船公司、铁路部门或航空公司申请订车、租船订舱→收货人通知托运人准备集装箱装船等事宜→签发全程多式联运提单和收取海运提单→传递货运信息和寄送相关单证→办理货物在中转港的海关转关手续及制作货运单据→办理海关手续，提取货物与交付货物。

任务解析

下面根据上述所学知识对项目情景的任务进行简要解析。

任务1 如果该批货物采用普通杂货运输，其运费计算为：人造纤维为轻泡货，应选运费吨为20，运费 = (80 + 3.0) × 20 = USD1 660.0。

如果该批货物采用集装箱运输，其运费计算为：

$$运费 = (1 + 10\% + 10\%) \times 1\ 100 = USD\ 1\ 320.0$$

从两项运费比较来看，C物流公司的海运段应选用集装箱运输。

任务2 按本案的物流线路，本案属于海陆联运。海陆联运的具体做法是，内陆地区的托运人或收货人与航运企业或无船承运人签订由内陆出口地到内陆进口地的国际多式联运协议，托运人在内陆集装箱场站将货物转交承运人控制，得到多式联运提单。或者多式联运经营人派遣车辆将空的海运集装箱调拨到托运人内陆仓库，装上货物，签发多式联运提单。随后，货物通过铁路运输或公路运输运抵海运段的装货港，在装货港(也可以在内陆出口地)完成出口报关，装上远洋船舶运到预定的卸货港，再转由铁路或公路送达收货人仓库(当然也可以由收货人到港口自提货物)。

任务3 对分段运输中造成的损失，在责任一时不能查清的情况下，多式联运经营人(C物流公司)首先要进行赔付，然后向分段运输责任人索赔，以减少其损失。

个案分析

1. 广西某进口公司与香港一家公司达成交易，购买镀锌铁皮150吨，由香港装船，条件为CIF黄埔。该150吨铁皮装在9个20尺集装箱内，装船以后，卖方取得清洁提单向在香港的中国银行结汇，银行核对单证与信用证相符，给予结汇。该船到黄埔卸货，进口公司提货时，集装箱铅封完整，但拆箱后发现装的是旧铁桶，铁桶内装的不是镀锌铁皮而是污水，当即经商品检验局检验，并做出检验报告，一方面立即电话通知香港中国银行要求停付，但该笔货款早已被提走，另一方面派人去香港找卖方公司索赔，也早已人去楼空。该进口公司又向船公司提出索赔。问题：船公司有无责任？广西某进口公司从本案中应取得哪些教训？

2. 东华公司按CFR条件、即期不可撤销信用证以集装箱运出口成衣350箱，装运条件是CY TO CY。货物交运后，东华公司取得“清洁已装船”提单，提单上标明：“Shipper's Load and Count”。在信用证规定的有效期内，东华公司及时办理了议付结汇手续。20天后，接对方来函称：经有关船方、海关、保险公司、公证行会同对到货开箱检验，发现其中有20箱包装严重破损，每箱均有短少，共缺成衣512件。各有关方均证明集装箱外表完好无损，为此，对方要求东华公司赔偿其货物短缺的损失，并承担全部检验费共2 500美元。问：对方的要求是否合理？为什么？

3. 我国货主A公司委托B货运代理公司办理一批服装货物集装箱海运出口，从青岛港到日本神户港。B公司接受委托后，出具自己的House B/L给货主。A公司凭此到银行结汇，提单转让给日本D贸易公司。B公司又以自己的名义向C海运公司订舱。货物装船后，C公司签发海运提单给B公司，B/L上注明运费预付，收发货人均为B公司。实际上C公司并没有收到运费。货物在运输途中由于船员积载不当，造成服装沾污受损。C公司向B公司索取运费，遭拒绝，理由是运费应当由A公司支付，B仅是A公司的代理人，且A公司并没有支付运费给B公司。A公司向B公司索赔货物损失，遭拒绝，理由是其没有诉权。D公司向B公司索赔货物损失，同样遭到拒绝，理由是货物的损失是由C公司过失造成的，理应由C公司承担责任。

问题：

(1)本案中B公司相对于A公司而言是何种身份？

(2)B公司是否应负支付C公司运费的义务，理由何在。

(3)A公司是否有权向B公司索赔货物损失，理由何在。

(4)D公司是否有权向B公司索赔货物损失，理由何在。

(5)D公司是否有权向C公司索赔货物损失，理由何在。

4. 一票货物从上海到南非的约翰内斯堡(JOHANNESBURG)，经过了海运——从上海到德班(DURBAN)，再经陆运——德班到约翰内斯堡。问：这是否是国际多式联运？

5. 新疆A畜产品进出口公司有一批山羊绒出口到英国利物浦，价值199 463.30英镑。国际多式联运方式运输，自发货到收到提单用了17天，国际多式联运运费折合人民币10 794.73元。

新疆B畜产品进出口公司同样一批山羊绒出口到英国利物浦，价值199 463.30英镑。采用先铁路运输到上海再用海运方式运输，自发货到收到提单用了35天，运费折合人民币为15 818.72元。

新疆A畜产品进出口公司由于比新疆B畜产品进出口公司提前议付结汇18天，还节省了货款利息人民币2 084.63元。

问题：结合上述资料，分析国际多式联运的优越性。

6. 山东W出口企业同某国A公司达成一笔交易，买卖合同中规定：支付方式为即期付款交单；装运自济南至汉堡；多式运输单据可以接受，禁止转运。山东W出口企业按期将货物委托B外运公司承运，货物如期在济南被装上火车经上海改装轮船运至香港，再在香港转船至汉堡，并由B外运公司于装车日签发多式运输单据。但货到目的港后，A公司已宣布破产倒闭。当地C公司竟伪造假提单向第二程船公司在当地的代理人处提走了货物。山东W出口企业装运货物后，曾委托银行按跟单托收（付款交单）方式收款。但因收货人已倒闭，货款无着落，后又获悉货物已被冒领，遂山东W出口企业与B外运公司交涉，凭其签发的多式联运单据要求其交出承运货物。B外运公司却以承运人只对第一程负责，对第二程不负责为由，拒绝赔偿，于是向法院提出诉讼。问题：你认为法院应如何判决？理由何在？

复习思考题

1. 简述集装箱运输的特点。
2. 除货主及其代理人外，集装箱运输的关系人还主要包括哪些？
3. 列举集装箱货物的交接方式（5种以上）。
4. 从货运代理的角度，简述出口货物集装箱运输的流程。
5. 分别阐述集拼进出口业务的做法。
6. 简述集装箱运输的运费构成。
7. 国际多式联运有何特点？
8. 国际多式联运的经营方式主要有哪几种？
9. 简述国际多式联运出口业务。

项目任务十　保税物流、跨境电商物流

项目要求

1. 了解保税货物的分类、特点及海关监管特征；

2. 理解保税物流的特点及保税物流的主要业务功能；

3. 了解我国保税物流的发展过程及理解我国保税物流的结构体系；

4. 了解我国保税物流的主要形式及相关业务运作；

5. 掌握保税仓库和出口监管仓库、保税物流中心、区港联动—保税物流园区和保税港区、自贸区各自的功能、政策优势和监管要求；

6. 了解跨境电商的基本做法及其物流运作。

项目情景

深圳盐田港保税区物流园区实行"区港联动"政策后，因其实行保税区政策及出口加工区的政策，同时还拥有港口功能，使很多加工企业改"香港一日游"为"国内一日游"，降低了运输成本。过去，加工企业因生产需要向国内购买部分料件，但来料加工企业没有资格进行国内购买，进料加工企业涉及税务问题，故采用先将国内购买料件出口至香港再用手册申报进口。现在，盐田港保税物流园区的成立，使加工企业将"香港一日游"改为"国内一日游"，获得了"香港一日游"的效果，也解决了保税区不能退税的问题，料件进入物流园区视同出口，办理报关手续，实行退税。

加工企业往往有相应的驻外机构进行国际采购与国际销售，或者开展跨境电商业务。现在，加工企业大多利用盐田港保税区物流园区的便利，对其驻外机构国际采购的货物先行进口到国内，并放入园区保税仓储，并根据企业的要求进行配送分拨，同时也可以对需出口的货物先行出口至物流园区，完成相关的海关申报及退税手续，再进行拼柜或拆柜处理，达到符合要求的国际配送。

深圳盐田港保税物流园区设有两个卡口：1号卡口与港区直接相连，为区港直通卡口；2号卡口为物流园区与国内非物流园区通行卡口，实现区域管理、卡口管理、港区管理"三位一体"的监管模式和一次申报、多次使用、信息共享的通关模式。

深圳盐田港保税物流园区对进出园区的货物通过电子设备与监控设备等监管设施联动，自动采集核对有关数据，实行严密完善的人工监控措施和规范严格的业务操作流程，确保严格监控。对园区企业实行通关、账册电子化管理等先进手段，货物可在园区内自由转让、在区港间24小时直通、到港后船边提货直接入区和分批进入园区集中报关。

任务1：何谓保税物流？保税物流有哪些主要的业务功能？

任务2：除情景中提及的保税物流园区外，我国保税物流有哪些形式？

任务3:保税物流园区有哪些政策优势?

任务4:海关对保税物流园区如何监管?

任务5:在保税物流园区如何开展跨境电商业务?

知识模块

单元一　保税货物与保税物流

国际物流的流体即国际贸易货物,进入一国海关时,因监管不同,主要分为一般贸易货物和保税货物。保税物流是国际物流与国内物流的接力区物流,是国内物流和国际物流在海关特殊监管区域及场所的延续。我们认为,保税物流是国际物流的重要组成部分,是指保税状态下货物在保税监管区域、场所或网点间的流动以及为实现这一流动而进行的计划、管理和控制过程。保税物流与一般的国际物流没有本质区别,同样追求降低运营成本、提高运作效率与反应速度。但货物在进出口过程中处于保税状态,在海关的监管下进行运输、存储和加工等物流活动。

一、保税货物与保税物流

"保税",从字面上理解,即海关对货物"保留征税权",是指经海关批准,对进口货物暂不征税,而采取保留征税予以监管,货物进口后,暂不缴纳相应关税的一种状态。保税制度①,是指经海关批准的境内企业所进口的货物,在海关监管下在境内指定的场所储存、加工和装配,并暂缓缴纳各种进口税费的一种海关监管业务制度。保税制度能够使出口企业简化出口手续,减少因纳税而造成的资金占用和利息成本,有利于国内出口加工企业的开办和经营,也有利于实行保税制度的口岸城市的繁荣。

知识链接

保税"保"的是什么税

按照我国现行海关制度和关税制度,保税主要保的税是进口环节税,包括关税、反倾销税、进口环节增值税以及特殊商品的消费税四个税种。

海关对进口货物是否要征税,要依据进口货物的最终流向而定,一般包括三种情况:进口货物实行保税后,经过仓储加工等物流活动后,复运出口即运离我国国境的,进行核销处理,办结海关核销手续,不发生进口环节税收;经过仓储加工等物流活动后,把产品内销的即销往我国国内,要按照国家规定交验进口货物所需的相关批准文件并缴纳进口环节税收;虽然保税货物销往国内,但是销给具备免税进口货物的企业或单位,由进口该货物的企业单位向海关申请免税进口,取得免税进口许可,该货物可以免税内销。

① 保税制度最早产生于中世纪诸侯分立的欧洲。在16世纪中期,意大利的里窝那港口成为世界上第一个实行保税制度的城市,并产生了最初的保税形式——保税储存制度。

（一）保税货物

《中华人民共和国海关法》（以下简称《海关法》）对“保税货物”（Bonded Goods）的定义是：“经海关批准未办理纳税手续进境，在境内储存、加工、装配后复运出境的货物。”海关对保税货物进境时暂缓征税，待货物进境储存或加工后的去向确定，再决定征税或免予征税。如果储存或加工的成品在海关规定的期限内复运出境，则免税；如转为在境内销售，海关则补征税款。保税货物的海关监管如图 10－1 所示。

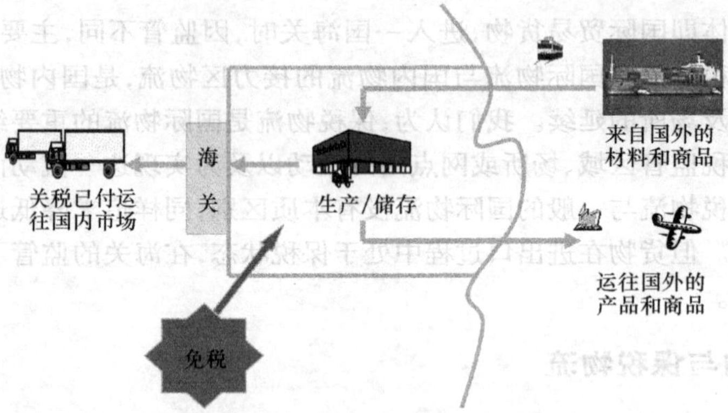

图 10－1　保税货物的海关监管示意图

1. 保税货物的分类。保税货物按货物流通的目的以及是否改变基本物质形态来划分，可以划分为保税物流货物和保税加工货物（见图 10－2）。

- 保税进出口货物
  - 保税加工货物
    - 来料加工货物
    - 进料加工货物
    - 外商投资企业加工贸易货物
    - 保税工厂货物
    - 保税集团货物
    - 出口加工区加工贸易货物
  - 保税物流货物
    - 保税仓库贮存货物
    - 海关出口监管仓库贮存货物
    - 保税物流中心货物（A型、B型）
    - 保税物流园区货物
    - 保税区货物
    - 综合保税区、保税港区货物

图 10－2　保税货物的分类

保税物流货物，是指经海关批准未办理纳税手续进境，在境内储存后复运出境的货物，也称为保税仓储货物，这类货物保税存储期间不得进行实质性的加工。

保税加工货物，基本上是专为开展实质性的加工贸易而进口的料件、包装物和半成品，以及加工后的产成品，但其通关手续以及会计处理要比保税物流货物复杂。

2. 保税货物的监管特征和要求。保税货物的海关监管特征可以概括为批准保税、暂缓纳税、监管延伸和核销结关。其监管要求如图 10－3 所示。保税加工货物、保税物流货物的保税期限及核销期限如表 10－1 所示。

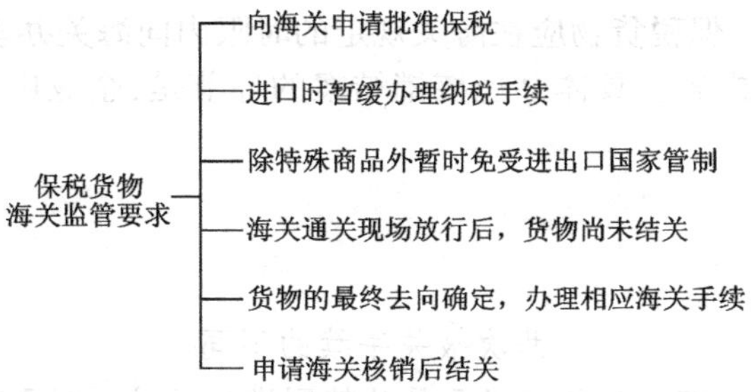

图 10－3　保税货物的监管要求

表 10－1　保税加工货物、保税物流货物的保税期限及核销期限

保税货物种类		保税期限	核销期限
保税加工	加工贸易保税货物	一般保税期限为一年,经批准可以延长一年	按照保税期限到期后 30 天内或合同期满或最后一批成品出口后 30 天内
	出口加工区保税货物	从进境进区起至出区出境或出去办结海关手续止	每半年一次,分别为每年 6 月底和 12 月底以前
保税物流	保税仓储货物	从进境入库至出库办结海关手续为一年,经批准可以延长一年	为每个月 5 日前,每月一次
	出口监管仓库货物	入库贮存期限为 6 个月,可以延长 6 个月	海关凭入出库清单实行动态核销
	保税物流中心	A 型中心保税期限一年 B 型中心保税期限二年	联网监管,动态适时核销
	保税区保税货物		每半年一次,分别为每年 6 月底和 12 月底前
	保税物流园区	不设贮存期限	每年报核一次

3. 保税货物的基本报关程序。保税货物的通关与一般进出口货物不同,其报关程序除了和一般进出口报关程序同样有进出境报关阶段以外,还有海关前期监管阶段,即备案申请保税阶段和海关后续监管阶段,即申请报核结案阶段。

保税货物的报关程序可以概述为三大步骤:备案申请保税→进出境报关→报核申请结案。

(1)备案申请保税。备案是保税货物向海关办理的第一个手续,须在保税货物进口前办妥。它是保税业务的开始,也是经营者与海关建立承担法律责任和履行监管职责的法律关系的起点。

(2)进出境报关。保税货物从境外进入境内时,即在海关进出境现场监管阶段,享受的是暂缓征税的待遇,海关放行后,即在加工储存期间仍是海关监管货物,当最后的流向是运往境外，海关免于征税；当最后的流向是进入境内销售，应按照用途向海关办理相应的报关手续。因此，保税货物的进出境报关分为两种情况：第一，保税货物与境外间的进出境报关；第二，保税货物与境内间视同进出口报关。

（3）报核申请结案。保税货物应在海关规定的时限内向海关办理核销结案手续，这是海关后续管理阶段的监管内容。具体办理核销结案的环节是：企业申请报核—海关受理—实施核销—结关销案。

案例

两次报关手续的不同

山东某纺织品进出口有限公司某年5月从韩国进口混纺面料3 000米，加工成男式风衣销往瑞士；7月又从韩国进口尼龙面料2 000米，加工成滑雪衣销往国内。

问题：这两次报关手续一样吗？

【案例分析】

这两次报关手续不一样。从韩国进口混纺面料加工成成衣销往瑞士是保税加工贸易，应按加工贸易的程序进行报关，即要进行前期备案、申报、查验、征税、放行和核销这几个步骤；销往国内的滑雪衣业务是一般贸易，应按一般贸易的报关程序，即申报、查验、征税和放行这几个步骤进行报关。

（二）保税物流

保税物流是国际物流的重要组成部分，是指保税状态下货物在保税监管区域、场所或网点间的流动以及为实现这一流动而进行的计划、管理和控制过程。保税物流活动包括保税货物在供应销售链上的采购、存储、简单加工、增值服务、检测、维护、配送、分拨、分销、运输、流转和调拨等，不含加工贸易企业生产链上的物流和传统的口岸通关物流。

1. 保税物流的主要特点。保税物流与一般的国际物流没有本质区别，同样追求降低运营成本、提高运作效率与反应速度。但货物在进出口过程中处于保税状态，在海关的监管下进行运输、存储和加工等物流活动。

（1）属于制度物流。保税物流是因保税制度引致的物流，因保税制度的建立发展而产生发展，是物流的一种特例，其活动要符合国家的保税管制规范。

（2）系统边界交叉。保税物流货物在地理上是在一国的境内（领土），从移动的范围看应属于国内物流，但保税物流却具有明显的国际物流的特点，例如，保税区、保税物流中心及区港联动皆具有"境内关外"的性质，所以可以认为保税物流是国际物流与国内物流的接力区物流，是国内物流和国际物流在海关特殊监管区域及场所的延续。保税物流的活动区域是海关特殊监管区域及场所，是国际物流与国内物流的特殊连接点。

（3）流体特殊。国际物流的流体即国际贸易货物，进入一国海关时，因监管不同，分为一般贸易货物和保税货物。一般贸易货物在进境结关后即可自由流动，而保税物流的流体是保税货物，虽然通关放行了，但因缓税缓征，属于尚未结关的货物，还是海关监管的货物。所以，保税物流是不完全自由的物流，其货物的运输、仓储、加工和增值服务等活动，以及为上述物流活动提供的设施等均要经海关审批，向海关申报，接受海关监管，才能够进行物流活动。

（4）流向既定。保税货物从口岸海关验货场经海关验放放行后，处于保税状态，尚未缴纳关税，尚未办结海关手续，但可以在一定的保税条件下继续流转，这"一定条件"就是指必须在海关监管下进行物流活动，只能在海关监管区域或场所进行物流活动。其流动范围仅限于海关监管的区域场所，包括进口货物在口岸与海关特殊监管区域、海关保税场所之间或在海关特殊监管区域与海关保税监管场所内部和这些区域、场所之间，以及境内区外出口货物与海关特殊监管区域、海关保税监管场所之间的流转。

(5)全过程管理。一般贸易货物的通关基本程序包括申报、查验、征税和放行，是“点式”管理，而保税货物是从入境、储存或加工到复运出口的全过程，货物入关是起点，核销结案是终点，是全过程的“线性”管理。

(6)物流要素扩大化。物流的要素一般包括运输、仓储、信息服务和配送等，而保税物流除了具有这些物流的基本要素外，还包括海关监管、口岸、保税、报关和退税等关键要素。这些要素紧密结合构成完整的保税物流体系。保税物流是加工贸易企业供应物流的末端和销售物流的发端。保税物流的运作效率直接关系到企业正常生产与供应链正常运作，构建通畅、高效率的保税物流系统是海关、政府、物流企业和口岸等高效协作的结果。完善的政策体系、一体化的综合物流服务平台必不可少，例如，集成商品流、资金流和信息流的保税物流中心或保税物流园区是发展保税物流的主要模式之一。

(7)需要海关审批备案和海关监管。在海关的监管下进行物流运作是保税物流不同于其他物流的本质所在。保税货物必须经海关批准或备案，按海关要求进行储存和加工等物流活动。储存或加工保税货物的企业及其仓库和管理制度都有特殊要求，达到海关监管条件，并要经过海关批准和验收方可接受保税业务。保税物流的运输企业和运输工具要向海关备案，接受海关监管，承担保税货物运输途中非不可抗力因素引起货物毁损灭失的缴税义务等，而普通物流的运输企业和运输工具，只要符合所装运货物的物理要求即可投入营运。

在信息共享方面，一般物流信息处理只是在物流活动利益攸关方即在物流活动当事人之间进行，包括运输方、仓储方、供应方和需求方之间的信息传递处理，但保税物流的信息处理除了上述几方当事人之外，还要增加监管方即海关，海关对保税物流及其保税货物实行全程监管，所以，随保税货物的物流活动所产生的信息，包括仓储方、运输方、需求方和供应方等的信息都应传递到海关监管信息平台，接受海关监管，对海关公开信息。

2. 保税物流的主要业务功能。保税物流主要是保税加工货物、保税仓储货物和出口监管货物的物流活动，是以保税加工和仓储为目的在海关监管区域或场所进行的物流活动，其主要业务功能包括：①保税运输；②保税仓储；③保税加工；④流通性简单加工（增值服务）；⑤国际贸易、转口贸易和国际中转；⑥进口分拨；⑦国际采购、分销和配送；⑧商品展示服务；⑨检测、维修服务等加工和物流活动。

保税运输又称监管运输，是指经海关批准的保税货物可以在保税监管区域或场所之间（仅限于这些场所间）原封不动地运输，即在海关监管下保税货物的运送活动。保税运输的主要功能是为了增加保税仓库的利用和保税货物的移动。

保税仓储是指进出口货物在保税状态下，运至保税监管区域或场所进行保管、储存或流通性加工的经营活动。在保税储存期间，不征收进口关税，免交进出口批文，不受配额及许可证限制，可以节约大量税金，增加资金流动性。

保税加工是指经营企业进口全部或者部分原辅材料、零部件、元器件和包装物料（以下简称“料件”），经加工或者装配后，将制成品复出口的经营活动，包括来料加工和进料加工。

流通性简单加工（增值服务）是指对货物进行分级分类、分拆分拣、分装、计量、组合包装、打膜、加刷唛码、刷贴标志、改换包装和拼装等辅助性简单作业的总称。

国际转口贸易是指进口货物在保税区存储可经简单加工后，即转手出口到其他目的国和地区；充分利用保税区内免领进出口许可证、免征关税和进口环节增值税等优惠政策，利用国内外市场间的地区差、时间差、价格差和汇率差等，在保税仓内实现货物国际转运流通加工贴唛、贴标签、再包装和打膜等，最终再运输到目的国。

国际中转是指由境外启运，经中转港换装国际航线运输工具后，继续运往第三国或地区指运口岸的货物。

进口分拨是指从世界各地进口的货物（其中包括国内转至保税仓的货物）可以暂存在保税区，进行分拣、简单加工和拆拼箱后，根据国内采购商的需求进行批量送货，以减轻收货人的进口税压力及仓储负担。

国际采购又称全球采购，是指在全球范围内寻找供应商，寻找质量最好、价格最合理的产品，是利用全球资源的贸易活动。

商品展示服务是指国外大宗商品如设备及原材料等，可存放在保税区域或保税仓库，进行保税存放，并可常年展示。展示结束后可以直接运回原地，可以避免高昂的关税和烦琐的报关手续。

检测、维修服务是指发往国外的货物因品质或包装问题被退运，须返回工厂检测或维修。检测维修服务可利用保税区域或保税仓库的保税功能，简化报关程序，不需缴纳进口税，待维修完毕后，直接复出口。

二、保税物流的形式

我国已基本建立起以保税加工、保税仓储和区域保税为主要内容的具有中国特色的保税制度，形成了保税仓库、出口监管仓库、跨境工业区、保税区、出口加工区、保税物流园区、保税物流中心（A型，B型）和综合保税区、保税港区、自由贸易试验区等多种海关特殊监管区域和保税物流场所。目前我国的保税物流体系结构如图 10－4 所示。

图 10－4　我国保税物流体系结构

保税物流的活动区域是海关特殊监管区域及场所，按海关特殊监管区域及场所划分，我国保税物流的主要形式如表 10－2 所示。本单元主要阐述区港联动—保税物流园区、保税港区、综合保税区和自由贸易试验区。

表 10－2　我国保税物流的主要形式

形式	两仓		保税物流中心		区港联动—保税物流园区	保税港区 综合保税区	自由贸易试验区
	保税仓库	出口监管仓库	保税物流中心（A型）	保税物流中心（B型）			
功能定位	存放进口保税货物	存放出口货物	保税仓库和出口监管仓库的整合、优化、提升	B型是A型的集约化监管	依托保税区和港口，发挥保税区和港口的功能优势	加工、贸易、仓储、展示	国际贸易、金融服务、航运服务、物流服务、专业服务、高端制造
退税政策	无	货物离境退税	入中心退税		入区退税	入港退税 入区退税	实施促进投资和贸易的税收政策，对涉及的所得税、进口环节税收、出口退税采取特殊的税收政策
审批权限	直属海关		海关总署		国务院		全国人民代表大会授权国务院

（一）区港联动—保税物流园区

区港联动是指整合保税区的政策优势和港区的区位优势，在保税区和港区之间开辟直通道，将物流仓储的服务环节移到口岸环节，拓展港区功能，实现口岸增值，推动转口贸易及物流业务的发展。区港联动—保税物流园区，简称保税物流园区，是指经国务院批准，在保税区规划区域内或者毗邻保税区的特定港区内设立的、专门发展现代国际物流业的海关特殊监管区域，是在保税区和港区之间开辟直通道，在实现保税区的政策优势和港口的区位优势互保的基础上，拓展港区功能而建立起来的。

案例

南宁保税物流园区距离广西三大优良港口——防城港、北海港、钦州港均在200千米以内，而这一运距正是港口公路集疏运的最佳运距。北海、钦州和防城港作为中国—东盟自由贸易区中重要的外贸港口，将是南宁保税物流园区货物进出的主要通道。

南宁与钦州保税港区、凭祥综合保税区和北海出口加工区一同构建起完善的广西北部湾经济区保税物流体系，实现了南宁与钦州、北海、防城港的区港联动。区港联动后，货物在南宁报关后就已视同出口，再去钦州出口海外时则不需要再进行查验或抽检，可以直接办理登船手续。这意味着"口岸分拨、多点申报、一次放行"的大通关、大物流模式成为现实。

1. 保税物流园区的功能。保税物流园区主要具备国际中转、国际配送、国际采购和国际转口贸易四大核心功能，以及保税仓储、口岸功能和其他一些功能，如图10－5所示。

（1）口岸功能。企业可直接在保税物流园区所在地主管海关报关。

（2）国际采购。保税物流园区为跨国公司在中国从事国际采购业务提供了低成本、高效率的解决方案。我国以前的国际采购业务都是由各供应商直接从最临近的口岸出口至国外，运至当地物流中心后进行上架前的准备工作。对于供应商来说，必须等到货物离境后才能完成货权的转移和取得退税凭证。现在通过物流园区的政策应用和功能开发，重点引进

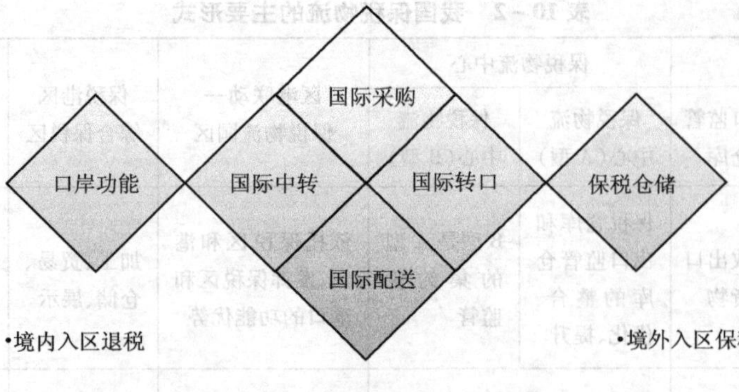

图 10－5　保税物流园区的功能

跨国公司采购中心，依托经济腹地的地理优势和国际枢纽港的口岸优势，由各供应商集中运至物流园区即实现货权的转移并取得退税凭证，便于国际物流供应商将跨国采购中的增值服务转移到物流园区，以园区为节点开展门到门的国际物流全程服务。

(3)国际中转。区港联动为整合国际中转、转运和转口贸易相结合的复合型业务提供了操作平台。中转集装箱在园区内可以自由拆拼箱，并且堆存无时间限制，有利于吸引支线箱源和国际中转箱源的集散。园区的国际中转功能较好地解决了"出口复进口业务"，即过去的"境外一日游"业务。过去的"境外一日游"业务，大多通过香港等地来完成，现在通过物流园区中转，不仅节约了时间，又降低了成本。货物可以从国内进入物流园区，然后再进入国内。

(4)国际转口贸易。园区企业可以开展进出口贸易、转口贸易，园区与境外之间的货物贸易及服务贸易。

(5)国际配送。进入园区的境外和国内货物，经进出口集运的综合处理或增值加工，向境内外分销和配送。

(6)保税仓储。园区可以保税存储进出口货物及其他未办结海关手续的货物。

(7)其他物流服务。其他物流服务包括：①对所存货物开展流通性简单加工和增值服务；②设备检测与维修服务；③商品展示服务；④经海关批准的其他国际物流业务。

从功能优势上分析，保税物流园区充分考虑了现代国际物流的特点和需求，具有保税区和出口加工区的政策叠加优势，在一定程度上具备了国际上自由贸易区"境内关外"的基本特征，即实行"一线放开，二线管住，区内自由，入区退税"。利用保税物流园区的政策，企业可以开展过去不能从事的一些业务，如拼箱业务①，而且可以彻底改变以往加工贸易中存在的"境外一日游"现象。

尽管保税物流园区在很大程度上促进了国际物流的发展，但由于其处于设有保税区的港口区域，而且基本上分布在东部沿海一线，无法满足大部分内陆地区发展国际物流的需求。

2. 保税物流园区的政策优势。保税物流园区除享受保税区在免征关税和进口环节税、

① 拼箱业务是指从境外启运的国际集装箱中转货物，在中转港存放期间由保税物流园企业或保税仓库经营企业根据收发货人指令进行流通性简单加工和增值服务，或者与中转港所在国、地区的其他进口或者出口的原材料、半成品和成品等货物，汇集至物流园或保税仓库存储，再按销售合同组合成不同的集装箱后，再次装船集中运往境外客户指定目的港的物流活动。

海关特殊监管等方面的政策及港区的优惠政策外，在税收政策上还叠加了出口加工区的政策，即实现国内货物的进区退税，从而改变了保税区现行的"离境退税"方式，降低了企业的运营成本。在中转集拼方面，中转集装箱在保税物流园区可以进行拆拼箱，改变中转集装箱在港区只能整箱进出的现状。集装箱在保税物流园区堆存无时间限制，改变集装箱在港区有14天报关期限的现状。政策叠加的结果对货物的流动来说，"一线放得更开，二线管得严密"，区内真正实现货物的自由流动。

3. 海关对保税物流园区的监管。海关在园区派驻机构，并对进出园区的货物、运输工具、个人携带物品及园区内相关场所实行24小时监管。海关借助区域化、网络化和电子化通关管理手段，采用全封闭电脑网络监控、电子卡口和企业联网等方式进行监管，体现"一线放开，二线管住，区内自由，入区退税"的原则。

4. 保税物流园区的业务运作。图10-6简明地显示了保税物流园区的业务运作。

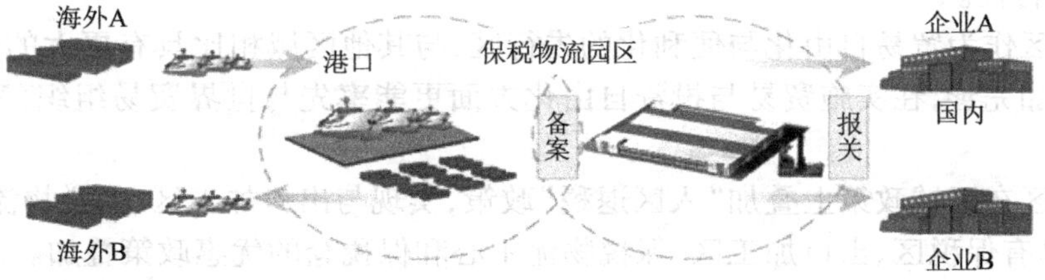

图10-6 保税物流园区的业务运作

出口货物在保税物流园区可实行进区出口退税、分拆、集拼和集运离境的物流运作：国内采购货物以视同出口方式先进入物流园区实现退税（增值税、消费税），经过货物的物流增值服务和综合处理，通过园区外卡口的海运直通通道装船离境。

（二）保税港区

保税港区是指"经国务院批准，设立在国家对外开放的口岸港区和与之相连的特定区域内，具有口岸、物流、加工等功能的海关特殊监管区域"。这一定义涵盖了保税港区的性质、审批权限、区位和功能四个要素。

保税港区是我国在对外开放进程中的一种海关特殊监管模式，是自由港的雏形。保税港区是我国目前开放程度最高、政策最优惠、功能最齐全和区位优势最明显的海关特殊监管区。保税港区享有保税区、出口加工区、保税物流中心和保税仓叠加的优惠政策。

我国保税港区的设立与发展不仅是国家打造国际航运中心战略的产物，也是海关特殊监管区域进行整合的产物。保税港区成为我国对外开放中最重要的窗口，对区域经济产生重要的"增长极"作用。国务院先后正式批准设立了上海洋山保税港区、天津东疆保税港区、大连大窑湾保税港区、海南洋浦保税港区、浙江宁波梅山保税港区、广西钦州保税港区、厦门海沧保税港区、山东青岛前湾保税港区、深圳前海湾保税港区、广州南沙保税港区、江苏张家港保税港区、重庆两路寸滩保税港区和山东烟台保税港区等,初步实现了在长三角、环渤海、华南沿海、西南沿海和东南沿海设立保税港区的构架设想,从南到北的中国保税港区战略布局已基本完成。

1. 保税港区的功能。“保税区”与“保税港区”虽一字之差,但内涵相去甚远。从功能上讲,保税港区叠加了保税区、出口加工区、保税物流园区和港口各项功能,保税港区实现了保税区域与港口的实质联动。

保税港区以发展现代物流作为区和港之间的结合点,具备港口、物流和加工三大基本功能,重点发展港口作业、保税仓储、国际贸易、国际中转、国际配送、国际采购、加工制造、检测维修和商品展示等功能性业务,并拓展金融贸易、信用保险等相关功能。

2. 保税港区的政策优势。保税港区既不同于“港”,也不同于“区”,而是兼有“港”和“区”的双重特性。

保税港区作为贸易自由化与便利化的先行区,与其他区域相比具有更大的开放度,在免征关税上更加完善,在实施贸易与投资自由化方面更能率先与世界贸易组织(WTO)的规则全面接轨。

保税港区在区域政策上叠加“入区退税”政策,实现与出口加工区、保税物流园区在政策上的统一,享有保税区、出口加工区、保税物流中心和保税仓的优惠政策叠加。

保税港区主要税收政策是“境内关外、适当放开”:国外货物进入保税港区保税,国内货物进入保税港区退税,货物在区内交易不征增值税和消费税。

保税港区的政策优势主要表现在五个方面。

(1)保税港区实行备案制管理。货物可自由地从境外运入区内或由区内运往境外,货物进出时只需向海关备案。

(2)区内享受免税政策。生产所需的机器、设备、模具及其维修用的零配件以及建设厂房、仓储设施所需的基建物资予以免税。

(3)不限投资企业性质。对入区企业无资本金、来源地和股权比例等歧视性或差别性政策待遇。

(4)税收优惠,无配额制。境外入区和销往境外的货物免征关税和消费税,区内生产和加工的产品免征增值税和消费税,区内销售的货物免征增值税和消费税;区外货物入区退税,境内区外采购的国产料件入区加工组装时不影响退税。境外货物进出区而不进关时,不实行进出口配额和许可证管理。

(5)仓储转口便利。利用免税、免证和保税仓储时间不设限等政策,国外产品既可快速进入中国国内市场,又可方便地转口,发往其他国家。

从运作实践看,保税港区为现代物流业的发展提供了一个良好的政策空间,顺应了航运、港口和现代物流一体化的发展趋势,满足了跨国公司普遍采用的零库存、及时生产和供应商管理库存等现代化的生产方式、管理方式、运输方式、营销方式和贸易方式,推动了港口和现代物流业的协调发展。

3. 保税港区的监管。在监管模式上,保税港区实行“一线放开,二线管住,区内自由”的监管模式,营造出便利、高效的运营环境。保税港区监管要则如表 10 - 3 所示。

表 10－3　保税港区监管要则

特　　点	施行我国海关所有现行监管方式、功能最完备、电子数据联网管理的特殊监管区域
禁止项目	①保税港区内不许居住人员；②国家明令禁止进出口的货物不许进出保税港区；③除为保障区内人员正常工作、生活所必需的非营利性设施外，不得在区内建立营业性的生活消费设施和开展商业零售活动；④不许开展高能耗、高污染和资源性产品及列入《加工贸易禁止类商品目录》商品的加工贸易
园区管理	24 小时封闭式监管，区内设置保税港区海关，进出区通道设立卡口、物理围网，视频监控
特殊企业管理	申请在区内开展维修业务的企业，应具有法人资格，并在海关登记备案。但其维修业务仅限于：我国出口的机电产品的售后维修，维修后的产品、所更换零配件和维修产生的物流需复运出境
税收外汇管理	①国外货物入港区保税；②货物出港区进入国内市场办理相关进口报关手续，按实际状态征税；③国内货物入港区视同出口，实行退税；④港区内企业间货物交易不征收增值税和消费税
加工贸易管理	海关对港区内加工贸易货物不实行单耗标准管理，但企业需定期向海关报送货物进出区及储存情况
保税物流管理	①港区内货物不设存储期限，但存储期超过 2 年的需每年向海关备案；②区内货物可以自由流转，但转让和转移的双方企业应及时向海关报送货物的品名、数量、金额等电子数据；③经海关核准，区内企业可以办理集中申报手续，但应对 1 个自然月内的申报清单归并后，填制进出口货物报关单，次月底前向海关办理集中申报手续

4. 保税港区的业务运作。保税港区作为国际物流和航运中心，可以通过推动区港联动，实现一体化运作。在保税港区内提供现代的、专业化的物流服务，适应现代物流和供应链管理发展的需要，帮助跨国公司降低经营成本，产生的聚集效应能带动区内仓储业、运输业、海运服务业、贸易业、金融业、保险业和信息业等多种现代服务业的发展。

保税港区的基本功能（国际中转、国际配送、国际采购）业务运作如图 10－7 所示。

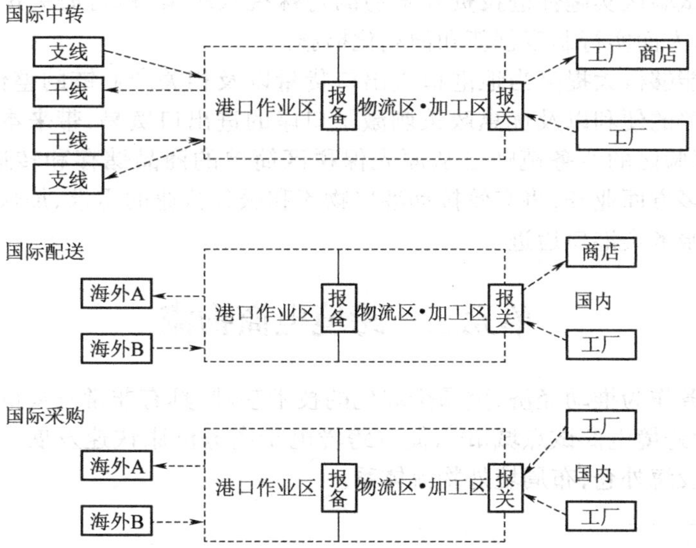

图 10－7　保税港区基本功能业务运作

（三）综合保税区

综合保税区是设立在内陆地区的具有保税港区功能的海关特殊监管区域，执行保税港区的税收和外汇政策，集保税区、出口加工区、保税物流区、港口的功能于一身，可以发展国际中转、配送、采购、转口贸易和出口加工等业务。

《国务院关于促进综合保税区高水平开放高质量发展的若干意见》提出将综合保税区建设成为新时代全面深化改革开放的新高地，推动综合保税区发展成为具有全球影响力和竞争力的加工制造中心、研发设计中心、物流分拨中心、检测维修中心、销售服务中心。

（四）自由贸易试验区

广义的自由贸易区（Free Trade Zone），是指两个或两个以上的国家或地区或单独关税区组成的区内取消关税和其他非关税限制，区外实行保护贸易的特殊经济区域，如北美自由贸易区（包括美国、加拿大、墨西哥）、东盟自由贸易区等。狭义的自由贸易区，是指一个国家或单独关税区内设立的置于海关管辖之外的特殊经济区域，通常设在港口的港区或邻近港口的地区。区内运入的任何货物就进口关税及其他各种税而言，被认为在关境以外，并免于实施惯常的海关监管制度，如巴拿马科隆自由贸易区、德国汉堡自由贸易区和美国纽约1号对外贸易区等。

我国以制度创新为核心，在构建开放型经济新体制、探索区域经济合作新模式、建设法治化营商环境等方面，率先挖掘改革潜力，破解改革难题。2013年设立中国（上海）自由贸易试验区，2015年，中国（广东）自由贸易试验区、中国（天津）自由贸易试验区、中国（福建）自由贸易试验区相继成立，2016年9月，中共中央、国务院决定，在辽宁省、浙江省、河南省、湖北省、重庆市、四川省、陕西省设立7个自贸试验区。这7家自贸试验区大多布局在中西部地区，对接“一带一路”特别是丝绸之路经济带。2018年，国务院批复同意设立中国（海南）自由贸易试验区。2019年国务院同意设立中国（山东）自由贸易试验区、中国（江苏）自由贸易试验区、中国（广西）自由贸易试验区、中国（河北）自由贸易试验区、中国（云南）自由贸易试验区、中国（黑龙江）自由贸易试验区。

我国的自贸试验区实施促进投资和贸易的特殊税收政策，推行海关执法清单式管理制度，在进出境监管方面实行制度创新和便利化措施。

自贸试验区能够极大提高当地港口进出口货量以及相关产业链的整体升级。一方面，自贸试验区内通关的便利以及优惠政策刺激了口岸的进出口贸易，带来本港、中转货增量。另一方面，自贸试验区的业务范畴已从原先保税区简单的商品储存和转运，扩展到包括工业、贸易、运输等多方面业务，将有效拉动港口物流和服务行业的需求，加快本地港从传统复合型港口向综合服务类港口迈进。

单元二　跨境电商物流

跨境电子商务作为推动经济、贸易全球化的技术基础，具有非常重要的战略意义。近年来，我国推出一批跨境电商试点城市①，促进跨境电子商务健康快速发展。一些电商平台和出口企业通过建设海外仓，布局境外物流体系。

① 如郑州、上海、重庆、杭州、宁波、广州、深圳、苏州、青岛、长沙、平潭、银川、牡丹江、哈尔滨、烟台、西安、长春、舟山、东莞等城市。

一、跨境电子商务概述

跨境电子商务简称跨境电商(Cross - Boarder Electronic Commerce)是指分属不同关境的交易主体,通过电子商务平台达成交易、进行支付结算,并通过跨境物流送达商品、完成交易的一种国际商业活动。跨境电商产业链涉及的主体和基本的运作流程如图 10 - 8 所示。

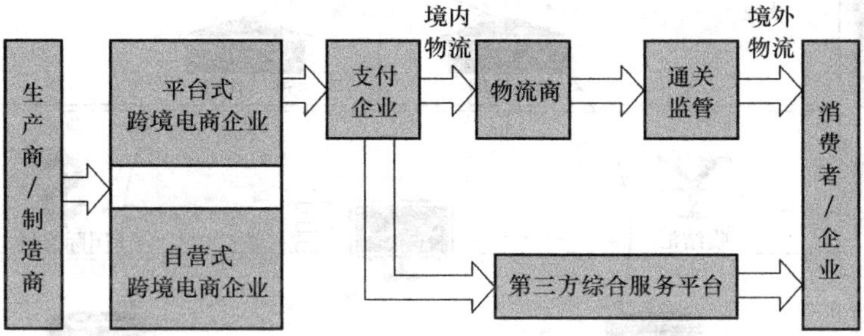

图 10 - 8　跨境电商产业链的主体和基本的运作流程

当前,跨境电子商务一般包括 B2B(企业对企业)、B2C(企业对消费者)、保税区 B2B2C(企业对企业对消费者)等贸易方式,其业务模式主要有海外直邮、保税区发货。

海外直邮由符合条件的跨境电商平台与海关联网,境内消费者网购后,电子订单、支付凭证、电子运单等由跨境电商实时传输给海关,按个人邮递物品征税。货物由出口商发到国外指定仓库(海外仓),消费者购买后直接由海外仓发货。

保税区发货由跨境进口电商提前批量采购,将商品运至保税区内保税仓库免税备货,客户订单发出后,商品直接从保税仓库发出,在海关等部门监管下通关。该模式借助了保税区的政策优势,针对特定的热销日常消费品开展整批商品入区、消费者下单后分批以个人物品出区,征缴增值税和消费税。跨境电商保税区发货模式的业务流程如图 10 - 9 所示。

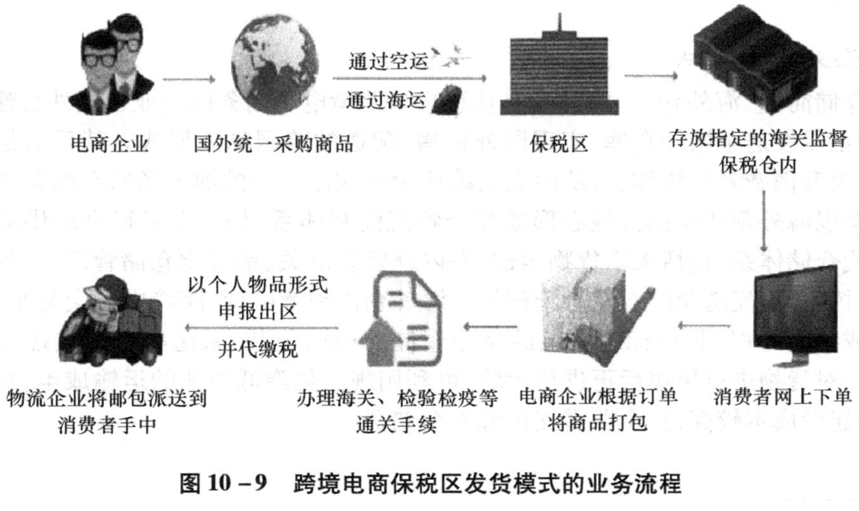

图 10 - 9　跨境电商保税区发货模式的业务流程

二、跨境电商物流

跨境电商交易的业务流程贯穿了贸易流、资金流、信息流和物流，如图 10－10 所示。

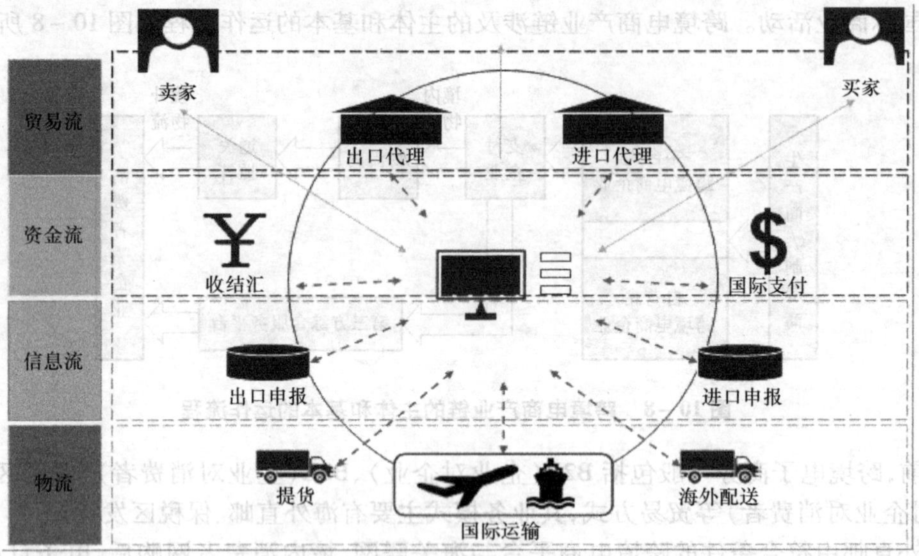

图 10－10　跨境电商交易的业务流程框架

跨境电商的物流模式主要有三种：自营物流模式、海外仓储模式、第三方物流模式。

（一）自营物流

自营物流是指跨境电商企业为了满足自身物流业务的需要，自己建立物流系统，自主组织和管理具体的物流业务。自营物流模式的优点是能提高营运效率，通过整合产业链建立长期优势；自营物流模式的劣势是资金占用量极大，物流设施需较高的交易量来覆盖，投资风险较高。

（二）海外仓储模式

海外仓储简称“海外仓”。海外仓是从事出口跨境电子商务的企业在国外自建或租用仓库，将货物批量发送至国外仓库，实现国外销售、配送的跨国物流形式。其目的是将跨境贸易本地化，提升消费者购物体验，从而提高跨境卖家在出口目的地市场的本地竞争力。

海外仓以海外现代仓储为核心形成综合物流配套体系，是一个进行全球供应链服务的一体化现代仓储体系，包括大宗货物运输、海内外贸易清关、精细化仓储管理、个性化订单管理、现代分拣、合理配送及综合信息管理等。海外仓由跨境电商、跨境电子交易平台、物流服务商独立或共同①在销售目标地提供的货品仓储、分拣、包装、派送的一站式控制与管理服务。海外仓对货物进行聚集后再进行运输，可利用规模化降低企业的运输成本，提升运输速度，但初始建设成本较高，且企业需支付海外仓储费。

① 根据运营主体的不同，海外仓分为自营海外仓和第三方公共服务海外仓，其中，自营海外仓由出口跨境电商企业建设并运营，第三方公共海外仓由第三方物流企业建设并运营。

知识链接

海外仓的物流优势

第一，海外仓的头程物流将零散的国际小包转化成大宗运输，会大大降低物流成本。

第二，海外仓能将传统的国际派送转化为当地派送，确保商品更快速、更安全、更准确地到达消费者手中，完善消费者跨境贸易购物体验。

第三，海外仓的退货处理流程高效便捷，适应当地买家的购物习惯，让买家在购物时更加放心，能够解决传统的国际退换货问题。

第四，海外仓与传统仓储物流相结合可以规避外贸风险，避免因节假日等特殊原因造成的物流短板，从而提高电商的海外竞争力，真正帮助电商提供本土服务，适应当地买家的消费习惯。

在海外仓模式下，出口跨境电商通过海运、空运或者快递等方式将商品集中运往企业经营的海外仓进行存储，并通过本企业的库存管理系统下达操作指令。其业务流程主要如下。

1. 出口跨境电商将货物运至或者委托物流承运人将货物发至海外仓。这段国际货运可采取海运、空运或者快递方式到达仓库。

2. 出口跨境电商使用物流信息系统，远程操作海外仓储的货物，并且保持实时更新。

3. 出口跨境电商物流部门根据出口跨境电商的指令对货物进行存储、分拣、包装、配送等操作。

4. 系统信息实时更新。发货完成后，出口跨境电商的物流系统会及时更新以显示库存状况，让出口跨境电商实时掌握。

（三）第三方物流模式

第三方物流模式是指由跨境电商物流的供方和需方之外的第三方去完成物流服务的物流运作。第三方物流模式能够有效降低物流成本、保障跨境电商企业集中资金于主营业务，但物流风险可控性较差，缺乏顾客信息的直接反馈。

任务解析

下面根据上述所学知识对项目情景的任务进行简要解析。

任务1 保税物流是国际物流的重要组成部分，是指保税状态下货物在保税监管区域、场所或网点间的流动以及为实现这一流动而进行的计划、管理和控制过程。其主要业务功能包括：①保税运输；②保税仓储；③保税加工；④流通性简单加工（增值服务）；⑤国际贸易、转口贸易和国际中转；⑥进口分拨；⑦国际采购、分销和配送；⑧商品展示服务；⑨检测、维修服务等加工和物流活动。

任务2 除保税物流园区外，我国保税物流还有如下形式：保税仓库、出口监管仓库、跨境工业区、保税区、出口加工区、保税物流中心（A型，B型）和保税港区、自由贸易试验区。

任务3 保税物流园区除享受保税区在免征关税和进口环节税、海关特殊监管等方面的政策及港区的优惠政策外,在税收政策上还叠加了出口加工区的政策,即实现国内货物的进区退税,从而改变了保税区现行的"离境退税"方式,降低了企业的运营成本。

任务4 海关在园区派驻机构,并对进出园区的货物、运输工具、个人携带物品及园区内相关场所实行24小时监管。海关借助区域化、网络化和电子化通关管理手段,采用全封闭电脑网络监控、电子卡口和企业联网等方式进行监管,体现"一线放开,二线管住,区内自由,入区退税"的原则。

任务5 在保税物流园区开展跨境电子商务,可以借助保税物流园区的政策优势,针对特定的热销日常消费品开展整批商品入区、消费者下单后分批以个人物品出区,征缴增值税和消费税。可采取保税区发货的业务模式,跨境电商企业提前批量采购,将商品运至保税物流园区的保税仓库免税备货,客户订单发出后,商品直接从保税仓库发出,在海关等部门监管下通关。

个案分析

1. 福田保税区东起皇岗口岸,北邻广深珠高速公路,南沿深圳河,西至红树林自然保护区,毗邻深圳地铁与香港西北铁路接驳的皇岗地铁总站。某跨国公司在中国境内有遍布各地的数十个原材料供应商,它选择了福田保税区作为东南亚地区的配送中心。每天用国内车辆将各地供应商的货物或转关(国外运到广州、上海或其他海关,其他海关再运到福田保税区的货物称为转关)或直接出口。货至保税区存放,而海外供应商的货物则由香港拖车经一号通道入境交至保税区。所有的货物在这里根据全球各地工厂的需要整理、重新包装后,装入集装箱交深圳或香港码头上船送达世界各地。

问题:

(1)结合本案简述保税区(保税仓库区)的国际配送功能。

(2)结合本案简述保税区(保税仓库区)的主要业务运作。

2. 跨境电商国际物流服务平台主要分为五大派,分别是邮政包裹派、国际快递派、国内快递派、专线物流派、海外仓储派。目前,跨境电子商务网站主要以国内最大的物流快递中国邮政速递物流(EMS)作为主要合作伙伴为国外的客户提供物流支持。而国际上通用的快递公司如DHL,UPS,FEDEX等尽管运输速度快,但因其价格昂贵,很少为海外顾客所使用。以杭州阿里为例,重点推进跨境物流服务,带动合作伙伴在海外扩展业务,顺丰、申通、中通、圆通等国内快递,跟随阿里的国际化布局,走出去开展海外仓储、跨境转运、海外自提等业务布局。杭州跨境贸易电子商务产业园被认定为浙江省级跨境电子商务园区、国家重点物流园区。杭州跨境贸易电子商务产业园下城园区以建设"跨贸小镇"为目标,推进"产城融合",启动334亩核心区块建设,形成区域性产业集聚业态;下沙园区定位于打造"跨境电商创业新城",加快仓储规划与建设,优化配套服务;杭州跨境贸易电子商务产业园空港园区充分发挥区位优势,整合航空、高速公路资源,建设跨境电商现代物流中心。目前,空港园区已在全球布局了数十个海外仓,如美国洛杉矶仓、日本京东仓、德国法兰克福仓、英国曼城仓、德国科隆仓、澳大利亚悉尼仓等。空港跨境电商园已经构建了从国内快递配送、国内保税仓、国际航空干线物流、公共海外仓等在内的"四位一体"的跨境电商国际供应链体系。

问题：

(1)何谓海外仓?

(2)跨境电商为什么热衷于海外仓建设?

复习思考题

1. 保税"保"的是什么税?
2. 简述保税货物的监管特征和要求。
3. 简述保税货物的基本报关程序。
4. 简述保税物流的特点。
5. 保税物流的主要业务功能有哪些?
6. 我国保税物流基本形成了哪些海关特殊监管区域和保税物流场所?
7. 简述保税园区的业务运作。
8. 分别简述保税物流园区和保税港区各自的功能、政策优势和监管要求。
9. 简述我国自贸试验区在进出境监管方面的制度创新和便利化措施。
10. 什么是跨境电子商务? 其业务模式主要有哪几种?
11. 简述海外仓的物流优势。

项目任务十一　国际物流服务与管理

项目要求

(1)了解国际物流服务的内容及其表现形式、发展趋势;

(2)掌握物流服务水平的确定与改进的原理和方法;

(3)掌握国际物流管理的内容与步骤;

(4)掌握国际物流成本的控制方法并能够在实际工作中应用。

项目情景

韩国MT电子公司的货物具有科技含量高、货值高、产品更新快、运输风险大、货物周转及仓储要求零库存的特点。其对物流企业的服务要求如下。

(1)要提供24小时的全天候准时服务。主要包括:保证MT电子公司与AW物流公司的业务人员、天津机场和北京机场两个办事处及双方有关负责人通信联络24小时通畅;保证运输车辆24小时运转;保证天津与北京机场办事处24小时提货、交货。

(2)要求服务速度快。MT电子公司对提货、操作、航班、派送都有明确的规定,时间以小时计算。

(3)要求服务的安全系数高,要求对运输的全过程负责,要保证航空公司及派送代理处理货物的各个环节都不出问题,一旦某个环节出了问题,将由物流服务商承担责任,赔偿损失,而且当过失到一定程度时,将被取消做业务的资格。

(4)要求信息反馈快。要求物流服务公司的计算机与MT电子公司联网,做到对货物的随时跟踪、查询,掌握货物运输全过程。

(5)要求服务项目多。根据MT电子公司货物流转的需要,通过发挥物流服务商的网络综合服务优势,提供包括出口运输、进口运输、国内空运、国内陆运、国际快递、国际海运和国内提供的派送等全方位的物流服务。

MT电子公司对获得货运代理资格的物流企业进行严格的月季度考评。主要考核内容包括运输周期、信息反馈、单证资料、财务结算、货物安全和客户投诉。

AW物流公司主要从事空运代理,经过客户需求分析,与韩国MT电子公司达成了物流服务协议。在物流服务的过程中,其主要做法有以下几个。

(1)制定科学规范的操作流程。为满足MT电子公司的服务要求,AW物流公司设计并不断完善业务操作规范,对所有业务操作都按照服务标准设定的工作和管理程序进行,先后制定了出口、进口、国内空运、陆运、仓储、运输、信息查询、反馈等工作程序,每位员工、每个工作环节都按照设定的工作程序进行,使整个操作过程井然有序,提高了服务质量,减少了差错。

(2)提供24小时的全天候服务。针对客户24小时服务的要求,实行全年365天的全天候工作制度。周六、周日(包括节假日)均视为正常工作日,厂家随时出货,随时有专人、专车提供和操作。在通信方面,相关人员从总经理到业务员实行24小时的通信通畅,保证了对各种突发性情况的迅速处理。

(3)提供门到门的延伸服务。普通货物运送的标准一般是从机场到机场,由货主自己提货,而快件服务的标准是从门到门、库到库,而且货物运输的全程在严密的监控之中,因此收费也较高。对MT电子公司的普通货物虽然是按普通货物标准收费的,但提供的却是门到门、库到库的快件服务,这样既提高MT电子公司的货物运输及时性,又保证了安全。

(4)提供创新服务。从货主的角度出发,推出新的、更周到的服务项目,最大限度地减少货损,维护货主信誉。为减少MT电子公司的货物在运输中被盗的事件,在运输中间增加了打包、加固的环节;为防止货物被雨淋,又增加了一项塑料袋包装;为保证急货按时送到货主手中,还增加了手提货的运输方式,解决了客户的急、难问题,让客户感到在最需要的时候,AW物流公司都能及时快速地提供帮助。

(5)充分发挥AW物流公司的网络优势。AW物流公司在全国拥有了比较齐全的海、陆、空运输与仓储、码头设施,形成了遍布国内外的货运营销网络,这是AW物流公司发展物流服务的最大优势。AW物流公司,在国内为MT电子公司提供服务的网点已覆盖68个城市,实现了提货、发运、对方派送全过程的定点定人、信息跟踪反馈,满足了客户的要求。

(6)对客户实行全程负责制。作为MT电子公司的主要货运代理之一,AW物流公司对运输的每一个环节负全责。对于出现的问题,积极主动协助客户解决,并承担责任和赔偿损失,确保了货主的利益。

AW物流公司一直致力于降低物流成本,从而降低客户成本。据AW物流公司分析,在涉及企业物流的所有费用之中,对外的委托物流费用占42.7%,而企业内部间接的物流成本占57.3%。为此,AW物流公司采用了降低直接的运输及配送费用、实施“零库存”战略、优化资金流等措施,效果显著。

任务1:何谓第三方物流?AW物流公司的物流服务属于第三方物流服务吗?

任务2:针对MT电子公司的物流服务需求,AW物流公司有怎样的应对服务?

任务3:AW物流公司的物流服务能令MT电子公司满意的原因是什么?

任务4:何谓物流成本?AW物流公司是如何降低物流成本的?

知识模块

单元一　国际物流服务

国际物流属于服务性行业,是商物分离、社会分工的必然。企业竞争环境的变化引起企业对核心竞争力的关注,加上国际电子商务对国际物流服务的需求激增,以及“全球业务外包”的趋势和地区性贸易模式的转换,这些都促进了国际物流服务的发展。目前国际物流服务主要表现为由单一功能的物流服务(如船舶代理、国际货运代理等)向多功能的综合性物流服务(如第三方、第四方物流服务)转变。在国际物流服务中,客户服务水平是衡量物流系统为客户创造时间和空间效应能力的尺度。国际物流企业要确定适当的客户服务水平。

一、国际物流服务的内容

(一)国际物流服务的含义

《物流企业分类与评估指标》(GB/T 19680—2005)对物流服务的定义是:物流服务(logistics service)是指物流供应方通过对运输、储存、装卸、搬运、包装、流通加工、配送和信息管理等基本功能的组织与管理来满足客户物流需求的行为。它是企业为了满足客户的物流需求,进行一系列物流活动的结果。

物流服务本身并不创造商品的形质效用,而是产生空间效用和时间效用。物流服务主要围绕客户期望的物品、期望的传递时间和期望的质量来开展服务。

国际物流企业从与货主建立业务关系开始,其间应能提供采购原料、提供商品生产或加工地点、原料或产成品的储存保管、装卸、包装、租船、订舱、配载、制单、报检、报关、集港、疏港、运输、结汇、跟踪物流位置,直至货物到达指定目的地的最终用户手中等一系列服务。国际物流服务的内容可用图 11-1 表示。

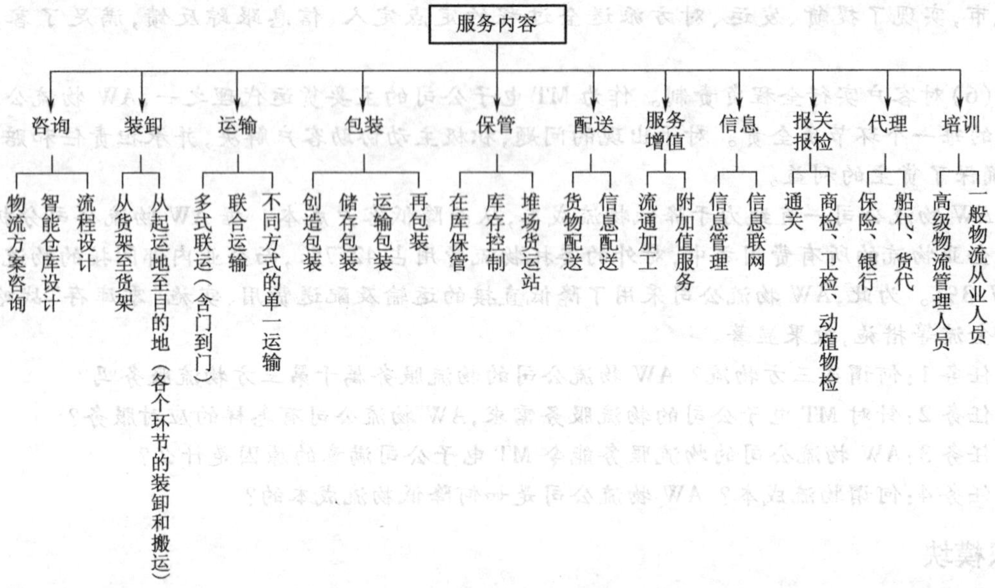

图 11-1 国际物流服务的内容

国际物流服务的内容广泛,但由于国际物流企业的规模、专业优势不同,其服务的内容与层次是有所区别的。有一些物流服务供应商可以为物流需求企业提供综合性物流服务,服务内容广泛,可以涵盖整个商务活动过程,而有一些物流服务供应商则只能提供功能性服务。近年来,国际物流服务供应商越来越重视物流规划、管理与咨询层面的服务功能,以满足企业经济效益、服务以及竞争力三大使命提升的要求。

(二)国际物流服务供应商的类型

根据物流服务供应商的服务范围和方式,可以把国际物流服务供应商具体区分为以下 3 种主要类型。

1. 专门物流服务供应商。专门物流服务供应商(Focused Service Provider)通常以资产为基础，为客户企业解决功能性问题，如提供标准运输、仓储等。在国际货物交付中的物流服务供应商，如国际货运代理、船舶代理、无船承运人、实际承运人、报关行、仓储企业等均为专门物流服务供应商。

2. 解决方案物流服务提供商。解决方案物流服务提供商（Solution Deliverer），比专门物流服务供应商在物流服务的内容和方式上有比较大的拓展和提升。解决方案物流服务提供商一般具有丰富的行业物流服务经验，既可以有效地利用自身的运输、仓储设施或先进的信息管理能力为其他企业提供某一环节、某一区域或者一揽子的物流管理服务，也可以通过管理若干专门物流服务供应商实现客户服务，为客户企业提供标准服务和定制的物流管理与供应链解决方案。在我国通常被称为第三方物流服务供应商。

3. 供应链创新商。供应链创新商（Supply Chain Innovator）是供应链的集成者，通过整合和管理自身的以及其他物流服务供应商补充的资源、能力和技术，影响整个供应链，进而为客户企业提供全面的突破性供应链解决方案。供应链创新商是既懂供应链理论，又有行业知识，具备将知识转化为解决方案能力的物流服务供应商，通常被称为第四方物流服务供应商（The Fourth Party Logistics Provider，4PL）。供应链创新商的服务领域远远超出解决方案物流服务提供商，涉及预测与需求计划、库存管理、成套服务、采购与订单管理以及客户服务管理等方面。供应链创新商借助解决方案物流服务提供商、信息技术服务供应商和业务流程管理商的能力来制订解决方案。

二、国际物流服务的表现形式

国际物流服务的表现形式主要可分为功能性国际物流服务和综合性国际物流服务。从功能性国际物流服务转向综合性国际物流服务是国际物流服务的主要发展趋势。

（一）功能性国际物流服务

功能性国际物流服务通常只是为客户企业解决功能性问题，提供国际物流服务内容中的单项和少数几项服务内容。从事功能性国际物流服务的企业为专门物流服务供应商。典型代表如国际货运代理企业、国际船舶代理企业①、报关行、仓储企业。

（二）综合性国际物流服务

20 世纪七八十年代，发达国家的不少先进企业认识到把物流管理与实体分配结合起来管理，可以大大提高企业的整体效益，于是提出了综合物流的概念。到了八九十年代，企业又将综合物流的内涵和外延进一步扩大，包括了原材料的供应商和制成品的分销商，形成了供应链的概念。由于综合物流服务将货物空间位移中的各种便利寓于为客户提供的全方位服务之中，通过全面介入客户的经营，保证企业供应链正确地运行，有效地降低了物流总成本，因此，其一出现就受到了广大货主的青睐和欢迎。同时，综合物流服务的提供者通过对物流解决方案、运输、仓储和检验报关等各物流环节的控制和管理，能实现远高于单纯从事运输或仓储服务的整体效益，将给企业带来更高的利润率。

综合性国际物流服务主要表现为第三方、第四方国际物流。

---

① 船舶代理是指船舶代理机构或代理人接受船舶所有人（船公司）、船舶经营人、承租人或货主的委托，在授权范围内代表委托人（被代理人）办理与在港船舶有关的业务、提供有关的服务或完成与在港船舶有关的其他经济法律行为的代理行为。船舶代理企业则是指接受委托人的授权，代表委托人办理与在港船舶有关的业务和服务，并进行与在港船舶有关的其他经济法律行为的法人。

1. 第三方国际物流。第一方物流实际上就是供方物流，或者称为销售物流，是由供应厂商到其各个用户的物流。第二方物流实际上是需求方物流，或者是购进物流，是用户企业从供应商市场购进各种物资而形成的物流。第三方物流，英文表达为 Third Party Logistics，简称 3PL，也简称 TPL。从字面上看，第三方物流是指由与货物有关的发货人和收货人之外的专业企业，即第三方来承担企业物流活动的一种物流形态。它是指由物流服务的供方、需方之外的第三方即专业物流企业在整合了各种资源后，为客户提供包括设计规划、解决方案以及具体物流业务运作等全部物流服务的物流活动。第三方物流中的第三方是相对"第一方"（发货人）和"第二方"（收货人）而言的，它既不属于第一方，也不属于第二方；它不拥有商品，不参与商品的买卖，而是为客户提供以合同为约束、以结盟为基础的系列化、个性化、信息化的物流代理服务的组织。也就是说，第三方就是指提供物流交易双方的部分或全部物流功能的外部服务提供者。第三方国际物流已成为国际综合性物流服务的主流形式，是国际物流专业化的一种重要形式。

建立完善的物流系统网络和运输服务体系，运用现代信息技术实施供应链管理，提供合同导向的一系列专业化服务，建立物流联盟，是开展国际第三方物流的成功经验。当前，最常见的第三方国际物流服务包括设计物流系统、EDI 处理、报表管理、货物集运、选择承运人或货代人、海关代理、信息管理、仓储、咨询、运费支付、运费谈判等。

第三方国际物流企业与委托方之间是物流联盟关系，根据合同条款规定的要求，提供一系列或全方位的国际物流服务。由于需求方的业务流程各不相同，第三方国际物流服务商往往按照客户的业务流程来制定物流服务，为委托方提供个性化的国际物流服务。

提供第三方国际物流服务的企业，实际上起一个组织优化生产流通和国际贸易系统的作用。多个生产企业和第三方国际物流企业形成了一个各自能发挥自己核心竞争力，互相之间优势互补，资源优化配置，各自集约化、规模化运作的生产和国际贸易系统，此系统中的各个企业都能实现资源配置优化和效益最大化。

2. 第四方国际物流。经济增长方式的转变要求物流业向专业化方向发展，因此产生了第三方物流。第三方物流解决了企业物流某些方面的问题，如节约了物流的成本，提高了物流效率。但第三方物流受自身能力的限制，在物流信息、技术上不可能满足整个社会系统的物流需要，更不能充分利用社会资源。物流作为一个社会化系统产业来说，为了使整个地区、国家乃至全球范围内的物流高效率运作，第三方物流的力量显然不足以整合社会所有的物流资源，解决物流瓶颈问题，达到最大效率。虽然在某个和几个企业看来，第三方物流的运作是高效率的，但从整个地区、国家来说，第三方物流企业各自为政，这种加和的结果不一定是高效率的，甚至可能是低效率的。在实际运作中，第三方物流公司缺乏对整个供应链进行运作的战略性专长和真正整合供应链流程的相关技术。于是，有人提出，必须有人来管理与第三方物流供应商的关系。但是，管理的角色应由谁来担当呢？是顾客、第三方还是其他？于是有人提出了第四方物流（4PL）的概念。

第四方物流的概念是由美国埃森哲公司的道·鲍奈特（Dow Bauknight）率先提出的，他甚至注册了该术语的商标。他认为，第四方物流供应商是一个供应链的集成商，它对公司内部和具有互补性的服务供应商所拥有的不同资源、能力和技术进行整合和管理，提供一整套供应链解决方案。

从概念上来看，第四方物流是有领导力量的物流提供商，它通过对整个供应链的影响力，提供综合的供应链解决方案，也为其顾客带来更大的价值。显然，第四方物流是在解决企业物流的基础上，整合社会资源，解决物流信息充分共享、社会物流资源充分利用的问题。

第四方物流实际上是一种虚拟物流，是依靠业内最优秀的第三方物流供应商、技术供应商、管理咨询顾问和其他增值服务商，整合社会资源，为用户提供独特的和广泛的供应链解决方案。

第四方物流突破了单纯发展第三方物流的局限性，能做到真正的低成本、高效率、实时运作，实现最大范围的资源整合。第四方物流可以不受约束地将每一个领域的最佳物流供应商组合起来，为客户提供最佳物流服务，进而形成最优物流方案或供应链管理方案。而第三方物流缺乏跨越整个供应链运作以及真正整合供应链流程所需的战略专业技术，其要么独自，要么通过与自己有密切关系的转包商来为客户提供服务，所以不太可能提供技术、仓储与运输服务的最佳结合。

三、物流服务水平的确定与改进

专业物流企业的物流服务强调在服务能力和服务质量上都要以满足货主需求为目标。在服务能力上满足货主需求，主要表现为适量性、多批次、广泛性（场所分散）等方面；在服务质量上满足货主需求，主要表现为安全、准确、迅速、经济等方面。

在国际物流服务中，客户服务水平是衡量物流系统为客户创造时间和空间效应能力的尺度。客户服务为企业在客户心目中树立了良好的形象，对创造需求和保持客户对企业的忠诚有极大的影响。客户服务水平决定了企业能否留住现有客户及吸引新客户，直接影响企业所占的市场份额和物流总成本，并最终影响企业的营利能力。客户服务管理是开展国际物流服务的重要内容。

（一）物流服务与物流成本、销售收入的关系

物流的客户服务是通过节省成本费用为供应链提供重要的附加价值的过程。客户满意是指客户对产品和服务可感知的效果，它是对产品和服务全方位的评价。企业客户服务的质量直接影响着客户的满意程度。

1. 物流服务水平与成本的关系。物流服务水平与物流成本的关系适用于收益递减规律，即：在服务水平较低阶段，如果追加 X 单位的服务成本，服务质量将提高 y；而在服务水平较高阶段，同样追加 X 单位的服务成本，提高的服务质量只有 $y'(y'<y)$。物流服务水平与物流成本的关系如图 11－2 所示。

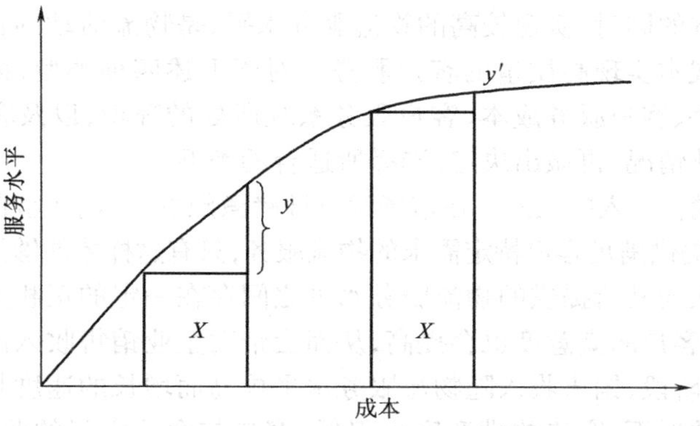

图 11－2　物流服务水平与物流成本的关系

一般来讲,物流服务水平与物流成本是此消彼长的,物流服务水平提高,物流成本就会上升,但无限度地一味提高服务水平,反而会因成本上升速度加快而使得服务水平没有多大变化,甚至下降。

概括起来,物流服务与成本的关系有四种类型。如图 11 –3 所示。

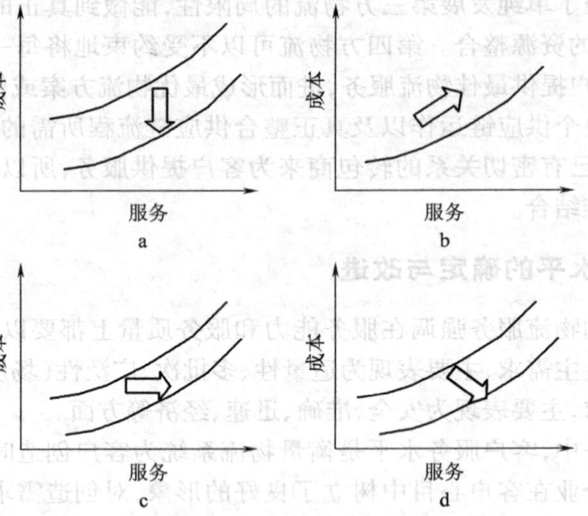

图 11 –3　物流服务成本曲线移动的四种情况

(1)服务不变,成本下降(见图 11 –3a)。在客户服务不变的前提下考虑降低成本,即不改变客户服务水平,通过改变客户系统来降低客户成本,这是一种尽量降低成本并维持一定服务水平的办法。

(2)服务提高,成本增加(见图 11 –3b)。为了提高客户服务水平,不惜增加服务成本,这是许多物流企业提高客户服务水平时采取的做法,是物流企业在特定客户或其特定服务项目面临竞争时,所采取的具有战略意义的方针。

(3)服务提高,成本不变(见图 11 –3c)。在成本不变的前提下提高客户服务水平,这是一种追求效益的办法,也是一种有效地利用物流成本性能的办法。

(4)服务提高,成本降低(见图 11 –3d)。用较低的服务成本,实现较高的客户服务水平,从而增加销售,提高效率,这是具有战略意义的办法。

在降低物流成本的同时,实现较高的物流服务水平,是物流活动的目标。客户服务管理的目的是以适当的成本实现高质量的客户服务。对于上述四种类型,物流企业应通盘考虑发展战略和竞争对手、客户服务成本、客户服务系统所处的环境,以及客户服务系统负责人所采用的方针等具体情况,再做出决定,选择所适合的类型。

2. 物流服务与销售收入的关系。在市场竞争日趋激烈的今天,企业除了要保证提供客户满意的产品外,还要提供满足客户特定需求的物流服务,只有这样才能够最终使客户满意。

企业的销售收入与其所提供的物流服务水平之间存在一定的正相关关系。随着企业物流服务水平的提高,客户的满意度也会提高,从而会带动企业销售收入的增加。但是我们需要注意一点,在不同阶段,销售收入随物流服务水平提高而增长的速度是不同的。在企业物流服务水平很低的情况下,客户的满意度也很低,客户与企业之间的业务量不会很多,因为大部分业务被其他能够提供更好的服务的公司获取。随着企业物流服务质量的改善,企业的业务量会有所增加，但是在服务水平达到竞争对手的水平之前，这种销售收入增加的程度是非常有限的，而且速度也很慢。这主要是由于为了弥补自己物流服务水平的不足，企业必须在价格或者支付条款等方面做出让步，这在一定程度上会减慢销售收入的增长速度。那么，当服务水平达到并超过竞争对手之后，企业每提高一定的物流服务水平，就会带来销售收入的大幅度增加，这一方面缘于服务水平提高后会增加原有客户的业务量，另一方面则是由于服务水平提高后会从竞争对手那里夺取一部分客户。那么，是不是随着客户服务水平的不断提高，企业的销售收入会一直快速增长下去呢？答案是否定的。由于客户对于物流服务的需求是有限的，企业不需要无限度地去提高物流服务水平，只要能够达到客户的要求就可以了，过高的服务水平可以说是一种资源的浪费。

借用经济学中弹性的概念，我们可以定义出销售收入相对于物流服务水平的弹性，即企业的物流服务水平每增长一个百分点所带动的销售收入的增长幅度。那么我们可以运用这个弹性概念来描述随着物流服务水平的提高企业销售收入的增长情况。我们可以用图 11 -4表示物流服务水平与销售收入关系的三个阶段。

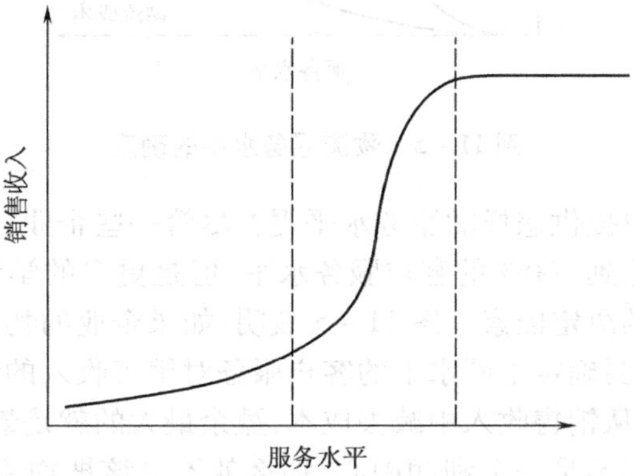

图 11 -4　物流服务水平—销售收入曲线

从企业不提供物流服务水平，也即服务水平为零，到服务水平增长到竞争企业的水平之前，这是第一阶段。这一阶段，销售收入相对于物流服务水平是缺乏弹性的。销售收入虽然会随着物流服务水平的提高而有所增加，但是增长的幅度是非常小的。

从达到竞争对手的服务水平到客户所需要的服务水平，这是第二个阶段。这一阶段，销售收入相对于物流服务水平是充满弹性的。服务水平的小幅度提高就会带动企业销售收入的大幅度增长。

达到客户需求的物流服务水平之后就是第三阶段了，这一阶段销售收入的服务水平弹性变得非常小，甚至为零。也就是说，企业物流水平的提高只能带动销售收入的少量增加，甚至不增加。

（二）物流服务水平的确定与改进

确定物流服务水平是构建物流系统的前提条件。在一般情况下，物流服务水平与经营成本成正向关系，更多、更完善的客户服务，如更快捷的运输服务、更短的订货周期、更准确的单证等都涉及更多的人员培训、更严格的管理制度，有的还需要额外的设备投入和网络设施的建设。因此，提高物流服务水平往往首先引起成本的提高，其次才是得到市场的认可，增加销售。有效的物流作业表现为物流服务水平与物流成本之间的均衡关系。

1. 最优服务水平的确定。根据前面的分析，我们得出了物流服务水平—成本曲线以及物流服务水平—销售收入曲线。也就是说，我们可以得知在各个不同的物流服务水平下，企业的销售收入和物流成本。由此我们可以通过数学方法求出使企业利润最大化的最优服务水平。如果企业的物流部门是独立核算的，根据经济学中最基本的利润最大化原理，企业的物流部门应该合理地确定物流服务水平，从而使与物流相关的收入与物流成本之差最大，如图 11－5 所示。

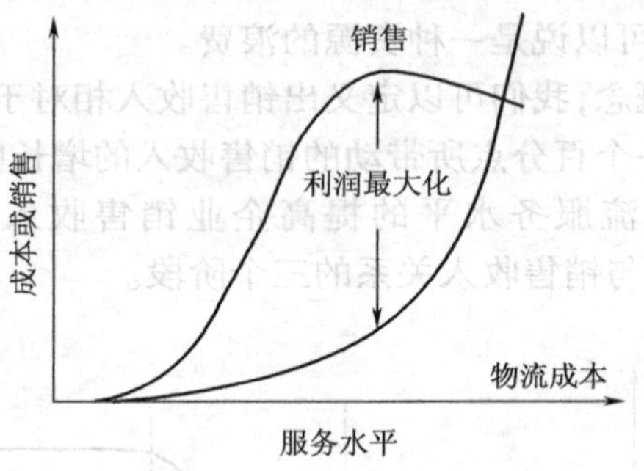

图 11－5　物流服务水平的确定

一个企业应该为客户提供怎样的服务水平呢？尽管一些企业，尤其是日本的一些企业，认为应不惜一切代价以达到 100% 的客户服务水平，但是更多的学者和专家认为，利润最大化是确定客户服务水平的决定因素。图 11－5 表明：如果企业的物流部门是一个利润中心，确定最优服务水平，首先要确定不同水平的客户服务对销售收入的影响，然后计算给定客户服务水平下的成本，最后从销售收入中减去成本，盈余最大的就是最优的客户服务水平。

如果企业的物流部门不是一个利润中心，那么就不应该把物流部门利润最大化作为企业确定最优服务水平的标准。因为，使物流部门利润最大化的服务水平并不一定就是使企业整体利润最大化的服务水平，在这种情况下，应该从企业整体的角度来确定最优的服务水平，使企业的销售收入与企业总成本之差最大化。但是，我们无法确切地描述出企业的物流成本与总成本之间的关系，而且在不同的行业中，物流成本在企业总成本中的比重也是不一样的。所以，在大多数情况下，企业应首先确定一个客户服务水平，这个客户服务水平应该是满足客户基本要求的物流水平，然后，在保证这个服务水平的基础上，合理配置物流资源，使物流成本最小化。

2. 如何确定与改进物流服务水平。不同客户对服务水平和服务类型有不同需求，企业在确定物流服务策略时，应当以客户的真实需求为基础，并在注重物流服务的同时，兼顾节省费用，保证企业的营利能力。

有效的客户服务立足于深刻理解客户对服务的需求。客户服务审计和调查研究必不可少，一旦明确了客户对服务的需求，管理层就必须制定合适的客户服务战略，以实现企业长期营利和收回投资的目标。有效的客户服务水平能以最低的服务成本为企业留住最有价值的客户。客户的需求并不是一成不变的，当客户的需求发生改变时，企业所提供的客户服务也应该随之改变。因此，一个成功的企业应该在激烈的市场竞争中，不断改进客户服务水平，使物流服务满足客户的具体需求。

一般来讲，确定与改进物流服务水平需要经过以下几个步骤。

(1)了解客户的需求。物流服务的内容很多，从规章的制定、货物的交付到售后服务，牵扯到多个环节，可能的衡量指标有平均订货周期、订货周期偏差、发货准确率、订单信息的提供能力、投诉情况、产品回收政策和紧急订单的处理能力等许多种。不同的客户，对这些内容的要求有很大的差异。一般来说，现货供应比率，交货频率，关于库存、运输时间、交货时间的信息服务，以及交货期是客户最为关注的物流服务内容，成本的提高反而容易被客户忽略。生产企业往往首先关心物流代理商的作业质量，其次是物流满足能力，最后是经济性；而商业企业却首先关心经济性，其次是物流满足能力，最后才是作业质量。

总之，确定与改进物流服务的努力应该首先从了解客户需求开始，要得到客户需求的具体、准确的信息，这时，针对本行业乃至自己主要客户的市场调查是必不可少的。只有经过充分的市场调查，才能针对客户的具体要求因地制宜地确定合适的物流服务战略。

(2)做好客户服务审查分析。确定或改进服务水平，首先要做好客户服务审查分析。客户服务审查分析是评价企业客户服务水平的一种方法，也是企业客户服务策略调整效果的评价标尺。审查分析的目标是：识别关键的客户服务要素、识别这些要素的控制机制、评价内部信息系统的质量和能力。

首先，做好外部客户服务审查分析。第一，确定客户真正重视的客户服务要素。这时的主要工作是对客户进行调查与访谈，必须邀请市场部门的职员参与这项工作。第二，对有代表性的客户群体进行问卷调查。这里主要评价客户对本企业及主要竞争对手各方面服务绩效的满意程度以及客户的购买倾向。依据调查的结果，企业加强受客户重视的要素。另外，问卷还应反映出客户对关键服务要素的服务水平的期望值。

企业在把握各客户服务要素重要性的同时，还要利用调查结果分析潜在问题和市场机会，关注客户对本企业及竞争对手提供的各项服务的横向比较。

其次，做好内部客户服务审查分析。内部客户服务审查分析的主要目的是检查企业的客户服务现状与客户服务需求之间的差距。审查分析的主要内容是了解企业客户服务的实际状况，考察客户与企业和企业内部之间的沟通渠道，包括客户服务绩效评价体系。

对管理层作访谈调查是主要的信息来源，访谈调查对象涉及与物流活动有关的部门经理，范围包括订货处理、存货管理、仓库、运输、客户服务、财务/会计、物料管理、生产、市场销售等。管理层还需对客户服务的考核与报告体系做出评价，以便明确客户服务的绩效考核方法、业务标准、报告格式等。此外还应该确定向客户提供的信息类型，并确保负责处理客户询问的工作人员能获取充分的信息答复客户。

外部客户服务的审查分析找出了企业在客户服务和市场营销中的问题，结合内部审查分析，可以帮助企业管理层针对客户服务要素和市场细分调整客户服务战略，提高企业的营利能力。当管理层在借助内、外部客户服务审查分析提供的信息制定新的客户服务和市场营销战略时，还需针对竞争对手作详细的对比分析。

客户服务审查分析的最后一步就是制定客户服务绩效标准和考核方法。管理层必须为各个细分领域(如不同的客户类型、地理区域、分销渠道以及产品等)详细制定目标服务水平，并将其传达到所有的相关部门及职员，同时辅之以必要的激励政策以促使职员努力实现企业的客户服务目标。

管理层必须定期进行客户服务审查分析，以确保企业的客户服务政策与运作满足客户需求。

(3)拟订服务内容或提出改进物流服务的方案。不同客户对物流服务的要求是不同的，有些客户对物流服务的要求很高，例如，日本丰田公司 Just – In – Time 的管理模式就要求其供应商的送货时间精确到分钟。又如，一些客户可能更关注产品的质量和价格，而对物流的要求不是很高。这样就又出现了一个问题，对于不同的客户如何采取相应的物流服务水平。是对所有的客户一视同仁，还是针对客户的不同需求区别对待？如果是一视同仁，应该把这个统一的服务标准确定在一个什么样的水平？如果是区别对待，企业能够在多大程度上区别对待，企业是否有能力这样做？现在，一般的做法是按照客户的重要性进行分类：对于那些非常重要的客户，企业会按照客户的具体要求有针对性地提供相应的物流服务；对于一些不太重要的客户，或者说是对于企业的经营收入影响不大的客户，就可以采取一个统一的服务标准。这样既可以满足重要客户的特殊需求，又可以避免因过度多样化而产生大量相关费用。

通过前两个步骤，就可制定相应的服务内容或物流改进方案了。最好的客户服务水平应能以最低的服务成本为企业留住及争取最有价值的客户群。

制定有效的客户服务方案，提高客户服务绩效应满足的要求有：①能够及时反映客户的需要及观点；②能够为客户服务绩效提供可操作和有针对性的评估方法；③能够为管理层提供调整业务活动的线索和思路。

需要特别强调的是，在激烈的市场竞争中，物流企业应把物流服务作为竞争手段，因此，企业所确定的物流服务水平必须超出同行业的其他公司，即不应是防御型的物流服务，不能只是与别的公司保持在同一水平线上；而应是进攻型的物流服务，即要提供超过其他公司水平的物流服务，并力求以低成本连续提供这样的服务。

(4)执行方案并对方案的执行情况进行考核。确定与改进物流服务水平的最后一步是执行物流服务方案并对方案的执行情况进行考核。制定客户服务战略并不是一劳永逸的事情，市场总是在不断地发展、变化，企业也就应当时刻准备进行一次、再次的调整。所以上述过程就要不断地重复，以保证企业客户服务方针总能跟上市场的变化(尤其是行业内竞争情况的变化)，与客户需要相一致。

总之，要周而复始地进行了解物流服务现状、对物流服务进行评估、确定新的物流服务形式、重新构筑物流系统、定期征求客户意见等各项工作。

单元二 国际物流管理

国际物流管理包括对物流活动诸要素的管理、对国际物流系统诸要素的管理和对国际物流活动中具体职能的管理等。从管理步骤上说，可归纳为计划、实施和评价三阶段的管理。本节所阐述的即为国际物流管理的一些基本问题。

一、国际物流管理的内容

国际物流管理的内容包罗万象，主要包括：①对物流活动诸要素的管理，即采购、包装、流通加工、储存保管、装卸和运输、信息处理等环节的管理；②对国际物流系统诸要素的管理，即对国际物流系统一般要素、物质支撑要素等的管理，主要是对人、财、物、设备等要素的管理；③对国际物流活动中具体职能的管理，主要包括物流经济管理、物流质量管理和物流工程管理等。下面主要阐述对国际物流活动中具体职能的管理。

（一）国际物流经济管理

国际物流经济管理是指以物的国际流动过程（含储存）为主体，运用各种管理职能，对物的流动过程进行系统地统一管理，以降低国际物流成本，提高物流的经济效益，也就是用经济方法来研究、管理物在国际流动中的规律问题。

国际物流经济管理的基本内容如下。

1. 国际物流计划管理。国际物流计划管理是指对物的国际化生产、分配、交换、流通整个过程的计划管理，也就是在国际物流大系统计划管理的约束下，对国际物流过程中的每个环节都要进行科学的计划管理，具体体现为国际物流系统内各种计划的编制、执行、修正及监督的全过程。

2. 国际物流统计管理。国际物流统计是对国际物流全过程中经济活动的数量研究。国际物流统计管理就是要对所统计的数字进行分析、研究，从而发现问题，改进国际物流工作，提高物流经营水平。它是国际物流经济管理的基础工作。

3. 国际物流费用成本管理。国际物流总成本和企业的利润、税金合起来，构成国际物流总费用。一般情况下，国际物流总费用中占比重最大的部分是国际物流总成本。国际物流成本可以反映企业活动的经济状态。通过货币形态可以客观地评价国际物流活动中各环节的不同经济效果，利用物流成本这个尺度可以简单明了地对条件差不多的国际物流企业的经营活动进行评价和分析比较。控制合理的物流成本构成，是加强国际物流管理工作的重要内容。

4. 国际物流设施管理。国际物流设施是指在国际物流全过程中为物的流动服务的所有设施（如交通运输设施、仓储设施等），它们是国际物流活动不可缺少的物质基础。国际物流设施是保证物以最快速度和最小耗费、保质保量地从生产领域进入到国际消费领域的重要前提条件。随着社会生产力的不断发展，物流企业要不断加强对各类设施的配套管理，要注意设施的维修、养护，要不断革新技术，补充原有的设施，提高设施的利用效率。加强各类物流设施管理是国际物流经济管理的重要内容。

（二）国际物流质量管理

国际物流企业要树立全面的质量观。国际物流的质量既包含物流对象的质量，又包含物流手段、物流方法的质量。国际物流质量具体包含以下内容。

1. 商品的质量保证及改善。国际物流过程并不单是消极地保护和转移物流对象，还可以采用流通加工等手段改善和提高商品的质量。因此，国际物流过程在一定意义上也是商品质量的"形成过程"。

2. 物流服务质量。可以说，整个国际物流的质量目标，就是客户对其服务质量的高满意度。服务质量因用户的不同要求而各异，因此国际物流一定要掌握和了解客户要求，这样才能提高物流服务的满意度。

3. 物流工作质量。物流工作质量指的是对国际物流各环节（如运输、搬运、装卸、保管等）的质量保证。提高国际物流工作质量应在搬运方法、搬运设备、设施与器具上狠下功夫，如加工件应固定在工位器具内，以免磕碰等。工作质量和物流服务质量是两个有关联但又不大相同的概念，物流服务质量水平取决于各个工作质量的总和。所以，工作质量是物流服务质量的某种保证和基础。重点抓好工作质量，物流服务质量也就有了一定程度的保证。

4. 国际物流工程质量。物流质量不但取决于工作质量，而且取决于工程质量。在国际物流过程中，将对产品质量发生影响的各种因素（人的因素、体制的因素、设备因素、工艺方法因素、计量与测试因素、环境因素等）统称为"工程"。很明显，提高工程质量是进行国际物流质量管理的基础工作,能提高工程质量,就能做好"预防为主"的质量管理。

国际物流是一个系统,在系统中各个环节之间的联系和配合是非常重要的。国际物流质量管理必须强调"预防为主",明确"事前管理"的重要性,即上一道物流过程要为下一道物流过程着想,估计下一道物流过程可能出现的问题,并加以预防。

国际物流质量管理的目的,就是在"向用户提供满足要求的质量的服务"和"以最经济的手段来提供"这两者之间找到一条优化的途径,同时满足这两个要求。为此,必须全面了解生产者、消费者、流通者等各方面所提出的要求,从中分析出真正合理的、各方面都能接受的要求,并以其作为管理的具体目标。从这个意义上来讲,国际物流质量管理可以解释为"用经济的办法,向用户提供满足其要求质量的物流的手段体系"。

(三)国际物流工程经济管理

国际物流工程经济管理的对象不是物流的纯技术问题,也不是物流的纯经济问题,而是物流工程的经济效果问题,也可以说是物流技术的可行性和经济合理性问题,实质上就是对物流工程客观经济规律的研究。物流工程经济研究的任务就是为了正确地认识和处理物流技术和经济节约之间的辩证关系,亦即寻找物流技术和经济之间的合理关系。

国际物流工程的经济评价标准为"多、快、好、省"。

"多":是国际物流的数量要求。

"快":是国际物流的速度要求,同时也是国际物流最基本的要求。

"好":是国际物流的质量要求。

"省":是国际物流的经济要求。

综上所述,可以用"多流、迅速、及时、准确、安全、少损、经济"七条原则来概括国际物流"多、快、好、省"四个方面的要求。

二、国际物流管理的步骤

从总体上说,国际物流管理按管理进行的顺序可以划分为计划阶段、实施阶段和评价阶段。

(一)国际物流计划阶段的管理

国际物流活动的任务始于计划,国际物流计划是国际物流活动的一种预测与构想,即预先进行国际物流运营行动安排。其实质是对要达到的目标及途径进行事先规定。

国际物流计划一般分为四个层次。

第一,战略层计划。战略层计划也称国际物流远期计划、国际物流远景规划或发展战略规划,主要包括:①未来若干年内国际物流量的预测;②未来运输、储存、装卸搬运、物流信息及流通加工等国际物流活动的规模;③机械化、自动化、信息化程度;④未来的国际物流绩效;等等。伴随着全球的经济增长,全球化的物流也将得到极大发展。这就要求物流企业的战略制定必须突破地域、行业的藩篱,以全球为着眼点。只有这样,才能最大限度地抓住机遇,规避风险。

第二,策略层计划。策略层计划也称国际物流中期计划,一般是 2 ~ 3 年内的经营策略与决策规划,它包括市场开拓、客户服务、战略伙伴的选择、如何实现物流成本的最小化、物流成本及绩效的分析等。

第三,战术层计划。战术层计划也称年度计划或运营计划,即在 1 年内所要达到的国际物流目标,如对国际物流量的分析、物流设备与设施的更新及维修、改革的计划及预算、物流成本分析、物流绩效的目标及达到这一目标的措施等。

第四,作业层计划。作业层计划也称国际物流实施计划,属季、月、旬计划,是各物流部门及物流相关部门对物流业务规定的物流数量、物流质量方面的具体实施计划等。

上述不同类别、不同层次的计划间紧密联系、相互配合,构成了国际物流计划体系。

国际物流计划的制订是国际物流管理的中心环节。首先,国际物流计划要确定国际物流所要达到的目标,以及为实现这个目标所进行的各项工作的先后顺序。其次,要分析研究在国际物流目标的实现过程中可能发生的任何外界影响,尤其是不利因素,并确定对这些不利因素的对策。最后,要制定出贯彻和指导实现物流目标的人力、物力、财力的具体措施。

(二)国际物流实施阶段的管理

国际物流计划确定以后,为实现物流目标,终究要把国际物流计划付诸实施。国际物流的实施管理就是对正在进行的各项国际物流活动进行管理。它在国际物流各阶段的管理中具有突出的地位。这是因为,在这个阶段中各项计划将通过具体的执行而经受检验。同时,它也把国际物流管理与国际物流的各项具体活动紧密地结合了起来。

(三)国际物流评价阶段的管理

在一定时期内,人们对国际物流实施后的结果与原计划的国际物流目标进行对照、分析,这便是国际物流的评价。通过对国际物流活动的全面剖析,人们可以确定国际物流计划的科学性、合理性程度,确认国际物流实施阶段的成果与不足,从而为今后制订新的计划及组织新的国际物流提供宝贵的经验和资料。国际物流评价是一个物流管理周期的最后环节,也是下一个管理阶段的开始。

按照对国际物流评价的范围不同,国际物流评价可分为专门性评价和综合性评价。专门性评价是指对国际物流活动中的某一方面或某一具体活动做出的分析,如仓储中的物资吞吐量完成情况、运输中的吨公里完成情况、物流中的设备完好情况等。国际物流的综合性评价是对国际物流活动在某一物流管理部门或机构的管理水平的综合性分析,如某仓库的全员劳动生产率、某运输部门的运输成本、某部门对物流各环节的综合性分析等。

按照国际物流各部门之间的关系,国际物流评价又可分为国际物流纵向评价和横向评价。所谓纵向评价,是指上一级物流部门对下一级部门和机构的物流活动进行的分析结果,这种分析通常表现为本期完成情况与上期或历史完成情况的对比。所谓横向评价,是指执行某一相同物流业务的部门之间的各种物流结果的对比,它通常能表示出某物流部门在社会上所处水平的高低。

国际物流评价的实施步骤如图 11 -6 所示。

三、国际物流的成本控制

前面已述,国际物流管理可简单地归纳为对整个物流活动进行计划、实施和评价的工作。其中,物流实施中最核心、最根本的问题是国际物流成本的控制问题。国际物流活动的成本对于实施国际物流活动的决策起着至关重要的作用,它是国际物流各项活动的基础,能够为国际物流活动提供精确的绩效衡量手段。

国际物流管理的本质要求就是求实效,即以最少的消耗,实现最优的服务,并达到最佳的经济效益。积极而有效的国际物流管理是降低物流成本、提高物流经济效益的关键。搞好国际物流管理,可以实现合理运输,使中间装卸搬运和储存的费用降低、损失减少;可以协调好物流各部门、各环节以及劳动者之间的关系,从而提高国际物流活动的经济效益。国际物流成本的降低,可以体现出国际物流管理的成效,同时也直接影响到企业在竞争中的地

图 11－6　国际物流评价的基本步骤

位。通过降低物流成本，可以吸引更多对价格敏感的客户，所以，在国际物流管理过程中，应将降低国际物流成本作为重点，通过对国际物流活动进行计划、组织、指挥、协调、控制和监督，使各项物流活动实现最佳的协调与配合，达到降低物流成本、提高物流效率和经济效益的目标。

（一）国际物流成本的构成

在国际贸易中，国际物流成本是指为了实现国际贸易，货物自生产完毕到投入销售的、为国际贸易需要的物流过程所支付的成本总和，包括在出口国国内为出口的物流成本、国际的物流成本、进口国为进口而支付的物流成本。国际物流成本与国际商流成本一起构成国际贸易的交易成本，是国际贸易成本的主要组成部分。

知识链接

国际物流成本对国际贸易的影响

无论古典还是一些现代国际贸易理论都假设没有物流成本，但是物流成本确实是存在的，并且物流成本还经常是一个变量。国际物流成本对国际贸易的产生与发展、流向和贸易量、贸易国和国际贸易术语的选择有着重要影响，降低国际物流成本还具有贸易乘数效应。

一项研究成果表明①：在古典国际贸易理论中考虑物流成本要素时，因物流成本使得国际贸易量减少，国家间的比较优势减弱，甚至丧失优势。从厂商为了获得更多的利润的基础出发，由于国内销售和国外销售产品的物流成本不同，当国际物流成本低于国内物流成本时，厂商将会把产品输往国外销售，因而产生了国际贸易，且国际贸易的数量与物流成本负相关。当国际物流成本发生变动时，国际贸易会朝着物流成本降低的方向流动，发生贸易转移。厂商实施降低物流成本的物流管理，会使得国际贸易的方向和数量发生变化，并且产生贸易的乘数效应。实施不同程度的物流管理，将会改变传统的国际贸易流向和流量，对国际贸易产生极大的影响。

① 本研究结论与下述阅读材料参见：李永生，张丽芳．国际物流成本对国际贸易的影响[J]．特区经济，2006(5)．

在国际物流活动中,国际物流成本是指国际物流活动中的各环节,如采购、包装、装卸搬运、储存、流通加工、商检报关、保险、国际运输、信息处理等所支出的人力、物力、财力的总和。从这一概念上来讲,国际物流成本主要包括:货物的物理性流通活动发生的费用以及从事这些活动所必需的设备、设施费用,完成物流信息的传送和处理活动所发生的费用以及从事这些活动所必需的设备和设施费用,对上述活动进行综合管理所发生的费用①。

按成本项目划分,国际物流成本由国际物流功能成本和存货相关成本构成。其中,国际物流功能成本包括物流活动过程中所发生的采购成本、包装成本、仓储成本、装卸搬运成本、流通加工成本、商检和通关成本、运输成本、物流信息成本和物流管理成本,存货相关成本包括企业在物流活动过程中所发生的与存货有关的资金占用成本、物品损耗成本、保险和税收成本。

在现实中,很难将国际物流的成本各项目加以明确区分。企业财务数据计算的物流费用只能反映国际物流成本的一部分,有相当数量的物流费用是不可见的。日本早稻田大学的西泽修教授对这一现象提出了“物流冰山”的学说②,即认为向外支付的物流费用只是“冰山”的一角,而大量的物流费用是在企业内部消耗的。

(二)国际物流成本的控制方法

为了加强成本管理,必须对国际物流成本进行事前控制。成本控制的目的在于通过降低成本来获取更大的利润,所以,成本控制的第一步是制定成本控制目标,即以企业的目标盈利为基准,层层分解目标成本,将其落实到最基本的活动单位;其次,是核算成本控制绩效,监督、检查实际执行状况,分析偏差并制定控制决策;最后,实施控制措施,滚动修正控制目标。

这里举一个简单的实例来说明成本控制方法。

案例

国际A公司2020年的物流成本控制。

假定国际A公司2019年度的物流成本为340万元,其成本构成如表11-1所示。预计2020年A公司的物流量与2019年持平,人员数量和劳动生产率也不变,经过目标成本分解,包装费要下降2%,仓库保管费要下降5%,搬运费要下降10%,管理费要下降7%,但信息流通费要增加2%。

表11-1 国际A公司2016年按功能计算的物流成本计算表 单位:元

费用项目	物流费	功能					
		包装费	配送费	保管费	搬运费	信息流通费	物流管理费
车辆租赁费	200 160		200 160				

① 卢成强.国际贸易中的国际物流成本分析[J].中国储运,2007(7).

② 物流冰山说是日本早稻田大学西泽修教授提出来的,他潜心研究物流成本时发现,现行的财务会计制度和会计核算方法都不可能掌握物流费用的实际情况,因而人们对物流费用的了解一片空白,甚至有很大的虚假性,他把这种情况比作“物流冰山”。冰山的特点是大部分沉在水面以下,是看不到的黑色区域,而看到的不过是它的一部分。

续表

费用项目		物流费	功能					
			包装费	配送费	保管费	搬运费	信息流通费	物流管理费
包装材料费		60 368	60 368					
工资津贴		357 336			78 971	241 202		37 163
水电、煤气费		10 800			5 400	5 400		
保险费		13 328			7 330	5 998		
修缮费		29 632			16 297	13 335		
纳税及公用费用		41 954						41 954
削价损失费		26 230			14 426	11 804		
通信费		17 948					17 948	
消耗物品		17 253			5 715	5 174		6 364
软件租赁费		8 548					8 548	
支付利息		26 045			26 045			
杂费		37 874			11 362	11 362		15 150
合计	金额	847 476	60 368	200 160	165 546	294 275	26 496	100 631
	构成比率(%)	100	7.1	23.6	19.5	34.7	3.1	11.9

【案例分析】

根据以上资料,我们可以测算国际 A 公司 2020 年的物流成本降低情况如下。

包装费用下降:7.1% ×2% =0.142%。

仓库保管费用下降:19.5% ×5% =0.975%。

搬运费用下降:34.7% ×10% =3.47%。

管理费用下降:11.9% ×7% =0.833%。

信息流通费用下降:3.1% ×(-2%)=-0.062%。

总的物流成本将会降低:0.142% +0.975% +3.47% +0.833% -0.062% =5.358%。

减少的物流成本数额为:5.358% ×340 =18.217(万元)。

上述测算成本的方法叫作因素测算法,其特点是以基期的实际成本为基础,考虑计划期各项成本因素的变动情况,依次来测算计划期的成本变动情况。对没有可比的历史资料作参考的企业来说,则不能套用此方法。

(三)降低国际物流成本的途径

增加企业利润有扩大销售和降低成本两个最基本的方法。对国际物流企业来说,降低成本比扩大销售(物流量)更为有效,这是因为,在此过程中不仅降低了成本,而且有助于提高管理水平,改进物流质量,从而进一步扩大物流量。

由于实际物流情况较为复杂和多变,降低国际物流成本的方法也是多种多样、变化不定的。例如,可以从库存与周转率、运输方式的选择、信息技术的应用等几方面来降低物流成本。又如,优化物流体系的设计与规划、增强物流服务功能的完备性、提高企业整合市场资源的综合能力等也可以降低物流成本。常用的降低国际物流成本的主要途径有以下五种。

1. 加快物流速度，扩大物流量。全部物流成本可以大体划分为可变成本和固定成本两部分。运输费、包装费、保管费等属于可变成本，它们随物流量的变化而变化，即物流量增加时，物流成本的绝对值也随之增加，反之则减少。但它们的物流成本水平，即占物流成本数量的百分比相对比较固定。工资、固定资产折旧费、管理费等属于固定成本，它们在物流量变动时，其绝对值通常保持不变或变化较小，即相对比较固定。因此，其费用水平与物流量的变化呈反比例关系，即物流量增加时，费用水平下降。

根据这两种成本的特点，可以采取加快物流速度、扩大物流量的方法，来降低物流成本。当物流速度加快时，虽然可变成本也增加，但其增加幅度小于物流量的增加幅度；而固定成本部分则与物流量成反比，即物流速度越快、物流量越大，单位物流量的固定成本越小。从物流速度与流动资金需要量的关系来看，在其他条件不变的情况下，物流速度越快，则所需要的流动资金越少，即减少了资金占用，也就减少了利息支出，从而使物流成本得以降低。

2. 减少物的周转环节。物在从生产领域进入国际消费领域、到达消费者手中之前，需要经过许多相互区别而又相互衔接的中间环节。这些环节越多，物的流通时间也就越长，国际物流成本就必然相应增加。因此，尽可能地减少流通环节和物流时间，尽可能地直达供货，尽可能地减少物的集中和分散，就会使物流速度加快，从而减少物流成本。

3. 采用先进、合理的物流技术。采用先进、合理的物流技术是减少物流成本的根本性措施。它不仅可以不断提高物流速度，增加物流量，而且可以大大减少物流损失。例如，先进、合理的装卸、运输机械，集装箱、托盘技术的推广（硬技术），以及科学、合理的运输路线、库存量（软技术）等都对减少物流成本具有十分重要的影响。

4. 改善物流管理，加强经济核算。物流管理水平的高低是影响物流成本的最直接因素。虽然管理本身不直接产生效益，但它却能通过其他具体的物流执行部门对物流成本产生影响。因此，加强国际物流管理，实现国际物流管理的现代化，是降低国际物流成本的最直接有效的方法。在具体实施过程中，建立岗位责任制，加强经济核算，对原材料消耗、资金、人员、物流各个环节的支出等进行层层分解，实行目标管理，是行之有效的好办法。

5. 追求国际物流系统更加合理。追求国际物流系统的更加合理，可采取以下几项措施。

第一，合理选择和布局国内外的物流网点，扩大国际贸易的范围、规模，以达到费用省、服务好、信誉高、效益佳、创汇多的物流总体目标。

第二，采用先进的运输方式、运输工具和运输设施，加速进出口货物的流转，充分利用海运、多式联运方式，不断扩大集装箱运输和大陆桥运输的规模，增加物流量，扩大进出口贸易额。

第三，缩短进出口商品的在途积压，包括进货在途（如进货、到货的待验和待进等）、销售在途（如销售待运、进出口口岸待运）、结算在途（如托收承付中的拖延等），以便节省时间，加速商品和资金的周转。

第四，改进运输路线，减少相向、迂回运输。

第五，改进包装，增大技术装载量，多装载货物，减少损耗。

第六，改进港口装卸作业，有条件时要扩建港口设施，合理利用泊位与船舶的停靠时间，尽量减少港口杂费，吸引更多的买卖双方入港。

第七，改进海运配载，避免空舱或船货不相适应的状况。

第八，综合考虑国内物流运输，在出口时，有条件的要尽量采用就地就近收购、就地加工、就地包装、就地检验、直接出口的物流策略。

任务解析

下面根据前面所学知识对项目情景的任务进行简要解析。

任务1　第三方物流是指由物流劳务的供方、需方之外的第三方即专业物流企业在整合了各种资源后，为客户提供包括设计规划、解决方案以及具体物流业务运作等全部物流服务的物流活动。从本案来看，AW物流公司的物流服务属于第三方物流服务。

任务2　本案中，MT电子公司对物流服务的要求主要是：①要提供24小时的全天候准时服务；②要求服务速度快；③要求服务的安全系数高；④要求信息反馈快；⑤要求服务项目多。针对MT电子公司的要求，AW物流公司的应对服务主要有：①制定科学规范的操作流程；②提供24小时的全天服务；③提供门到门的延伸服务；④提供创新服务；⑤充分发挥中外运的网络优势；⑥对客户实行全程负责制。

任务3　AW物流公司的物流服务能令MT电子公司满意的原因主要有：①不但满足了MT电子公司的运货需求，而且一些做法超出了MT电子公司的需求预期，例如，虽然按普货标准收费，但AW物流公司提供的却是门到门、库到库的服务；②不断创新服务项目，增加打包、加固环节和防雨设备，解决客户急难问题；③实行全程负责制，对每一个环节都负责，建立了充分的信任关系。

任务4　国际物流成本是指国际物流活动中的各环节，如采购、包装、装卸搬运、储存、流通加工、商检报关、保险、国际运输、信息处理等所支出的人力、物力、财力的总和。AW物流公司一直致力于降低物流成本，从而降低客户成本。AW物流公司采用了降低直接的运输及配送费用、实施"零库存"战略、优化资金流等措施。

个案分析

1. 怡和货运(香港)有限公司是香港怡和集团的全资附属公司，主要从事国际货运代理业务。20世纪90年代中期，香港怡和集团对怡和货运(香港)有限公司进行重组转型，将其与物流有关的业务合并成立香港怡和物流集团。转型后的怡和物流集团的业务范围包括海运、空运、特殊货运、仓储及配送，从事特殊货运物流、出口/制造物流、进口/销售物流、电子贸易物流4种主要物流。重组转型后，其营业额从1991年怡和货运(香港)有限公司的5 200万美元增长到1999年怡和物流集团的2亿美元，增幅巨大。1999年，在*Gargonews Asia*货运专业杂志举办的亚洲货运业大奖中，怡和物流集团被评为十大空运货代、十大海运货代和十大物流服务公司之一，并在多式联运分类评比中排名第二。怡和物流集团内部的管理机构分为整合运输、特殊货运、仓储及配送、财务、人力资源、资讯科技、风险管理等7个部门，仓库80多万平方英尺，并在亚洲拥有53个办事处，分布在中国内地和中国香港、台湾地区以及新加坡、马来西亚、泰国、印尼、菲律宾和越南，在英、美及南非设有合资公司，在德国、法国、瑞士、荷兰和比利时与当地的知名物流企业组成联盟伙伴。在中国内地登记注册了一家名为怡达的合资公司，拥有货运代理营业执照，并在北京、大连、天津、青岛、上海、深圳、盐田、东莞及台北、台中、高雄成立了11个办事处。

怡和货运(香港)有限公司重组转型的成功得益于公司在开展物流服务方面具备以下条件。

(1)有充足的运力提供全程运输、仓储及配送。例如,多式联运、转运、运输途中的一条龙服务、买家指定集运、卖家物流中心、配送中心、地区配送中心、门到门送递、户到户送货、退货处理、逆向物流等。

(2)提供增值服务,即一站式服务,包括报关清关、质量监控、保险、组装、特殊组合包装、再包装、再循环(如回收空瓶并循环再用)。

(3)先进的信息科技。集团管理实行核心活动流程电子化(货运代理、仓储管理及配送系统);进行电子资料交换,以电子文件替代纸张文件;采用货物追踪系统,网上订舱,根据提单、订货单进行货物追踪;以电子邮件形式自动报告货物抵港情况;按客户要求剪裁各种报告;在互联网上公布其费率表;进行电子商贸活动。

(4)连接全球的区域性网络。集团的分公司、合资公司建立策略联盟,公司网络覆盖全球70多个国家。

(5)提供高水平的优质服务。集团根据客户需求提出解决问题的全套方案,与客户共同分析发展速度和发展方向,收费合理。

进一步开发亚洲供应链管理市场的巨大潜力,成为亚洲地区最成功的供应链管理专家是怡和物流集团的远景目标。

问题:

(1)从怡和货运(香港)有限公司的转型经验探讨我国货运代理企业从单一功能性物流企业向开展国际综合性物流转型的对策。

(2)思考开展国际第三方物流的经验。

2. 德国柏林国际电子消费品展览会(IFA),在德国首都柏林的国际会展中心每两年举办一届。IFA是目前全球规模和影响力最大的国际视听及消费类电子产品展览会,是世界各国消费类电子产品生产商和贸易商聚集和展示新产品、新技术最主要的场地,也是欧洲消费类电子产品的采购商、批发商和零售商了解、采购该领域商品的重要市场。

北京中远国际货运有限公司展览运输部承运了该展览中国展区展品的运输工作。全权负责中国上海、深圳盐田等港口指定仓库收货、订舱、装箱、报关、出运德国直至柏林展馆指定展位的全程展运物流。

IFA展品均为电子类产品,货值高,产品的运输要求很高,每家展商的展品件数很多,都要准确就位到展位上。为满足展商要求,提供全方位服务,北京中远国际货运有限公司分别派出展运经理和员工驻守上海、深圳港口和德国柏林负责现场操作,他们熟悉专业流程,理解国内客户,了解国外操作,能够克服时差困难,高效地与港口、海关、展厅以及装卸工人等各方面沟通协作。其中,进馆当天,从上午8:00至晚上10:00,他们成功完成了4个集装箱展品的卸货和就位工作。当地工人只能依靠展品外包装箱上的唛头就位,但有些展品的唛头不清楚、不规范,在现场清点过程中,有的展位上展品的数量与当时申报不一致,这些问题,需要北京中远现场人员一一向当地工人解释。在进展和撤展期间,北京中远现场人员寸步不离所负责的展区工作,提供装拆箱作业、货物堆存、信息查询和展品回运等服务。

在本次展览上,很多中国展商的展品得到了来自世界各地的参观者的喜爱,也使北京中远国际货运有限公司的服务得到中国展商和展览主办方的高度评价。

问题:中远国际货运有限公司为什么能得到中国展商和展览主办方的高度评价?

3. 拉丁美洲中部某国的科托帕希农场运出的新鲜收割的玫瑰花完成包装后,必须在晚上8:00之前运到基多飞机场,然后飞机必须连夜起飞,直达美国的迈阿密。可是在这过程中往往遇到飞机晚点,而且机舱容量不够,装不下全部鲜花集装箱。好不容易运到迈阿密国际机场,可是在机场仓库耽搁了不少时间,再加上冷藏集装箱的温控设备失灵,箱内温度升到华氏60度,严重影响玫瑰花的保鲜质量。等到迈阿密国际机场的美国海关官员打开集装箱检查的时候,玫瑰花几乎全部腐烂了。经过1年多的市场调查,该国的花卉物流公司发现,无论是花卉种植者还是进口商,大部分只重视运输成本是否低廉,而很少愿意多考虑花卉的保鲜和保值问题。正是因为运输成本高,导致花卉的市场价格一直居高不下,从而严重妨碍花卉市场的迅速发展。问题:从国际物流角度分析,你认为科托帕希农场应该采取哪些措施改善自己目前的状况?

4. 美国M机械公司是一家以机械制造为主的企业,该企业长期以来一直以满足顾客需求为宗旨。为了保证加拿大的供货,该公司在加拿大建立了500多个仓库,但是仓库管理成本一直居高不下,每年大约有2 000万美元。所以该公司聘请加拿大T物流公司进行物流服务调查。T物流公司做了一项细致调查,结果为:以目前情况,如果减少202个仓库,则会使总仓库管理成本下降200万~300万美元,但是由于可能会造成断货,销售收入会下降18%。

问题:

(1)如果你是M机械公司的总裁,你是否会依据T物流公司的调查结果减少仓库,为什么?

(2)如果不这样做,你又如何决策?

复习思考题

1. 国际物流服务的内容主要包括哪些?
2. 根据物流服务供应商的服务范围和方式,可以把物流服务供应商分为哪几种主要类型?
3. 为什么要从功能性国际物流服务转向综合性国际物流服务?
4. 第三方物流具有哪些特点?
5. 阐述物流服务与成本的关系。
6. 用物流服务水平—销售收入曲线阐述物流服务与销售收入的关系。
7. 如何确定最优服务水平?
8. 如何改进客户服务水平?
9. 国际物流管理的内容主要包括哪些方面?
10. 简述国际物流经济管理的基本内容。
11. 国际物流计划体系由哪些层次的计划组成?
12. 如何降低国际物流成本?

各章个案分析答案提示

项目任务一

1. 答:(1) 自12月20日货物装船后风险由卖方转移给买方。(2) 买方不能免除其所承担的付款义务,信用证方式的交易是单证的买卖,只要所有单证符合信用证的要求,买方就要承担付款的义务。

2. 答:流程图如下。

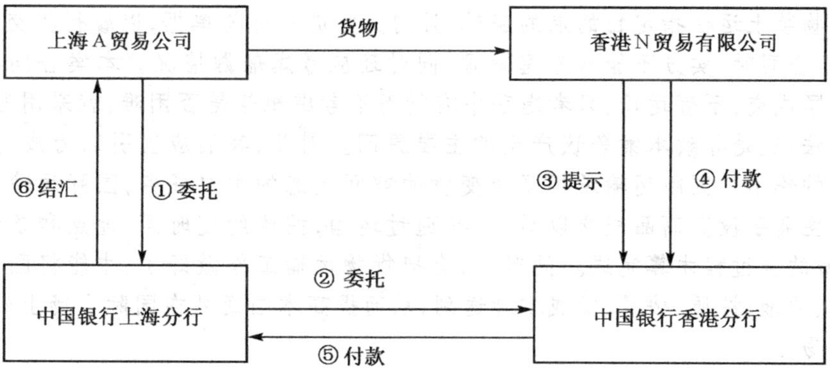

项目任务二

1. 答:(1) 港口物流服务供应链是以港口为核心,利用现代信息技术有效地整合各类物流服务供应商(包括仓储、装卸、报关、运输、流通加工、配送以及金融、信息服务等)和客户(收货人、货代、船代和船公司等)以及相关政府监管机构(港口管理、海关、海事、检验检疫、边防等口岸部门)。(2) 深圳港依托较为发达的现代物流业,借助大交通、大物流管理的体制优势,以港口为核心,延伸供应链服务的链条,着力发展港口供应链产业。具体就是引导供应链管理企业将服务业务延伸到港口码头,以港口作为其全程配送中的一个节点,实现一个供应链管理企业从工厂到港口再到用户的全程运作,通过降低流通环节的综合费用,帮助企业降低成本,同时提高港口的综合竞争力。

2. 答:(1) 鹿特丹港建有3个物流园区。埃姆(Eemhaven)物流园区主要提供大宗产品如木材、钢材等的储存和配送服务;博特莱克(Botlek)物流园区是石油、化工产品专业配送中心;马斯莱克迪(Maasvlaskte)物流园区的用户主要是大型跨国制造商、大型船公司、大型物流企业。(2) 物流园区具备商务、物流、信息服务三大基本功能。(3) 鹿特丹港建设港口物流园区的成功经验,主要有:优越的地理位置和自然条件;物流园区拥有完善的设施,可以为物流,特别是配送活动提供一站式服务;物流园区紧邻港口集装箱码头和多式联运设施,并采用最先进的信息和通信技术。

项目任务三

1. 答:根据国际标准化组织的建议,标准唛头应为4行,分别为收货人、合同编号、目的港名称、箱号或件数，每行不超过 17 个字母。唛头可缮制如下：

KD - SPTSC10
SPORTAR
HAMBURG
C/NO. 1 - 5000

2. 答：责任在出口公司。根据《联合国国际货物销售合同公约》的有关规定：卖方交付的货物必须与合同规定的数量、质量和规格相符，并须按照合同所规定的方式装箱或包装。在本案例中，合同规定：纸箱装，每箱 15 千克（内装 15 小盒，每小盒 1 千克）。而货运代理公司实际每箱装 15 千克，但内装 30 小盒，每盒 0.5 千克，显然是违反了合同中的包装条款。

项目任务四

1. 答：根据国际贸易惯例，按 CIF 条件成交，卖方必须自费洽租船舶，并在约定期限内将其出售的货物装上运往指定目的港的船舶，且向买方提交有关单据，以履行其交货义务。因此，签订 CIF 合同时，卖方不能只考虑货源，同时还应考虑船源情况。本案合同项下的卖方在签约时只顾成交，不管运输，只考虑手中有货而不考虑租船是否困难，就采用当月成交、当月交货的做法，这是导致本案争议产生的主要原因。对此，我们应当引以为戒，充分重视国际货物运输的作用。国际运输承担了改变物的空间状态的主要任务，国际运输是改变物的空间状态的主要手段。商品成交以后，只有通过运输，按照约定时间、地点和条件把商品交给对方，贸易的全过程才算完成。同时，只有把货物运输工作做好了，才能将国外客户需要的商品适时、适地、按质、按量、低成本地送到，从而提高本国商品在国际市场上的竞争能力，促进对外贸易。

2. 答：上海国际快达有限公司有许多方面不符合设立国际货运代理公司的要求。例如：企业名称不含有“货运代理”“运输服务”“集运”“物流”等相关字样；注册资本没有达到 500 万元人民币的要求；不具有 5 名从事国际货运代理业务 3 年以上的业务人员；不应该经营含私人信函和县级以上党政军机关公文的寄递业务等。

3. 答：很明显，本案并非货运代理合同纠纷，而是运输合同纠纷。由于 B 货运代理公司是以自己的名义签发提单，这一行为使其成为契约承运人，从而承担了承运人的责任和义务，对因承运人责任范围内的原因造成的货物损失负责赔偿。当然，B 货运代理公司仍有权依据其与 C 远洋运输公司（实际承运人）签订的运输合同，向 C 远洋运输公司进行追偿。

项目任务五

1. 答：(1) 海关对进出口商品实施检验的内容，包括是否符合安全、卫生、健康、环境保护、防止欺诈等要求以及相关的品质、数量、重量等项目。(2) 可以自行办理报检手续，也可以委托代理报关企业办理报检手续。(3) A 公司可以选择在报检时申报的目的地接受检验。

2. 答：快顺货运公司接受其委托人的委托，以快顺货运公司自己的名义办理报关手续的，海关视同快顺货运公司自己报关。报关企业在向海关报关时发生伪报、瞒报行为的，由海关按照法律规定追究报关企业的经济责任，因此，快顺货运公司应接受海关的经济处罚。

项目任务六

1. 答:应选 A。西雅图位于美国西部华盛顿州,是美国西海岸北边的港口。我国对欧洲而言是远东,所以应选 A。

2. 答:(1)货主遭到如下损失:[(46 美元 ×3) + (46 美元 ×680 ÷20 ×1 000 ÷1 000)] ×110% =1 872.20 美元。(2)B 物流公司不负责赔偿,应由保险公司负赔偿责任。

3. 答:提单在承运人与收货人之间是绝对证据,收货人有权以承运人未按提单记载的数量交货而提出索赔要求。根据国际航运惯例和有关提单的国际公约规定,若杂货班轮在目的港的交货实际数量少于 B/L 的记载数量,其短少损失应由承运人赔偿。因此,承运人要赔偿收货人的损失,应赔偿 20 箱。

4. 答:

许可装卸时间:20 000 ÷2 000 =10(天)。

实装时间:16 +16 +22 +24 +24 +24 +16 +16 +24 +21 =203(小时),203 小时 =8 天 11 小时。

速遣时间:10 天 -8 天 11 小时 =1 天 13 小时。

速遣费:4 000 美元/天 ×$1\frac{13}{24}$天 =6 166.7 美元。

5. 答:索赔申请书的主要内容包括几方面:(1)索赔人的名称:上海 B 汽车进出口公司。(2)船名、抵达卸货港日期、装船港及接货地点名称:幸福轮,抵港日期为 6 月 2 日,装船港为日本横滨,上海港 A 作业区 5 号泊位。(3)货物名称、提单号码等有关情况:汽车,提单号为 YS -016。(4)残损情况、数量,并附理货公司残损报告:外表损坏,5 辆,理货公司残损单并经船公司签字确认。(5)索赔日期、索赔金额、索赔理由:6 月 5 日,索赔金额 RMB20 000,附发票。

项目任务七

1. 答:航空运单运费计费栏填制如下:

No. of Pieces RCP	Gross Weight	kg/lb	Rate Class		Chargeable Weight	Rate/Charge	Total	Nature and Quantity of Goods (Incl. Dimensions or Volume)
			Q	Commodity Item No.				
1	40.2	K			45	22.49	1 012.10	PIPE FILLING

2. 答:发货人的请求可以得到航空公司的许可,因为根据《华沙公约》发货人可以中止或变更运输。返回的机器配件的运费由发货人自己承担。

3. 答:此批货物属于国际运输,根据《华沙公约》第二十二条第二款(B)“如交运的行李或货物的一部分或者货物中任何物件发生遗失、损坏或者延误,以致影响同一份货运单所列的另一包装件或者其他包装件的价值时,在确定责任限额时,另一包装件的总重量也应当考虑在内”。因此,6 件箱子的货物都受到影响,无法使用,必须按照整票货物来赔。

总重:6 ×60 =360(千克),按照每千克 20 美元,则 USD 20 ×360 = USD 7 200。

由于 USD 7 200 大于实际价值,因此航空公司应赔偿 USD 6 000。

4. 答:(1)A 为空运代理人、B 为空运第一承运人、C 为空运第二承运人。(2)B 航空公司应负担货物灭失的责任。(3)本案适用《华沙公约》。(4)货主要求全额赔偿无依据,因其未声明价值。(5)航空公司只能根据《华沙公约》中有关规定每千克赔偿 20 美元,即 20 ×

250 = 5 000(美元)。

项目任务八

1. 答:过境运费 = 4.58 × 100 000/100 × 0.5 = 2 290(瑞士法郎)。

2. 答:计算该批货物从4月16日至6月18日的实际运送时间为64天(从承运货物的次日零时起开始计算,不足一天按一天计算)。该批货物按规定计算的运到期限天数为75天,因此,该批货物没有运到逾期。

项目任务九

1. 答:船公司无责任。在整箱货物运输中,交货时只要货箱铅封完好无损,承运人即完成运输义务,但对箱内货物不承担责任。广西某进口公司应对卖方装箱予以监督,并尽可能使用有利于自己的方式结汇,例如本案可采用托收方式结汇。

2. 答:对方的要求是合理的。本案中,装运条件为:CY TO CY,提单上表明:“Shipper's Load and Count”,意指整箱装运,整箱交货,即货物由出口方自行装箱、自行封箱后将整箱货物运至集装箱堆场。箱内货物的情况如何,船方概不负责。货物运抵目的港后,在集装箱堆场负责将整箱货物交给收货人,由收货人开箱验货。本案中,经有关船方、海关、保险公司、公证行会同对到货开箱检验,发现其中有20箱包装严重破损,每箱均有短少,共缺成衣512件,各有关方均证明集装箱完好无损,说明货物包装的破损和数量的短少,是出口方装箱时的疏忽造成的,因而,东华公司不能推卸责任。

3. 答:(1)B公司为承运人(无船承运人)。(2)B公司应负支付运费的义务,因为对C公司而言,它是托运人。(3)A公司无权向B公司索赔货物损失,因为提单已转让给D公司。(4)D公司有权向B公司索赔货物损失,因为B公司是(无船)承运人。(5)D公司有权向C公司索赔货物损失,因为C公司是实际承运人。

4. 答:从本题资料来看,还难以判断本题的运输就是国际多式联运。本题中是用到了两种以上的不同运输方式,但国际多式联运,不光是要有这样的前提,而且要有“多式联运提单”——也就是“多式联运”合同。如果本题中从上海到德班只是使用了一般的海运提单,而非“多式联运提单”,然后再经陆运——从德班到约翰内斯堡,那么本题的运输只能算作联合运输,并不是国际多式联运。

5. 答:从新疆A畜产品进出口公司与新疆B畜产品进出口公司的实践来看,国际多式联运的优越性主要有:手续简便;迅速快捷,有利按期交货;提早收汇;节省了运费。

6. 答:应由承运人负责。根据《联合国国际货物多式联运公约》对国际多式联运所下的定义,国际多式联运使用一份包括全程的多式联运单据,并由多式联运经营人对全程运输负总的责任。在国际多式联运方式下,货物运程不论多远,不论由几种运输方式共同完成货物运输,也不论货物在途中经过多少次转运,所有运输事项均由多式联运经营人负责办理。而货主只需办理一次托运、订立一份运输合同、支付一次运费、办理一次保险,并取得一份联运提单。一旦在运输过程中发生货物灭失或损坏,由多式联运经营人对全程运输负责。本案例中,外运公司于装车日签发多式运输单据,因此它应作为多式联运经营人对全程运输负责。

项目任务十

1. 答:(1)保税区(保税仓库区)的国际配送一般是对国内货物进行分拣、分配或进行简单的临港增值加工后向国内外配送。如本案中所有的货品在福田保税区根据全球各地工厂的需要整理、重新包装后，装上集装箱交深圳或香港码头上船送达全球各地。(2)保税区(保税仓库区)的业务主要有进口分拨、转口贸易和收购出口(一般出口)。本案中某跨国公司每天用国内车辆将各地供应商的货品运至保税区存放，然后装上集装箱交深圳或香港码头或转关或直接出口。

2. 答：海外仓是指国内企业将商品通过大宗运输的形式运往目标市场国家，在当地建立仓库储存商品，然后再根据当地的销售订单，第一时间做出响应，及时从当地仓库直接进行分拣、包装和配送。海外仓储的建设可以让出口企业将货物批量发送至国外仓库，实现该国本地销售，本地配送，不仅有利于海外市场价格的调配，还能降低物流成本，缩短送货时间，解决跨境物流中存在的问题。

项目任务十一

1. 答：系统整合，以全球服务为着眼点，发展健全高效的网络体系，建立综合运输服务体系，提供增值与专业服务，是我国货运代理企业从单一功能性物流企业向开展国际综合性物流转型的基本对策。建立完善的物流系统网络和运输服务体系，运用现代信息技术实施供应链管理，提供合同导向的一系列专业化服务，建立物流联盟，是开展国际第三方物流的成功经验。

2. 答：中远国际货运公司主要做好了如下服务，从而得到了中国展商和展览主办方的高度评价：(1)为满足展商要求，提供全方位服务。(2)分别派出熟悉业务的展运经理和员工驻守上海、深圳港口和德国柏林负责现场操作，高效地与港口、海关、展厅以及装卸工人等各方面沟通协作。(3)在进展和撤展期间，北京中货的现场人员寸步不离所负责的展区工作，提供装拆箱作业、货物堆存、信息查询和展品回运等服务。

3. 答：可以大力发展互联网管理经营，充分利用信息通信技术，把拉丁美洲中部国家的花卉农场迅速带入现代化国际电子信息市场，把花卉农场、承运人、进出口商、仓储、集装箱运输、市场和消费者紧紧地联系在一起。同时，进一步寻找降低运输花卉成本的新办法。

4. 答：(1)不会减少仓库。因为减少202个仓库只能节省200万～300万美元，却造成了18%的销售收入的下降，得不偿失。即使能节省大量费用，但通过减少仓库、丧失销售收入也不是上策，因为断货等于丧失顾客，在现代市场营销环境下，企业唯一的生存发展途径便是最大限度地满足用户需求。(2)首先，通过调查，依据目标市场细分的原理将加拿大市场细分为10～15个的大型区域，目的是在每个大型区域建立区域配送中心；其次，通过配送中心选址方法选择每个区域配送中心的合适地理位置；再次，在每个区域内，选择几个集中销售城市，建立城市配送中心；最后，从基本作业、实用物流技术、物流设备、管理信息系统四个方面入手，真正意义上实现配送中心降低物流成本、提高顾客满意度的目标。只有这样，才能实现仓库大量减少、费用下降的目的，同时通过现代配送中心的作业提高顾客满意度，一举两得。

参考文献

[1]杨长春,顾永才.国际物流[M].7版.北京:首都经济贸易大学出版社,2020.

[2]姚新超.国际贸易实务[M].2版.北京:对外经济贸易大学出版社,2011.

[3]符海菁.国际货运代理实务[M].北京:对外经济贸易大学出版社,2007.

[4]王学锋,陕丙贵.国际货运代理概论[M].上海:同济大学出版社,2006.

[5]张为群.国际货运代理实务操作[M].成都:西南财经大学出版社,2006.

[6]杨占林.国际物流空运操作实务[M].北京:中国商务出版社,2004.

[7]解云芝.集装箱运输与多式联运[M].北京:中国物资出版社,2006.

[8]鲍新中.物流成本管理与控制[M].2版.北京:电子工业出版社,2009.

[9]孟于群,陈震英.国际货运代理法律及案例评析[M].北京:对外经济贸易大学出版社,2000.

[10]李秀华.国际货物运输实训[M].北京:对外经济贸易大学出版社,2003.

[11]中国国际货运代理协会.国际货运代理理论与实务[M].北京:气象出版社,2001.

[12]吕军伟.国际物流业务管理模板与岗位操作流程[M].北京:中国经济出版社,2005.

[13]徐淑芬.大陆桥运输[M].北京:中国铁道出版社,1997.

[14]庞燕.国际物流运作模式:理论研究与实证分析[M].北京:中国物资出版社,2009.

[15]孟祥年.国际贸易实务操作教程[M].北京:对外经济贸易大学出版社,2002.

[16]姚新超.国际贸易运输与保险[M].北京:对外经济贸易大学出版社,2006.